Hebei 京畿福地 乐享河北 Enjoy Hebei
全国导游资格考试统编教材
QUANGUO DAOYOU ZIGE KAOSHI TONGBIAN JIAOCAI

# 导游服务能

## ——河北导游现场考



# DAOYOU FUWU NENGLI

## HEBEI DAOYOU XIANCHANG KAOSHI SHIWU

河北省旅游协会导游分会
河北省全国导游资格考试统编教材专家编写组 编

中国旅游出版社

# 《导游服务能力——河北导游现场考试实务》
# 编委会名单

**主　　编**　马育倩　杨　磊

**副 主 编**　左晓丽　张　峰　王俊红

**参编人员**（按姓氏笔画为序）

马淑娟　马　飒　王丽萍　王晓莹　牛　帆　田　莹
冯红英　邢向梅　任建中　刘振瑛　安　宁　李成林
李会龙　李春子　李雪松　李　婧　陈晓春　陈云志
林志卿　胡玲玲　段艳丽　袁　晶　高唱通　郭　颖
蒋　金　舒建华　谢　静

# 前　言

2020年，文化和旅游部再次组织相关专家对2019版科目五《导游服务能力》考试大纲进行了修订并于7月公布。为满足广大考生的备考需要，河北省旅游协会导游分会组织省内高等院校旅游管理专业教师和各地市活跃在一线的国家金牌导游员编写了本教材。

此次编写，在2020版考试大纲的基础上，进一步明确了考试要求。为培养考生自创导游词的能力，在景点讲解和专题讲解部分总结了翔实的素材，并单独设置章节对导游词的创作和讲解方法进行了系统介绍。教材还总结了应试技巧，对知识问答环节的题目进行了举例。

本教材的编写，是集体智慧的结晶。前期有河北省旅游协会导游分会搭建平台，中期有编委会老师的共同努力，后期有出版社几位编辑付出的辛勤劳动，还有许多一线从业者和考生提出了宝贵意见，在此一并致谢。

由于自身的局限性，本教材可能会有一些不足和缺陷，希望得到广大读者的批评和指正。

编　者

2020年8月

# 目　录

# 第一篇　现场考试概述

## 第一章 现场考试要求

导游服务能力考试是导游资格考试的重要组成部分。通过现场考试，考查考生对国际国内时政、河北省情、历史文化、旅游景点知识和导游服务规范等综合知识的掌握程度，对考生的讲解能力、语言表达能力、应变能力和礼貌礼仪进行综合测评，以帮助考生适应导游职业需要。

### 一、考试方式

现场导游考试以室内模拟讲解的形式进行。中文类考生考试时间不少于15分钟，外语类考生考试时间不少于25分钟。

### 二、考试内容

考试内容包括景点讲解、专题讲解和综合知识问答三个部分。

**（一）景点讲解**

考生从9个景点（含7个全省共讲景点和所在考区2个自选景点）中现场抽取一个进行讲解，时间6~7分钟。

1. 全省共讲景点

西柏坡、山海关、白洋淀、避暑山庄及周围寺庙、崇礼滑雪旅游度假区、白石山、清东陵。

2. 各考区自选景点

（1）石家主：正定古城、石家庄概况。

（2）承德：塞罕坝国家森林公园、承德概况。

（3）张家口：大境门、张家口概况。

（4）秦皇岛：鸽子窝公园、秦皇岛概况。

（5）唐山：南湖公园、唐山概况。

（6）廊坊：第一城、廊坊概况。

（7）保定：野三坡、保定概况。

（8）沧州：吴桥杂技大世界、沧州概况。

（9）衡水：衡水湖、衡水概况。

（10）邢台：大峡谷、邢台概况。

（11）邯郸：广府古城、邯郸概况。

（12）雄安新区：市民服务中心、雄安新区概况。

**（二）专题讲解**

考生从河北历史文化、河北长城文化、河北红色文化、河北自然风光、河北风物特产、河北饮食文化6个题目中抽取一个进行讲解，时间3～4分钟。

**（三）问答环节**

考官从导游服务规范、应变能力、综合知识3个方面现场提问3个问题，考生当场回答。时间5分钟。

1. 导游服务规范考核内容

全陪、地陪接待服务工作程序及各阶段工作要点；散客接待服务程序以及各阶段工作要点；领队服务工作流程、出入境工作要点。

2. 应变能力考核内容

游客在餐饮、住宿、交通、游览、购物、娱乐方面个别要求的处理；游客自由活动、中途退团及其他特殊要求的处理；漏接、错接、旅游计划和日程变更、误机（车、船）事故、遗失物品、游客走失或患病等常见问题和事故的预防与处理；交通、火灾、食物中毒、治安等旅游安全事故的预防与处理；泥石流、地震、洪水、海啸、台风等自然灾害的避险方法。

3. 综合知识考核内容

当前国际、国内和省内时政以及经济、社会、文化和旅游发展等方面的知识，河北省地理位置、行政区划、人口数量、民族构成、气候特点、历史沿革以及重点景区等相关知识，出游疫情防控措施以及突发公共卫生事件的应对知识等。

## 三、考试要求

### （一）举止礼仪

考生着装得体，符合导游职业特点；仪表整洁、举止大方；表情自然、面带微笑，有亲和力。

### （二）语言表达

要求吐字清晰，发音标准；音量和语速适中，语言准确、流畅、生动、有感染力。

### （三）景点讲解

（1）欢迎词和欢送词要素内容齐全。

（2）景点讲解要素包括景区概况、历史沿革、代表性景观、重要人物与事件，以及所蕴含的历史、文化、科学、艺术价值等，考生可从中选择部分要素，自创导游词。

（3）城市概况讲解要素包括地理位置、行政区划、人口数量、交通条件、气候特点、历史沿革、民俗风情、风物特产、主要旅游景观及当地经济、社会、文化发展状况等。考生可从中选择部分要素，自创导游词。

（4）讲解内容科学准确、层次清楚、重点突出。能够恰当运用讲解方法与技巧，具有现场感。

### （四）专题讲解

要求紧扣选题进行总结概括，讲解内容结构完整，重点突出，条理清晰，知识准确。需要特别说明的是，专题讲解不同于景点讲解，不能用某一景点的讲解来替代。

### （五）知识问答

要求回答问题全面准确，对突发事件和特殊问题的处理妥当，思维敏捷，考虑周到，具有良好的应变能力。

## 四、评分标准

现场考试满分为 100 分，其中，礼貌礼仪占 5%，语言表达占 20%，专题讲解占 15%，景点讲解占 30%，导游服务规范占 10%，应变能力占 10%，综合知识占 10%。

# 第二章
# 现场考试准备

现场导游考试是对考生综合素质与能力的考查，不仅要将讲解内容和综合知识熟记于心，还要注意自己的仪态举止。应对现场导游考试，需要做好心理、知识、仪容仪表以及语言表达等多方面的准备。

## 一、心理准备

现场考试中，很多考生会存在不同程度的紧张或焦虑，这都是正常的。适度的紧张，有利于刺激神经，使其兴奋。过度的紧张才会导致发挥失常。考试前，考生应采取相应的措施，调整好自己的心态。

### （一）以平常心对待

面试之前大家需要把自己的心态调整好，不要把一次面试看得太重，要用平常心去对待。只要自己尽力了，结果如何并没有那么重要。

### （二）积极的心理暗示

当处于极度紧张的时候，可以通过自我心理暗示来调整紧张的心理，相信自己能行，鼓励自己一定能面试成功。积极的心理暗示可以产生积极的影响。

### （三）切忌追求完美

在很短的时间内，把问题想得既周到又全面是不现实的。只要能够真实地把自己的想法说出来，把自己最好的一面呈现给考官就是胜利。盲目地追求完美，容易出现紧张焦躁的状态。

## 二、知识准备

考生的专业知识和综合知识储备是现场考试的重要考查内容。因此，考生应熟悉和掌握导游讲解与服务的相关知识，并且具有较为丰富的多学科知识。

### （一）讲解知识准备

考生应根据大纲规定的考试范围，准备好导游讲解词，做到熟练记忆和讲解。熟悉导游讲解应遵循的基本原则，掌握导游讲解的规范程序和基本要领，熟悉常用的讲解方法与技巧。

### （二）问答知识准备

考生应认真阅读大纲规定的考试范围，熟悉导游服务规范、导游服务中常见问题和事故的预防与处理办法、自然灾害避险方法等。平时注重学习积累，关注当前国际、国内和省内时政以及经济、社会、文化和旅游发展动态，了解省情和重点旅游景区的相关知识，出游疫情防控措施以及突发公共卫生事件的应对知识等。

## 三、个人形象

现场考试中，仪容仪表是让考官产生良好第一印象的关键。因此，每一位考生都应提前做好个人形象方面的准备。

### （一）仪表整洁大方，阳光自信

考生着装应做到干净整洁，不可标新立异，着奇装异服。着装应与自己的年龄、肤色、性格相适应，考虑导游的职业特点。注意个人卫生，面部和头发干净整洁，发型以简单利落为宜。不宜佩戴过多饰物，如非戴不可，也应含而不露，切忌花枝招展。

### （二）举止端庄，彬彬有礼

考生应注意礼貌，但也不要过于客套。进入考场后，应礼貌地与考官打招呼。讲解时，语气和语速应显示出亲切感和谦虚的态度。保持良好的站立及行走的姿势，身体不要前后左右摇摆，走路要自然放松。现场导游考试中，重点考查的仪态礼仪是站姿，应稳重、自然。

**（三）面带微笑，表情亲切自然**

微笑可以给人以坦诚、自信、友好之感。讲解时，最好面带自然的微笑，目光与考官有交流。

## 四、现场表达

考生的现场表达能力是重要的考核内容，因此应进行一定的训练，掌握一定的技巧。

**（一）语速和音量适中，吐字清楚，流利生动**

现场表达语速切忌过快，应稍放慢语速，有利于自己思考，也便于考官听清楚，这样会显得从容、胸有成竹。音量不宜过高或过低，以能让考官听清楚为宜。导游语言是一种口头语言，现场表达一定要流利，语调抑扬顿挫，自然生动。如出现忘词的情况，可稍微停顿深呼吸一下，不要将一句话重复提及。

**（二）克服背诵现象，重在讲解**

现场模拟讲解不同于背诵，重在进行讲述和解释。因此，考生应克服背诵现象，尽量做到情景模拟，身临其境、绘声绘色、生动形象地进行介绍。

**（三）恰当使用手势进行辅助表达**

讲解中，单靠动口是达不到良好的沟通效果的，需要手势的配合。作为信息传递的一种方式，手势的恰当使用，能弥补语言表达的不足，增强语言表达的生动性、感染力，进而达到更好的讲解效果。

**（四）积极回答问题，使用专业术语**

考官提问后，考生应认真思考后再回答。回答时应尽量用专业术语，遇到不会的情况，切忌沉默不言或不懂装懂；可积极与考官沟通，分享自己不成熟的思考结果，或坦白承认自己不知道答案，以后会继续努力。

**参考文献**

［1］导游资格考试．https://mp.weixin.qq.com/s/izID2JfP2ZLwk8LkjDilLg

［2］https://zhuanlan.zhihu.com/p/51077199

［3］http://m.daoyou.51mokao.com/forumpostscont.html?id=13497

# 第二篇　导游词创作及讲解

# 第三章 导游词的创作

## 一、导游词创作的一般思路

简单说来，导游词的写作可以分为 4 个步骤：搜集景点资料、分析景点特征、开展文字创作和实地检验成果。

### （一）搜集景点资料

要写出一篇能够完整介绍旅游景点各方面情况的导游词，前期的资料搜集工作必不可少。应该先通过各种渠道获取大量的景点资料，为后期的写作奠定材料基础。

1. 选取恰当的资料

任何一个旅游景点包含的内容都蔚为大观，但并不见得每一方面的内容都是必须向游客介绍的，因此在创作导游词之前搜集的资料要有一定的选择性，选取恰当的资料来为创作做准备。

（1）景点直观属性资料。景点直观属性资料指的是旅游景点的地域、范围、规模、结构、色彩、音响等方面的资料。这些是旅游景点对旅游者产生的直接感官刺激，也往往是导游词中最基本的内容。

（2）景点文化内涵资料。景点文化内涵资料指的是旅游景点的历史沿革、景观类型、形成原因、相关人物与典故等方面的资料。这些资料能够给旅游者以无法从感官上直接获得的信息，增加旅游景点的吸引力。

（3）景点背景知识资料。景点背景知识资料指的是旅游景点所包含的思想意识、美感、特色、人文风情等方面的资料。如果能够将这些资料融入对景点直观属性和文化内涵的介绍之中，就可以大大提高导游词的质量。这是高水准导游讲解的点睛之笔，也是一篇出类拔萃的导游词与一篇勉强合格的导游词最关键的区别所在。

（4）景点相关知识资料。景点相关知识资料指的是与旅游景点相关的科学概念、专业理论、名人名言等。这些资料并非所有旅游者都愿意或者能够接受，搜集这些资料的目的是为了迎合一部分高素质旅游者的需求，在写作导游词时可以斟酌使用。

2. 景点资料搜集途径

搜集景点资料的途径是多种多样的。一般说来，从已有的景点说明词和书籍介绍词中搜集无疑是最为有效的一条途径，但这种途径也有其弊端：一是时效性较差；二是不够详细和具体；三是有关新开发景点和冷门景点的景点说明词和介绍书籍十分有限。这就要求导游人员另辟蹊径去搜集景点资料。

可以从政府官网和景区网站搜集资料。从实践工作来看，向有关专家、当地居民和同行咨询也是很可靠的搜集途径。这些人员或出于专业研究，或由于长期居住，或基于工作需要，都积累了相当丰富的资料；向他们请教，可以很好地弥补景点说明词和介绍书籍中的不足，提高写作时的可选择性。搜集经典资料时要注意去伪存真、有所取舍。

**（二）分析景点特征**

导游词并不仅仅是大量资料的堆积与罗列，它有其自身的规律和体系。要将已经获得的资料进行归纳分类，根据自己的导游风格和接待的服务对象进行分析归类，找出景点的特征和美感，确定导游词中的重点与亮点。

**（三）开展文字创作**

分析出景点的特征之后，就可以开始写作了。开展文字创作是导游词写作的中心步骤，关系最后成文的质量。创作导游词时必须确定选用哪些资料和如何使用它们，必须确定文章的中心思想和主题内容，必须注意各部分内容之间的衔接和过渡，必须考虑到如何便于口头表达。

1. 选取恰当的内容

在开展文字创作之前首先要大量搜集景点资料并从中分析出景点的主要特征。许多景点能够搜集到的资料都非常庞杂，但是讲解时间有限，不可能所有资料都用得上，这就要求针对资料进行筛选，选取恰当的内容录入讲解词中。

2. 确立主题思想

导游词主题思想必须正确、明确，必须符合景点实际，必须积极向上、健康有益。这就要求导游必须具备丰富的知识量，对景点有充分的了解，思想健康，态度端正。

**正定古城导游词节选**

各位朋友，游览完正定古城，您会发现正定的风光可以归结为一个“古”字。正定在历史上是北方重要的政治、经济、军事、文化中心，与保定、北京并称为“北方三雄镇”。正定也被建筑学界誉为古建筑艺术宝库，素有“三山不见，九桥不流，九楼四塔八大寺，二十四座金牌坊”之称。

在上面这个例子中，作者以正定的“古”为主题思想，讲解中始终贯穿对“古”字的解释和阐述，能够让游客更好地理解正定古城的悠久历史与厚重文脉。

3. 自然开篇，引入主题

“万事开头难”，写文章开头最难，创作讲解词要起一个好头同样也不是一件容易的事情。合格的讲解词开篇应该能够达到三个效果：调动游客兴趣、指出景点概况、点明主题思想。同时，开篇部分在语言上应该符合逻辑性，顺理成章地引导游客接下来的欣赏。

常用的讲解词开篇部分通常有以下几种形式：背景介绍式、诗歌朗诵式和故事讲述式等。

**白洋淀导游词节选**

亲爱的游客朋友们，大家好！很高兴与您相识在白洋淀景区，我是您的导游，今天就由我陪大家一起泛舟白洋淀、回归大自然、体验碧水清波无边芦苇荡、重温红色记忆烽火岁月天。

白洋淀位于河北省中部，总面积366平方公里，是华北平原最大的淡水湖，水域辽阔、风景绝美、四季竞秀。春天，芦芽竞出，满淀碧翠；夏天，蒲绿荷红，岸柳如烟；秋天，芦花飞絮，稻谷飘香；冬天，坚冰似玉，坦荡无垠。一年四季，景随时移，一派北国水乡风光。

上述例子属于背景介绍式的开篇。它先给游客介绍一些与景点有关的背景材料，使游客先了解景点的主要特色，之后游客对导游人员所讲解的内容就可以理解得更准确一些。这种背景介绍式的开篇适合于大多数旅游景点，尤其对讲解一些具有较深刻文化内涵的景点更加有效。

**秦皇岛祖山导游词节选**

各位游客朋友，我们现在所在的是祖山的东门。祖山位于秦皇岛青龙满族自治县境内，是国家级风景名胜区、国家地质公园和国家稀有植物及濒危野生动物自然保护区。祖山属于燕山山脉，燕山以东、渤海以北诸峰均是其分支，因它如群山之祖，故被称为“祖山”。祖山总面积118平方公里，最高峰——天女峰海拔1428米，祖山分为五大景区，分别为望海寺景区、响山景区、北龙潭景区、花果山景区、背牛顶景区。五大景区各有其独特美妙之处。祖山将泰山之雄、黄山之奇、华岳之险、峨眉之秀兼于一身，这里有举世难觅的奇异飞瀑，有原始遗留的稀有花卉，有风格迥异的明代长城，有遇风乐起的罕见高峰，还有茫茫的草甸、望不到头的白桦林，以及众多的人文遗迹。说到这里，我看到有许多游客朋友已经是迫不及待地想去一睹祖山的风采了，百闻不如一见，现在就请大家随我一同去领略迷人的祖山吧！

上述例子属于诗歌朗诵式的开篇。这种开篇形式能够很快地煽动起游客的情绪，使他们在精神和心理状态上更好地投入对景点的欣赏之中，比较适合于唯美景观和爱国史迹的讲解。

**白洋淀导游词节选**

女士们、先生们，你们好！欢迎大家到华北明珠——白洋淀观光旅游。如果您站在高处俯瞰，就会发现这里沟壕交错纵横，渔村星罗棋布。既有浩浩荡荡的雄浑，又有水陆相间的灵秀。那么您会不会发出这样的疑问：为什么相对干旱的华北平原上会有这样一片水域？是天然形成的，还是人工开凿的呢？关于白洋淀的形成民间有很多传说故事。最被大家津津乐道、口口相传的就是下面这一个：相传很久以前，一个中秋的夜晚，嫦娥仙子偷吃仙药，身不由己，飘飘然飞向月宫，就在她即将飞入天宫的一瞬间，她猛然惊醒，随身带的一面宝镜落入人间，摔成了大大小小的143块，就形成了现在白洋淀的143个淀泊。

上述例子属于故事讲述式的开篇，能让游客充分放松心情，适用于风格较为轻松的旅游景点的讲解。

除了以上这三种主要的讲解开篇形式之外，有的讲解词以猜谜开篇，有的讲解词针对游客的职业或籍贯开篇，还有的讲解词以讲笑话开篇，都可以达到很好的效果。不管是以哪种形式开篇，讲解词都应该能够迅速抓住游客的注意力，自然而然地引入对景点具体内容的讲解之中。

4. 具体内容的讲解要有层次感

在进行旅游景点具体内容的讲解时，讲解词的内容设计应该有明确的层次感和清晰的线索，围绕主题思想层层推进，令游客产生渐入佳境的审美感受。许多旅游景点内的具体讲解对象往往不是只有几个，具体讲解内容比较繁多，这就要求创作讲解词时要对内容进行一定的组织。这种内容组织工作主要是依据讲解对象的空间结构来开展的，同时也要考虑前后内容之间的延伸和升华。一般说来，在园林、古建筑和纪念馆这些旅游景点中，主要建筑物或参观部分本身的空间顺序已经具有了层次感，讲解词可顺其自然地进行下去；而在山水、民俗和石窟碑刻这类旅游景点中，内容比较杂乱，需要在讲解词中重新梳理次序，组织语言。无论哪一个旅游景点，讲解词必须注意前后呼应，逐步深化主题思想。

5. 注意直观内容与非直观内容的结合

毫无疑问，讲解词中的具体内容应该是围绕着游客能够直接欣赏到的景观来展开的。但是，与旅游景点有关的知识并非都是直观的，有些是游客凭借自己的视觉或听觉无法直接获取的，而这些非直观内容又往往对于游客了解旅游景观非常重要，因而在讲解词中要注意将直观内容与非直观内容结合起来。

**山海关古建筑复原图导游词节选**

现在呈现在大家面前的就是山海关古建筑复原图。它真实地再现了山海关古代军事建筑的全貌。山海关境内长城南起老龙头，北到九门口，全长26.5公里，在这段长城上共分布10座关隘，从南到北依次是：南海口关、南水关、山海关、北水关、旱门关、角山关、三道关、滥水关、寺儿峪关、九门口关，短短26.5公里长的长城之上就分布着十大关隘，说明山海关的地理位置和军事战略意义都非常重要。你看山海关北依巍巍燕山，南临滔滔渤海，东有欢喜岭作为天然屏障，西有古渝水形成自然壕堑。这里山海间距仅8公里，而长城贯穿南北，它就像一把大锁紧紧地锁住了东北通往华北的咽喉要道。因此才有“两京锁钥无双地，万里长城第一关”的赞誉。山海关古城历经了600多年的风雨沧桑，城墙上的每一块砖每一片瓦似乎都在向人们诉说着无尽的往事，如果说历史是一座桥，那么长城就是一座丰碑。稍后让我们一起踏着这座历史的桥去寻觅长城丰碑的风采……

以上示例在介绍了山海关军事防御体系的直观内容后再提及山海关经历的岁月沧桑等非直观内容，给游客以无限的遐想空间。

6. 语言具有描绘性和感情色彩

在创作讲解词时应该尽量使用富于描绘性和感情色彩的语句，使游客在听导游人员讲解的同时，在脑中浮现美景，在心中涌起感慨。描绘和抒情是讲解词写作中的重要一环，描绘景物时不要忘了抒情，抒情时也不要忘了描绘景物。出色的描绘和优美的抒情，能使讲解词具有很强的感染力，打动游客的心灵，赋予导游讲解一种时代感。

7. 适当插入过渡语言和方位指示语言

在讲解过程中，有些时候会遇到没有什么值得讲解或者要过多讲解的地方，还有些时候应当向游客指示一些方向位置，这些在创作讲解词时也要考虑到，适当地插入一些过渡语言和方位指示语言，这也是讲解词特点的具体体现。

在讲解完一个主要景点时，通常会给游客安排一定的欣赏和逗留时间，这时在讲解词中应当加入一些过渡语言，诸如“好了，大家如果不信的话，可以靠近一些仔细欣赏一下”“这么美妙的景色要是能够带回家就好了，那么接下来我们在这儿停留5分钟，赶快将您的相机打开吧”“走了这么久，大家可能也累了，我们就在这儿歇歇吧，养精蓄锐，待会儿还有更精彩的风景呢”等这样一些过渡语言。过渡语言应当富有人情味，不要冷冰冰地说“大家自己看一下”“大家在这里自由活动10分钟”“现在休息”这样的话。

讲解词中也要注意使用一些方位指示语言，如“请大家朝着我手指的方向看过去”“朋友们请注意抬头看一下”“在我们前面道路的左边”等。尽管在实际讲解工作中，导游人员往往会用自己的肢体动作来指示方位，但如果在语言上也能配合使用一些方位指示语言，效果更好。

8. 结尾与开篇呼应，留有余地

创作讲解词也如同创作乐府诗一样，既要起得漂亮，也要结得精彩。作为讲解词整体的一个组成部分，结尾应当配合全篇内容，与开篇呼应，再次点明主题思想。

**（四）实地检验成果**

此时创作出的导游词还只是一辆闭门造出的车，并没有得到实践工作的检验。应该尽可能创造机会先行前往景点进行实地考察，并对照已完成的导游词进行模拟演练，实地检验导游词的创作。必须密切注意各方面情况的变化，不断修改、完善导游词，从而使导游词能够与时俱进，真正做到物尽共用。

## 二、欢迎词与欢送词的创作

### （一）欢迎词的创作

1. 欢迎词的内容

（1）代表所在旅行社、本人及司机欢迎旅游者光临本地。

（2）介绍自己的姓名及所属单位。

（3）介绍司机。

（4）表达提供服务的诚挚愿望。

（5）预祝旅游活动愉快顺利。

在设计欢迎词时要突出自己的导游风格，避免千篇一律。

2. 欢迎词的类型

（1）规范式欢迎词。

尊敬的各位领导，欢迎来到“紫塞明珠”——承德，我是您这次承德之行的导游员——李丽，大家叫我小李或李导就可以了。为我们开车的是司机刘师傅，请记住车号为“冀H12345”。刘师傅已经有20多年的驾龄了，驾驶技术十分娴熟，坐他的车您尽管放心。在未来的几天里，如果您有什么需要，尽管提出来，我和刘师傅将竭诚为各位提供服务。我们衷心希望各位领导在承德玩得开心、游得尽兴。同时也愿承德的好山好水能够给您留下美好的印象。

（2）聊天式欢迎词。

来自北京的朋友们，大家好！我先了解一下，大家是一个单位的吗？（回答：是的。）哦，这就好，那么大家早就认识了。下面，我们也来相互认识一下，我姓王，大名王军，是秦皇岛海燕旅行社派出的专门为各位提供导游服务的导游员。我想再了解一下，在座的哪一位是咱们团的领导？哦，您是领导，不过在秦皇岛期间大家应该听我的，我暂时是老大。开个玩笑，下面为各位介绍一位真正的老大，就是这位司机张师傅，他可掌管着我们全团人的方向，这位“老大”在旅游圈中可谓德高望重，很有威信，有了张师傅，我们大家尽管放心，保证大家玩得开心、愉快。

（3）调侃式欢迎词。

各位旅游界的同人，大家好！欢迎各位来到中国著名的武术之乡——沧州，我是您的导游李小小，说实话，面对各位我有些紧张，平时也不是这样，主要是今天面对这么多旅游界的前辈，心里有点儿发虚。在导游员中我不是最优秀的，但我是最勇敢的，在今后的几天里我将努力做好本职工作。我也会珍惜这次难得的机会，向各位老师、专家学习，在工作中不断充实自己。也请您把我当成您的学生，请多批评指正。下面学生就做一下自我介绍……

（4）抒情式欢迎词。

各位朋友，欢迎您到河北来。河北这片土地，美丽富饶。在这里您可以嗅到中华大地5000年的芬芳，黄帝、炎帝和蚩尤在这里开创了中华文明史。天高云阔、风吹草低见牛羊的坝上草原，峰谷参差、巍峨壮美的太行风光，沙软潮平、海天相映的渤海海滨都将带给您诗情画意的美好感受。在这饱含历史沧桑、充满浓郁风情的地方，您将度过一个远离喧嚣和烦躁的阳光假期。

（5）安慰式欢迎词。

各位朋友，大家好，欢迎来到承德，我是您的导游小张，在今后的几天里我将竭诚为您提供导游讲解服务。刚刚上车后我发现有几位朋友情绪低落，是不是看到天上下雨感觉旅游不方便呢？其实在我国古代，皇帝出游时，沿途的百姓都要端着盆往路上洒水，以消旅尘。您看，我们现在就不用麻烦别人，老天为我们泼了水，空气变得更加清新，刚刚来到承德，我们就受到了皇家礼遇，我们是多么幸运呀。

### （二）欢送词的创作

1. 欢送词的内容

（1）回顾旅游活动，感谢旅游者的合作与支持。

（2）表达友情和惜别之情。

（3）诚恳征求旅游者对接待工作的意见和建议。

（4）若在旅游过程中有不顺利或不尽如人意之处，地陪可再次向旅游者表示真诚的歉意。

（5）期待重逢。

（6）表达美好祝愿。

2. 欢送词的类型

（1）规范式欢送词。

各位朋友，我们的终点——山海关机场马上就要到了，小张我也要和大家说再见了，正像一首歌中所唱："伤离别，离别虽然在眼前。说再见，再见不会太遥远。"在这里，导游小张我感谢几天来大家对我工作的支持；如果有照顾不周之处，还请大家多多谅解；同时也希望各位对我的工作多提宝贵意见和建议，您的意见是对我改进工作的最大帮助。希望大家今后能再次来到我们秦皇岛，欣赏我们的长城、沙滩、青山、温泉，一年四季的美景在等着您，到时导游小张我再来给您导游。最后祝愿大家身体健康！阖家欢乐！返程一路平安！谢谢大家，再见！

（2）抒情版欢送词。

各位朋友，和大家挥手说再见的时刻马上就要到了。佛经曾有云："前世五百次的回眸，才换来今生的一次擦肩而过。"咱们在上辈子的努力回眸下，换来了今世的有缘相识。在这共同度过的3天里，我们伴着遥远的南阳公主的传说，一起登顶苍岩山，感受巍巍太行的雄壮；在"九楼四塔八大寺"的正定古城，相遇了"自在正定"的前世与今生；在红色圣地西柏坡涤荡初心。这城、这山、这塔、这一抹红，必将成为我们永远回味的美好记忆。

离别之际小陈送大家一句话：我们常说因为生活我们不能失去工作，我们努力地工作是为了生活，那反过来我们也不能因为工作失去生活，在您忙碌的工作之余别忘了给自己留一份空间，出来旅行一下。

在这次的旅途中，我还是有很多做得不到位的地方，谢谢大家的理解与支持。也许我不是最好的导游，但大家却是我遇到的最好的客人，能和最好的客人一起度过这难忘的三天是我导游生涯中最大的收获！

最后祝大家归途愉快！谢谢！

# 第四章 导游讲解

导游讲解是指导游人员以丰富多彩的社会生活和璀璨壮丽的自然景观为题材，以文化层次参差、兴趣爱好不同、审美情趣各异的旅游者为对象，对自己掌握的各类知识进行整理、加工和提炼，用简洁明快的口头语言进行的一种意境再创造。

## 一、导游讲解的属性

导游讲解是导游人员对旅游者进行的面对面讲解，其目的是满足旅游者求知、求奇、求新、求异、求美的欲望。导游讲解具有如下属性。

### （一）思想性

思想性主要包括两个方面：一是在指导思想上的政治倾向性。导游人员要自觉地把热爱祖国、热爱社会主义贯穿于导游讲解的全过程，无论是景观介绍，还是进行专题讲解或同旅游者的交谈，都要充满对祖国悠久历史文化、壮丽河山的热爱和对社会主义建设事业的热忱，将祖国的形象、荣誉、民族的尊严、社会主义制度的优越性融入导游讲解之中。二是在讲解内容上的健康性。导游人员在知识的猎取，资料的整理、加工，导游词的构思和编写等方面都应具有敏锐的思想鉴别能力，要判明是非、识别善恶、分清荣辱，以保证导游讲解内容的健康。与此同时，在导游讲解中，对来自游客的低级的、庸俗的和颓废的言行要自觉地进行抵制，以保证讲解内容的健康。

### （二）知识性

知识性是导游讲解的基本属性。导游讲解的主要任务是传播知识，帮助旅游者了解旅游目的地的历史、文化、社会等方面的事宜，以满足其求知、求新、求奇、求异的需要。这就要求导游讲解不仅在内容上要充实，符合客观实际，而且在条理上要清楚、语言上要通俗，便于旅游者理解和接受。否则，导游讲解的知识性就要大打折扣。导游讲解除了景点景观的介绍之外，还包括与旅游者的交谈、回答旅游者的问询以及专题讲解，它们都是知识传播的渠道。所以，导游人员不仅要注重景点景观的介绍，还要重视其他知识传播渠道的讲解。

### （三）情感性

导游讲解既是知识的传播，又是情感的交流，“情”是导游讲解的精髓。导游人员在向旅游者进行导游讲解时，要使自己的讲解充满热情、激情、真情和豪情。只有导游人员投入感情，才能对旅游者产生感染力，引发其情感上的共鸣，从而达到情感交流的目的。导游讲解的情感性主要表现在两个方面：一是对所讲解的景观、事物的情感；二是对旅游者的情感，即对旅游者的关怀。

### （四）艺术性

导游讲解同导游带团、导游语言一样，也应讲究艺术。艺术水准越高，导游讲解的效果也越好。导游讲解艺术性的最高境界是有四味，即美味、厚味、多味、回味。因此，导游讲解不能照本宣科、一览无余、不留余味，而应跌宕起伏、引人入胜、回味无穷。

### （五）创新性

创新性是指导游讲解的内容、方式和方法要随着时代的发展、服务对象的不同和讲解水平提高的需要而不断推陈出新。有些导游讲解的内容具有时间性，随着时代的发展、科学的进步，不仅要摒弃一些违背时代精神和科学原则的讲解内容，而且要使讲解的内容与现代社会发展的潮流结合起来，如讲述有关污染问题时应与环境保护结合起来，讲述经济发展时应与科学发展观结合起来等。因此，导游讲解要因时而异，有所变化，不能照本宣科。

## 二、导游讲解应遵循的原则

### （一）客观性原则

客观事实是指独立于人的意识之外，又能为人的意识所反映的客观存在。它包括自然界的万事万物和人类社会的种种事物和因素，既包括有形的事物，如名山大川、文物古迹；也有无形的，如社会制度、风俗民情等。导游人员在导游讲解时，无论采用何种方法或技巧都必须以客观事实为依托。只有这样，经过导游人员加工、整理、构造出来的意境才能对旅游者产生感染力。那种不以客观事实为依托、凭空想象的导游讲解最多只能博得旅游者的一笑，弄不好还会产生相反的后果。

### （二）针对性原则

针对性是指从对象的实际情况出发，因人而异、有的放矢。导游人员的服务对象是有着不同旅游目的、文化修养、知识水平和审美情趣的旅游者，层次悬殊，审美情趣各不相同，这就要求导游人员在接待方式、服务形式、语言运用、服务态度、讲解方法和技巧等方面必须十分注意针对性原则。

### （三）计划性原则

计划性是指导游人员根据旅游者的需求、时间、地点等条件有计划地进行导游讲解。这就要求导游人员在特定的工作环境和时空条件下，充分发挥主观能动作用，这是导游方法与技巧运用得当与否的重要依据。在导游讲解时，导游人员必须考虑时空条件，要预先科学地做出安排，做到张弛有度、主次分明、动观和静观结合、导与游结合，讲解详细又不使人感到冗长，讲解简要却不使人感到短促。

### （四）灵活性原则

灵活性，就是导游讲解要因人而异、因时制宜、因地制宜。游览活动多受人际、天时、地理、交通等多种因素的影响和限制，所谓最佳时间、最佳线路、最佳旅游点，都是相对而言的。因此，导游人员应根据旅游者的不同审美情趣、景点的不同美学特征，以及不同的季节、气候、场合，灵活运用具体的导游方法。此外，灵活性还在于触景生情、随机应变，特别是沿途导游，讲解内容应视具体对象和当时的时空条件而定，切忌千篇一律、墨守成规。

## 三、导游讲解的基本要求

### （一）准确适当

一方面，导游人员讲解的信息来源一定要可靠，要具有可信度和权威性。另一方面，导游人员的讲解要具体，有关景物长度、高度上的精确性能引发旅游者的兴趣，增强其对导游人员专业技能的信任。

### （二）通俗流畅

导游人员的讲解应深入浅出。比较以下两段话，第一段话是："这叫日晷，是我国很早就发明的一种计时器，它利用太阳的投影和地球自转的原理，借指针所生的阴影位置表示时间。晷盘中心的铁针上端指北极，下端指南极，晷盘上下两边刻的是时辰，上面时辰由早到晚向左移，下面时辰则向右转。每年春分后看上面的针影，秋分后看下面的针影。"第二段话是："这个由石头做的东西叫日晷，是古人用来看时间的'石头钟'，它是借太阳光照在铁指针上的阴影位置来表示时间的。指针两端刻的这些字叫时辰，相当于我们现在的几点钟，但没有精确到分和秒。"对比后可看出：同样的内容，明显第二段话的表达更通俗易懂。

### （三）生动幽默

生动幽默的导游讲解能使旅游者在轻松愉快的氛围中学习，导游人员可以在讲解中加入一些娱乐性的内容，这样会使事实更加生动。导游人员可以把旅游者对自己的好奇转化为一种优势，在导游讲解中自然地加入一些个人观察或与自己相关的事物，也可使讲解更富有人情味。

## 四、导游讲解的常用方法

### （一）简单概述法

简单概述法就是用直截了当的语言，简明扼要地介绍参观游览项目概况的讲解方法。它的特点是言简意赅、重点突出，给旅游者以深刻印象。这种方法适用于在前往景点的途中或在景点入口处的示意图前讲解时使用。如果在来到某一旅游景点，旅游者游兴正浓，争先想去看个痛快的时候，导游人员在大门口长篇大论，就会使大家不耐烦。此时应采用简单概述法，将景点的历史沿革、地理位置、面积、景物布局、主要特色、游览线路等主要情况进行一个简单说明，使旅游者对即将游览的景点有个初步印象，然后再进入参观，边看边介绍，导游效果可能会好得多。

简单概述法并不是单调乏味的叙述，在运用这种方法时，导游人员不仅要言辞简洁，还要辅以优美的语音语调、适当的面部表情和手势动作，以提高旅游者的兴趣。

**（二）分段讲解法**

导游人员把要讲解的内容分成若干个段落，进行前后互相衔接的分段式介绍的方法叫作“分段讲解法”。这种方法一般适用于规模较大而且重要的景点。导游人员先向旅游者交代游览的程序、步骤以及每个步骤的注意事项，然后带领旅游团按顺序逐一参观，边看边讲，借物论事，由此及彼，使得大景点、长线路中的精华“浓缩”在旅游者的脑海里。例如在清东陵、避暑山庄等景区进行导游讲解时，就可以使用这种讲解方法。

使用分段讲解法时，应注意在讲解这一景区的景物时不要过多涉及下一景区的景物，但要在快结束这一景区的游览时，适当地讲一点下一个景区的内容，目的是为了引起旅游者的兴趣，使导游讲解环环相扣。分段讲解法的优点是有静有动、动静结合，即将讲解与游览互相穿插，便于导游人员在讲解中借题发挥，穿插一些成语典故、名人逸事，因而能活跃气氛。不足之处是范围较大、景观较多，旅游者活动空间也大，因而除了部分“忠实”的旅游者能围绕在导游周围之外，导游讲解很难集中所有游客的注意力。

**（三）突出重点法**

突出重点法是指导游讲解中避免面面俱到，只是突出某一方面的讲解方法。它主要表现在以下四个方面。

1. 突出大景点中具有代表性的景观

游览规模大的景点，导游人员必须在讲解之前根据日程安排对景点做好周密的计划，确定重点景观和讲解的内容。这些景观既要有自己的特征，又能概括全貌。到现场游览时，导游人员主要讲解这些具有代表性的景观。游览清东陵，由于面积较大、景观较多，不可能逐一讲解。其中具有代表性的是裕陵、定东陵。前者是乾隆皇帝的陵寝，后者是慈禧皇太后的陵寝。它们既是清东陵的代表性建筑物，在建筑规模和建筑质量上，力求恢宏、壮美，以体现皇权至上的思想，洋溢着皇家的气派与威严，成为皇权物化的表征；

又表现出集山川自然美与人文建筑美于一身的特色，极富东方审美情趣，是中国封建皇陵的集大成者。

2. 突出景点的特征及与众不同之处

一个景点往往具有某方面的特征，即使是同一类型的景点，也会各有特色。导游人员应注意发现和把握其特色，将其作为讲解的重点。例如，在秦皇岛游览长城，就有山地长城、平原长城和海滨长城三种，但是它们都各具特色，导游人员在讲解时必须讲清其特征及与众不同之处，尤其在同一地区或同一次旅游活动中参观多处类似景观时，更要突出介绍其特征，吸引旅游者的注意力，避免产生“雷同”的感觉。

3. 突出旅游者感兴趣的内容

导游人员应挖掘旅游者的期望和爱好，将其作为讲解的重点，投其所好。这种讲解方法针对性强，往往能收到较好的效果。例如，在游览清东陵时，如果旅游者对中国古代建筑感兴趣，导游人员应重点介绍裕陵与定东陵的建筑物及其特征、建筑布局和建筑艺术，并将中国古代陵寝建筑与民间建筑乃至西方国家的陵寝建筑进行比较；如果旅游者对中国历史，尤其是清朝历史感兴趣，导游人员就应重点讲解清东陵的历史沿革和皇帝在位时发生的重大事件，使其从对清东陵的介绍中增加对清代历史的了解。

4. 突出“最”字

“最”字是事物或景观某方面突出特征的体现，也反映了其在同类事物或景观中所处的地位，具有代表性，因而能吸引旅游者的关注。导游人员在讲解中应突出其“最”，这些景点可以是世界之最，也可以是中国之最、本地之最。例如避暑山庄及周围寺庙是中国现存最大的皇家宫苑和皇家寺庙建筑群，是中国古典园林的最高范例、东方文化集大成的建筑群，是中国传统文化艺术的经典。长城是世界上最伟大的古代人类建筑工程，白洋淀是华北内陆最大的淡水湖泊。这样的导游讲解突出了景点的价值，但使用这种方法进行导游讲解时，必须实事求是，要有根有据，绝不能杜撰。

**（四）触景生情法**

触景生情法又称情景法或意境法，它是一种借景生情、情景结合的讲解方法。其目的是以景物为依托，通过讲解来营造一定的气氛，以激发旅游者的想象力，将其思绪和感受导入特定的意境，从而发挥导游讲解的作用力和感染力。运用这一方法进行讲解，导游人员必须使讲解的内容与所见景物保持一致，实现情景交融，使旅游者感觉到景中有情、情中有景。例如在游览西柏坡讲解中国共产党七届二中全会会址时，导游人员可以这样讲解：

原来这里是中央工作委员会自己动手建造的大伙房，七届二中全会召开前，临时将这里布置成了会场。会场正面墙上挂着毛泽东和朱德的照片，两边墙上挂有八面鲜红的党旗。主席台是一张长条桌，桌上铺有花毛毯，毯子上铺着的虎皮是林彪从东北带来的。会议期间，毛泽东就坐在后面的藤椅上作报告，发言者都站在他的右边。参加这次会议的有中央委员 34 人，候补中央委员 19 人，列席 11 人，共计 64 人。毛泽东主持了这次会议，并在会上作了重要报告。朱德、刘少奇、周恩来、任弼时、林伯渠、邓小平、陈毅等 27 人在会上作了发言。

这段导游词以七届二中全会会址为背景，叙述了毛泽东和其他中央委员开会的情况，将当时的情景惟妙惟肖地展示在旅游者面前，使其仿佛也置身其中，情景结合的讲解效果是不言而喻的了。

**（五）虚实结合法**

虚实结合法就是在导游讲解中将典故、战争、传说等与景物介绍有机结合起来的讲解方法。虚实结合法中的“实”是指景物的实物、史实、特征、价值等实体，“虚”则是指与景物有关的神话传说、民间故事、趣闻逸事等。导游人员运用此法进行讲解时应以“实”为主、“虚”为辅，做到“虚”为“实”服务，以“虚”来烘托情节，以“虚”来强化“实”的意义，将无情的景物变成有情的讲解。否则就会本末倒置，使讲解缺乏真实性和科学性，虽然这样也能引起旅游者的一时兴致，但真正所得寥寥无几。例如导游人员在介绍野三坡时，可以这样讲解：

三坡之名是因地势变化、气候不同而产生的。这里的地势由南向北逐渐增高，分为上、中、下三坡，上坡和下坡的气候相差半月有余，因此得名“三坡”。三坡前面为什么加这个“野”字呢？有三种说法。第一种说法，据《涿州志》记载：明朝初期，燕王朱棣兴师扫北，到达三坡境界，见到一只松鼠用手捧食松果，好像在向他拱手施礼，便说：“兽且归顺，况人民呼？”于是颁诏免除了三坡的丁粮。从此“松鼠讨封”的故事在三坡民间广为流传。三坡地区就这样被燕王“掖”下了，“野”字就是取了“掖”的谐音……

这段导游词主要是介绍野三坡，并穿插了有关“野”的传说，既生动自然，还引发了旅游者的遐想。所以这种讲解方法不仅能避免导游人员单方面讲解的平淡、枯燥，使讲解更加充实，而且令旅游者浮想联翩，因而能产生较好的艺术效果。

**（六）问答法**

“问答法”是指在导游讲解时，导游人员向旅游者提问题或启发他们提问题的讲解方法。使用问答法的目的是为了活跃游览气氛，调动旅游者的积极性，激发其想象思维，促使他们与导游人员之间进行思想交流，使其获得参与感或自我成就感；也可避免导游人员从头至尾唱独角戏的灌输式讲解，加深旅游者对所游览景点的印象。问答法主要有以下三种形式。

1. 自问自答法

导游人员自己提出问题，并进行适当停顿，让旅游者猜想，但并不期待他们回答，只是为了吸引他们的注意力，促使他们思考，激起兴趣，然后进行简洁明了的回答或做生动形象的介绍，还可以借题发挥，给旅游者留下深刻的印象。

如到承德避暑山庄景区游览时，第二道门“阅射门”的上方悬有一块匾，上面写着“避暑山庄”四个镏金大字，是康熙皇帝的御笔，此匾精美绝伦，分外醒目，可是“避”字却多了一横，导游人员可以问旅游者：“也许大家已经发现，这避暑山庄的‘避’字多写了一横，是康熙皇帝写错了，还是另有原因呢？”问题一提出，旅游者会做出不同回答，停顿过后导游人员继续解释道：“原来在清代这两个‘避’字同时使用，无论用哪一种写法都是正确的，这是一种异体字现象。在这里康熙皇帝是为了追求书法美才这样写的。”这样的讲解不仅让旅游者恍然大悟，而且也会给其留下深刻的印象。

2. 我问客答法

为提高旅游者的参与意识，导游人员在导游讲解中应适当地设计一些问题，启发旅游者开动脑筋。要从实际出发，因人、因地、因时地提问。例如，在中国的园林旅游景点中，时常会看见各种砖雕、木雕以及各种花纹图案，导游人员除了讲解这些所见事物的年代、历史和典故外，还可以向旅游者提问它们的寓意，比如蝙蝠、桃子和灵芝三种图案合在一起为何寓意？一经提问，旅游者定会兴趣大增、七嘴八舌。导游人员采用这种方法时，所提问题必须是在旅游者似懂非懂的程度上，或者是问题本身难度不大，但要动脑筋才能回答。导游人员提出问题后，一般要停顿数秒，若旅游者实在回答不出，导游应立即给出答案，否则时间过长会陷入尴尬的场面。这时，导游人员在将蝙蝠、桃子和灵芝在中国古代的身价和象征细说一番后可以说："三者合而为一，寓意为福寿如意！"此后，周围定会响起一阵掌声。

3. 客问我答法

导游人员要善于调动旅游者的积极性，鼓励他们提问。旅游者提出问题，证明他们对某一景物产生了兴趣，进入了审美角色。他们提出的问题，即使是幼稚可笑的，导游人员也不能置若罔闻，更不能显示出不耐烦，而要善于有选择地将回答和讲解有机结合起来，注意不要让旅游者的提问打乱自己的导游安排。在长期的导游实践中，导游人员要学会认真倾听旅游者的提问，善于思考，掌握其提问的一般规律，并总结出一套"客问我答"的导游技巧，以求随时满足旅游者的好奇心理，达到讲答自然、浑然一体的效果。

4. 客问客答法

这种方法是导游人员利用某些旅游者提出的问题，巧妙地开导启发其他旅游者进行回答，从而达到一种共娱共乐的和谐氛围。

**（七）制造悬念法**

制造悬念法，俗称"吊胃口""卖关子"的导游讲解方法，即导游人员在导游讲解时提出令人感兴趣的话题，但故意引而不发，以激起旅游者的好奇心，使其产生悬念的讲解方法。这种方法通常是导游人员先提起话题或提出问题，利用旅游者想知道结果、了解来历的迫切心情，使其产生悬念，想听下回分解。有时也利用此方法提出问题，暂时停顿，给旅游者稍加思考的时间。讲到关键地方、紧要关头时急刹车，使导游人员始终处于主动地位，让旅游者非得跟着导游的思路走。制造悬念的方法很多，例如问答法、引而不发法、引人入胜法、分段讲解法等都可能激起旅游者对某一事物的兴趣，使他们引起遐想、急于知道结果，从而制造出悬念。例如在游览孟姜女庙景区时，一进山门就要登石级，导游人员此时就可以问旅游者："大家知道一共有多少级石级吗？"旅游者众说纷纭，待登到最高处时，导游人员可以告诉旅游者，一共有108级石级，进而可以再问："大家知道这108级石级代表的是什么吗？"旅游者说法不一，导游人员留下悬念继续带领旅游者参观景区，等到参观完孟姜女苑时，导游人员便可以说出108级石级代表了孟姜女寻夫的108难，刚才进山门时也是让大家象征性地体验一下孟姜女寻夫的艰辛。大家这才恍然大悟。

制造悬念是导游讲解的重要方法，在活跃气氛、制造意境、提高旅游者游兴、增强导游讲解效果等方面往往能起到重要作用。而且，采用此法还会使导游人员始终处于主导地位，在导游活动中把握主动权。因此导游人员应努力掌握好这一方法的运用。但是再好的导游方法也不能滥用，"悬念"不能乱造，以免起反作用。

**（八）类比法**

类比法是一种用类似的东西进行比较，以熟喻生，达到触类旁通效果的讲解方法。它是用旅游者熟悉的事物与眼前的景物进行比较，这样不仅便于他们理解，而且使他们感到亲切，从而达到事半功倍的效果。

类比法分为同类相似类比和同类相异类比两种，不仅可在物与物之间进行比较，还可从时间、风俗习惯等方面进行比较。

1. 同类相似类比

同类相似类比是将性质上相同、形态上相像的两物进行比较，便于旅游者理解并使其产生亲切感。例如，将保定的白洋淀比作美国的安大略湖，将张家口的天路比作美国的66号公路，将崇礼滑雪场比作瑞士的达沃斯等。

2. 同类相异类比

同类相异类比是指将性质上相同而在形态、规格、质量、水平、风格、价值等方面不同的两物进行比较。例如在价值上，将清东陵中慈禧定东陵地宫宝藏同古埃及第十八朝法老图坦卡蒙陵墓的宝藏相比；在规模上，将邯郸临漳邺城与东罗马帝国的首都君士坦丁堡相比；在宫殿建筑和皇家园林风格与艺术上，将承德避暑山庄和巴黎附近的凡尔赛宫相比等，这样不仅使旅游者对中国悠久的历史文化有较深刻的了解，而且对东西方文化传统的差异有了进一步的认识。

要正确熟练地运用类比法，要求导游人员掌握丰富的知识，熟悉客源地，对相比较的事物有比较深刻的了解。面对来自不同国家和地区的旅游者，要将他们知道的风物与眼前的景物相比较，切忌胡乱、不相宜地比较。正确运用类比法，可提高导游讲解的层次，增强导游效果；反之，则会弄巧成拙。

**（九）画龙点睛法**

画龙点睛法是一种用精辟的词语概括旅游目的地或游览景点突出特征的讲解方法。在导游过程中，导游人员将景物最精彩的地方向旅游者指出，使其领略奥妙所在、匠心独运之处，给人留下鲜明的印象，起到“画龙点睛”的作用。例如导游人员带领旅游者游览北戴河时，将北戴河的特点概括为“蓝天白云、碧海金沙、青松翠柏、绿树红墙”，把北戴河的独特之处概括无遗，使旅游者领略到北戴河美的精华。此外，对联或猜谜的形式也可作为点睛之笔，如河北赵县赵州桥可用“水从碧玉环中去，人在苍龙背上行”来形容，再如导游人员可以出一道谜语“日落西斜近黄昏”，让旅游者猜一地名，谜底为“洛阳”。

画龙点睛法是将景观最精彩的部分用简要的词语说明，这种方法生动有趣，又易于理解，有说服力，令人难忘。运用这种方法时，导游人员不能为了突出特点而信口开河、胡乱编造、夸大其词，所讲内容要有根据、有权威性，否则导游人员的可信度就会大打折扣。

**（十）数字说明法**

数字说明法是引用具体的数字精确地说明事物的历史年代、形体特征、功能大小等方面的方法，以提高导游讲解中进行知识传递效果的方法。导游讲解，尤其是讲解一些历史文化古迹往往离不开数字，然而平铺直叙地讲数字，常常给人索然无味的感觉。但是数字对说明事物又很重要，因此巧妙地讲解数字便成为导游讲解的一项技能，数字说明可以用基数，也可以用序数，还可以用“某某之最”之类的词。例如导游人员在介绍北戴河概况时，可以说：“北戴河三面环水，绿树成荫，风景秀美，年平均气温 10℃，7 月份平均气温 24.5℃，比同纬度的北京低 2℃，日温差 6℃，1 月份平均气温 -7℃，是名副其实的避暑胜地。”这样一组数字，比再多的形容词都更有说服力，证明北戴河确实是避暑消夏的好去处。

**（十一）由点及面法**

由点及面法又称“由此及彼法”或“引申法”，是一种由事物的部分引出总体或由一事物引出相关事物的借题发挥的讲解方法。运用这一方法，要求导游人员在导游讲解中不能就事论事，而应利用所讲之事、所见之景进一步引申，扩展讲解的范围和深度。这里要注意的是扩展的范围必须与所讲之事或所见之景密切相关，扩展的深度必须依据旅游者的文化层次和兴趣，否则，会给旅游者故意卖弄之感。例如，在参观寺庙入山门时，导游人员除了介绍该寺庙修建年代及两边所供奉的“四大金刚”外，还可引申介绍寺庙大门为何叫“山门”。

对导游人员来说，运用此法可以拓展导游讲解的内容，将对外宣传与景物的讲解交融在一起。对旅游者来说，可以增加对目的地的了解，丰富知识。

**（十二）创新立意法**

创新立意法，顾名思义就是导游人员超出导游讲解的一般常规，给景点景观讲解赋予新意的方法。这种方法可以将旅游者引入一个崭新的意境中，使其产生新鲜感、愉悦感；同时运用这种方法需要导游人员不仅对景点景观非常熟悉，而且要求导游人员拥有丰富的想象力和深厚的文化底蕴。按照此法进行的导游讲解常常给旅游者以启迪，给其留下难以忘怀的印象。

在实际导游工作中，导游讲解的方法还有很多，然而各种导游方法和技巧并不是孤立的，而是相互渗透、相互联系的。导游人员在学习众家之长的同时，必须结合自己的特点融会贯通，在实践中形成自己独特的导游风格和导游方法，并视具体的时空条件和对象，灵活、熟练地运用，这样才能不断提高自己的导游讲解水平，向旅游者提供高质量的导游服务。

**参考文献**

[1] 付岗. 导游实务 [M]. 北京：中国旅游出版社，2011.8

# 第三篇　中文景点讲解

## 第五章 全省共讲景点

### 一、西柏坡

**【常规游览线路】**

西柏坡陈列展览馆—西柏坡廉政教育馆—中共中央旧址—西柏坡国家安全教育馆—西柏坡丰碑林。

**【讲解要点】**

景区概述：位置、名称由来、历史价值。

主要景观景点：西柏坡中共中央旧址、西柏坡陈列展览馆。

**（一）景区概述**

1. 位置

在太行绵延千里的大山中，有这样一片土地，它西扼冀晋之咽喉，东开平原之通衢，绵长的历史底蕴、深厚的文化积淀、美丽的自然风光、淳朴的风俗人情，使得这片土地美丽而充满神奇，这就是千里太行毓秀神奇之地——平山县。滹沱河流经平山县，在太行深处拐了个弯，怀抱起一个静谧而端庄的小村庄。这里就是解放全中国的最后一个农村指挥所——西柏坡。

西柏坡景区位于河北省平山县中部，地处华北平原和太行山交会处，在一片向阳的马蹄状山坳里，三面环山，一面环水，西扼太行山，东临冀中平原，距石家庄 70 公里。

2. 名称由来

西柏坡原称柏卜，始建于唐代，因村北坡上翠柏苍郁而得名。五代后周时，滹沱河发大水冲毁了村子，居民散落各地。宋初，部分居民迁回，重建村子。因村中间有一片苇地将村子隔断，东边的叫东柏卜，西边的叫西柏卜，合称柏卜。民国初年，该村的一名教书先生齐玉军将"卜"字改为"坡"字，遂称柏坡。

3. 历史价值

西柏坡是解放战争时期中央工作委员会、中共中央和中国人民解放军总部的所在地。1947 年 5 月，刘少奇同志率领中央工作委员会先期来到西柏坡，1948 年 5 月，毛泽东、周恩来、任弼时率领中央前委和中国人民解放军总部到西柏坡与中央工作委员会会合。这个普通的山村成为"解放全中国的最后一个农村指挥所"，成为中国共产党领导全国人民和人民解放军与国民党进行战略大决战的指挥中心。中国共产党在西柏坡召开了全国土地会议，领导了解放区的土地改革运动；组织指挥了震惊中外的辽沈、淮海、平津三大战役，夺取了解放战争的决定性胜利；召开了中国共产党七届二中全会，描绘了中华人民共和国的宏伟蓝图，提出了"两个务必"的著名论述。1949 年 3 月，中共中央和中国人民解放军总部离开西柏坡迁往北平。同年 10 月 1 日，中华人民共和国成立。从此，西柏坡以其独特的贡献，彪炳于中国革命史册，树立起一座不朽的丰碑。故有"新中国从这里走来"和"中国命运定于此村"之美誉。

**（二）主要景观景点**

景区有西柏坡中共中央旧址、西柏坡陈列展览馆、西柏坡国家安全教育馆、西柏坡廉政教育馆、五位书记铜铸像、西柏坡丰碑林、革命圣地西柏坡纪念碑、西柏坡领袖风范雕塑园、西柏坡青少年文明园、中央宣传部旧址、中央组织部旧址、西柏坡中央部委旧址区、中央妇委旧址等景点。

1. 西柏坡中共中央旧址

西柏坡中共中央旧址位于河北省平山县中部，是解放战争时期中共中央和中国人民解放军总部所在地。

西柏坡中共中央旧址占地面积 16440 平方米，建筑面积 2600 平方米，目前对外开放的主要有毛泽东旧居、朱德旧居、刘少奇旧居、周恩来旧居、任弼时旧居、董必武旧居、中央军委作战室旧址，以及中国共产党七届二中全会会址 8 处。1982 年 3 月，国务院公布西柏坡中共中央旧址为全国重点文物保护单位。

（1）董必武同志旧居。董必武同志旧居原本是西柏坡村的一户民房。正房是董必武办公室和寝室，厢房是警卫员刘国安、秘书王宝萱和夫人马云苏住的地方。院里的海棠、杏梅、翠竹，都是董必武和夫人何莲芝在工作之余亲手栽种的。董必武同志于 1947 年 5 月随同中央工作委员会来到西柏坡，在这里工作、生活了将近两年的时间。

北房东屋是董必武的办公室，室内陈列的办公桌、太师椅、茶几、书架等都是原物；北墙悬挂的“华北最新详图”是董老收藏并使用的。董老经常孜孜不倦地学习马列著作和毛主席著作，书架上陈列的书籍，都是他当年阅读过的。他的桌上总是放着笔墨纸砚，他坚持每天学习、写作，从不间断，真正做到了活到老，学到老。就是在这里，董老还为 1948 年 12 月首次发行的人民币题写了“中国人民银行”的字样。

北房西屋是董必武一家的寝室，北墙上挂着的照片，是董必武与夫人何莲芝、长子董良羽、女儿董良翚、次子董良翮的合影。董老的夫人何莲芝早在延安时期就是纺织能手，曾被评为“陕甘宁边区的劳动模范”。炕上的纺车，就是何莲芝同志纺线用的。当年，董老在工作之余曾跟何莲芝学纺线，由于初学，左右手总协调不好，董老看着夫人熟练优美的纺线动作，深有感触地吟道：“捻线巴掌握手拳，看时容易做时难”，但功夫不负有心人，董老终于还是学会了纺线。1978 年 10 月，何莲芝重返西柏坡，当她看到这架纺车时，情不自禁地再一次盘腿坐上土炕，深情地摇起当年的纺车，并唱起了一首《纺车谣》：“小小的那个纺车吱扭扭转，摇起了那个纺车纺线线……”仿佛又回到那难忘的岁月。

（2）刘少奇同志旧居。刘少奇同志旧居是一座三进式的院落，分为前、中、后三个小院，前院是新华社总编室旧址，中院和后院是刘少奇同志的旧居。1947 年 5 月，刘少奇、朱德率领中央工作委员会到西柏坡后，由于住房紧张，前院曾是朱德总司令的住处，1948 年 11 月，朱老总搬到了后沟新建的窑洞里，新华社总编室才集中在这里办公。

正房西边两间是新华社的办公室，也是会议室，屋里的陈设非常简单，工作条件非常艰苦。东边一间是胡乔木的办公室也是他和夫人谷雨的寝室，当时生活条件艰苦，夫妇俩就睡在这张农家土炕上。

中院正房两间分别是刘少奇同志和王光美同志的办公室。北侧厢房是刘少奇同志的秘书廖鲁言同志的住处；南侧厢房是朱德同志的秘书黄华同志的住处。

刘少奇同志的生活非常俭朴，他的办公室既是会议室，也是中央工作委员会的办公室，当时工作委员会的许多重要会议就是在这里召开的。室内的办公桌、沙发、转椅都是当时的原物，是在石家庄战役中缴获的战利品。其中比较珍贵的就是这个小木箱，是刘少奇长期使用的文件箱，上面写着“奇字第③号”字样，也是刘少奇同志从西柏坡带到北平诸多文物中仅存的一件。“文化大革命”期间，刘少奇的家几次被抄，工作人员赵淑君在箱子外面糊了一层花纸，把上面“奇字第③号”的字样盖了起来，才使小木箱幸免于难。1980 年，王光美同志亲自将其捐赠给西柏坡纪念馆，1997 年被鉴定为国家一级文物。

王光美同志的办公室原是刘少奇同志的寝室，结婚后，这里就布置成了王光美的办公室。王光美是天津人，毕业于辅仁大学（今北京师范大学），是物理系的硕士研究生，当时在距离西柏坡不远的柏里村担任中央外事组的英文翻译，中华人民共和国成立以后担任中国社会科学院外事局的局长。

后院是刘少奇和王光美的寝室，1948 年 8 月 21 日，刘少奇和王光美在西柏坡结婚。后院西厢房即是他们结婚时的新房，新房是一间几平方米的小屋，里面的陈设极其简陋，床是用木板和板凳搭起来的，旧被褥叠得整整齐齐，整个新房并没有因为两人新婚而有任何改变。

1949 年 3 月 23 日，刘少奇随同中共中央和解放军总部一起离开西柏坡赴北平。

（3）中央军委作战室旧址。中央军委作战室是中央机关到西柏坡后自己动手建造的。作战室最初有十几个人，后来增加到 20 多人。作战室工作人员每天工作非常繁忙，他们研究分析敌我情况，用不同颜色标出战役进展态势，并及时地向毛泽东等中央首长汇报。然后再将总部的指示、命令通过无线电发报机向前线指挥员传达。作战室把中央军委同全国各个战场紧密地联系在了一起。

当时，作战室的墙壁上挂满了军用地图，并且随着战争的不断变化而进行调换使用。现在作战室墙上挂的地图是由 35 张小图组成的长方形地图，是 1983 年由国家总参测绘局制印的。

西柏坡的工作和生活条件十分艰苦，工作人员绘图、制表用的红蓝铅笔都是缴获来的。据不完全统计，中共中央和中央军委在西柏坡短短 10 个月里组织指挥了 24 次规模较大的战役，仅三大战役期间中央军委发往前线的电报就有 197 封之多。周恩来副主席曾风趣地说："我们这个指挥部可能是世界上最小的指挥部，我们一不发人、二不发枪、三不发粮，就是天天发电报，就把国民党打败了！"

就是在这里，作战室的工作人员还曾设计、研究、讨论了中国人民解放军军旗的图案。之后，在中共七届二中全会上通过了关于中国人民解放军军旗的决议。

1975 年，在淮海战役中被俘的原国民党第十二兵团司令黄维特赦后来到西柏坡，当他看了这几间普普通通的小平房，听着讲解员对军委作战室有关情况的解说，无限感慨地说："国民党当败，蒋介石当败啊！"

（4）毛泽东同志旧居。毛泽东同志旧居分为前后两个小院。1948 年 5 月，毛主席转战陕北来到西柏坡后，就住在这里。

前院设有警卫值班室，西边是水房，水房与值班室相通。前院这里还有一个磨盘，当年，住在这里的警卫战士为了保持院落的清洁，打算把它们拆掉。毛泽东得知这一情况后，叮嘱大家说："同志们，中国革命的形势发展很快，我们不会在这里住多久的，这些东西都不要拆掉，将来群众还要用的。"夏日里，毛主席和朱德、刘少奇等领导同志，经常围坐在楸树下的磨盘旁商讨国家大事，从此西柏坡留下了"磨盘上布下雄兵百万"的佳话。

后院正房两间分别是毛泽东的办公室和寝室。西房南边一间是毛主席的小女儿李讷和保姆韩桂馨的住处；中间是江青的住处，也是主席一家人吃饭的地方；北边一间是毛泽东的书房兼资料存放室。侧门出去是防空洞的洞口。当时取暖是用地热，地炉安在外面，里面挖一地沟，砖面，上面可洒些水，既暖和又增加了空气的湿度，保持屋子里不干燥。燃料则大多是柴，有时也烧煤。

办公室内陈设的办公桌、沙发、转椅、茶几等大多都是缴获的战利品。

毛主席1948年5月26日来到西柏坡，到1949年3月23日离开，在西柏坡工作生活了差三天到10个月时间。短短的10个月，毛主席和他的战友们运筹帷幄之中、决胜千里之外，组织指挥了震惊中外的辽沈、淮海、平津三大战役，决定了中国的命运；组织召开了中国共产党七届二中全会，规划了中华人民共和国宏伟的蓝图。就是在这里，毛泽东同志还写下了许多光辉著作，仅收集在《毛泽东选集》第四卷中的就有20篇，进一步丰富和完善了毛泽东思想。他在这里还为《人民日报》《人民邮电》《中国青年》、新华书店等题写报头、刊名和店名，这些题字至今仍在使用。

毛泽东作为党的领袖，作为一个指挥百万大军的革命统帅，却一直保持着普通人民的生活习惯，严格控制自己的伙食标准，带头实行“每日节省一把米”活动。衬衣、衬裤、袜子已经是补丁摞补丁了，但还是坚持不换新，让工作人员“再费心补一补”。他说：“能多穿一天就多穿一天，前方每天都在打仗，战士们比我更需要衣服，新衣服应该留给他们穿。”

毛主席寝室里的浴缸，是解放井陉时缴获的。洗澡时，把水从外面水房提进来，洗完之后，再舀出去。后来为了方便，卫士们就在墙根挖了一个地洞，通向外边的厕所，洗完澡后水就能顺势排到后面的厕所。双人床是主席用的，由于主席喜欢在床上看书，当时床上将近一半的地方都用来放书。

（5）任弼时同志旧居。任弼时同志旧居是一个南北狭长的四合院。这座小院的北房有两间，正房一间是任弼时同志的办公室；另一间是任弼时夫妇的寝室。西厢房北边一间是任弼时儿子任远远和保姆魏兰春的住处；南边一间，是任弼时的饭厅，9月会议期间，贺龙同志曾在此住过。东厢房北边一间，是任弼时两个女儿任远志、任远征的住处（当时三女儿任远芳在苏联）；南边一间是任弼时的机要秘书、毛泽东的俄语翻译师哲同志的住处。南房两间是卫士长郭仁和警卫人员的住处。

任弼时同志的一生，是艰苦奋斗的一生，办公室内的办公桌、沙发、椅子等都是石家庄战役中缴获的战利品。北墙上的照片是他1948年秋在西柏坡拍摄的，当时任弼时同志44岁。寝室里陈列的毛毯、饭盒都是任弼时同志在西柏坡使用的。木箱、铁皮箱是任弼时同志转战陕北来到西柏坡途中随身携带的文件箱。墙上的照片是1948年任弼时同志全家在西柏坡的合影，照片中有任弼时，夫人陈琮英，女儿任远征、任远志，儿子任远远。

1949 年 3 月 23 日，任弼时同志随同中共中央和解放军总部一起离开西柏坡迁往北京。进京后，他的病情恶化，以至于开国大典也没能参加。1950 年 10 月 27 日，这位中华人民共和国伟大的领袖永远地离开了我们，年仅 46 岁。叶剑英同志在致悼词时说："任弼时同志是党的骆驼，中国人民的骆驼，担负着沉重的担子，走着漫长的、艰苦的道路，没有休息、没有享受、没有个人的任何计较，他是杰出的共产主义者，是我们党最好的党员，是我们的模范。"

（6）周恩来同志旧居。周恩来同志旧居位于中央大院的最东侧，院内正房有周恩来同志的办公室、邓颖超同志的办公室和他们夫妇的寝室；厢房分别是军委作战部部长李涛的办公室，军委作战室副主任张清化的住处；另外在周恩来同志办公室后边有两间小屋，一间是水房，另一间是卫士长成元功和警卫员王还寿的住处。

西柏坡时期，周副主席协助毛泽东组织指挥了震惊中外的三大战役，参与领导了中华人民共和国成立的各项筹备工作。他的工作十分繁忙，既要和毛主席、朱总司令等一起研究战局，又要听取前方各战场的情况汇报、核对军事资料、起草文电、批阅文件等。中央军委给睢杞战役的贺电，解放济南的贺电和锦州解放的贺电等就是由周副主席亲自起草的。在大决战的日子里，周副主席常常是通宵达旦地工作，办公室墙上悬挂的照片就是他工作时的情景。

周恩来办公室内南墙靠窗户一侧有一张油漆斑驳的办公桌，办公桌上的笔筒是由一个破茶杯做成的，里边有几支他亲自用过的毛笔和软铅笔。一个小碟做盖的茶杯，那是因为原杯盖在周恩来出门时被摔坏了，生活一向艰苦朴素的他坚持不换新的，用一个小碟代替，周恩来一直在使用这个茶杯。

在邓颖超办公室内，有一台交直流两用收音机，是许昌战斗的战利品，室内的钢丝床，是淮海战役中缴获的敌人的医用床。

周恩来的寝室有个折叠式两用书架。这个书架是卫士长成元功受大盖木箱的启发，在西柏坡请行政处木工师傅特意为周总理制作的。共有四组，可以折叠，展开是书架，合起来是箱子。1949 年进北京时又带到北京，在中南海还用了一段时间。1977 年 4 月，成元功代表邓颖超同志将其中的三个书架赠给西柏坡纪念馆（另一个未能找到）。1949 年 3 月 23 日，周恩来随同中共中央离开西柏坡赴北平。

（7）朱德同志旧居。朱德同志旧居是三间仿窑洞式的建筑。1947 年中央工作委员会来到西柏坡后，专门请陕北的工匠建造了这所窑洞式的房子。原本是给毛主席移驻西柏坡后居住，毛主席到达西柏坡后，没有舍得住，让给了朱总司令居住，朱总司令坚持不肯，最后在毛主席的一再坚持下，朱总司令才于 1948 年 11 月从刘少奇同志的前院搬到这里。

窑洞西边一间是朱总司令的办公室；中间是会客室；东边一间是寝室。

办公室里陈列的电话机、书籍等都是当时他使用的原物。金属桌椅是 1947 年 5 月华东野战军在孟良崮战役中缴获敌整编第七十四师师长张灵甫的战利品，由美国新泽西州一家飞机制造厂生产。战役结束后，朱总司令到前线视察时，陈毅同志送给他的，在西柏坡朱总司令一直使用着，七届二中全会期间，军事组的同志（朱德、彭德怀、林彪、贺龙、陈毅、聂荣臻等）曾在此桌旁进行过小组讨论。中央迁往北平时，朱总司令又把它带到了北平，并继续使用。1976 年 6 月 26 日，在他逝世前的 20 天，亲自批准将这套金属桌椅送给了西柏坡纪念馆。1997 年，这套金属桌椅被国家文物局革命文物鉴定组鉴定为国家一级文物。

寝室里的木床、衣架、床头柜等都是原物。当年召开七届二中全会时，由于住房紧张，朱德同志这里也成了“临时的招待所”，办公室、会客室都住满了从前线来的同志，朱德总司令和夫人康克清还把自己的床让给了从东北局来的王稼祥、朱仲丽夫妇，自己在地上搭地铺，中间隔一道布帘，一起住在这间几平方米大的屋子里。

朱总司令非常关心解放区的经济建设和群众生活。1948 年 1 月 25 日，他亲自参加了平山县沕沕水发电站的落成典礼并剪了彩。在典礼大会上，他讲道:“这个水电站的建成，能够帮助军火生产，将来还能够帮助农村建设。”

1949 年 3 月 23 日，朱总司令离开工作、生活了将近两年的西柏坡，随同中共中央和解放军总部一起迁往北平。

（8）中国共产党七届二中全会会址。七届二中全会会址位于中央大院的西北角，是中央工作委员会自己动手建造的大伙房。七届二中全会召开前，将这里临时布置成了会场。1949 年 3 月 5 ~ 13 日，具有伟大转折意义的中共七届二中全会就是在这里召开的。

会场正面墙上挂着毛泽东和朱德的照片，两边墙上挂有八面鲜红的党旗。主席台是一张长条桌，桌上铺有花毛毯，毯子上铺着的虎皮是林彪从东北带来的。会议期间，毛泽东就坐在后面的藤椅上作报告，发言者都站在他的右边。主席台两边的方桌是记录桌，铺着白色台布。主席台前面的四个样式不一的沙发是解放石家庄时缴获的战利品，在这里是为朱德、刘少奇、周恩来、任弼时准备的，但没有固定席位，其他会议代表也可以同坐。长条木椅是给来自大院以外的代表准备的，由于座椅不够，住在中央大院的同志还自己带来了座椅（以后为了方便参观复制了部分长条椅）。

参加这次会议的有中央委员 34 人，候补中央委员 19 人，列席 11 人，共计 64 人。毛泽东主持了这次会议，并在会上作了重要报告。朱德、刘少奇、周恩来、任弼时、林伯渠、邓小平、陈毅等 27 人在会上作了发言。

报告提出促进革命迅速取得全国胜利和组织这个胜利的各项方针；说明了在全国胜利的局面下，党的工作重心必须由乡村转移到城市，城市工作必须以生产建设为中心；规定了党在全国胜利以后，在政治、经济、外交方面应当采取的基本政策，特别着重地分析了当时中国经济各种成分的状况和党所必须采取的正确政策，指出了中国由农业国转变为工业国、由新民主主义社会转变为社会主义社会的发展方向。

毛泽东估计了中国人民民主革命胜利以后的国内外阶级斗争的新形势，指出：“因为胜利，党内的骄傲情绪，以功臣自居的情绪，停顿起来不求进步的情绪，贪图享乐不愿再过艰苦生活的情绪，可能生长。”及时地警告资产阶级的“糖衣炮弹”将成为无产阶级的主要危险。为了使全党同志保持清醒的头脑，迎接执政的新考验，毛主席站在主席台前谆谆告诫全党：“夺取全国胜利，这只是万里长征走完了第一步……中国的革命是伟大的，但革命以后的路程更长，工作更伟大，更艰苦……务必使同志们继续地保持谦虚、谨慎、不骄不躁的作风，务必使同志们继续地保持艰苦奋斗的作风。”

七届二中全会闭幕 10 天后，1949 年 3 月 23 日，党中央离开西柏坡踏上了赴北平成立中华人民共和国的新征程，毛主席把这次执政比作“进京赶考”，并坚定地说：“我们一定要考及格，绝不能被退回来，退回来就失败了，我们绝不做李自成。”“进京赶考”体现了中国共产党的自信，也体现了我党居安思危的忧患意识。习总书记到西柏坡学习考察时提出了关于“赶考”的新思想；“考试仍在继续，赶考远未结束。”

1949年3月23日，党中央离开西柏坡，25日到达北平，1949年10月1日举行了盛大的开国大典，西柏坡成为毛主席和党中央进入北平，解放全中国的最后一个农村指挥所，从此，中华民族开启了历史的新纪元，迎来了中国共产党的全面执政，中华人民共和国从这里走来。

2. 西柏坡陈列展览馆

西柏坡陈列展览馆始建于1976年10月，1978年5月26日为纪念中共中央进驻西柏坡30周年时正式对外开放。展览馆运用大量的文物、照片和资料等展示手段，系统介绍了解放战争时期以毛泽东为代表的中国共产党人在西柏坡工作生活的情况以及带领中国共产党和中国人民取得解放战争伟大胜利的光辉实践。

西柏坡陈列展览馆建筑面积6100平方米，共分为3层11个展厅。序厅正前方是以毛泽东同志为代表的第七届中央委员会77位中央委员和中央候补委员组成的大型铜雕。背景是西柏坡中共中央大院和雄伟绵延的太行山脉，象征着西柏坡时期中国人民在中国共产党的领导下团结一心、奋勇向上的精神风貌。铜雕下方“新中国从这里走来”八个大字，是1988年原文化部部长黄镇老将军为西柏坡题的词，也是整个展览的主题。

大厅两侧是具有里程碑意义的革命纪念地，上海一大会址，井冈山、遵义会址和延安组成的浅浮雕群，与中间的铜雕遥相呼应，寓意着中国共产党自1921年建党以来，经过28年艰苦卓绝的斗争终于从西柏坡走进了北京城，建立了伟大的中华人民共和国。所以说“新中国从这里走来”。

第一展厅“走进西柏坡”主要介绍了党中央选择西柏坡作为全国革命领导中心的主要原因以及中共中央撤离延安到达西柏坡的有关情况；第二展室“废除封建土地所有制”重点介绍了中央工作委员会进驻西柏坡后召开中国共产党全国土地会议，领导解放区开展土地改革运动的相关情况；第三展室“指导晋察冀军事斗争”介绍了中央工作委员会到西柏坡后指导晋察冀军事斗争的情况；第四展室“统一解放区的财经工作”介绍中央工作委员会到西柏坡后统一解放区财经工作的情况；第五展室“决战前夕”

介绍了党中央、毛主席转战到达西柏坡后以及大决战之前的全国政治、军事形势；第六展室“大决战（一）”介绍了党中央、毛主席在西柏坡组织指挥辽沈、淮海、平津三大战役及三大战役战场情况；第七展室“大决战（二）”介绍了三大战役期间，人民群众支援前线、英烈及决战之后的相关情况；第八展室“召开中共七届二中全会”介绍了中共七届二中全会的有关情况；第九展室“描绘蓝图”介绍了党在西柏坡为筹建中华人民共和国在政治、经济、文化等方面进行的有益探索；第十展室“难忘的岁月”介绍了毛泽东等老一辈革命家在西柏坡的生活情况；第十一展室“继往开来”介绍了党和国家领导人传承西柏坡精神，不忘初心、牢记使命，走好新时代“赶考”路的情况。

**参考文献**

[1] 陈宗良，王红. 走进西柏坡系列丛书之西柏坡景点［M］. 北京：中央文献出版社，2012.

[2] 张志平. 感受西柏坡［M］. 北京：中央文献出版社，2005.

## 二、山海关

**【常规游览线路】**

长城文化游览线：迎恩门—钟鼓楼—镇东楼（天下第一关）—瓮城—罗城—宁海城—龙武营—澄海楼—入海石城—海神庙—龙园。

文物建筑游览线：山海关古城—田中玉公馆—先师庙—南大街绸布庄—老龙头长城—八国联军营盘日址—海神庙。

**【讲解要点】**

景区概述：位置、名称由来、资源价值、荣誉。

主要景观和景点：山海关片区包括迎恩门、钟鼓楼、镇东楼（天下第一关）、罗成、瓮城、威远城；老龙头片区包括宁海城、澄海楼、南海口关、天开海岳碑、靖卤台、入海石城、海神庙、八国联军营盘旧址—英军营盘旧址。

### （一）景区概述

中国历史上曾有数以千计的繁华城市，如今多已消失，而山海关是依然存活的古城池，5000年的历史长河给这里留下了丰厚的人文和自然遗产。山海关是中国传统文化的结晶，是中国长城文化的精粹，是古代军事建筑的绝唱。“两京锁钥无双地，万里长城第一关”是古人对山海关的高度评价。

1. 位置

山海关景区位于河北省秦皇岛市山海关区。南临渤海、北依燕山，东接辽宁、西近京津，古有“畿辅咽喉、两京锁钥”之称。总面积3.2平方公里，由山海关古城片区与老龙头片区组成。

2. 名称由来

山海关始建于明洪武十四年（1381年），北倚层峦叠嶂的燕山之麓，南临烟波浩渺的渤海之滨；长城连山襟海纵贯其间，雄关紧扼要隘，形势险峻如虎踞龙盘，故得名“山海关”。《畿辅通志》中称山海关为“长城之枕护燕蓟，为京师屏翰，拥雄关为辽左咽喉”。

3. 资源价值

“幽蓟东来第一关，襟连沧海枕青山。长城远岫分高下，明月寒潮共往还。”这是明太祖朱元璋赞咏山海关的诗句。山海关是明代万里长城东部起点的第一座关隘，与居庸关、嘉峪关并称三大名关。山海关以其科学的选址布局、独特的军事建置和特殊的地理位置成为万里长城众关之首，被誉为“天下第一关”。

（1）观赏游憩价值。山海关四季分明，气候温和，冬无严寒、夏无酷暑。城市空气中负氧离子含量每立方厘米5000～7000个，成为天然“氧吧”。在这里可以“春游悬阳观桃李，夏驭老龙视狂澜，秋登燕塞赏红叶，冬看城楼披银装”。山海关长城居于万里长城“龙首”之地和入海之处，南至渤海，北跃角山，隐于燕山群峰。沿线密布大小关隘、敌台、峰堠上百座，其雄、其险、其奇，堪称一绝，被长城学界泰斗罗哲文先生赞誉为“天然的长城博物馆”。由于特殊的地理位置和历史原因，这里18个民族和谐共处、相互融合，形成了独具特色的民俗风情、特色饮食、传统节日和宗教文化。

（2）历史文化价值。长城凝聚了中华民族自强不息的奋斗精神和众志成城、坚韧不屈的爱国情怀，已经成为中华民族的代表性符号和中华文明的重要象征。

山海关长城自古被誉为“两京锁钥无双地，万里长城第一关”。1381年徐达建关设卫、1644年明末甲申之战、1900年八国联军入侵、1924年第二次直奉大战、1933年长城抗战第一枪、1945年山海关保卫战、1948年山海关解放，这里是中华民族保家卫国、抵御外侵的脊梁，是记录历史更迭的史志，是赢得中华人民共和国诞生的见证。历经数百年沧桑岁月，山海关及老龙头长城以其壮丽的风光、独特的历史地位，已成为举世闻名的风景名胜。

（3）建筑价值。第一，关城选址科学。山海关在明代修建之初，就本着军事防御需求，“依山阻海、视方度势”而建关筑城，足令一夫当关、万夫莫开。它是明长城迄今为止保存最完整的军事城防体系。据《临榆县志·建置编》中记载：“山海之城，甚得地理，永不被兵。”

第二，布局严密完整。关隘是长城军事行动和商旅交通的重要进出之处，山海关城体现了缜密的中国古代军事哲学思想。结构布局以长城为主线，以山海关城为中心，由10座关隘、7座卫城、41座敌台、14座烽火台、14座墩台等不同等级、不同形式和不同功能的建筑组成，结构严谨、功能完备，构成主体两翼、左辅右弼、互为掎角、一线逶迤的格局，是中国建筑史上罕见的奇作。

第三，建筑类型多样。山海关长城是明万里长城的精华荟萃，长城建筑因地制宜、因险制塞、选址科学、布局合理。砖包墙、夯土墙、石砌墙、山险墙、借山墙等墙体类型应有尽有。老龙头海上长城、三道关“倒挂长城”，以及滨海长城、平地长城、山地长城、河道长城均是长城建筑史上的神来之笔，素有“天然长城博物馆”之美誉。

第四，城防独具匠心。山海关城并非单体防御设施，包括罗城、翼城、哨城以及城墙、城台、城堡、敌楼、烽燧等，组成完整的防御体系。总体布局分内外两层，内层以关城为核心，关城居中，外有瓮城、罗城防护主城；外层是散点式建置的哨城、各路关隘、峰堠，与核心互为犄角之势。山海关城可谓防中有防、备中有备、密如铁桶、滴水不漏，形成一个功能强大、坚不可摧的城防建筑群体。

4. 荣誉

早在1979年，山海关就与北京故宫、广西桂林、杭州西湖一同成为我国首批四个开放的旅游区。多年来，已获得“世界文化遗产”“国家历史文化名城”“全国首批5A级旅游景区”“国家重点风景名胜区”“全国重点文物保护单位”“中国长城文化之乡”“中国长城文化研究中心”“中国旅游胜地四十佳”等多项殊荣。

**（二）主要景观和景点**

1. 山海关古城

山海关古城是明代万里长城重要的军事城防建筑，是依然存活并迸发着生机与活力的古城池。山海关古城始建于明洪武十四年（1381年），大将军徐达以其独到的军事家眼光在山海之间建关设卫，成就了山海关重要的军事地位。因其地处要隘，形势险要，故称“天下第一关”。明朝对山海关的修筑完善经历了260多年，关城是整个军事防御体系的核心，占地面积126公顷。东西南北各设一门，四门之上建有城楼。城中心建有钟鼓楼，东西南北四条大街与关城四门相通，仅东西大街就曾是明代的驿道、商道、官道、贡道和清朝御道、北宁国道，古城内至今仍保持着明清时期街道的方格网状布局。

明初建关时，这里是朝鲜等国入贡和商旅往来的重要通道，也是东北通往关内的咽喉要道，平时城门大开供车马人流通行，战时紧闭固若金汤，大有“一夫当关、万夫莫开”之势。这里依山傍海、紧扼要隘、易守难攻。人们常说的“闯关东”，“关”就特指山海关。

（1）迎恩楼。山海关西门又称迎恩门。城台之上建有迎恩楼，与东门城楼——镇东楼遥相对应。为明代开国元勋、大将军徐达于洪武十四年（1381年）与关城同期而建。迎恩门是驿马传递文书、迎接皇帝诏告、清帝出关祭祖的主要入口，所以，“迎恩门”与“迎恩楼”均因其遥向京都，贵为门户而冠名。

迎恩楼初建时为城楼形制，清乾隆年间（1736～1795年）重修改建为箭楼。明清两代曾多次重修此楼，至中华人民共和国成立初期，由于年久失修，于1955年春拆除。2005年迎恩楼恢复落成再现原貌。城楼西面悬挂“迎恩楼”匾一块，楼东悬挂“祥霭榑桑”匾，相传为乾隆、刘墉君臣二人所题。廊柱楹联：“祥霭度关城，万里和风谐正气；榑桑升海岳，五云光彩耀宏图”。

（2）钟鼓楼。钟鼓楼位于山海关关城中心，分城台和城楼两部分。城台高 8.26 米，台下四面门洞十字相交，穿其内可通往古城东、西、南、北四条大街。门上分别刻有迎旭（东）、朝京（西）、通海（南）、观峦（北）的石刻门额。

据《临榆县志》记载，钟鼓楼是明初徐达建于城内北街中部。万历十四年（1586 年），山海路参将谷成功将其移建于城中心，又称中心楼。明万历，清康熙、乾隆年间多次重修，1952 年拆除。在 2003 年启动的山海关古城保护开发项目中，钟鼓楼作为俯瞰山海关全貌的标志性建筑，于 2004 年春复建。消失了半个多世纪的“晨钟暮鼓”在山海关再次响起。

复建的钟鼓楼完全按照明代形制，由钟鼓二楼及文昌殿组成，三体合一，独具特色。文昌殿面南横额：吉星高照，楹联为“叠嶂围春文运关山化天籁；澄波知圣星移云海启龙吟”。北面横额：循道垂祥，楹联“山海环楼楼傍炊烟登楼顿觉云中客；鼓钟淌韵韵丞日月雅韵堪巡塞外天。”

（3）天下第一关城楼（镇东楼）。天下第一关城楼也叫镇东楼，坐东面西，建筑形式采用我国传统的砖木结构，楼高 13.7 米，东西宽 10.1 米，建筑面积 198 平方米。分上、下两层，底层西面是两扇对开的红漆木质大门，上层为木质的隔扇门窗，其余北、东、南三面共开设 68 孔箭窗，窗板为红底白环黑靶心，鲜艳醒目。这些箭窗平时关闭，战时开启，供作战时射箭之用。

天下第一关城楼建筑精巧，等级较高。屋顶为九脊歇山式重檐顶，正脊和戗脊上装饰着形态各异的瑞兽，正脊两端的名叫螭吻，传说是龙生九子之一，海中神物，喜喷水。四角戗脊的五只小兽被当地百姓冠以极富故事情节的名称，依次是走投无路、跟盯绊倒、东张西望、帮虎吃食和坐地分赃。这些脊兽不但具有消灾灭祸、威慑妖魔的寓意，更是起到固定作用的重要建筑构件，使城楼屋顶稳固而曲线丰富。在城楼内外的檐、檩、梁枋和斗拱等木构件上，还有许多绘制精巧、色彩艳丽的“墨线石碾玉大点金”旋子彩画。这些彩画不但可使木料防潮、防腐、防风化、防虫蛀，还有极强的装饰性和象征性，充分体现了我国古代劳动人民的聪明才智和古典建筑的美学特点。

（4）“天下第一关”匾。在天下第一关城楼一楼最引人注目的就是“天下第一关”匾。此匾是山海关地区现存最古老的一块匾，因无落款、无年月日、无书写人姓名，所以对于它的作者是谁争论不一、众说纷纭。有的说是晋朝大书法家王羲之所题，有的说是明朝宰相严嵩所写，还有说是明朝山海关人萧显所书。据光绪四年（1878 年）编撰的《临榆县志·建置编·城池卷》记载：“天下第一关，传为邑人明萧佥事显书。”当地更是流传着许多萧显写匾的故事。此匾长 5.8 米、宽 1.55 米，其中“一”字长 1.09 米，繁体的“关”字右面一竖高 1.45 米。这个“一”字，虽然只有一笔却不显单薄，繁体的“关”字笔画虽多也不显臃肿，五个字“结构安排讲究，布局章法得当”，与整个关城形势相映衬，大有镇关之风。

除此之外，在城楼内外还有两块“天下第一关”匾，其中二楼内和二楼外悬挂的是清光绪五年（1879 年）王治和民国九年（1920 年）杨宝清摹刻的。

**拓展材料**

“萧显写匾”的故事是省级非物质文化遗产，版本众多，撷取其中一篇：

萧显是明朝著名书法家，是山海关当地人。少年时勤奋好学，在角山寺读书。明成化八年（1472 年）中进士，任兵科给事中。后任贵州镇宁同知、衢州同知、福建按察司佥事等职，任内政绩显著。后因不满官场黑暗，辞官归乡，隐居在关城西北围春山。刚刚辞官归里的萧显，每天与乡邻好友饮酒赋诗，过着退隐生活。一天，地方官奉朝廷旨意，礼聘萧显书写悬挂于山海关东城门楼之上的“天下第一关”匾文。受请之后，萧显精研书艺、苦练臂力、凝神聚意，写下了“天下第一关”五个苍劲有力的大字。因他在福建任职期间经常接济山海关乡邻张老汉，但钱物均被地方官宦截走，萧显便借写匾之机戏弄庸官，将匾文“下”字故意遗漏一点。验收钦差将至，官员们看着已悬挂起的匾各个惊恐失措。萧显严厉斥责了那些中饱私囊的昏庸之辈，待所克扣钱财如数奉还张老汉后，以饱蘸墨汁的麻团向匾上抛去，正好补在了“下”字缺笔之处，围观民众仰望雄关巨匾，为萧老先生出神入化的书法技艺和刚直不阿的高贵品格发出了一片欢呼和赞叹。

（5）山海关古建复原图。山海关形胜险绝，南为海，海阔无垠；北为山，山叠万壑。明魏国公徐达在此建关设卫，堪称独具慧眼。自古就形成“山海关，关山海”之势。在“天下第一关”匾下方就悬挂着一幅古色古香的《万里长城山海关古建复原图》，再现了明代山海关城的整体建筑风貌。关城建筑布局颇具匠心、具有以下三大特点。

第一，体系完备。山海关位于东北华北接合部，北依燕山，南临渤海，东部有欢喜岭作为天然屏障，西面古渝水形成自然壕堑。在仅8公里山海狭长地带，长城贯穿南北，紧紧锁住东北通往华北的咽喉要道，使这里自古就成为海陆要冲，成为兵家必争的军事要塞。历史上的山海关古城防建筑体系长达82公里，以长城为主体，以雄关为核心，南起老龙头，西北至甘泉堡。仅在山海关境内的27公里长城上就有129座城堡、关隘、城楼、敌台、城台、烽火台、墩台。

第二，双层设防。关城核心拥有内外两层防线。内层是以关城为核心的严密组团。关城居中，城墙上设置东、西、南、北四座城门及城楼，四门之外有瓮城，城外护城河环卫，河上设吊桥通行。瓮城之外建有罗城，如同左膀右臂，共为关城前防后卫。关城南北建有翼城，势如双翅，与关城相映。外层是散点式的营城、堡城、关隘和烽堠。它们向外扩展虽呈松散状，但均受核心遥控，互为犄角之势。威远城位居关城东欢喜岭高地，居高临下，视野开阔，为关东防线上的前哨堡垒城；宁海城建在城南老龙头高地，濒临大海，驻守海口，是关城前沿的海防哨城。

第三，建制严密。自海至山“明山海路”所辖十大关隘据险为垒，驻守交通要冲。它们与星罗棋布的烽堠、墩台，各踞一方，与关城遥相呼应。使整个防御体系呈现出主体两翼、左辅右弼、前拱后卫、互为犄角、一线逶迤的格局。其军事防御功能之完备、构思布局之奇巧都堪称中国长城建筑史上的奇作。

“何处险如兹处险，一夫防似万夫防”。一座关隘的得失往往影响着一场战役的胜负，甚至是关系一个国家的兴衰。这座被称为“两京锁钥无双地，万里长城第一关”的山海关，在历史上更是占据着举足轻重的地位。尤其是1644年，李自成率领的农民起义军在山海关石河败北，吴三桂大开城门引清兵入关，从而改写了中国历史，更加显示出山海关“天下安危系于一桓”的重要性。

（6）瓮城·罗城·威远城。在天下第一关城楼东侧有“三件宝”，也被称为三个最具特色的长城建筑。

第一件宝是瓮城，它是中国城防建设中最小的城。瓮城周长仅400米，是关城由外至内设置的最后一道防线。虽然规模不大，却有重要作用。一是对关城起保护作用。登临其上可环视四野，士卒昼夜注视城外动态，有警立即传报，敌人入侵靠近，又可三面御敌于墙外，即使敌人进入瓮城，也可以将关门作为第二道防线，以四墙为堡垒制敌于“瓮中”。二是从建筑上看，城外瓮城回护，形成重城并守之势，坚固、雄伟，充分表现了长城防御工程的特色。

第二件宝是罗城，它是中国长城建筑中最珍贵的城。“罗”是罗列、重叠之意，罗城位于瓮城外围，是关城的外围防御卫城。据《山海关志》记载:“东罗城在东关外接连大城，明万历十二年（1584年）管关兵部主事王邦俊、永平兵备副使成逊请建。”初建时，主要作为关城防御堡垒，用以屯兵、贮存武器弹药。清康熙之后，东罗城成为通往关内外的必经之路，有“两京孔道”之称。东罗城的文物价值在于建城用砖均有印模铭文，其内容为砖的烧造年代、筑城单位地名或番号，目前已发现12种，被称为“山海关长城字模印文砖”。此砖虽经几百年风雨剥蚀，铭文仍清晰可辨，且每块砖价值连城，整座城珍贵程度可以想见，它对于研究古长城建设及其建筑材料具有重大历史意义和科学价值。

第三件宝是威远城，它被称为是改写中国历史最重要的城。威远城，明代称威远台，坐落在罗城外欢喜岭上，是山海关的前哨卫城。1644年明军主将吴三桂与清军主帅多尔衮在威远城达成政治盟约，李自成率领的农民军在山海关石河一战中惨败，直接导致了明清两代王朝更迭，改变了中国历史走向。

**拓展材料**

甲申之战（山海关石河大战）：1644 年是甲申年，吴三桂时任宁远总兵，在清兵压境的情况下，他放弃宁远退回山海关。崇祯帝见李自成起义军已攻到北京城下，顾不上处罚弃城而逃的吴三桂，反而封他为平西伯，调其保卫京城。吴三桂在返京途中得知李自成攻破北京，于是又把队伍带回山海关。他在接到父亲吴襄劝降信，见了李自成派来的“招降使”降将唐通后，权衡利弊后接受招降书率军进京。走到滦州时，听闻父亲被拷打、爱妾陈圆圆被霸占，“冲冠一怒为红颜”回兵山海关，誓与李自成决一死战。李自成见吴三桂改变立场，愤怒之下亲率十余万大军于四月二十一日来到山海关，把部队部署在石河一带。吴三桂势孤情急，多次派人联络老对手——关外的清政权，清摄政王多尔衮收到吴三桂投降书后认为机不可失，日夜兼程也于四月二十一日夜赶至山海关，驻军在威远城外。在决定性战斗的前夜，吴三桂率当地耆老到威远城与多尔衮达成盟约“剃发称臣”。

四月二十二日，农民军与吴三桂军队在石河沿线展开决战，当双方都已人困马乏精疲力竭时，多尔衮指挥精锐骑兵绕过角山，从农民军侧翼发动突然袭击。此时东北风大作，黄沙遮日，大顺农民军在吴清联军的夹击下溃不成军，死伤惨重，李自成退回北京并从此一蹶不振。战后三日，多尔衮率领清军入关长驱西进。九月，清世祖顺治帝由关外入京登基。山海关石河大战，是农民起义军由胜利走向失败的重要转折点，也是清朝军队入主中原最关键的一仗。

（7）靖边楼。靖边楼，是山海关城的东南角楼，据《临榆县志》记载，靖边楼为明初徐达建关时建，明成化、万历年间曾进行维修。清朝，山海关内外一统，长城失去边防作用，靖边楼逐渐荒废，雍正年间，在靖边楼原址上改建奎星楼。

1933 年 1 月 1 日，侵占了东北三省的日军进而染指华北，在山海关蓄意挑起事端，制造了闻名中外的“榆关事变”。事变中，日军动用了陆海空三军优势兵力，对山海关古城发起进攻，关城南门、南墙、东南角、奎星楼是炮火集中所击之处，损毁严重逐渐塌毁。在“榆关抗战”中，中国守军何柱国部不畏强敌，奋起抗击，浴血奋战3日，杀伤日军四五百名，后因实力悬殊、孤军无援，营长安德馨以下400余名官兵壮烈殉国。山海关虽在炮火中沦陷，但“榆关事变”打响了长城抗战第一枪，推动了国共合作进程，在中国抗击外侮的历史上留下了光辉的一页。

如今的靖边楼是1986年在原址上按明代原貌修复的，它与关城东墙上的牧营楼、镇东楼、临闾楼、威远堂共同守卫着山海关长城边防，组成了一道坚不可摧的防御堡垒，被称为“五虎镇东”。

2. 老龙头长城

“上下两千年，纵横十万里”的万里长城，宛如一条巨龙，奔驰腾跃在华夏大地。它从遥远的西部戈壁一路飞腾而来，穿越河川大漠，骄傲地把头伸进滔滔渤海之中，形成龙头入海之势，搅海翻浪，戏水浴日，这便是闻名中外的万里长城唯一入海处——老龙头。

老龙头长城始筑于明洪武十四年（1381年），大将军徐达在此修建山海关前卫哨城。后经抗倭名将戚继光、兵部尚书孙承宗、巡抚杨嗣昌等数位重臣名将的督师经略和增修加固，成为拱卫京师的海防要塞。明代中后期，防务重点转向女真，由陆路转向海路，老龙头成为海上防御前沿。清代顺治至嘉庆时期老龙头是观海览胜的佳绝处。自1840年直至1945年日本投降，老龙头又重新担负起抵御帝国主义入侵的海防重任。这里有万里长城唯一一段入海石城、唯一一座海上敌台、唯一一座观海楼阁，还有明代长城东部的第一个垛口、第一道关口，以及现存最完整的明代海防兵营。其独特的地理位置和军事建筑，具有万里长城任何地段都不能替代的军事功能。

（1）宁海城。宁海城是山海关的前卫哨城，是万里长城军事防御建筑中唯一的一座海堡城，是一组防御功能齐全的军事建筑群。在宁海城中，既有军事指挥机构——守备署，又有驻扎军队的龙武营，还有下级指挥官官邸——把总署，又有依托神灵护佑的宗教建筑——龙王庙、关帝庙等。明代天启年间（1621~1627年），内阁大学士、兵部尚书孙承宗在这里首建龙武营，操练水兵。崇祯六年（1633年），巡抚杨嗣昌扩建老龙头南海口关城，定名“宁海城”，即为现在宁海城的雏形。

宁海城占地 87 亩（约 5.8 万平方米），周长 900 米，平面为矩尺形，北面、西面各设一门，门上建有箭楼，东墙外侧与长城相连，设有马面，建有铺房，与靖虏一号敌台、王受二号敌台呈掎角之势，凸显了山海关滨海长城的防御作用。这些建于明代的军事建筑群，在 1900 年八国联军入侵老龙头的炮火中遭到毁坏，并由英军强行霸占，修建了驻扎军队的兵营。1992 年恢复了宁海城军事防御建筑原貌，复建龙武营军官房、士兵房、伙房、碾房、粮仓、牢房、马厩、戚继光兵阵陈列室以及守备署、把总署、显功祠、龙王庙等，为后人留下了宝贵的历史景观。

（2）澄海楼。澄海楼是历代长城上唯一的一座临海楼阁，九脊歇山顶，两滴水层楼，雕梁画栋，重檐翼舒。它耸峙于高昂的龙头之上，犹如点睛之作，衔领长城，面海背山，历来是瞻海观潮看日出的好地方。据地方志记载，澄海楼原叫“观海亭”，明朝初年修筑。每值海风呼啸，亭内游人丝毫不觉，此景被称为“海亭风静”，名列古“榆关八景”之一。万历三十九年（1611 年），山海关兵部分司主事王致中将观海亭改建为二层的楼阁式建筑——澄海楼。清康熙九年（1670 年），山海关管关通判陈天植曾盛赞澄海楼“面临巨壑，背负大山，高枕长城之上，波澄万里，峰叠千重”，就连彭蠡、洞庭、会稽、山阴等诸胜都不足以与其相媲美！

明清时期，澄海楼是文人墨客、帝王将相登临的佳所，仅清代就有康熙、雍正、乾隆、嘉庆、道光五位皇帝 11 次登楼观海。一楼悬挂的“澄海楼”匾、楹联“日耀月华从太始，天容海色本澄清”，以及横额“元气混茫”，均为清高宗御笔所题。匾额中“澄海”是“大海澄清、海不扬波”之意。“海不扬波”出自《幼学琼林》:“道不拾遗，由在上有善政；海不扬波，知中国有圣人”。象征圣人治国，天下太平。二楼悬挂的匾额“雄襟万里”，为明末内阁大学士兼兵部尚书、两次临危受命督师蓟辽的孙承宗所题。“雄襟万里”不仅赞美了老龙头的雄伟风光，也抒发了他献身边疆的豪情壮志以及忧国忧民的爱国情怀。由于皇帝们频频登临，澄海楼名声大噪。达官贵人、文人墨客纷纷即景抒怀，留下许多脍炙人口的诗篇，盛极一时。

（3）南海口关。南海口关是山海关十大关隘之首，建在海防前沿。此关内外不通大道，关口较小，利于防守。明天启二年（1622 年）为防女真西进，兵部尚书孙承宗在南海口设龙武营。明末，出于战略需要，用土将城门堵塞。清顺治十三年（1656 年），在龙武营基础上增设南海口营，隶属天津水师镇，分防汛守老龙头、南海口、秦皇岛、白塔岭等四处。此后，历经 300 多年海风扬沙成丘，南海口关被积沙所埋，直到 1987 年重修澄海楼，清除滨海长城积沙时，才使南海口关重见天日。

（4）"天开海岳"碑。明清时，澄海楼附近城台上有多座石碑，经过八国联军洗劫，只剩这块"天开海岳"碑。"天开海岳"妙在"开"字的使用，对山海关地理形势作了高度概括。"开"可作"开创"解，意为老龙头的海山美景天造地设，是大自然的赐予。"开"也可作"开拓"解，意为老龙头的海山美景在天地豁然展开。"开"也可引申为"造"，意为大自然之神力造就了大海紧依大山的雄险地形，实在令人惊叹！

此碑因无落款，当地群众口口相传叫它"薛礼碑"。据史书记载：唐太宗多次筹划东征高丽，因征途遥远，"馈运不济"，故在出兵之前，先运粮于临渝关（今山海关）和营州（今朝阳）。山海关关于唐太宗东征的传说很多，其中以薛礼东征，在此立"天开海岳"碑的故事传诵古今。

（5）靖卤台。靖卤台建于明嘉靖四十四年（1565 年），由山海关兵部分司主事孙应元始建，初为实心敌台。明隆庆元年（1567 年），蓟镇总兵戚继光坐镇蓟镇长城时改建为空心敌台。敌台是可驻兵、屯武器、观察敌情和防御的重要长城设施。靖卤台是明代长城东部第一座敌台，也是明代万里长城唯一建在海中的敌台，又称"靖卤一号敌台"。此台由戚继光亲自命名"靖虏台"，后改为"靖卤台"，"卤"指海水，又取谐音"敌虏"，一为大海平静，二为平定敌虏，一名双关，各有意义。

**拓展材料**

戚继光：明代抗倭名将、著名军事家。登州（山东蓬莱）人。嘉靖年间，练"戚家军"，在东南沿海平定倭寇。隆庆元年（1567 年）后，先后任京师防务总理练兵事务和蓟镇总兵，至万历十一年（1583 年）历时 16 年，在西起昌平、东至山海关的蓟镇长城上，整顿边军，缮修边墙，创建空心敌台。他创立了车营、马营等编制，修整和装备精锐器械，采用各个兵种相互配合的新战术，大大鼓舞了士气，提高了战斗力，使1200 里长的国防线面貌改观。

戚继光治军严格，他对属下军官提出 26 条要求，强调为将者必须正心术、立志向、明生死、辨利害、做好人、坚操守、宽度量。他说："古人所谓，武臣不惜死，文官不爱钱，天下太平矣。"戚继光在任期间，经常巡视蓟镇长城防线，他写诗明志："南北驱驰报主情，江花边草笑平生。一年三百六十日，多是横戈马上行。"

（6）入海石城。"长城万里跨龙头，纵目凭高更上楼。大风吹日云奔合，巨浪排空雪怒浮。"万里长城像一条巨龙，横亘于华夏大地，其东端直插入海，犹如龙头高昂，这就是长城与大海握手的地方，老龙头长城的最前端——入海石城。明万历七年（1579 年）蓟镇总兵戚继光派参将吴惟忠增筑。

入海石城建筑结构独特，巧妙地以山海关古陆中老龙岗脉岩为基，以石块夹砌其间，找平后叠筑起九层花岗岩巨石。这种将自然山岩与人工砌体合二而一的做法，不仅省工、省料、省力，而且基础坚固。特别是把长城直插进海，截断了敌人从陆地或浅海绕过长城进犯的通道，具有重要的军事价值。

入海石城上陈列的巨型条石，就是当年筑城用的基础石。每块条石边角整齐，最长的 2.6 米，最重的达 3 吨。为了使入海石城经得住海浪的冲击，在条石四面凿有马蹄形凹槽，相邻两块石槽连接形成"燕尾槽"。槽内再浇铸白矾、松香、铁末制成的溶液，待溶液凝固后整片基石就牢牢地粘连在一起。这种榫卯建筑方式，是隋代水下建筑工艺——银锭铁榫法。正是这种集天工于本体的精湛高超的建筑技术，使入海石城形成了坚不可摧的海上堡垒，成为世界文化遗产——万里长城中海上长城的精品、长城建筑的绝品。

（7）海神庙。海神庙的修建与古代海运有着较深渊源。明初，大将军徐达建关设卫时，即通海运。在老龙头西侧的潮河口兴建泊船港口。为保海运平安，明代修建了海神庙、天妃庙、龙神庙。清代，修建了永佑寺和北海神庙。五座寺庙，有的因年久失修塌毁，有的遭八国联军驻军破坏，中华人民共和国成立后仅存遗址。

如今的海神庙于1989年重建，由古建专家孙大章先生主持设计。此庙坐南面北，建在海滩及礁石上，延伸入海124米，殿宇轩昂。建筑依次为四柱三楼牌坊、三孔石桥、山门、正殿（海神殿）、诗碑游廊、天后宫、栈桥、观海亭等。庙宇与长城在海中劈涛激浪，遥相呼应，相映成趣。

（8）英军营盘旧址。山海关景区内拥有两处全国重点文物保护单位，分别是万里长城山海关和八国联军营盘旧址。“山海关八国联军营盘旧址”是全国唯一一处记录八国联军侵华罪证的建筑实物。2006年5月被国务院公布为第六批全国重点文物保护单位。

1900年（庚子年）8月，英、美、德、法、日、俄、意、奥八国联军占领北京。10月初，联军向具有重要战略地位的山海关发起进攻。清军将领畏战放弃炮台及海岸防线，联军从军事要地老龙头登陆。1901年9月，丧权辱国的《辛丑条约》订立后，入侵联军在山海关老龙头周围9平方公里范围内先后建立起英、法、日、俄、德、意“六国营盘”，开始对山海关的长期占领。英军军营建在老龙头宁海城内外，后又合并德军军营，成为各列强军营中占地最大、建筑最多、驻扎时间最长的一处，常驻人员四五百人，直到第二次世界大战期间才撤走。山海关八国联军营盘旧址的重要价值在于向世人昭示一个惨痛的历史教训，这些有形的建筑实物，时刻提醒中华儿女勿忘国耻、振兴中华。

**参考文献**

[1] 郭泽民. 中国长城山海关详考 [M]. 天津：百花文艺出版社，2006.
[2] 时晓峰. 山海关历代旧志校注 [M]. 天津：天津人民出版社，1999.

## 三、白洋淀

**【讲解要点】**

景区概述：景区位置、形成演变、荣誉。

景区文化：红色印记、生态文化、民俗风情、白洋淀文学。

帝王传奇：杨六郎屯兵御辽、李师儿与金章宗、康乾水围。

## （一）景区概述

1. 景区位置

白洋淀风景区位于太行山东麓永定河冲积扇与滹沱河冲积扇相会合的低洼地区，是华北平原上最大的淡水湖泊。隶属河北雄安新区（雄安新区由原安新县、容城县、雄县及任丘市鄚州镇和高阳县龙华乡组成，雄安新区成立前，白洋淀隶属这 4 县 1 市，安新县水域面积最大，占白洋淀总面积的 85%），地处京、津、石、保腹地，距北京、天津均为 105 公里，距石家庄 155 公里，距保定 30 公里，距北京大兴国际机场 55 公里，区位优势明显，交通便捷通畅。

2. 形成演变

白洋淀旧称掘鲤淀、白羊淀，又称西淀。是华北平原最古老的淡水湖泊。淀区被 3700 多条沟壕、12 万亩芦苇、10 万亩荷花分割成大小不等、形状各异的 143 个淀泊（143 个淀泊中，万亩以上的有 7 个，万亩以下千亩以上的有 24 个，千亩以下百亩以上的有 68 个，百亩以下的 44 个）。白洋淀有广义和狭义之分，广义的白洋淀是 143 个淀泊的总称，狭义的白洋淀指 143 个淀泊中面积最大的那一个，位于整个淀区的南部。

站在高处俯瞰，就会发现这里沟壕交错纵横，渔村星罗棋布。既有浩浩荡荡的雄浑，又有水陆相间的灵秀。那么您会不会发出这样的疑问：为什么相对干旱的华北平原，会有这样一片水域？它是天然形成的，还是人工开凿的呢？

关于白洋淀的形成民间有很多传说故事。最被大家津津乐道、口口相传的就是下面这一个：相传很久以前，一个中秋的夜晚，嫦娥仙子偷吃仙药，身不由己，飘飘然飞向月宫，就在她即将飞入天宫的一瞬间，猛然惊醒，随身带的一面宝镜落入人间，摔成了大大小小的 143 块，就形成现在白洋淀的 143 个淀泊。

传说终归是传说，嫦娥落宝镜的故事为白洋淀增添了一抹神话色彩。而白洋淀的成因有史可寻，它经历了由海而湖、由湖而陆的反复更迭。现在的水域是古白洋淀仅存的一部分。

早在 7500 多年以前，古黄河沿太行山冲积扇东流入海，一直取道华北平原，白洋淀区域是它的必经之路。这就为白洋淀的存水提供了水源保证。

周定王五年（前602年）古黄河在河北平原的地上河崩溃，改道南移，自此，白洋淀流域脱离了古黄河的冲积，水势变小。但黄河派生的一些支流依然盘踞于此，源源不断地经白洋淀东流入海，后来这些支流逐渐演化成为长期为白洋淀供水的九条大河，故白洋淀又有“九河下梢”之称。于是，白洋淀区域出现了许多小洼地，这些小洼地的水面随着旱涝的变化，时而收缩时而扩张，大则串通成片，小则分离，甚至干涸。这时的白洋淀虽有湖泊的出现，但没有今天这样陆地、苇田和沟壕交错纵横的样子，属于原始河流状态。保持着原始沼泽的外貌。

到了战国时期，白洋淀流域成为“燕南陲，赵北际”的军事要地，燕国在北部筑有三台城、浑渥城，赵国在南边筑有葛城，两国遥遥相对，虎视眈眈。公元前314年，燕召王又沿着白洋淀的北岸，筑起了一道250公里的长城，称为燕长城，它的作用有二，一是防止淀水的北泛，二是阻止敌国的入侵，从此奠定了白洋淀自古至今的北界。

西汉时期，白洋淀曾出现了多年的枯水期，为什么这样讲呢？在这里有一佐证，白洋淀1983～1988年进入干涸状态，1985年在水村王家寨、赵庄子两地发现大片的汉墓群，出土了大量的古陶器和五铢钱等文物。到了西晋时期白洋淀流域又由枯水变为多水，出现了大量的游移淀泊，辞赋家左思在《魏都赋》中写道：“掘鲤之淀，盖章之渊”。唐代诗人李缮注曰：“掘鲤之淀在河间鄚县之西”。其位置与白洋淀完全相符，“淀”这个名字由此而生。

宋代出于军事需要，防止辽兵的入侵。在公元993年，发兵一万八千人，建成了西自边吴淀东至泥古海口，绵延七州郡，屈曲九百里，深不可行舟，浅不可徒步的塘泺防线。《宋史·河渠志》对此有详尽的记载，其记载中出现了白洋淀、边吴淀、涝淀等淀泊的名称，这是白洋淀第一次在史书中出现。不过这里的羊字还没有三点水，是牛羊的羊，为什么用这个字呢？因为当时有资料表明，该地水势浩大、风起浪涌，如奔跑的羊群。

塘泺防线侧重于东西走向，目的是抵御辽兵的入侵。另外，鄚县县令唐介修筑了一塘堤，属南北走向，就是如今白洋淀千里堤的前身，这道堤防也为白洋淀湖盆的形成起到了决定性的作用，无意间成为白洋淀的东界。

白洋淀今天的格局论功而言应属宋代，唐堤和长城堤的接轨，构成了白洋淀东边、北边两道界线，所以后人说，白洋淀既是一项宣大的军事工程，也是一项庞大的水利工程，是天然基础上人工治理的结果。

不过，塘泺防线也存在一定的副作用，带来大量泥沙淤积严重，以致后来边吴淀、涝淀等大淀泊尽被淤废。明代弘治（1488年）前，白洋淀严重淤积，并可耕种，中间（今白洋淀北部）成为牧马场，至此白洋淀彻底干涸。到了正德年间，杨村河（潴龙河）决口，水患巨大，农田尽没。白洋淀重新蓄水，出现了汪洋浩渺、势连天际的景观，于是将牛羊的羊改成了汪洋的洋，形成了现在的白洋淀。为防止洪水的泛滥，在白洋淀的南端入口处，修筑了堤防数十里，它就是如今淀南堤的前身，成为白洋淀的南界。白洋淀的名字和范围自此固定下来，白洋淀的形成大致如此。

3. 荣誉

白洋淀是华北内陆最大的淡水湖泊，古有“北地西湖”之称，今有“华北明珠”之誉，诗赞“北国江南”，歌咏“鱼米之乡”，是帝王巡幸之所，英雄辈出之地。

白洋淀对维护湿地生态系统平衡、调节华北平原气候、改善温湿状况、补充地下水及保护生物多样性和珍稀物种资源发挥着重要作用。在2002年被评为“省级湿地自然保护区”，2003年成功举办了中国第17届荷花展，2005年在“中国最美的地方”评选活动中被评为最具人气十大景区之一，同年又被列为“全国百家红色经典景区”，2007年被评为“国家5A级旅游景区”，2011年获“到河北不得不去的地方”30张名片第一名，2014年“畅游中国——安新白洋淀”获河北十佳旅游形象宣传片，2019年入选2019年度5A级景区品牌100强。

**（二）景区文化**

1. 红色印记

1937年7月7日，抗日战争全面爆发。安新白洋淀地区物产丰富、航运发达，成为日军侵略的目标。1937年日军侵占了北平、天津、保定，1939年2月15日占领安新县城，自此安新县抗日政府全部转入地下，分散到水区村庄，继续展开抗日救亡活动。在党组织的领导下，白洋淀及周边人民展现出了燕赵风骨，前仆后继、义无反顾地投身到反帝反封建运动和革命斗争的洪流之中，谱写了壮美的历史篇章，涌现出很多可歌可泣的抗战事迹，留下许多珍贵的文物遗存。这些事迹和遗存是雄安新区重要的历史文化遗产，是传承革命精神、增强民族信念的重要载体。

抗日战争时期，在淀泊相连、沟壕纵横的白洋淀上，有一支神出鬼没、来无影去无踪的队伍，他们时而化装成渔民巧端敌人的岗楼；时而出没在敌人运送物资的航线上，截获敌人的物资；时而头顶荷叶除汉奸，时而嘴衔苇管，隐蔽在芦苇丛中，伏击敌人的保运船。这支令敌人闻风丧胆、令百姓欢欣鼓舞的队伍，就是活跃在白洋淀的水上游击队——雁翎队。关于雁翎队的歌谣在白洋淀广为流传：

雁翎队是神兵，来无影，去无踪，汉奸心里直打战，鬼子跺脚喊头疼；

雁翎队是奇兵，端岗楼，像拔葱，淀头、刘庄、十方院，眨眼端个干干净；

雁翎队是天兵，打了伏击打保运，水路切段运输线，旱路击毙杨文凤；

雁翎队子弟兵，白洋淀百姓最欢迎，群众是水他是鱼，鱼水相连骨肉情。

1939年的秋天，日军以献铁、献铜为名，强迫水乡人民交出土枪土炮，违者以私藏军火论罪，当时土枪土炮相当于水乡人民的饭碗，交出土枪土炮就等于交出自己的饭碗。大家非常愤怒，一致反对。针对群众的不满心理，抗日区委及时开展宣传工作，揭露日本侵略者扼杀、瓦解抗战兵力的阴谋。当时的区委书记徐建，连夜赶到大张庄，召开郭里口、王家寨一带村庄的水村猎户会议，号召大家联合起来，共同抗敌。当时就有20多人报名，他们自己出船出枪，由打大雁变为消灭日本侵略军，保卫自己的家园。区委把他们编成一个班，开始在水上伏击水区日伪军。为了防止火药潮湿，就在大抬杆的信口处插上一根雁翎（大抬杆是猎户们自制的土枪，一般长2.4米，两根枪管固定在一起，枪口直径3~5厘米，装火药4两左右，填铁砂3斤左右。使用时用黑香在信口处点火，双管并用，接连发射，铁砂射出呈扇面状，杀伤距离100~150米，50米近处可穿透人体或船板，日寇称其为“扫帚炮”）；而且他们每次出发打仗的时候，小船行走都是保持过去围雁打猎时形成的“人”字形，如雁群在天空飞翔。于是，当时的县委书记侯卓夫便给这个队伍起了一个响亮的名字——雁翎队。

雁翎队利用白洋淀的有利地形，自1939年成立到1943年，4年中作战35次，其中有16次是一枪未发而取得胜利的，所以雁翎队又有“淀上神兵”的称号。雁翎队在夏秋季节头顶荷叶，划着小船出没在白洋淀芦苇荡里的各个角落，打击敌人。到了冬天，白洋淀结冰，芦苇已经收割，根本无法藏身；在这种情况下，雁翎队在白洋淀水乡人民的帮助和支持下，创作了土坦克和冰上轻骑等冰上作战工具，取得了冰上作战的胜利。老百姓赞誉雁翎队是“水上飞将军”，毛主席听到了雁翎队的事迹，高兴地称雁翎队为“荷叶军”。

在全民抗战、同仇敌忾的形势下，雁翎队作为抗日军民的一部分，其规模和战绩虽比不上大部队，但是，雁翎队对全国的抗日战争做出了重大的贡献：阻断了被日寇控制的津保水上航运线（抗战时期白洋淀航线上通保定、下连天津），使敌人掠夺的物资不能通过水路运往天津，再经海运运到日本；也使日寇从天津港卸下的军火不能顺利通过这条航线运往保定，然后经京广铁路分发给各地日军。雁翎队就是这样有力地支援了全国的抗战，在抗日斗争史上写下了光辉的一页。

2. 生态文化

雄安新区旨在塑造具有中华风范、淀泊风光、创新风尚的城市风貌，环境景观城景应和，蓝绿交织，凸显淀泊风光。如果说雄安新区是一幅徐徐展开的宏伟蓝图，那么白洋淀就是这幅宏伟蓝图的底色。白洋淀蕴含着丰富的生态文化。淀内有芦苇荡12万亩、荷花池10万余亩、鱼类17科54种（尤以鲤鱼科为主）、鸟类200种（国家一级保护鸟类4种：红头潜鸭、小天鹅、丹顶鹤、东方白鹳。国家二级保护鸟类26种）、大型水生植物47种、浮游植物406种，堪称“湿地博物馆”。

（1）白洋淀的淀花——荷花。荷花位于我国十大名花之列，被人们称为“花中的君子”，亦为白洋淀淀花。荷花又名莲花、芙蕖、水芙蓉等。属睡莲科多年水生草本花卉。叶盾圆形，花单生于花梗顶端，高托水面之上，有单瓣、复瓣、重瓣等花型，花色有红、粉红、白、紫等，花期为6~9月，正是“莲花出水不聚齐，初花先吐晚花迟，时令不与君作对，不开此时开彼时”。

荷花栽培的品种很多，白洋淀荟萃中外名荷300多种，按用途不同可分为花莲、藕莲、子莲三大系列。白洋淀的荷花，生长健旺、植株挺拔、花朵硕大、颜色艳丽、花期较长、芳香四溢。有诗云:"白洋五月看花回，馥馥莲芳入梦来。"

荷花原产亚洲热带和温带地区，我国培育历史久远，早在周朝就有记载。白洋淀的荷花，正是新石器时代古黄河流经白洋淀时的产物。它以顽强的生命力植根于白洋淀，故白洋淀有"千年的鱼子，万年的莲子"之说。

荷花不但有观赏价值，在食文化领域占有很大空间。荷花全身都是宝:藕和莲子能食用，莲子、根茎、藕节、荷叶、花及种子的胚芽等都可入药，可治多种疾病;荷花有消暑止血功能，加糯米制成莲花粥能益气驻颜;莲子有补养固涩的作用，并有一定安神功效，熬粥，不仅味道极佳，而且营养丰富。荷叶有清热、解暑、开胃、止血等功效。

为弘扬白洋淀荷文化，白洋淀景区创办了以荷花为象征的节日——荷花节。每年6~9月吸引无数游人来此赏荷、品荷。

(2)白洋淀的芦苇。白洋淀的百里苇海碧波荡漾，水苇相映风景如画。这里既有浩浩荡荡的雄浑，又有水陆相间的灵秀，这样的地形地貌，在世界范围也是独一无二的。

白洋淀是国内芦苇的重要产区，有"芦苇之乡，甲于河北"的说法。并以数量庞大、皮白质优而享誉全国，但它生于何时，却没有准确的文字记载。20世纪80年代赵北口出土的芦苇化石，证明远古时期，芦苇就在白洋淀安了家。

芦苇在我国有5大产区，分别是南方湖滨苇区、东部滨海苇区、西北干旱苇区、西南山原苇区、北方沼泽苇区，而白洋淀的芦苇就属于北方沼泽苇。白洋淀的芦苇有九种，分为四等:一等苇是用来出口的，像造纸造棉，然后运送到国外，主要是出口东南亚、日本、新加坡等国家;二等苇供水乡人们打箔织席;三等苇可以用来做芦苇工艺画;四等苇则可供水乡渔民家里做饭当柴烧。

"苇是摇钱树，淀为聚宝盆"是白洋淀的一句俗语，此外还有"一根芦苇一根金条"之说。这是为什么呢?因为芦苇浑身都是宝:芦苇的花穗可做扫帚，花絮可填枕头，五月的鲜苇叶可用来包粽子，鲜嫩的芦根可熬糖、酿酒，老芦根可入药，名药板蓝根里面就有老芦根。也可做成芦苇工艺画，这更是中国民间艺术的一朵奇葩，华夏一绝，用作装饰品，美观大方。

芦苇自身含有大量的纤维，是造纸的理想原料，可代替优质木材。据统计，一吨芦苇可顶两方木材，白洋淀一年产的芦苇可抵15万方木材。芦苇还可以净化环境，从生态角度看每公顷芦苇可吸收掉约30吨二氧化碳，相当于1辆重型卡车行驶15万公里的排放量。同时芦苇的叶、茎、根都有通气组织，能净化水源。因为它上能净化空气，下能净化水源，造福大自然，所以人享其利、物享其利。

（3）白洋淀的水源。白洋淀地势低洼，淀底海拔5～7米。这里地处九条河下游，只要上游下雨，雨水就会顺着这些河流入白洋淀，西部还有50多座水库，都可以给白洋淀供水。遇上丰水年，下雨多，白洋淀蓄水就多。过去，白洋淀的水是流动的活水，上通保定，下连天津，水上航运十分通畅，白洋淀以鱼、苇、粮、航而著称。到20世纪60年代以后，白洋淀水位降低，保定至天津断航，只剩下四周有堤防围护的一片水面。

近年来国家实施了引黄入冀补淀、南水北调等区域调水工程，合理利用上游水、当地水、再生水，完善新区供水网络，强化水源互联互通，形成多源互补的新区供水格局，使白洋淀焕发新的生机。

3. 民俗风情

白洋淀是古黄河流经华北平原的派生物，有着悠久的历史。这里有平原沃土，有湖泊河流，水泽良园自然成为原始部落生存的家园，考古发现，早在新石器时代，先民们就在这里依水而居，繁衍生息。几千年来他们在适应自然、改造自然的过程中积累经验、发明创造，逐渐形成了特有的北方水乡生产生活方式，创造了丰富的地域文化和民俗文化。

（1）渔猎文化。白洋淀人世世代代生活在这片弥足珍贵的水域，创造了多种捕鱼方法，积累了丰富的经验。比如放鱼鹰、撒渔网、下篓子、夹罾子、扣花罩等。白洋淀人把捕鱼称作“打河田”，视水面为农田，可见白洋淀人对水的珍爱。2013年白洋淀传统捕鱼技艺被列入市级非物质文化遗产名录。

白洋淀地区的传统造船业以马家寨为中心，他们生产的船只是渔民重要的生产生活工具。2009年白洋淀造船工艺被列入省级非物质文化遗产名录。

（2）特色饮食。白洋淀盛产鱼、虾、蟹、蚌，品种繁多。用这些原料可烹制上百种白洋淀特色菜肴，全鱼宴是白洋淀的代表作。用各种鱼做成各种菜，摆满整整一桌，色、香、味俱佳，令人不愿意放下筷子。白洋淀人对吃鱼做鱼很讲究，怎么吃、什么时候吃都有参考。比如春鲂夏鳢迎霜厚，开河的屎包赛过肉（屎包是俗名，学名大鳍刺鳑鲏）、五月青虾满肚子，秋后的螃蟹顶盖肥。这就是说春天吃鲂鱼，夏天吃乌鳢（黑鱼），秋天吃厚鱼（草鱼），开河即是冰消雪化时吃屎包鱼。到了5月，白洋淀的大青虾正值产卵期，活蹦乱跳、通体透明、虾肉鲜嫩。秋高气爽的时候螃蟹肉厚黄多。再比如按部位吃鱼：鲇鱼尾巴，鲤鱼头，鲂鱼肚皮一兜油，黑鱼子，黑鱼肠，草鱼分段味道香。白洋淀特色菜肴种类繁多，有既节俭又实惠的水乡家常系列：螃蟹莲藕鸡头饭，小虾糊饼玉米粥，甲甲打卤疙瘩面，小鱼咸菜窝窝头。还有品位高大上的荷花套餐：荷包饭、荷包肉、荷包粽子江米藕，莲子汁、花蔺面、藕粉丸子、荷叶蛋，炸藕段、炝藕片、鸭子凫藕蒸藕段，苇香鱼丝、荷香鱼片、鲜鱼炖鸡焖藕段。

4. 白洋淀文学

白洋淀风光秀丽，人杰地灵。古往今来，名流显贵、文人墨客，留下大量诗文佳作。众多近现代作家、艺术家以白洋淀人民抗日斗争的感人事迹为素材，创作了许多脍炙人口的优秀作品。

（1）红色文学。在雄安这片深厚的土地上曾滋养出中国文学史上一个隽永的流派——荷花淀派，代表人物就是其创作者孙犁，其代表作有发表在1945年《解放日报》上的《白洋淀》。此外，还有著名小说家、电影编剧——徐光耀，代表作有《小兵张嘎》。同时还产生了一批以抗战为题材的优秀文学作品，如孔厥、袁静的《新儿女英雄传》、穆青的《雁翎队》、李永鸿的《红菱传》等。这些作品有的被收入中学课本，有的被译成多国文字遍及世界，还有的被拍成电影是久映不衰。这些充分体现了白洋淀人民抗击侵略、豪侠正义的人文精神。

**拓展材料**

孙犁（1913~2002年），原名孙树勋，著名文学流派“荷花淀派”

的创立者。

孙犁先生于1936年到白洋淀边的同口镇完全小学教书，从此与白洋淀结下了不解之缘，白洋淀秀美的风光、淳朴的民情深深影响着青年时代的孙犁。深厚的文化底蕴、特有的水乡风情、伟大的革命实践，又成为孙犁先生重要的创作源泉。他通过一篇篇文学作品，把白洋淀人民反抗强暴、抗击敌寇的英雄事迹展现给中外读者，创作了《荷花淀》《芦花荡》等一系列取材于白洋淀的优秀作品，并开创了以孙犁先生创作风格为代表的“荷花淀”文学流派，使白洋淀享誉文坛、声名远扬，为白洋淀人民留下了一笔宝贵的精神文化财富。白洋淀人民视孙犁先生为亲人，孙犁先生也把白洋淀当作第二故乡。

徐光耀，雄安新区雄县人，曾用笔名越风。是当代著名小说家、电影编剧。1938年参加八路军，同年加入中国共产党，1953年加入中国作家协会。创作了大量的文学作品，包括长篇小说《平原烈火》、散文集《昨夜西风凋碧树》等，最著名的当数1958年写成的中篇小说《小兵张嘎》。他还亲自将《小兵张嘎》改编为电影剧本，由著名导演崔嵬执导拍摄成电影，1963年上映就风靡全国，到今天仍长映不衰。

（2）白洋淀诗歌群落。20世纪六七十年代，白洋淀是知青下放点之一，这里民风淳朴，是栖息读书的理想场地，许多知青或集体公派，或自己联系来到白洋淀插队下乡。这些知识青年中不乏文学功底较深的人，他们在当地人民的呵护下，利用空闲时间穿淀串村，自发组织诗歌创作活动，以新体诗进行创作交流。在诗歌的语言上，限于当时的环境，不能直白地吐露，所以他们又借鉴西方诗歌的创作手法，在朦胧之中表达心声，逐渐形成了“朦胧诗”的风格。改革开放后，当时的诗歌陆续发表，震动了中国乃至世界诗坛，被文学界推崇为“白洋淀诗歌群落”。代表诗人有芒克、多多、根子、林莽、方含等。

5. 帝王传奇

白洋淀历史悠久、物产丰富，自古以来就以风景秀丽、气候宜人闻名于世，吸引了众多文人墨客和达官显贵来这里巡幸游览。比如金代的章宗皇帝，明代的朱棣皇帝，清代的康熙、雍正、乾隆等都曾多次来到这里。写下了大量的诗词歌赋，留下了不少传奇故事。

（1）杨六郎屯兵御辽。宋辽时期，白洋淀流域是宋辽南北对峙的前线，为了抵御辽兵的入侵，北宋在雄州（今雄安新区雄县）修建地道，分设三关，对白洋淀进行了治理，建成了一条深不可行舟、浅不可徒步的塘泊防线，形成了一条难以穿越的水上长城。并派大将杨延昭驻守御辽，白洋淀流域出现了许多因屯兵而形成的村落，军民融合逐渐形成了特有的水乡村庄。现在白洋淀有很多村庄都是以寨、垒、营、堡命名的，大多都形成于宋辽时期。在白洋淀民间也流传着许多杨六郎镇守三关口的英雄故事。

（2）李师儿与金章宗。李师儿，金朝渥城（今安新县城）人，金章宗大定末年入宫，成为宫女。因貌美聪慧、善迎上意、通达诗书，大受宠幸，获封元妃，实掌六宫。元妃出生在白洋淀，自小爱荷成癖，章宗常顺其意，到白洋淀赏荷观莲，吟诗作赋，并在此筑城，修建了望鹅楼、梳妆台、静聪寺。传说，某晚月色姣好，两人闲坐梳妆台，章宗出上联“二人土上坐”，元妃对下联“一月日边明”，文体对仗工整，眷爱之心可鉴。金章宗在位 19 年，其中有 15 年，每年春天必到渥城行春水之典。

（3）康乾水围。清代康熙皇帝先后 40 次到白洋淀巡幸，其中 29 次水上围猎，曾留下“遥看白洋水，帆开远树丛。流平波不动，翠色满湖中”的诗句。同时还在白洋淀畔的赵北口、郭里口、圈头、端村建造了四座行宫，以便在水围之余休息和办理政务。乾隆皇帝也曾 4 次驾临，在白洋淀留下了众多传奇故事。

此外清代帝王都十分重视对白洋淀的治理，修筑了不少堤坝和闸涵，县志记载：“堤堰蜿蜒，可数百里”。雍正皇帝曾派怡亲王允祥督修水利，对白洋淀进行了大规模的治理，使本县人民备受水利之便，出现了航运发达、商贾云集的盛况。

**（三）发展愿景**

2017 年，以习近平同志为核心的党中央做出一项重大历史性战略选择，设立河北雄安新区。习近平总书记亲自谋划、亲自决策、亲自推动，倾注了大量的心血，这是千年大计、国家大事。

在雄安新区的建设进程中，坚持生态优先、绿色发展，贯彻“绿水青山就是金山银山”的理念。将淀水林田作为一个生命共同体进行统一保护、统一修复。通过植树造林、退耕还淀、水系疏浚等生态修复治理，强化对白洋淀湖泊湿地、林地以及其他生态空间的保护，确保新区生态系统完整，蓝绿空间占比稳定在70%。恢复淀泊水面，实现水质达标，远景规划建设白洋淀国家公园，创新生态环境管理。展现碧波万顷、荷塘苇海的水域生态景观，塑造中华风范、淀泊风光、创新风尚的城市风貌，呈现林淀环绕的华北水乡、城绿交融的中国画卷！

**参考文献**

[1] 安新县地方志办公室. 白洋淀志 [M]. 北京：中国书店出版社，1996.

[2] 雄安新区管委会公共服务局. 雄安故事：雄安地区历史文化读本 [M]. 北京：中国旅游出版社，2019.

[3] 高俊杰. 华北明珠白洋淀导游词.

## 四、避暑山庄及周围寺庙

**【常规游览线路】**

一日游：（普宁寺　普佑寺）+（避暑山庄）或（普陀宗乘之庙　须弥福寿之庙）+（避暑山庄）。

二日游：（避暑山庄）+（普宁寺　普佑寺）+（普陀宗乘之庙　须弥福寿之庙）+（安远庙　普乐寺）。

**【讲解要点】**

景区概述：位置、历史沿革、建造背景、文化价值。

主要景观和景点：避暑山庄、普宁寺、普佑寺、普陀宗乘之庙、须弥福寿之庙、安远庙、普乐寺。

### （一）景区概述

1. 位置

承德避暑山庄及周围寺庙位于承德市双桥区，距省会石家庄435公里，距北京225公里。与北京故宫、山东曲阜孔庙并称“中国三大古建筑群”，中华人民共和国成立后，承德避暑山庄及周围寺庙被国务院列为国家级重点文物保护单位，并于1994年12月被联合国教科文组织列为世界文化遗产。

避暑山庄周围寺庙

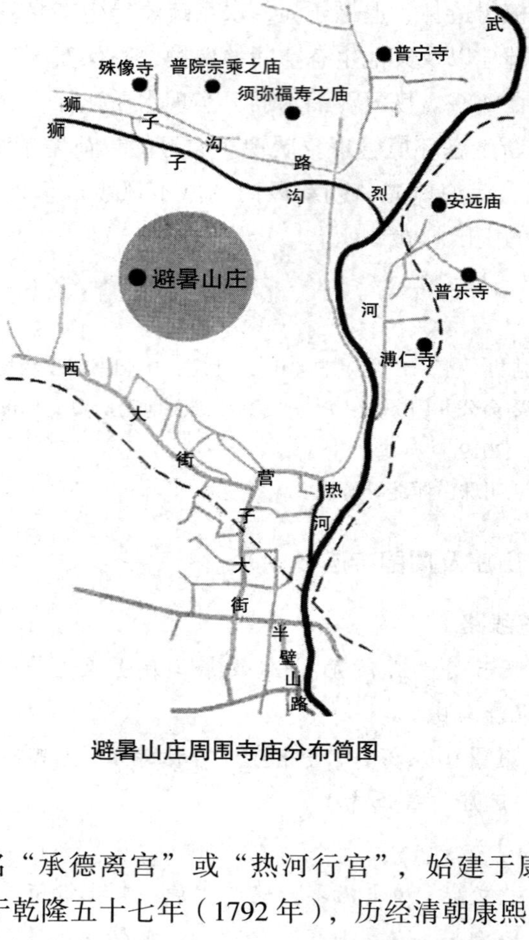


避暑山庄周围寺庙分布简图

2. 历史沿革

避暑山庄又名“承德离宫”或“热河行宫”，始建于康熙四十二年（1703 年），竣工于乾隆五十七年（1792 年），历经清朝康熙、雍正、乾隆三代皇帝，耗时 89 年建成。这里曾是清王朝帝后驻跸热河期间，处理军政、礼仪宴飨、政余读书、起居游乐的主要区域。

避暑山庄周围有 12 座寺庙，是随着避暑山庄的建立而兴起的。先后于清康熙五十二年（1713 年）至乾隆四十五年（1780 年）陆续建成。称“外八庙”。根据《钦定理藩院则例》中规定：北京、承德共有 40 座藏传佛教寺院，除北京 32 座之外，其余都在承德。在承德的 8 座，溥仁寺、溥善寺、普宁寺（普佑寺属于普宁寺附属寺庙）、安远庙、普陀宗乘之庙、殊像寺、须弥福寿之庙、广缘寺有定额喇嘛，享受国家饷奉，喇嘛印务处每月造饷银明细表，呈理藩院，从理藩院领取月银。承德处于古北口以外，所以，理藩院惯称“外八庙”或称“口外八庙”。其余庙宇广安寺、罗汉堂、普乐寺不住喇嘛，均由八旗军守护。

3. 建造背景

（1）自然原因：承德“左通辽沈，右引回回，北控蒙古，南制天下”。康熙选址这里“惟兹热河，道近神京，往还无过两日”，并由此北上木兰围场进行秋猎活动，自从康熙帝于1703年建立避暑山庄之后，清帝几乎每年的端午节都来承德避暑，到秋天的重阳节都回北京，在承德驻跸半年之久。一切朝政都在此处理。同时，由于北方的高寒各民族怕热患痘，为了方便他们的政治和宗教生活，不惜重金在塞外建立寺庙。

（2）政治原因：在推翻明朝的过程中，这几个蒙古部落为清王朝夺取中央政权立下了汗马功劳。所以清朝历代皇帝念念不忘地说：“国家统一寰宇，奄甸万方，蒙古四十九旗咸备藩卫，而以热河诸部尤近。”清朝从1644年入关起，对边疆少数民族实行团结、安抚、恩威并施的方针，不再以长城作为民族隔离的藩篱。热河附近的这些蒙古部落首领后来有很多成了清政府的封疆大吏。康熙、乾隆、嘉庆等皇帝夏秋季节在这里处理政治、军事、民族、宗教、文化及外事等活动，承德从而成为北京的政治分中心，成为清王朝实施民族团结政策的重要场所。

（3）宗教原因：清代边疆地区多为政教合一。西藏分前、后藏，达赖驻前藏，班禅居后藏，章嘉为内蒙古，哲布尊丹巴是外蒙古。这就是人们熟知的边疆四大活佛。乾隆皇帝讲：“兴黄教，即所以安众蒙古，所系非小，故不可不保护之。”所以清朝皇帝采取“因其教不易其俗”以顺应蒙古族、藏族等少数民族的政策，密切了清政府同地方的关系。为了巩固边疆，由此产生了“修庙固疆”的国策，也孕育了避暑山庄周围的寺庙群。

4. 文化价值

避暑山庄及周围寺庙是中国现存最大的皇家宫苑和皇家寺庙建筑群，是中国古典园林的最高范例、东方文化集大成的建筑群，是中国传统文化艺术的经典。

避暑山庄作为清代鼎盛时期帝王避暑的夏宫，占地564万平方米，由宫殿区和苑景区组成。环列在避暑山庄东部和北部山麓的12座皇家寺庙群，反映了满族、藏族、汉族、维吾尔族、蒙古族等民族的建筑风格。避暑山庄"合内外之心，成巩固之业"所凝结的建筑精华，体现了它"名为避暑，用而其实天子备边"的政治意义和外八庙"一座喇嘛庙胜抵十万兵"的政治作用，很好地诠释了清朝统治者的怀柔政策。天人合一的园林与庙宇凝聚了前所未有的团结力量，造就了统一、巩固和发展的历史见证。它是国家经济与社会高度发展的"康乾盛世"的具体体现。

**（二）主要景观和景点**

1. 避暑山庄

避暑山庄又名热河行宫，建于1703年，经康熙、雍正、乾隆三朝历时89年，至1792年建成，是清帝驻跸消暑、治政礼佛、怀柔外藩、巩固边防的夏宫。景区占地564万平方米，相当于8个北海公园或2个颐和园。是我国现存最大的古典皇家园林。避暑山庄继承和发扬了中国古典园林的造园理念，借助于自然地势，因山就水、顺其自然，融南北造园艺术的精华于一身，是中国古典园林艺术的杰作，是中国园林史上一个辉煌的里程碑，"山庄咫尺间，直作万里观"，享有"中国地理形貌之缩影"和"中国古典园林之最高范例"的盛誉。

山庄内西北为山岳区、东南为湖泊区、东北为平原区，120余组建筑掩映，其中以"康乾七十二景"最负盛名。

**拓展材料**

承德避暑山庄大小建筑有120多组，其中康熙以四字组成36景，乾隆以三字组成36景，这就是山庄著名的72景。

康熙36景

1. 烟波至爽　2. 芝径云堤　3. 无暑清凉　4. 延薰山馆
5. 水芳岩秀　6. 万壑松风　7. 松鹤清樾　8. 云山胜地
9. 四面云山　10. 北枕双峰　11. 西岭晨霞　12. 锤峰落照
13. 南山积雪　14. 梨花伴月　15. 曲水荷香　16. 风泉清听
17. 濠濮间想　18. 天宇咸畅　19. 暖流暄波　20. 泉源石壁

| | | | |
|---|---|---|---|
| 21. 青枫绿屿 | 22. 莺啭乔木 | 23. 香远益清 | 24. 金莲映日 |
| 25. 远近泉声 | 26. 云帆月舫 | 27. 芳渚临流 | 28. 云容水态 |
| 29. 澄泉绕石 | 30. 澄波叠翠 | 31. 石矶观鱼 | 32. 镜水云岑 |
| 33. 双湖夹镜 | 34. 长虹饮练 | 35. 甫田丛樾 | 36. 水流云在 |

乾隆 36 景

| | | | |
|---|---|---|---|
| 1. 丽正门 | 2. 勤政殿 | 3. 松鹤斋 | 4. 如意湖 |
| 5. 青雀舫 | 6. 绮望楼 | 7. 驯鹿坡 | 8. 水心榭 |
| 9. 颐志堂 | 10. 畅远台 | 11. 静好堂 | 12. 冷香亭 |
| 13. 采菱渡 | 14. 观莲所 | 15. 清晖亭 | 16. 般若相 |
| 17. 沧浪屿 | 18. 一片云 | 19. 萍香泮 | 20. 万树园 |
| 21. 试马埭 | 22. 嘉树轩 | 23. 乐成阁 | 24. 宿云檐 |
| 25. 澄观斋 | 26. 翠云岩 | 27. 罨画窗 | 28. 凌太虚 |
| 29. 千尺雪 | 30. 宁静斋 | 31. 玉琴轩 | 32. 临芳墅 |
| 33. 知鱼矶 | 34. 涌翠岩 | 35. 素尚斋 | 36. 永恬居 |

（1）丽正门。避暑山庄的正门——丽正门，建于清乾隆十九年（1754年）。门南向，上下两层均为三楹，上层是城台和楼阁，下层有三个方形的门洞。丽正门门前两侧有两尊用鹦鹉石雕刻的石狮，东西两侧设有供看守避暑山庄用的堆拨房，再侧有两通下马碑，碑上刻着“官员人等至此下马”。丽正门对面有红照壁，呈“一”字形，把山庄与市井街道隔开。丽正门中门里面门楣之上，镶嵌着石刻的乾隆帝御制诗《丽正门》。“丽正”二字出自《易经·离卦》：“日月丽乎天，百谷草木丽乎土，重明以丽乎正，乃化成天下。”意思是说：就像日月依附于天、植物依附于地那样，帝王依附于正道，才能教化统治天下。

（2）宫殿区。避暑山庄可划分为宫殿区和苑景区两部分（山岳区、湖泊区、平原区），从九门之首的“丽正门”进入山庄后，首先映入眼帘的是布局规整、古朴淡雅的宫殿区。它包括正宫、东宫、松鹤斋和万壑松风四组建筑。这里是清帝生活起居、处理政务、举行重大庆典和接见各民族王公及外国使节之所。

①正宫。其是宫殿区的主体建筑，包括9进院落，分为“前朝”和“后寝”两部分。从南向北依次是外午门、内午门、澹泊敬诚殿、四知书屋、万岁照房、门殿、烟波致爽殿、云山胜地楼、岫云门。

澹泊敬诚殿：古朴典雅、庄重肃穆，相当于北京故宫的太和殿。建于康熙五十年（1711年），乾隆十九年（1754年）用金丝楠木改建，又俗称“楠木殿”，用工184481人，耗银71525两1钱7分。金丝楠木的特点是木质纹理犹如金丝，木色朴雅、木香清新、不招虫蛀。顶棚的735块天花板上全部雕刻有万字、寿桃、蝙蝠、卷草等浮雕纹饰，象征“五福捧寿、万福万寿”之意，雕刻细腻、栩栩如生。在大殿的正中悬挂着康熙帝御题“澹泊敬诚”匾额。“澹泊”二字源于《易经》中的“不烦不扰，澹泊不失”。其意为：“静以修身，俭以养德之修身之道。”三国时，诸葛亮在《诫子书》中也曾以“非澹泊无以明志，非宁静无以致远”来告诫后人。康熙帝非常欣赏这两句名言，并将“澹泊敬诚”作为自己的座右铭。

澹泊敬诚殿内部陈设与朴素淡雅的建筑格调相协调，宝座后设有紫檀耕图围屏，围屏由五扇组成。以精湛的雕工再现了我国古代劳动人民男耕女织、从事生产劳动的场景。将这样一幅围屏放在皇帝宝座的背后，充分体现了一代帝王重农务本的国君之德。北山墙东西两侧的蓝色布帘下各有16个藏书格，曾藏有康熙时期编撰、雍正时期成书，集天文、历史、农业、医学于一书的巨著《钦定古今图书集成》576套，10000卷。东西山墙原来挂有《皇舆全图》，就是清代的全国地图。

澹泊敬诚殿是正宫的核心建筑，是清代举行重大庆典、百官朝觐、接见少数民族首领和外国使节的地方。乾隆曾在此殿接见过漠西蒙古杜尔伯特部三策凌、外蒙哲布尊丹巴活佛、土尔扈特部万里东归领袖渥巴锡汗、西藏政教领袖六世班禅、安南（越南）使团、南掌（老挝）使团，并且在这里接待了英国特使马嘎尔尼，开创了清王朝有史以来的中西方对话，在清史上留下了珍贵的一页。1780年8月13日，正值乾隆皇帝70寿辰之际，六世班禅不远万里，前来觐见朝贺，参与“万寿大典”，进一步密切了西藏与清政府的关系，在史册上留下了一曲中华民族大团结的赞歌。

四知书屋：四知书屋建于康熙五十年（1711年），当时康熙帝将此殿题名为“依清旷”，到乾隆五十三年（1788年），乾隆帝复题为“四知书屋”，将匾悬挂于外檐。“四知”源于《易经·系辞》里的“君子知微、知彰、知柔、知刚，万夫之望”。乾隆皇帝在题“四知书屋”时，曾作《四知书屋记》阐述了“四知”的辩证关系，他认为:“盖微柔阴也，彰刚阳也，阳动而阴静。动无不由静，彰无不由微，刚无不由柔。然而柔能制刚，微能掩彰，静能制动，此乃圣人扶阳抑阴之本义。正心敕政，以及用兵不可不深知所几而作，不俟终日者何如？其凛凛哉！”这正是乾隆皇帝“刚柔相济，恩威并施”的治世思想的体现，也是其统治手段所达到的最高境界。

四知书屋现有的陈列布局是根据嘉庆初年宫中《陈设档》复原的，东梢间为暖阁，是皇帝休息和更衣之所，东次间是皇帝接见少数近臣的地方，西间，是两间连在一起的通敞式大房间，乾隆皇帝频频在此召见前来觐见的少数民族宗教政要，章嘉活佛、渥巴锡汗、哲布尊丹巴活佛都曾来此觐见乾隆皇帝。尤其是不远万里前来朝贺天子的六世班禅。许多重大的军机政务都是在这里决定的，这里可说相当于古代的“军机处”、国家中央政府的“常委会议室”。

烟波致爽殿：此殿建于康熙四十九年（1710 年），面阔七间。因为北邻湖区，康熙帝说这里“四围秀岭，十里平湖，致有爽气”，故题名“烟波致爽”。殿正中三间为明间，是皇帝接受后妃朝拜的地方。墙上有乾隆御笔帖落，前面设宝座床和多种陈设。

东两间是皇帝的起坐间，门内有“戒急用忍”匾一面。此匾原是康熙帝以苏轼《留侯论》中“猝然临之而不惊，无故加之而不怒”来教育皇四子胤禛，引用佛经中的一句话题写的，劝儿子涵养德行，同时借以自勉。

西次间为佛堂，是皇帝晨昏理佛的地方，西梢间是皇帝的寝宫，俗称西暖阁，南炕设有文房四宝，是皇帝读书和批阅奏章的地方。1860 年，咸丰帝就是在此签准了丧权辱国的中英、中法、中俄《北京条约》，使我国丧失了大片的领土和主权。1997 年 7 月 1 日是香港回归的日子，承德市委、市政府在西暖阁的外墙上悬挂了“勿忘国耻”匾额，以警示后人。

烟波致爽殿两侧，各有一跨院，咸丰帝驻跸山庄期间，东所是慈安的住所，现在是“玻璃”专题展览。西所曾经是慈禧住所。1861 年 7 月载淳继皇位，懿贵妃被尊为圣母皇太后；同年叶赫那拉氏策划发动了“辛酉政变”，夺取了清廷最高统治权。

②松鹤斋。松鹤斋在避暑山庄正宫东侧，建于清乾隆十四年（1749 年），共有院落八进。清圣宪皇太后（乾隆母）和嫔妃居此。当年“青松蟠户外，白鹤舞庭前”，乾隆帝取松鹤益寿延年之意题名，为“乾隆三十六景”第三景。

③万壑松风。万壑松风是位于宫殿东北部一组风格独特的建筑群，地处正宫的东北角，南依松壑斋，北濒下湖，为“康熙三十六景”第六景。建于清康熙四十七年（1708 年），是宫殿区最早的一组建筑。形制与颐和园的谐趣园类似，用半封闭回廊连通环抱，不设主轴线，万壑松风殿、鉴始斋、静佳室、颐和书屋、蓬阆咸映等各殿堂参差错落。

主殿万壑松风殿坐南朝北，是山庄内唯一一座打破坐北朝南体制的正殿。在参天古松的掩映下，壑虚风渡、松涛阵阵，形成一个极其寂静安谧的小环境，是批阅奏章、诵读古书的佳境，故其楹联题道：“云卷千峰色，泉和万籁吟。”康熙帝经常在这里接见官吏、批阅奏章、读书写字。1722 年，康熙发现皇四子和硕雍亲王胤禛之第四子弘历（乾隆帝）聪明伶俐，十分喜爱，将避暑山庄的侧堂“万壑松风”赐给弘历居住，平时进宴或批阅奏章，都要乾隆侍奉在旁，朝夕教诲。弘历继位后，将这座殿宇题名为纪恩堂。乾隆三十年，乾隆写《避暑山庄纪恩堂记》，纪念康熙皇帝对他的眷顾养育之恩。万壑松风的后殿是鉴始斋，乾隆皇帝幼年曾在此读书，康熙皇帝还选派两名年轻的妃子，住在静佳室精心照顾这位小皇孙。乾隆皇帝登基后，缅怀当年的启蒙恩宠，将此书屋题名为“鉴始斋”。

④东宫。避暑山庄东宫位于松鹤斋之东，是清帝举行庆赉燕飨大典之所，乾隆时“万岁节”也常在此举行庆典活动。地势比正宫和松鹤斋低，规模宏大，建于 1754 年，被誉为“卷阿胜境”（“卷”字读作 quán，弯曲的意思。“阿”读作 ē。意为高大的土山，即大的丘陵），主要建筑有德汇门、门殿、前殿、清音阁、福寿园、勤政殿、卷阿胜境殿七进建筑。1945 年，东宫失火被烧毁。现仅存基址。

（3）山区。位于山庄西北部，占地面积为 440 公顷，约占山庄总面积的 80%，相对高差 180 米，形成了群峰环绕、色壑纵横的景观。

①四面云山：是山庄的最高处，是康熙三十六景第九景“四面云山”。“四面”是指方位而言，“云山”当然就是云雾缭绕的群山，几百里之内绵延

起伏，奇山怪石隐匿其中，若洪若揖，似群臣在四方朝拜山庄一般。这里可以看到十大名山中的六座，依次为僧冠峰、罗汉山、磬锤峰、蛤蟆石，还有远处的天桥山、鸡冠山。难怪康熙皇帝当年在此题联："山高先得月，岭峻自来风。"以表自己踌躇满志的帝王情怀。乾隆皇帝也数十次登临这里，君臣野宴，并题诗50余首。

②二马道：在避暑山庄宫墙雉堞墙内，设有士兵骑马巡逻的马道，宽1.8米，仅供一马单行。北部宫墙有加宽成平台处，供二马交错时使用，称"二马道"。站在二马道，南望山庄，雄奇秀丽，北望外八庙，气势雄伟，脚下城墙宛如万里长城一般蜿蜒起伏。全长10公里，这就是山庄的防御系统。当年设有54座堆拨房，每哨所有清兵10人把守，日夜以传递更牌的方式登马道巡逻。

③青枫绿屿：建于康熙四十八年（1709年），是康熙三十六景第二十七景，因枫树较多，夏遮绿荫，像绿色的岛屿而得名"青枫绿屿"。内设宫廷"编钟古乐"演奏。两侧可见"北枕双峰"和"南山积雪"。

④芳园居：东临如意湖，建于康熙四十二年（1703年），清帝驻跸山庄的时候，这里是"上用库"，是山庄内规模最大、贮量最多的皇家仓库，内贮白银、银牌、银锞、瓷器、绸缎、香扇、荷包、手帕以及珠宝等各种物资。此外，芳园居还是清帝驻跸山庄之时举办宫市的地方。

（4）湖泊区。"山庄以山名，而趣实在水。"《热河志》中的这句话，画龙点睛地说明了避暑山庄的园林艺术特点。在总体规划布局和园林建筑设计上，充分利用了原有自然山水的景观特点和有利条件，吸取唐、宋、明历代造园的优秀传统和创作经验，加以综合、提高，把园林艺术与技术水准推向了空前的高度，具有"来于天然，胜似江南"的独特风格。成为中国古典园林的最高典范。

山庄的湖区总称塞湖，有半月湖、长湖、西湖、如意湖、上湖、下湖、银湖、镜湖、澄湖9个湖泊。采用了"一池三山"的传统园林造园手法。

①金山：建于康熙四十二年（1703年）。岛上殿阁亭廊、高低错落、鳞次栉比、绮丽如画，是湖区的重要风景点之一。登阁内木梯而上，视野开阔，令人心旷神怡。

康熙帝几次下江南，都从江苏镇江渡江登到金山至"江天寺"，对那里的景色十分赞赏，因此在避暑山庄东北部的湖区仿其意境修筑了金山岛。避暑山庄的金山与镇江金山所不同之处在于：镇江的金山寺的布局特点是“山裹寺”，即寺院、亭台皆在山坳中，不转弯进山看不见；而山庄的金山布局特点是“寺裹山”，即金山为建筑所遮掩，大略看去只见楼宇不见山。这种仿中有创、独出心裁的设计，实在是一种高明的创造。

②烟雨楼：烟雨楼建于乾隆四十五年（1780年），坐落于避暑山庄青莲岛。乾隆帝南巡时，见浙江嘉兴南湖鸳鸯岛上的烟雨楼晨烟暮雨，非常奇妙，就命画师临摹，并在青莲岛上仿建。此楼面阔五间，上下两层，四面皆辟窗，正面檐下悬挂乾隆帝御题云龙金匾“烟雨楼”，联为：“百尺起空濛，碧涵莲岛；八窗临渺㳽，澄印鸳湖。”二楼四周有栏杆，可凭栏环览四周景色。烟雨楼东侧跨院有“青杨书屋”，其南北各有亭。西侧有“对山斋”，其南堆假山，山上置亭，形若鸟翼，名曰“翼亭”。

③热河：热河泉位于避暑山庄湖区东北角，一年四季水温保持在8℃左右，是山庄冬季最美风景线。泉侧有巨石，刻“热河”两字。热河泉并不是有一个巨大喷口的喷泉，而是由一群细泉组成。它们如串串珍珠喷出，然后汇流入湖，是山庄内湖水的主要来源之一。泉水经澄湖、如意湖、上湖、下湖，自银湖南部的五孔闸流出，沿长堤汇入武烈河严冬季节，山庄被冰雪覆盖，湖面结冰盈尺，而热河泉处碧水涟漪，春意盎然，堪称奇观。

④文津阁：在万树园以西的山脚下，有一座被粉墙包围起来的小庭院，就是文津阁，它和北京紫禁城内的文渊阁、圆明园的文源阁、沈阳故宫的文溯阁合称“内廷四阁”，是清代的四座皇家藏书楼。文津阁建于乾隆三十九年（1774年），第二年夏竣工。其营造方式仿浙江宁波大藏书家范钦所建的“天一阁”。此阁坐北朝南，门殿、假山、水池、楼阁等相继排列。主体建筑处于山环水抱之中。阁楼明为两层，实为三层，中间一层是暗层，为藏书所用。这样的建筑，避免了阳光的直射，有利于图书的保存。阁内曾贮有《四库全书》和《古今图书集成》各一部。阁内书格、书匣都为楠木所做，每当阴雨季节，发散出的楠木、纸墨香味弥漫全阁。

⑤文津阁假山：在文津阁阁楼面前有一水池，池岸坐落着大片假山。假山之上营造出“十八学士登瀛洲”的境界，又有承德十大名山的意趣。假山下有洞府，给人一种“山重水复疑无路，柳暗花明又一村”的感觉。在阁前

俯视池中，会看到在平静的水面上，一弯上弦的新月，跳跃于水面。晴空丽日，太阳影印在水中。正是这日月争辉的奇景，展示了劳动人民的聪明智慧。

（5）平原区。湖区之北的大片平原便是平原区。它的范围是以澄湖北岸起，东接宫墙，西至山麓，占地约1000亩，地势平坦辽阔，绿茵如毯。乍一进入使人眼前一亮，不由得想起北国草原雄宏、空旷的迷人风光。平原区以万树园为中心，四周散落着20多处景点，其中有亭、碑、轩、寺庙、蒙古包等，格调多样，内容丰富。

①万树园：位于平原区中部，园中立有石碣，上刻有“万树园”三字，为乾隆三十六景第二十景。由于水源充沛、土地肥沃、草丰木茂，早在避暑山庄建立之前，这里就是蒙古人的牧场。

②蒙古包：在万树园的北部，有28架蒙古包，其中最大的御幄蒙古包直径达七丈二尺，最小的直径为二丈二尺。这里是避暑山庄内重要的政治活动场所，康熙、乾隆、嘉庆时期，曾经多次在这里会见、宴请少数民族王公贵族及东南亚和欧洲的使节。乾隆十九年（1754年），乾隆帝在这里接见了杜尔伯特部台吉“三策凌”，并封策凌为亲王、策凌乌巴什为郡王、策凌孟克为贝勒，又连续五天在万树园赐宴款待，晚上举行野宴，燃放烟火，观火、马技等节目。清宫廷画师郎世宁的《马术图》，即再现了当年在万树园为三策凌归来举行马术表演的动人场面。乾隆五十八年（1793年）九月十四日，乾隆帝在万树园的御幄内隆重接见了英使马戈尔尼一行，这是中英通过外交途径的第一次接触，也是清前期重要的一次外交政治活动。

③永佑寺：位于避暑山庄的东北角，它建于乾隆十六年（1751年），是伽蓝七堂式的建筑格式。整组建筑样式规整，坐北朝南。目前永佑寺已经在百年的战乱动荡中被毁，现永佑寺仅存舍利塔及四座石碑，另复建了山庄和围墙。其余均已无存。

永佑寺舍利塔：又称陆合塔，塔高67米，九层八面，整座塔由塔基、塔阶、塔身、宝顶组成。塔基之上四周设白色汉白玉栏杆，设廊柱24根。底层南北各开石拱券门，南门可登临二层平座，平座周边为汉白玉栏杆。北门可沿叠磴悬折的木梯登塔顶。塔身内部八面墙壁有石雕像和密宗彩色壁画。此塔突破了万树园的横野平空，是避暑山庄胜景之一。

2. 外八庙

（1）普宁寺。俗称大佛寺，为纪念平定准噶尔部的叛乱而建。取普天之下安宁、保佑天下众生之意。该寺始建于乾隆二十年（1755 年），竣工于乾隆二十四年（1759 年），是乾隆时期修建的第一座寺庙。占地 3.3 万平方米。整座寺庙依山就势，坐北朝南，是一座汉藏结合形式的寺庙，以大雄宝殿为界，前半部是汉族寺庙传统的伽蓝七堂式布局（伽蓝，即寺庙。七堂一般是以山门殿，天王殿，大雄宝殿为中轴线，左右对称建有钟楼，鼓楼，东西配殿）。后半部是藏式形式，仿西藏第一座佛教寺庙“桑耶寺”而建。千手千眼观世音菩萨便供奉在主体建筑大乘之阁中。1961 年被批准为全国重点文物保护单位，1985 年普宁寺被国务院批准为全国宗教活动场所，1994 年被联合国教科文组织批准为世界文化遗产。是北方最大的藏传佛教佛事活动场所。也是现阶段承德外庙中唯一一座驻喇嘛并有佛事活动的寺庙。

大乘之阁是普宁寺的中心建筑，四角有四座不同颜色的喇嘛塔。大乘之阁通高 39 米，外观正面 6 层重檐，内供世界最高最重的金漆木雕大佛——千手千眼观世音菩萨。

大乘之阁内供奉的主尊便是世界上最大的金漆木雕千手千眼观世音菩萨，1999 年载入了吉尼斯世界纪录。通高 23.511 米，腰围 15 米，重达 110 吨，用木材 120 立方米，仅头部就重达 5.4 吨。用松、柏、椴、榆、杉五种木材制成。佛像的中部是一个中心柱，直达头顶，中心柱外有四根戗柱，十根边柱。在腰部的圆木顶端平铺一层厚木板，木板四角各立一根圆木直通肩部，然后在圆木上采用勾挂连环的方法分别安装 42 只胳膊。千手千眼观世音菩萨头戴宝冠，三目含慈，面目慈祥安和、神采奕奕。面部有三只眼，表示可以看到过去、现在和未来三世，普度众生，中间一只眼表示已修行到三摩，即专心一致无杂念的境界。他一共有 42 只手臂，42 只手臂除去中间两手合十外，左右各有 20 只手，每只手的手掌心各有一只眼睛，每一只手和一只眼各配上二十五有（就是 25 种因果报应），则 25 乘以 40 正好得 1000，所以称千手千眼，千手表示遍护众生，千眼则表示遍观世间，手多、眼多、智慧多，神通广大，有求必应。他两侧手中分别持有日、月、乾坤带、轮宝、法螺等法器、兵器、珍宝，表示千手千眼观世音菩萨法力无边，慈悲护佑一切众生的大悲之意。在千手千眼观世音菩萨的宝冠上还有一尊佛像——1.53米高的无量寿佛坐像，佛经上说无量寿佛是观世音菩萨的老师，观世音菩萨双手合十是表示对老师的尊敬之意。

（2）普佑寺。普佑寺取“广佑大千”之意。建于清乾隆二十五年（1760年）为庆祝平定新疆回部大小和卓木叛乱而建，该寺是普宁寺的附属寺庙，占地面积9000平方米，坐北朝南，布局呈长方形。该庙有别于传统的汉式“伽蓝七堂”结构，天王殿居中，前面修建佛堂，后面又增添了倒“凹”字形结构的经楼，使整座寺庙形成前后两进院落，布局十分严谨，是外八庙中别具一格的庙宇。

普佑寺是承德外八庙及蒙古诸部选送僧人的“经学院”（藏语称扎仓）设立显宗、密宗、历算、医学四学殿。当年，这里不仅是喇嘛研习佛教经典、理论的经学院，也是进行宗教活动的重要场所。

1964年，普佑寺因雷击起火，大部分建筑毁于火灾，当时仅存山门及四座配殿。经过整修的普佑寺，已于1996年正式向游人开放。2006年5月25日，普佑寺作为清代古建筑，被国务院批准列入第六批全国重点文物保护单位名单。

（3）普陀宗乘之庙。俗称小布达拉宫，布达拉是藏语，汉译为普陀宗乘。普陀指普陀珞珈山，宗乘，即教化众生的教法，指观世音菩萨讲经说法的道场。修建于乾隆三十二年（1767年）至乾隆三十六年（1771年），占地面积22万平方米，是外八庙所有寺庙中规模最大的一座寺庙。是乾隆皇帝为庆祝自己60岁和第二年皇太后80岁的万寿节仿西藏的布达拉宫而建。普陀宗乘之庙是汉藏结合式寺庙，布局分三个部分：前部包括山门、碑亭、五塔门；中部包括琉璃牌坊、白台、僧房等；后部是主体建筑大红台及周围其他建筑，被包围在雉堞衔连、依着山势起伏而环寺一周的高大围墙之内。

①红、白台：位于山巅，气势磅礴，其建筑面积1万多平方米。从正面看，分白台和红台两部分。通高43米，白台为基座，18米，实心，下部以花岗岩石条砌筑，上部以砖砌筑，涂以白灰。红台高25米，外观7层，1~4层为实心台座，实为三层，红台上端的女儿墙以黄琉璃佛龛装饰，四周佛龛内供80尊无量寿佛，在红台南面正中自上而下嵌饰6个琉璃佛龛，龛内供6

尊无量寿佛。

②万法归一殿：是普陀宗乘之庙的主殿，坐落在群楼正中的条石须弥座上，这里是举行重大宗教仪式和进行政治活动的场所。乾隆帝曾在这里接待了土尔扈特部渥巴锡一行，并在此举行了盛大的法会。乾隆帝为此殿题名“万法归一”，意思是世界佛法有千万种，但总归于此。从一个侧面反映了乾隆帝修建此庙的政治意义。殿内共 12 根木柱。正中为斗四套叠八角形方井，藻井中心为金漆蟠龙，四周天花以梵文“六字真言”为图案，色彩鲜明，相映生辉。北面是两座紫檀木万寿塔，塔身上饰满用各种不同字体雕刻的“寿”字，共计 1 万个，以表示乾隆帝万寿无疆之意。还设有无量寿佛挂像、宝座床、珐琅菩提塔和木珊瑚树 1 对。正中紫檀木佛龛内供奉一尊佛祖释迦牟尼旃檀像。

**拓展资料**

佛祖释迦牟尼旃檀像：万法归一殿内正中释迦牟尼是佛教的创始人，尊称释迦牟尼，意思是释迦族的圣人。生于公元前 6 世纪至公元前 5 世纪，大约与中国孔子同时代，是古印度迦毗罗卫国（今尼泊尔境内）净饭王之子。29 岁出家，35 岁成道，觉悟了三法印、四胜谛、八正道、十二因缘，从而修成正果成佛。此后 45 年间四处传法，80 岁涅槃。这里供奉的站立姿势的佛祖像是旃檀佛像，左手下垂结与愿印，表示能满足众生的一切愿望；右手屈臂上指结施无畏印，表示能施于众生勇气和无畏精神。据佛经记载，这种佛像最早是释迦时代乔萨罗国国王优填王发起雕造，因为当时选用的是牛头旃檀木质材料，所以便得名旃檀佛像。后来不管以何种材料，凡是做成这种样式的佛像都称作旃檀佛像。

无量寿佛挂像：在宝座床后屏风上挂有一幅乾隆帝为其母后祝寿而精工刺绣的无量寿佛挂像，宽 3 米，长 10 米，上面绣有无量寿佛及菩萨、罗汉、天王等，堪称稀世珍宝，但不幸被军阀汤玉麟盗走，至今下落不明。现在陈设的为复制品。

宝座床：佛龛后的地坪上的宝座床是乾隆帝特为西藏政教领袖达赖喇嘛设置，但是当时的八世达赖喇嘛降贝嘉措年仅13岁，尚未坐床，不能前来朝觐，所以置此虚位以待，以示乾隆帝尊崇藏传佛教的诚意

③金顶：群楼上共有万法归一、慈航普度、权衡三界三处殿顶，全部采用镏金鱼鳞瓦覆盖，仅铜瓦镏金一项即用头等金叶14895两8钱5分4厘。

④慈航普度殿：慈航普度殿位于大红台群楼平台西北端最高处。坐北朝南，是一座铜质镏金鱼鳞瓦覆顶的重檐六角亭，殿内供奉观世音菩萨。分两层，上层檐下悬有乾隆帝御题"慈航普度"云龙陡匾，意为佛慈悲愿力如船一般，能度众生出苦海。下层檐下乾隆帝御题匾额"普胜三界"，意为佛教是普度三界众生之妙法。

⑤权衡三界殿：权衡三界殿是一组重檐八角亭式建筑，镏金鱼鳞铜瓦覆顶。"权衡三界"意为：适于三界众生的方便法门。殿内供奉的吉祥天母，法相庄严，金身夺目，被藏传佛教誉为"三界荣耀女神"，因骑在骡子上，故又名骡子天王。藏传佛教认为她是救度佛母转世，是保护佛教、普度众生的吉祥天神，也是历代达赖喇嘛的保护神，故在喇嘛教中地位很高。每逢活佛转世，坐床时要在她面前打卦问卜，藏历新年时也要在她面前祈求风调雨顺。这尊吉祥天母铜镏金像高五尺六寸六分，用去红铜1100斤，耗白银1120两。我们看她红发耸立，头戴五骷髅冠，面有三只眼睛，身披人皮，左手托嘎巴拉碗，右手持宝剑，表示生死无常；腰间的角板是善恶的；项上有用50个人头骨穿成的项链，代表降服的50个罗刹，又表示50个梵文字母；脐间为太阳，表示神通广大，能飞行于天上地下。吉祥天母侧身坐在骡背上，骡臀上有一只眼睛。骡子的两侧，分别是吉祥天母的两位眷属——摩羯面佛和狮面佛母。

（4）须弥福寿之庙。建于乾隆四十五年（1780年）。这一年，乾隆帝70岁，后藏政教首领六世班禅前来避暑山庄祝寿。对此，乾隆帝极为重视。他参照清顺治九年（1652年）达赖五世到北京朝见顺治皇帝，顺治皇帝在北京修建西黄寺供达赖居住的先例，在承德仿西藏日喀则扎什伦布寺形制，兴建了须弥福寿之庙。须弥即须弥山，藏语名扎什；福寿，藏语名伦布。须弥福寿，意思是像吉祥的须弥山一样多福多寿。因建庙不但是为了乾隆帝70岁寿辰，也是为了接待班禅，所以俗称班禅行宫。须弥福寿之庙占地面积

37900平方米，寺庙平面布局具有日喀则扎什伦布寺的特征，建于山麓，主体建筑位于山坡上，明显的中轴线贯穿南北，但总平面并不是严格对称，而是呈纵深均衡布局。大红台位于正中，将整修寺庙分为前、中、后三个部分。须弥福寿之庙是外八庙中最后修建的一座寺庙，无论从历史价值，还是从艺术价值来看，它都具有很重要的地位，是汉藏建筑艺术融合的典范，是中华民族大团结的历史见证。

①妙高庄严殿：妙高庄严，意思是此殿如同须弥山一样高大庄严。它是这座寺庙的主殿，妙高庄严殿三层上下贯通，重檐攒尖顶，覆铜质镏金鱼鳞瓦，四条屋脊各饰一上一下铜质镏金行龙两条，共八条龙，每条约重1吨。据说殿顶共用赤金1.15万两。第一层殿内正中供奉藏传佛教格鲁派祖师宗喀巴塑像，稍北供奉释迦牟尼像，东侧是六世班禅讲经时用的宝座。第二层供奉释迦牟尼和阿难、迦叶，以及十八罗汉像。第三层是乾隆帝祈求长寿的转塔。

妙高庄严殿为六世班禅来承驻锡讲经之所，六世班禅曾在此殿为乾隆帝讲经，由章嘉国师翻译。在这里，六世班禅将从西藏来承德途中，每到一处为乾隆帝祈祷祝寿的记录给皇帝，并敬献吉祥哈达和40件礼品。乾隆帝将自己的披袈裟画像及弓箭、金币、金册、金印赐赠给六世班禅。

**拓展材料**

宗喀巴（1357~1419年），青海湟中县人。是藏传佛教格鲁派的创始人，他所创立的格鲁派为藏传佛教中的最大宗派，他奠定的格鲁派的密宗、显宗教法，由其著名弟子贾曹杰、克主杰等，以及后来形成的达赖、班禅活佛系统一直流传下来，对西藏社会产生了深远的影响。

格鲁派创立之前，西藏佛教派别林立，许多僧人戒律松懈，严重影响了出家人的形象，于是宗喀巴从戒律入手对藏传佛教进行了改革，为了表明他的主张，他改戴了黄帽（这是古代持守戒律的高僧们所戴帽子的颜色），弟子们也都追随他而戴起了黄帽，因而，人们俗称格鲁派为黄帽派，简称黄教。

②吉祥法喜殿：吉祥法喜，意思是在吉祥的福地传布佛教，人天欢喜。此殿在大红台西北角，是六世班禅住所，又称住宿楼。此殿内原供释迦牟尼佛像一尊；东西梢间是班禅会客厅和寝室；楼上是做佛事的殿堂，原供银质班禅像。当时殿内陈设着五供、八宝、各式佛龛等金、银、玉质各类器具等，琳琅满目，富丽堂皇。所以，又有金殿之称。六世班禅曾在此殿接受蒙古王公贵族的礼拜。

（5）安远庙。建于乾隆二十九年（1764 年），是仿新疆伊宁市东郊伊犁河畔的“固尔扎庙”而建，俗称“伊犁庙”，为内迁的达什达瓦部而建。安远庙占地 2.6 万平方米，共分三进院落。在这座寺庙的东南面还有一处小院落，这就是清政府为随同达什达瓦部迁居承德的红光活佛而建的佛堂，俗称小殿子。整座寺庙完全打破了汉式寺庙“伽蓝七堂”的传统建筑布局，体现了原伊犁固尔扎庙所固有的庄严肃穆的民族风格。

普度殿在第三进院落中央，平面呈“回”字形，是蒙古族寺庙中常见的都纲（讲经堂）法式。这座大殿面阔 7 间，进深 7 间，呈正方形，通高 27 米，分三层。下层墙壁设有藏式盲窗，中层和上层是汉式重檐歇山顶楼阁，檐下高悬乾隆帝用满、汉、蒙古、藏四种文字题写的“普度殿”云龙匾额。它的含义是：“佛、菩萨以宏慈大力普度众生脱离苦海。”殿顶用黑色琉璃瓦覆顶，这是根据“五行学说”相生相克相对应的原理，青、赤、黄、白、黑代表木、火、土、金、水，黑色代表水，水能克火，它的寓意是希望这座庙宇不要再像伊犁固尔扎庙那样毁于战火了。当时，每逢六月初六这一天，还要在这座大殿举行“晾尘”仪式，就是要将皇帝秋狝时用过的盔甲、帽子、腰刀、坐鞍等从梯形的窗子内取出象征性地见见太阳，以免受潮。这时附近的百姓都争相前来观看，一睹皇帝的御用武备，以彰显皇帝的文治武功。

这座大殿的主尊佛像为“绿度母”。她头戴五佛宝冠，身着天衣，满身挂着各种珠宝，结跏趺坐于莲台之上，右腿伸于座下，脚踩一朵莲花（象征一尘不染）；左腿单盘。右手置于右膝之上，掌心向外，结与愿印，手中拿一朵乌巴拉花（象征救度一切众生），她的面貌慈祥美丽．藏族同胞认为文成公主是她的化身。又传说是观世音菩萨化现的 21 相，供奉绿度母能摆脱八种恐惧，解脱八难（即狮难、象难、蛇难、牢狱难、贼难、火难、水难和非人难）。这尊度母像表示她能压倒愤怒、实现慈悲、使众生安乐，所以称这种坐姿是“吉祥坐”。

普度殿四面墙壁上所画的度母故事彩色壁画，是这座寺庙的一绝，画幅高 1.5 ~ 3 米，面积达到 230 平方米，经历了 200 多年的沧桑洗劫，至今除部分地方遭到损坏外，大部分保存完整。

（6）普乐寺。俗称圆亭子，始建于乾隆三十一年（1766 年），历时一年零八个月完成，占地 2.4 万平方米，是外八庙中布局最严谨的一座寺庙，建筑布局分为前后两部分，前半部采用汉族寺庙传统布局“伽蓝七堂”形式布局（伽蓝，即寺庙厂七堂一般以山门殿，天王殿，大雄宝殿为中轴线，左右对称建有钟楼，鼓楼，东西配殿），后半部为阇城，主体建筑旭光阁是仿北京天坛祈年殿而建，重檐圆顶，内供奉一尊佛像为上乐王佛，又称欢喜佛。

从政治角度普乐寺的修建是为新归附的土尔扈特，左右哈萨克族、东西布鲁特（柯尔克孜族）而建。乾隆帝为寺庙题名“普乐寺”，“普乐”出自范仲淹《岳阳楼记》中的“先天下之忧而忧，后天下之乐而乐”，有普天同乐之意。清代普乐寺不设喇嘛驻寺，由八旗兵负责守护。

1961 年，普乐寺被中华人民共和国国务院公布为第一批全国重点文物保护单位。1994 年 12 月，包括普乐寺在内的“承德避暑山庄及其周围寺庙”被联合国教科文组织录为世界遗产。

**参考文献**

［1］安忠和．安忠和说承德［M］．北京：中国戏剧出版社，2007.

［2］李景瑞．承德古代史［M］．北京：民族出版社，2013.

［3］郎俊山，王舜，安忠和．避暑山庄大辞典［M］．北京：故宫出版社，2012.

［4］承德市旅游和文化广电局网站．http://lywh.chengde.gov.cn/

［5］承德市人民政府网站．http://www.chengde.gov.cn/

## 五、崇礼滑雪旅游度假区

**【常规游览线路】**

云顶滑雪公园场地—国家冬季两项中心—国家跳台滑雪中心—国家越野滑雪场—张家口奥运村（步览约 2 小时）。

**【讲解要点】**

景区概述：位置、历史渊源、特色、承办冬奥会优势、冬奥会比赛项目。

主要景观景点：云顶滑雪公园场地、国家冬季两项中心、国家跳台滑雪中心、国家越野滑雪场、张家口奥运村等。

**（一）景区概述**

1. 位置

崇礼滑雪旅游度假区位于张家口市崇礼区，该区位于河北省西北部，与张家口主城区的距离为50公里，该区地处内蒙古高原与华北平原过渡地带，全区总面积2334平方公里，海拔从813米延伸到2174米，总人口12.6万。

2. 历史渊源

崇礼自古就是汉族、蒙古族、女真族、契丹族等多元文化交会之地，民国二十三年（1934年）设崇礼设治局，取儒家核心思想“崇尚礼义”而得名。1936年改设治局为县，2016年1月撤县设区。境内有秦、燕、明等不同时期的长城环绕，横跨中国、蒙古国、俄罗斯三国的万里茶路便途经崇礼区，现有太子城、响铃寺、东土城、邓槽沟梁遗址等丰富的古迹，这其中尤为突出的便是太子城城址。

该遗址原为崇礼区太子城村所在地，后被规划为2022年北京冬奥会奥运村建设用地，在开工前的前期调查过程中发现了大量建筑构件和其他标本，出现这一情况后当地政府立刻层层上报到国家文物局，并引起了文物局高度重视。随即，文物局在此范围内进行调查和勘探，经专家初步判定，该处应为辽、金遗址。

随后，在报国家文物局批准后，正式启动对太子城城址的考古发掘工作。通过勘探和发掘可以确认：太子城城址为金代皇家行宫，呈长方形，总面积为14万平方米。随着考古工作的推进，15件“尚食局”款瓷器被发现，大量戳印“内”“宫”“官”字的砖出土，专家学者们越来越重视这座金代皇家行宫。经初步推断，太子城遗址是金章宗夏捺钵的泰和宫，这是我国首次发现的金代行宫性质城址，对研究辽金元时期的城市建设特色和变迁具有重要意义。

目前太子城遗址现已入选由国家文物局评选的2018年度“全国十大考古新发现”和中国社会科学院主牵头评选的2018年度全国“六大考古新发

现”。由于遗址与冬奥村约有6公顷用地重叠。综合考古专家、2022年北京冬奥会组委会及政府主管部门意见，确定对遗址与冬奥村采取一体化设计策略，即在保护历史文物的前提下，活化利用行宫遗址区作为冬奥村内最具国际氛围的广场区，打造中国历史与奥运体育文化结合的建设典范。

3. 特色

（1）生态气候良好独特。崇礼境内80%为山地，森林覆盖率达到57.9%。夏季平均气温18.4℃，空气中负氧离子浓度达每立方厘米1万个，PM2.5平均值优于国家一级标准，是养生避暑的天然氧吧。冬季平均气温-10.4℃，降雪早、积雪厚、存雪期长，累计积雪量达1米左右，山地坡度适中，被国内外专家誉为“我国发展滑雪产业最理想的区域之一”。

（2）绿色产业独具特色。以滑雪为龙头的生态旅游业势头强劲，近年来，不论是在接待人数还是旅游收入方面都呈逐年递增之势。此外，全区种植蔬菜13.1万亩，其中绿色蔬菜4.33万亩，绿色认证面积1.43万亩。建成市级以上蔬菜标准化示范园区50家，目前，这里是全国最大的越夏彩椒生产基地。2017年被评为首批“省级农业可持续发展试验示范区”创建单位。游客在感受了冬奥冰雪激情盛宴之后，再让纯正的绿色无公害蔬菜来满足自己的味蕾。

（3）交通条件优势明显。张承高速和省道张沽线纵贯崇礼全境，城区距张家口主城区40公里，距北京220公里。2019年12月30日，京张高铁通车，从北京北站至崇礼太子城站仅需1小时左右。同时，规划建设的延崇高速通车后，北京到崇礼的路程将比现有路程缩短一半。以公路、铁路、航空为构架的现代化立体交通网络逐步形成。

（4）冰雪盛会举世瞩目。崇礼的滑雪产业起步于1996年，经过20多年的发展，借助承办冬奥会的契机，充分发挥该区得天独厚的自然资源优势，不断完善基础设施、配套服务设施，提升服务水平、接待能力，这里的滑雪产业呈现出良好的发展态势。

4. 承办冬奥会优势

2015年7月31日，在马来西亚吉隆坡，国际奥委会主席巴赫宣布，北京击败竞争对手阿拉木图，获得第24届冬季奥林匹克运动会的主办权。当晚，中国国家主席习近平致信申办冬奥会代表团，祝贺他们申奥成功，并勉励在全国各族人民大力支持下，把 2022 年冬奥会办成一届精彩、非凡的奥运盛会。申奥的成功让崇礼这座默默无闻的北方小城一夜之间备受瞩目，那崇礼的优势在哪儿呢？

一是存雪期长、雪质优。崇礼每年 10 月上旬便开始降雪，11 月初可以开始滑雪，持续到来年 4 月中旬，滑雪期长达 150 多天。雪质参数符合冬奥会滑雪体育竞技标准，年均降雪厚度达 1 米以上。二是温度风速适宜。冬季平均气温为 -10.4℃，平均风速仅为二级，非常适宜户外滑雪运动。三是山地条件优越。崇礼山地坡度多为 5° ~ 35°，坡度适中。四是交通区位优势显著，配套设施日臻完善，形成了独一无二的雪场集群。国际奥委会市场开发委员会主席杰哈德·海博格先生来崇礼考察后给出了这样的评价：“崇礼以五道沟为中心的区域，是中国目前能够举办冬季奥运会雪上项目比赛最好的地点。”正是有了这样得天独厚的优势，崇礼最终受到了奥运会的垂青。

**拓展材料**

奥林匹克运动会最早起源于古希腊（前 776 年），因举办地在奥林匹亚而得名。19 世纪末由法国的顾拜旦男爵创立了真正意义上的现代奥林匹克运动会。从 1896 年开始，奥林匹克运动会每 4 年举办一次，会期不超过 16 天。最初，不分夏奥会和冬奥会。由于从 1924 年开始设立了冬季奥林匹克运动会，奥林匹克运动会习惯上又称为“夏季奥林匹克运动会”。2007 年国际奥委会决定创办青奥会，与奥运会一样也是每 4 年举办一届。

到目前为止，奥运会主要有三类：夏奥会、冬奥会、青奥会。夏奥会至今已经举办了 27 届，曾因两次世界大战中断过三次，分别是在 1916 年、1940 年和 1944 年；此外，由于新型冠状病毒肺炎疫情的影响，2020 年的东京奥运会延期至 2021 年举办。第一届冬奥会是 1924 年在法国的夏蒙尼举办的，到目前已举办了 23 届。1994 年第 17 届挪威利勒哈默尔冬奥会之前，冬奥会与夏奥会都是同年举行。之后，冬奥运、夏奥运会每两年间隔举行；2010 年 8 月，新加坡举办首届夏季青年奥运会。

2014 年，南京成功举办了青奥会。第三届青奥会于 2018 年在阿根廷的布宜诺斯艾利斯举办。

众所周知，2008 年北京举办了第 29 届夏奥会，2014 年南京举办了第二届青奥会，这次京张携手申办 2022 年冬奥会的成功，开创了奥运史上申办城市“一次申办、一次成功”的先例，同时，也开创了一个城市既举办过夏奥会，又将举办冬奥会的先例，更开创了一个国家实现举办夏奥会、冬奥会、青奥会满贯的先例！张家口也将成为国内举办过冬奥会的奥运城市。而且按照惯例，一旦成为奥林匹克城市，将永远都是奥林匹克城市。

2022 年北京冬奥会定于 2020 年 2 月 4 日（正月初四）开幕，并将于 2 月 20 日闭幕，这一日期的选择是有原因的：第一，该段时间具备最佳的天气和竞技条件，符合举办冬奥会比赛项目的温度、湿度及风速要求；第二，该段时间正值学校寒假，有利于吸引更多青少年观看比赛和参与冬奥会服务；第三，该段时间正值中国最隆重的传统节日——春节，丰富多彩的民俗活动和特色饮食将为运动员和参与者带来中国年俗文化的独特体验。

5. 比赛项目

2022 年北京冬奥会赛事将分别在北京、延庆、张家口 3 个赛区进行。北京赛区将承担开闭幕式并承办滑冰、冰球、冰壶 3 个大项 5 个分项的冰上比赛项目，共产生 29 块金牌。延庆赛区将承办高山滑雪、雪橇、雪车 3 个大项 4 个分项的比赛项目，共产生 19 块金牌。张家口赛区将承办冬季两项、滑雪两大项 6 个分项 50 个小项的比赛项目，共产生 50 块金牌。张家口赛区产生的金牌数占冬奥会全部比赛的一半以上。届时，崇礼将举办单板滑雪、自由式滑雪、越野滑雪、跳台滑雪、北欧两项以及冬季两项的比赛。

**（二）主要景观和景点**

赛区内共有 4 个竞赛场馆和 4 个非竞赛场馆。4 个竞赛场馆集中分布在两个区域，北部的云顶滑雪公园是利用现有的云顶滑雪场改建而成，南部是新建的国家冬季两项中心、国家跳台滑雪中心以及国家越野滑雪中心。这三个竞赛场馆毗邻而建。把这些项目关联性高的场馆集中布局，不仅有利于赛事组织，还可以大大节省资金，这符合“节俭办奥”的理念。4个竞赛场馆分别是：云顶滑雪公园、国家冬季两项中心、国家跳台中心和国家越野滑雪场。4个非竞赛场馆是：张家口奥运村、张家口山地中心、张家口山地转播中心、张家口赛区颁奖广场。

1. 云顶滑雪公园场地

这里主要是自由式和单板项目，占地约206.74公顷，总投资约为7.41亿元。云顶滑雪公园场地是2022年北京冬奥会唯一依托现有滑雪场建设的雪上竞赛场馆。另外，云顶滑雪公园将在2021年承办国际雪联单板和自由式滑雪世锦赛，该比赛将作为2022年北京冬奥会的官方测试赛。2017～2019年雪季，国际雪联自由式和单板U形场地世界杯、自由式空中技巧世界杯、单板平行大回转世界杯、坡面障碍技巧世界杯等赛事在密苑云顶乐园成功举办。

2. 国家冬季两项中心

中心位于张家口奥林匹克体育公园东北侧山谷，距奥林匹克体育公园主入口约1400米，距太子城高铁站约3公里，距张家口奥运村4公里。国家冬季两项中心将承办2022年北京冬奥会冬季两项比赛，以及冬残奥会冬季两项和越野滑雪比赛。

场馆核心区自北向南依次布置了靶场、赛道与起终点区、技术楼。体育场各功能区位于技术楼东西两侧，由西向东依次为场馆运营综合区、运动员综合区、场馆媒体中心和转播综合区。

C形观众步行平台将入口大厅和奥运场馆连接起来，其上为前院流线；C形平台下为机动车道，为后院流线，后院人流通过此机动车道依次进入各自场院或永久建筑的相应入口。

3. 国家跳台滑雪中心

该中心位于张家口奥林匹克体育公园西部，主体建筑距离南部的公园入口约700米。国家跳台滑雪中心由主体建筑、训练小跳台群以及临时设施综合区组成。

国家跳台滑雪中心主体建筑设计概念从中国传统饰物“如意”中抽象衍生而来，因此也称为“雪如意”。如意的“S”曲线与跳台的剖面以及周边的山形地貌完美契合，在满足奥运比赛的前提下体现出了中国元素，让现代奥运场馆与周边自然山水交相辉映。

国家跳台滑雪中心主体建筑由山上顶峰俱乐部、山下体育场以及二者之间的竞赛区组成。顶峰俱乐部设置三个主要楼层：一层室内为运动员出发大厅，面积约 700 平方米，为运动员提供出发前的准备服务；二层为标准跳台出发层；三层为大跳台出发层，两个出发层之间设有专用电梯。顶部楼层为观光及会议功能。国家跳台滑雪中心的竞赛区由大跳台（HS140）与标准跳台（HS106）两条赛道组成。裁判塔位于标准跳台一侧。

观众看台席位设置在了山下看台区，最多可容纳 1 万人。看台又分为南、北两个区，南区主要为观众看台以及观众服务区域，北区除设置观众席、媒体记者席、教练席外，还设有技术楼。场地中部设有竞赛结束区，混合了采访区、FOP 医疗站、颁奖区等。

4. 国家越野滑雪场

位于张家口奥林匹克体育公园东南侧山谷，距奥林匹克体育公园主入口约 700 米，距太子城高铁站约 3 公里，距张家口奥运村 4 公里。

国家越野滑雪场将承办 2022 年北京冬奥会越野滑雪全部 12 项比赛，以及北欧两项全部 3 项比赛。

国家越野滑雪场位于张家口奥林匹克体育公园安保线范围之内，前院区包括观众步行平台、观众座席区和观众站席区三个部分，场馆其余部分均为后院区范围。

越野滑雪场的观众统一由奥林匹克体育公园观众入口大厅进入，沿步行平台进入国家越野滑雪中心观众座席区及观众站席区。运动员及随队官员、赛事管理人员、贵宾及官员、赞助商、新闻媒体、场馆运营人员、安全保卫人员均由奥林匹克体育公园地面层后院区入口进入，沿场馆主要道路进入场馆及各综合区。

体育场各功能区位于体育场东西两侧，由西向东依次为场馆运营综合区、转播综合区、场馆媒体中心、技术楼、运动员综合区。场馆技术楼建筑地上三层、地下一层：首层主要为竞赛管理功能区，二层为奥林匹克大家庭功能区，三层为 IF、裁判和计分计时功能区，地下一层为兴奋剂监测站。

运动员区包含打蜡房、运动员休息室、运动员医疗站。训练赛道位于场馆西南侧山谷。起终点区位于运动员综合区东侧，在比赛之前，运动员使用独立通道，经过运动员通道，直达场馆起点区。比赛结束后，运动员经过结束区（缓冲、休息），运动员区（更衣、混合区采访），教练员区，兴奋剂检测通道（部分运动员接受兴奋剂检测），使用独立通道返回运动员综合区。

5. 张家口奥运村

奥运村位于张家口赛区太子城冰雪小镇的中心区域，占地 46 公顷（其中行宫遗址区占地约 24 公顷），投资约为 7.07 亿元，可建成 1260 个住宿单元，可接待 2640 名运动员和官员。距离太子城高铁站 0.6 公里，距离京礼高速棋盘梁服务区 1.5 公里。冬奥村西侧最低海拔为 1576 米，冬奥村东侧最高海拔为 1602 米，东西最大距离约 1300 米，南北最大距离约 550 米，场地内最大坡度约为 4%。

张家口冬奥村由西侧广场区、东侧居住区以及外围的运行区组成。居住区设有运动员餐厅、综合诊所、兴奋剂检查站、健身中心、多信仰中心、休闲中心、居民服务中心、代表团团长大厅、NOC/NPC 服务中心等。居住区内道路宽度为 7 米。

冬奥村运动员公寓包括 9 个组团，设置了 1286 个住宿单元，其中单人间 836 间，双人间 974 间，可提供床位 2784 个。单人间最小建筑面积约 10 平方米，双人间最小建筑面积约 12 平方米，房间设储物空间，多人的住宿单元内设置公共客厅，且卫生间洗脸盆与马桶、淋浴分设，互不干扰。

冬残奥村运动员公寓包括 4 个组团，共提供 570 个住宿单元，其中单人间 433 个，双人间 414 个，可提供床位 1261 个。冬残奥村严格依照《北京 2022 年冬奥会和冬残奥会无障碍指南》进行设计，所有无障碍设施在冬奥会举办时全部安装到位，冬残奥会举办时无须再进行无障碍改造转换。

此外，张家口山地中心、张家口山地转播中心、张家口赛区颁奖广场等场所届时都将发挥重要作用。

作为一场国际盛会，预计届时运动员、官员将达到 5000 余人。此外还有大量来自世界各地的媒体记者以及观众聚集到崇礼，这对崇礼的接待能力提出了极大的考验，崇礼承诺将建设酒店 160 家，其中四星级酒店 3 家，三星级酒店10家，二星级酒店20家，住房12404间，以此来满足赛前和赛后的住宿需要。同时，除奥运场馆外，崇礼区共有滑雪场7家，其中4A级景区2家，3A级景区2家。

随着冬奥会的临近，随着冰雪运动的逐渐升温，越来越多的人将会拥抱冰雪运动、爱上冰雪运动，张家口崇礼这座奥运城市必将成为我国乃至世界知名的旅游目的地。

**参考文献**


[1] 河北省政协文史资料委员会．河北文史资料全书（张家口卷）[M]．北京：中国文史出版社，2012.

[2] 安宁，刘振英，郎琦．燕赵传奇——张家口往事[M]．石家庄：河北教育出版社，2015.

[3] 赵占华．可爱的张家口[M]．石家庄：花山文艺出版社，2015.


## 六、白石山

**【常规游览线路】**

东门上山、东门下山（可乘大巴摆渡车，盘山公路11.8公里，用时30分钟，或者乘坐祥云门索道，用时8分钟），自祥云门步行或乘小电瓶车到达韭菜园广场，走小循环线。

方案一：走海拔1900米（双雄石）线，自小洞天、豁然崖、双雄石，经白石画廊到达飞云口，沿红桦林返回双雄石，然后原路返回。

方案二：走海拔1600米（飞狐峡）线，经绝壁长廊，到达双层玻璃廊桥，经吊桥到云端咖啡厅，然后沿1600米线返回。

方案三：登顶峰线。自韭菜园出发，可走小洞天，也可走馒头石，于五行台会合，然后登佛光顶。回程线路可以根据需求任意选取。

**东门上山、东门下山，走大循环线**

方案一：自韭菜园，走1900米线，经小洞天、豁然崖、双雄石、白石画廊、山盟台，到飞云口，然后乘飞云口索道下到海拔1600米线，经三洞天、云端咖啡厅、绝壁长廊，回到韭菜园（可步行爬台阶，也可乘韭菜园索道）。

方案二：与方案一方向相反。

**东门上山、西门下山；或者西门上山、东门下山**

东门韭菜园为集散节点；西门飞云口为集散节点。可走海拔 1900 米（双雄石）线，也可走海拔 1600 米（飞狐峡）线。每条游览线路至少需要 3.5 小时。

**【讲解要点】**

景区概述：位置、资源价值、地貌特色。

主要景观景点：峰林、怪石、风云际会、悬空玻璃栈道等。

**（一）景区概述**

1. 位置

白石山景区位于涞源县城南 15 公里处，雄踞八百里太行山的最北端，被称为“太行之首”。白石山总面积 100 多平方公里，因山多白石而得名。

2. 资源价值

白石山的景观资源可以概括为四个方面：一是地貌独特；拥有全国唯一的大理岩峰林地貌，有三顶、六台、九谷、八十一峰，超过 2000 米的山峰有三座，最高峰佛光顶海拔 2096 米。二是植被茂密；全山森林覆盖率为 82%，拥有近千种动植物，是河北省生物多样性三大中心区之一，尤其集中分布着 3 万亩红桦林，每逢深秋，红装出浴，层林尽染。三是天象奇观；高大的山脊，特殊的山势走向，丰沛的雨量（年均降水量 800 毫米），使白石山成为北方出现云雾、云海最多的山，云海、佛光频现。四是人文荟萃；白石山是古北岳总玄洞天的一部分，云盘洞、清凉寺等庙观与长城分布于山之南北，白石口、插箭岭重要关塞分列于山之两侧。

白石山特殊的地质地貌和局地小气候，造就了白石山雄、奇、险、幻、秀五大特点。峰林、怪石、云海、栈道被称为白石山“四绝”，其山势陡峭、奇峰林立、怪石嶙峋、林野碧涛、云蒸霞蔚，集雄伟、秀丽、神奇、幽幻于一身，被誉为“中国北方第一奇山”。

白石山以拥有国内唯一的大理岩构造峰丛地貌而著称，自 2002 年，白石山先后荣膺全国青少年科技教育基地、国家地质公园、世界地质公园、国家森林公园、国家 5A 级旅游景区等多项桂冠。

3. 地貌特色

白石山是一座山上之山，它从海拔1400米处分开，上半部为白色大理岩峰林，下半部为肉红色花岗岩“基座”，这在地质学上称为“顶盘悬挂体”，是世间独一无二的天然奇观。为什么会形成这样特殊的地质结构呢？这要追溯到14亿年前，当时白石山一带是海滨环境，潮涨潮落数亿年，沉积了一层厚达2000米的白云岩。到了距今1.4亿年前，花岗岩侵入，炽热的岩浆在白云岩盖层下剧烈地运动，向上顶举，使白石山地区发生了两种变化：一是化学作用过程，白云岩在高达上千摄氏度高温岩浆的烘烤下，发生了变质，颜色变浅，白云石矿物重新结晶，变质为大理岩或白云质大理岩；二是物理作用过程，简单地讲，就是岩浆巨大的内应力将顶部的白云岩盖层顶起并顶裂、顶斜。就这样，在55平方公里的花岗岩基座上托举起一块20平方公里的白云质大理岩，形成了今天我们看到的“双层结构”，真可谓是大自然的神来之笔。

**（二）主要景观和景点**

1. 韭菜园

祥云门是东门上山的第一站。从祥云门走木质步游路或是乘小电瓶车就可以到达海拔1858米的韭菜园，在这里你会闻到野韭菜浓烈的辣味。白石山南麓海拔1600~2000米处生长着野韭菜，据传是王母娘娘派人撒的菜籽。因为这里是一块凹谷洼地，韭菜生长集中、茁壮，像一个天然的菜园子，所以就被命名成了韭菜园。这儿的韭菜生长茁壮、味辣好吃，加工成的韭菜花别有风味。

2. 太行老祖

韭菜园广场雕像是太行老祖。相传上古时代有一个姓陆的高人在碾盘洼和云盘洞修行，此人能像猿猴一样在峭壁上飞来飞去，医术很高，能掐草为丹药，还能点石成金。老百姓尊其为白石老祖，因白石山为“太行之首”，因此也被尊为太行老祖。

3. 古地震遗迹

过了太行老祖的塑像就进入了主景区——世界地质公园。白石山拥有众多的地质遗迹，这里是在10亿年前发生的一次海底古地震遗迹，这也是华北地区最古老的古地震遗迹。10亿年前，这里曾发生过一次大地震，大地从这里被撕开了一道宽约200米的口子，众多的岩石崩塌下去，堆积填充起来，经过漫长的过程，经过二次胶结成岩，形成了这些状似“片石混凝土”的巨角砾岩。右手边的这条裂缝就是古地震遗迹的东断层。

4. 海豚出水

“海豚出水”景观是一根由巨角砾岩发育而成的巨大石栏。每当雨后初霁，沟谷之间生出缕缕烟云、袅袅上升，形成一片云海。此时从北部观景台远望这块巨石，会看到它犹如一只巨大的海豚从水中垂直跳出一般，所以命名为“海豚出水”。

5. 大理岩峰林

白石山拥有“四绝”，第一绝当数“峰林”。峰林是指奇峰林立。中国峰林地貌有很多，例如湖南张家界的砂岩峰林，云南石林的石灰岩峰林等，而白石山峰林是我国唯一的大理岩峰林地貌，被中国地质科学院命名为“白石山地貌”。它是在特殊的地质背景下形成的构造峰林，它的形成比其他峰林更具有悲壮色彩，其他地区的峰林主要是通过水的冲蚀、溶蚀作用形成，比较和缓温柔，而白石山的峰林则经历了力与火的锻造，是一座在岩浆炙烤与顶举中重塑崛起的山。白石山处于太行山深断裂的西缘，距今2亿到7000万年，炽热的岩浆侵入，不仅使岩石发生了热变质，特别还形成了两组近乎垂直的原生节理，学术上叫作“两组宏大的共轭剪切节理”。经过长期的重力垮塌和流水搬运，造就了目前的峰林地貌。专家说，白石山的峰林多数正处于“青壮年期”，因其年轻而奔放，因其奔放而巍峨，因其巍峨而壮美。

6. 怪石

白石山第二绝是“怪石”。白石山景观之奇，首推峰奇、石奇。这里的奇峰怪石千姿百态、拟人拟物、光怪陆离、造型奇异。有的像帆，乘风破浪；有的通天拔地，如擎天玉柱；有的势如累卵，仿佛轻轻一震就会塌落；有的像在排兵布阵，成列成行。那些如笋、如剑、如人、如兽的怪石更是举目皆是，展示了白石山的鲜明个性。在海拔1600米的飞狐峡游线上还有“仙人晒靴”“三圣朝佛”“三洞天”“太行之神”等个性鲜明的景观。我们不得不惊叹于大自然的鬼斧神工。只要心中有景，景中就会有情，大家可以张开想象的翅膀，尽情去探索奇峰怪石不一样的美。

7. 姜太公钓鱼

来到佛光顶下，回望豁然崖，山脊上似乎有一位老者，身披蓑衣、头戴斗笠、手持钓竿、悠然安详，这就是位列“白石山十二大美景”之一的太公钓鱼。白石山姜太公千年的垂钓，鱼没有上钩，却演绎了人做事的一种方式、一种心态。

6. 佛光顶

佛光顶海拔 2096 米，为白石山最高峰，顶部有 50 平方米的狭小平台。登上顶峰可西望五台、东瞰狼牙、北俯田畴、南览太行群峰。

9. 狮虎峰

一路前行，穿过侧身崖，南边一座小山峰非常奇特，这座峰叫作狮虎峰，从侧面看它酷似沧州铁狮子，威风凛凛；从正面看却像一头蹲坐的猛虎，正襟危坐，虎视眈眈。

10. 馒头石

“馒头石”地学名称叫“叠层石”。“叠层石”是地球上最古老的化石之一，这种石头是在潮汐的环境或极浅水的环境下由单细胞的藻类与沉积作用共同形成的一种明暗纹带相间的沉积构造，在极浅水或退潮时，藻类在沉积物表面“爆发式”生长，争夺阳光，往往形成向上的球面，并形成暗色藻纹层；当涨潮时，藻类生长受遏制，沉积碳酸盐岩条带，形成明亮纹层。因此，形成了波状、半球状和柱状叠层石；尤其是半球状叠层石像刚出锅的大馒头，也像恐龙蛋，人们称之为“馒头石”。仔细观察这些“馒头石”的分布，还会发现有的“馒头”是挨在一起的，有的“馒头”是个个孤立的，这是因为当时这些藻类处于平坦的滨海（潮坪）环境，水流活动强弱不同。紧密相连的“馒头石”，垂直切面为波状叠层石，它是在潮上带水流活动较弱的条件下形成的；而那些孤立的“馒头石”，纵切面则为柱状叠层石，它是在潮间带水流冲刷作用较强的条件下形成的。

11. 八戒娶妻

在拔地而起的峰林间，一处惟妙惟肖的“八戒娶妻”赫然出现在眼前，叫人联想到电视剧《西游记》中猪八戒背媳妇儿的画面。猪头猪耳猪拱嘴，惟妙惟肖。只是这个猪八戒的个头小了点，而媳妇又胖又高，据说那媳妇是孙悟空变的，故意戏弄八戒呢！

12. 风云际会

涞源的古县志记载:“白石山，山多白石，连峰纵拔，秀列若屏，时有晴云游曳其上。”古人这几句简单朴实的描述，道出了白石山第三绝“云海”。

白石山主脊线长达7000多米，平均海拔高度为1900米，呈东北西南走向，与季风形成垂直状态。再加上白石山南麓相对高差达1500米，特殊的地形造就了白石山独特的气候。从东南方向吹来的暖湿气流，时常被高大的白石山拦贮在峰林巨壑之间，形成云雾、佛光。

令人惊叹的是，白石山许多时候北部是碧空蓝天，南部却是云海茫茫。“风云际会”是白石山的一大奇观。在云盘谷的山脊线上冷暖空气突然交锋，云雾飞速升上天空，在升烟井，云雾从底部被吹上来，沿崖壁直冲霄汉，像古代的滚滚狼烟，实为奇观。由于冷暖气流的作用，白石山上经常出现锋面雨、地形雨，也经常出现蓝天白云映苍山的景观。白石山晴不如雨，雨不如雾，雾不如云。白石山一年有72场浇花雨，期期有花主，月月有花期。当地百姓常说，白石山一天有72变，特别是夏秋季节，成天云遮雾绕，山峰隐于云雾中，如仙山浮岛，太阳直射云雾使佛光频频出现。

13. 双雄石

“双雄石”是两根高大的石柱，因很像两名并肩作战、威武雄壮的骑士，所以被称为“双雄石”。在这里，最令人称奇的当数半腰那块悬石。它侧立于垂直的陡壁，似乎大声说话都会把它震落，然而，亿万年来，这块小小的石头却一直悬在这里纹丝不动。它经历了沧海桑田的变迁，见证了“绝世双雄”的旷世友谊。

14. 白石画廊

从双雄石广场出发，沿栈道往前走，马上进入白石山最精彩的段落——白石画廊。野花盛开的季节，山峰、云海、野花，组合成最美丽迷人的景色。

15. 天衣有缝

众所周知，“天衣无缝”是指神话传说中仙女的衣服没有衣缝，比喻事物周密完善、找不出毛病。然而我们都知道，任何事物自身都存在缺陷和瑕疵，就像这天衣有缝，不管曾经它是多么坚韧雄壮，也逃不过长年累月雨雪风霜、历史长河的冲刷，从而出现缝隙。因此在这里，改无缝为有缝，告诉人们任何事物都不可能周密完善，只要用心尽力就好。天衣有缝的形成是受原生节理控制，之后由于典斑岩脉二次倾入发育而成的，在这里我们还可以看到明显的灰绿色黄斑岩。

16. 悬空玻璃栈道

白石山第四绝，就是栈道。白石山堪称“中国栈道第一山”，3.5 万米步游路有 1/3 为悬空栈道。一路走来，我们看到白石山的绝壁栈道将以“白石晴云、姜太公钓鱼、八戒娶妻、双雄守山、凌波微步、山盟海誓、白石淞韵、景心流岚、太行之神、三圣朝佛、仙人晒靴、祥云佛光”等具有代表性的“白石山十二美景”串联起来，让我们可以尽览白石山水墨写意的大气之美。站在栈道上，“云在脚下漂，风在身边嬉”，则更能感觉到如临仙境般的惬意与自在。

当然白石山最为惊心动魄的还要数悬空玻璃栈道，悬空玻璃栈道建在海拔 1900 米的绝壁之上，全长 95 米，宽 2 米，它于 2014 年建成开放，是国内当时海拔最高、长度最长的悬空玻璃栈道。登上凌波而立的“天空之路”，雄壮的山峰映射在镜面，缥缈的云雾悠来荡去，透过玻璃踏空而行，我们仿佛坐在云端漫步。眺望翠岭群峰簇攒，俯瞰脚下深渊万丈，令人胆战心惊。现在就让我们挑战一下自己的胆量，来体验玻璃栈道的惊险与刺激吧！

17. 山盟台

突兀的山盟台是白石山奇与险的集中体现，之所以被称为“山盟台”，是因为观景平台把绝壁上的一个山头作为支点，巧妙地利用地形，独具匠心地把平台塑造成了“心形”，而且将台中央的一块天然巨石打造成了“心心相印”的山盟石，营造出强烈的爱情永恒的氛围。以“相约山盟台”为主题的爱情文化活动已经在此创办了多期。

18. 飞云口

飞云口，顾名思义就是在这里可以看到白云飞舞。这里是白石山主脊的一个豁口，由于白石山高大的山体阻挡了南北空气流通，所以这“飞云口”也就成了风和云飞渡白石山的主要通道，飞狐峡底部的暖湿空气沿沟谷爬升上来，和北面的冷空气突然相遇就会形成云雾，在飞云口盘旋。随着冷暖气流强弱的变化，云雾蒸腾、时降时升、时聚时散，聚如幔卷、飞如流瀑，升起如烟，变幻莫测。奇峰时隐时现，宛若童话世界，美轮美奂！

19. 太行之神

“太行之神”是一个孤立的石柱，深藏于飞狐峡的谷底，为白石山的标志性景观。虽然只有 11 米高，但上部相对粗壮，根部很细，似一尊雕像，孤悬于石台上，十分绝妙。白石山是一座有着神话传说的“奇山”，相传，3500 年前有一只千年灵狐吃五粒松子成仙，它成仙的地方在县城东北飞狐山，山上有飞狐庙，山下有省级重点文保单位“商周遗址”（飞狐城遗址），涞源因此自隋朝到明初都叫飞狐县。这只灵狐经常在涞源一带的深山游憩，特别迷恋白石山的飞狐峡，最后幻化为“太行之神”，守护着白石山、守护着涞源和太行山。

20. 三洞天

三洞天，也叫接吻石，为恋爱三部曲：第一组为初恋，情窦初开；第二组为热恋，相拥相抱；第三组为结合，叫海枯石烂。我们又把它称作“千古之恋，亿年之吻”，因吻得太过投入，最后一组俩人的眼珠都要跳出眼眶。洞穴文明是人类文明史上重要的组成部分。三洞天象征了美好的爱情，诠释了相遇、相知、相爱的全过程，不论任何人看到之后都会被他们那坚贞不渝的神态所感染。

21. 飞狐双层玻璃廊桥

飞狐双层玻璃廊桥是白石山第二条玻璃栈道，也是全国唯一的一座双层玻璃桥，位于海拔 1600 米的主游览线上，全长 200 米，分为两个部分，栈道部分长 120 米，像玉带一样环绕在孤峰上；桥体部分即是连接线，又是风景线，为双层结构，上层长 42 米，下层长 38 米，上下通透。每当云雾缭绕，整个玻璃桥笼罩在朦胧世界中，玲珑剔透，宛若仙人行走于云端。处于上下层的游客可以互动，桥上桥下传递着挑战前后的不同心情，大有“前赴后继”的意趣。

22. 三圣朝佛

三座不同的山峰，就像三尊呈站立姿势向上朝拜的圣人，正好与佛教的西方三圣相契合，因此命名为三圣朝佛。峰崖东西走向依次排列，犹如阿弥陀佛带领胁侍观世音菩萨和大势至菩萨，迎接佛陀的光明。

23. 仙人晒靴

一座独立奇峰上，一只靴子悬在山顶，相传轩辕黄帝有一次在黄山炼丹时，天降大雨，他的衣服和鞋子湿透了，于是他就脱下鞋来晒，一只挂在了黄山，因此黄山有一个景点叫“仙人晒靴”，另一只甩得力量过大，扔过了长江、黄河，挂在了白石山上，所以这是轩辕黄帝的另一只靴子。

24. 白石山长城

乘坐索道下山时，不仅能观赏到白石山郁郁葱葱的茂密森林，还能够看到盘桓错落的明代长城。白石山长城建于明代万历元年，竣工于万历十一年，全长近 2 万米，保存完好率接近 70%，被誉为原生态长城，称为“万里原貌，威武雄关”。现在游客们只能在索道上远眺长城，每当雨过天晴，夕阳斜照，长城像一条巨龙盘绕在白石山上，实为胜境，十分壮观。

**参考文献**

［1］涞源县志编辑委员会. 涞源县志［M］. 郑州：中州古籍出版社，2017.
［2］保定市旅游局. 保定旅游十座城［M］. 北京：新华出版社，2016.

## 七、清东陵

**【常规游览线路】**

游客在服务中心购票—乘坐电动观光车参观孝陵（顺治）主神路—中转站落客区下车—步行参观裕陵（乾隆）、定东陵（慈禧）、裕妃园寝（香妃）等地宫开放的陵寝—中转站乘车—步行参观孝陵（顺治）、景陵（康熙）等地表建筑开放的陵寝。

**【讲解要点】**

景区概述：位置、文化价值、荣誉。

主要景观景点：孝陵主神路、景陵、裕陵、裕妃园寝、定东陵。

**（一）景区概述**

清东陵是我国现存规模最宏大、体系最完整、布局最得体的帝王陵墓建筑群，共建有陵寝 15 座，其中包括 5 座皇帝陵、4 座皇后陵、5 座妃园寝和 1 座公主园寝，自清康熙二年（1663 年）葬入清朝入关第一位皇帝顺治皇帝起，至 1935 年同治皇帝的荣惠皇贵妃入葬惠妃园寝，历时 272 年，葬入 5

位皇帝、15 位皇后、136 位妃嫔、3 位阿哥、2 位公主，共计 161 人。

**拓展材料**

清朝是中国历史上最后一个封建王朝。清朝皇帝的陵墓共有五处，分别为关外的永陵、福陵、昭陵，以及关内的清东陵和清西陵。

辽宁新宾县：清远祖永陵；

沈阳：太祖努尔哈赤福陵；

沈阳：太宗皇太极昭陵；

遵化清东陵：顺治孝陵、康熙景陵、乾隆裕陵、咸丰定陵、同治惠陵；

易县清西陵：雍正泰陵、嘉庆昌陵、道光慕陵、光绪崇陵。

末代宣统皇帝溥仪从皇帝的身份变成了囚犯，最后又被赦免成了平民，已不可能再遵循清朝的制度。所以，他死后没有入葬皇陵，先葬于北京的八宝山，后来迁移到了清西陵附近的华龙皇家陵园。

1. 位置

清东陵坐落于北京以东 125 公里的河北省遵化市昌瑞山南麓。清朝统治时期，清东陵面积辽阔，南北长 125 公里，东西宽 20 公里，占地达 2500 平方公里，整个陵区均以北侧的燕山余脉昌瑞山为界，分成“前圈”和“后龙”两部分。昌瑞山以北为“后龙”，是清东陵的风水来龙之地；昌瑞山南麓为“前圈”，占地 80 平方公里，是陵寝的主要分布地区。

2. 文化价值

清东陵是中国最后一个封建王朝——清朝的皇家陵园之一。清朝从 1644 年入关到 1911 年灭亡，共统治中国 268 年。其间，经历了 10 位皇帝，除末代皇帝溥仪没有修建陵寝外，其余 9 位皇帝分别葬于清东陵和清西陵。

清东陵的营建跨越两个半世纪的时空，几乎与清王朝相始终，葬有多位对清朝历史有着重要影响、声名显赫的人物，如入关第一帝顺治皇帝，在位时间最长的康熙皇帝，自诩为“十全老人”“古稀天子”的乾隆皇帝，清初杰出的女政治家孝庄文皇后，权倾同治、道光两朝的慈禧太后，富有传奇色彩的“香妃”等。可以说，清东陵是一部凝固的清朝历史，蕴含了丰富的历史信息。

在陵寝的选址和规划设计中，清东陵充分运用了中国传统的风水理论，着力体现“天人合一”的宇宙观，将人的精神熔铸于大自然之中，创造了一种崇高、伟大、永恒不朽的意象。在建筑规模和建筑质量上，力求恢宏、壮美，以体现皇权至上的思想，洋溢着皇家气派与威严，成为皇权物化的表征。整座陵园集山川自然美与人文建筑美于一身，极富东方审美情趣，是中国封建皇陵的集大成者。

这里有明清两朝保存最完整的孝陵神路，全国面阔最宽的石牌坊，全国十大名桥之一的五音桥，以金、木、石“三绝”著称于世的慈禧定东陵地表三大殿，因不可多得的“石雕艺术宝库”和庄严肃穆的“地下佛堂”而闻名天下的乾隆裕陵地下宫殿。联合国教科文组织的专家曾赞誉清东陵是“人类具有创造性的天才杰作”。

3. 荣誉

1961 年清东陵被列入全国首批重点文物保护单位。2000 年 11 月 30 日，它又以其无以辩驳的魅力和极高的历史价值、科学价值、艺术价值荣登联合国《世界遗产名录》，成为中华民族和全人类的宝贵文化遗产。2015 年成为国家 5A 级景区。

**（二）主要景观和景点**

1. 孝陵神路

全长 6000 米、宽 12 米的孝陵主神路，将数十座单体建筑从南到北贯穿始终。神路最南端是石牌坊，是我国目前保存最完整的石牌坊，面阔 31.35 米，高 12.48 米，五间六柱十一楼的格局，仿木结构，采用了卯榫结构，但通体用青白石构筑而成，异常坚固，因此在经历两次 7 级以上的大地震后，依然安然无恙，成为清东陵最重要的标志。

石牌坊以北是大红门，最高等级单檐庑殿顶式建筑，这不仅是孝陵的门户，更是清东陵的总大门。大红门两侧是绵延 20 多公里的风水墙，就像两条臂膀，将众多陵寝都囊括在它的怀抱里。

进入大红门，右手边的小院落叫作具服殿，这里是皇帝的更衣殿，院内修建有一座仅有的净房。每逢祭祀，皇帝会在这里换上素衣素服并且稍作休息，稍后到陵寝内去祭奠他的祖先。继续北行，位于神路正中的就是孝陵神功圣德碑楼，也称大碑楼，是专门为皇帝歌功颂德、树碑立传的地方。碑楼内是龟趺碑，碑上共用满、汉两种文字 1700 多个字记载了顺治皇帝的一生。

大碑楼的四角竖有四根华表。华表起源于尧舜禹时期，尧置进谏之鼓，舜立诽谤之木。它最初的功用相当于现在的意见箱，秦始皇时期为了加强专制统治，废除了华表，虽在东汉时期恢复起来，但作用已不是进谏，而成了街心巷口的标志物了，经过发展，形成了现在的华表，成为中华民族的象征。这四根华表在这里起到衬托和装饰碑楼的作用。

绕过大碑楼，阻挡我们视线的便是天然形成的“影壁山”。它就像北京四合院里的影壁墙一样，遮挡外人的视线，使其不会直接透过庭院看到房屋内的设置。同时在清东陵的风水学里也起着至关重要的作用，它也被称作案山，位于昌瑞山和金星山之间的位置，像是皇帝生前批阅奏章的龙书案，可凭可依。

绕过影壁山后，我们看到的是清东陵最为雄伟壮观的一组石像生，全长 870 米，由 18 对不同的石人、石兽构成，是整个陵区中规模最大、数量最多、序列最长的一组石像生。它们像仪仗队一样日夜守护陵寝，以此显示了墓主人的身份和地位。石像生的尽头是龙凤门。进入龙凤门后，依次经过一孔桥、五音桥和三路三孔神路桥，便直抵孝陵。

孝陵是清朝入关后第一位皇帝顺治皇帝的陵寝，也是清东陵内规模最大、体系最为完整、位置最尊贵的皇帝陵。后靠昌瑞山主峰，南达金星山，占据了整个陵区中轴线的位置。其他皇帝陵寝的修建均以它为中心，依山就势一字排开，深刻体现了“居中为尊，长幼有序”的传统道德理念。

2. 景陵

景陵是清圣祖康熙帝爱新觉罗·玄烨的陵寝，内葬康熙皇帝、孝诚皇后、孝昭皇后、孝懿皇后、孝恭皇后和敬敏皇贵妃。景陵位于孝陵东侧 1 公里处，建筑规模总体以孝陵为蓝本，但局部有所改创。如圣德神功碑楼内是清陵中第一个竖立双碑的陵寝，一碑刻满文，一碑刻汉文，满汉互译，记载了康熙皇帝一生的文治武功；石像生为 5 对，并修建在弯曲的神路上，这样的设计既生动形象，又灵动活泼；龙凤门改为牌楼门；碑匾上的文字首次由嗣皇帝书写。

3. 裕陵

裕陵是清入关第四位皇帝——乾隆皇帝的陵寝。乾隆，名爱新觉罗·弘历。25 岁登基，在位 60 年，禅位后又任 3 年 4 个月的太上皇，实际行使国家最高权力长达 63 年 4 个月，是中国历史上掌权最久寿命最长的皇帝，享年 89 岁。他的这座陵寝之所以名为裕陵，即“裕”取其富裕充足的意思。

乾隆皇帝在位期间，清朝达到了康乾盛世的最高峰，陵寝在营建时，遍选天下的精工美料。特别是裕陵地宫，它在清东陵中是最豪华最具代表性的，地宫里面满雕佛像经文，而且雕刻技艺精湛，耗时达 3 年之久。裕陵地宫由 9 券 4 门组成，地宫进深 54 米，落空面积 372 平方米，地宫平面呈“主”字形，地宫有 4 道石门，共 8 扇，每扇门高 3 米，宽 1.5 米，厚 19 厘米，重约 3 吨。每扇石门上都有一尊生动的菩萨立像，每位菩萨 1.5 米，个个眉清目秀，头梳高髻，头戴莲花佛冠，双耳佩环，身披随风飘舞的长巾，着羊肠大裙，袒胸露臂，赤脚立于出水芙蓉之上，脉脉含情，端庄文静。除此以外还有四大天王、五欲供图和 3 万多字藏文梵文经咒，线条流畅细腻，布局严谨有序，被称作是一座“不可多得的石雕艺术宝库”和一座“庄严肃穆”的地下佛堂，如今乾隆皇帝和他的两位皇后、三位皇贵妃均长眠于此。

4. 裕陵妃园寝

裕陵妃园寝是乾隆皇帝众妃嫔的墓葬群，它坐落在乾隆皇帝的裕陵和慈禧太后的菩陀峪定东陵之间，是一处风光绮丽、曲径幽深的风水宝地。

裕陵妃园寝始建于乾隆十年（1745 年），初称为妃衙门，由于葬入乾隆皇帝的宠妃纯惠皇贵妃，故更名为纯惠皇贵妃园寝。嘉庆四年（1799 年），裕陵定名，其妃园寝更名为裕陵妃园寝。这里安葬了乾隆皇帝的 1 位皇后、2 位皇贵妃、5 位贵妃、6 位妃、6 位嫔、12 位贵人和 4 位常在，共计 36 人。这 36 人，从乾隆十七年（1752 年）起至道光三年（1823 年）止，按照死亡的先后，共分 17 批葬入，先后历时 71 年之久。众妃嫔的宝顶井然有序地分成 5 排，其中给人以扑朔迷离之感的“香妃”就葬在第二排东侧第一墓。“香妃”实际上是乾隆皇帝的一位维吾尔族的妃子，称为容妃。

整座园寝周围绕以朱垣，所有建筑，除班房为布瓦外，其余建筑全为绿色琉璃瓦盖顶。裕妃园寝的建筑布局，建筑形式豪华、气派．在清朝的各妃园寝中，等级是较高的。

5. 定东陵

慈禧皇太后的陵寝名为菩陀峪定东陵。因陵寝在丈夫咸丰皇帝定陵之东，从而得名定东陵。定东陵包含两座陵寝，分别安葬慈安和慈禧两宫太后，但对外开放的只有慈禧皇太后的陵寝。慈禧和慈安的两座陵寝在1873年同时开始修建，耗时6年，并于1879年同时完工，各自耗费白银200多万两。她们的陵寝在清朝皇后陵寝中已属上乘。但慈禧仍不满足，于1895年以陵寝年久失修为由下令拆除陵寝重新修建，并严令原材料不得有丝毫迁就。而当时正值中日甲午海战时期，需要资金，但慈禧太后全然不顾，仍然一意孤行，对其陵寝进行全部重修，耗时14年，直到她去世前浩大工程才得以完工。重修以后的慈禧陵极尽奢华，以其地表“三绝”冠绝于世，分别为木绝、金绝、石绝。

（1）木绝。重修之后的慈禧陵木料全部选用非常名贵的黄花梨木，众所周知，黄花梨木是木中的珍品和极品，这种木料木质坚硬、纹理细腻、花纹非常漂亮。古今中外用黄花梨木建造宫殿的只有慈禧陵一处，可谓是前无古人、后无来者。

（2）金绝。慈禧陵的三殿全部采用金龙和玺彩画，并且用黄金来装饰，用黄金贴成，云、龙、福、寿各种图案混搭其中。仅金龙就有3177条．形态各异，栩栩如生。三殿的墙壁也不同于其他皇后陵，全部采用雕砖扫金，内壁用砖雕成“五福捧寿”“四脚盘肠”“卐（wàn）字不到头”等图案，寓意江山万代，万福万寿！墙壁全部扫上赤金和黄金，赤黄两金交相辉映，殿堂内外金碧辉煌！据档案记载，三殿花费仅用叶子金一项就达到了4592两，折合成黄金约为143.5千克。可以想象，动用300斤的黄金来装饰天花板和墙壁在中国皇家陵寝里面是史无前例的！三殿内外每根柱子上都盘绕着一条铜质镏金半立体的盘龙，殿内殿外共计64根。而且龙须处巧设弹簧，并随着空气的流动，能够自行摆动，如活龙浮现。

（3）石绝。隆恩殿前的丹陛石打破了中国所有丹陛石的传统，其凤在上、龙在下；在手法上，采用高浮雕加透雕的手法，立体效果强大。在大殿周围的栏板和柱头格局上，打破了传统的一龙一凤、龙凤呈祥的格局。慈禧陵柱上全部雕刻翔凤，而龙在柱身上，里外各一条，栏板上也精心雕刻了凤引龙飞的图案。一只翔凤在前面展翅飞翔，一条金龙在其后如影随形。仔细观察的话，凤刻得丰满有力，而龙则瘦骨嶙峋，正是这些精美图案的匠心独运，把慈禧女权至上的权欲心理展现得淋漓尽致。

慈禧太后终于在1908年11月15日走进了她耗费多年、花费巨资打造的地下宫殿，消失在历史长河之中。

**拓展材料**

中国历代君王都认为，选一块上吉佳壤作为自己死后的栖身之所，可以“巩万载之金汤，开亿世之统绪”。基于此种认识，他们一面让臣民们高呼自己“万岁”，一面刻意追求着所谓“龙沙穴水物美不收，形势理气诸吉咸备”的风水宝地。关于风水，典籍中有不少的著述，对其进行解释，“所谓风者，取其山势之藏纳，土色之坚厚，不冲冒四面之风”，“所谓水者，取其地势之高燥，无使水近夫亲肤”，达到“葬者藏也，无风、蚁、水三者侵体之害”的目的。

清东陵这块风水宝地，在明代曾被看中。明代崇祯时，因天寿山已无佳穴可选，风水先生曾远足跋涉到昌瑞山附近，由于国势渐衰，清王朝取代明王朝，这块宝地得以易主。

史籍记载，清东陵风水系顺治帝亲自卜定。顺治帝生前一共到遵化来过两次，一次是顺治八年（1651年），一次是顺治十六年（1659年）。相传，顺治帝曾率仆从来此狩猎。当他登上山巅、极目远眺时，发现这里王气葱郁，当即摘下玉佩环，埋下作为记号，以备将来营建陵墓之用。由此看来，史书所记清东陵为顺治帝选，当不为假。

清东陵北起雾灵山，南达天台山。雾灵山是清东陵的太祖山，是“后龙之正脉，风水之大源”。其山脉逶迤南伸，至昌瑞山而止。整个陵园以昌瑞山为界，以南称“前圈”，以北为“后龙”。陵园东面的雁飞岭诸峰，千岩错落，势尽朝西，俨然左辅；陵园西面的黄花山，重峦叠嶂，势皆东向，宛如右弼。高大雄浑的天台山、象山、万福山横亘于陵区正南方。位于雾灵山和昌瑞山之间的分水岭是“来龙”的脊背，众水东西泱流，左盘右绕，最后汇合于陵园之南的龙虎峪。这万山拱卫、众水朝宗之势，加重了皇陵的神秘色彩和皇权神授的气氛，与庄严肃穆的皇家陵园保持了高度的和谐与统一。

昌瑞山为后靠山，是燕山余脉，东西走向。中间主峰高耸，两侧山峰逐次降低，宛然一道天然屏风，它是东陵的后靠山。金星山位于陵园之南，与昌瑞山遥遥相对，它是陵园的前朝山。在金星山北有一座小山，当地人称为影壁山，低矮平缓，似玉案前横，此为案山。金星山、影壁山、昌瑞山天然连成一条直线，不加任何人工修饰，景物天成，浑然一体，实为一处不可多得的风水宝地。

**参考文献**

[1] 徐广源. 大清皇陵探奇 [M]. 沈阳：沈阳出版社，2012.
[2] 李寅. 清东陵揭秘 [M]. 北京：中国人事出版社，2001.
[3] 刘站英主编. 世界华人精品文丛（第3辑）·国宝东陵 [M]. 北京：中国戏剧出版社，2006.

# 第六章
# 各考区自选景点

## 一、正定古城

**【常规游览线路】**

南城门—广惠寺—临济寺—阳和戏楼—开元寺—天宁寺—隆兴寺—荣国府。

**【讲解要点】**

景区概述：位置、历史沿革、文物价值、历史名人、旅游发展。

主要景观景点：隆兴寺、临济寺、荣国府等。

**（一）景区概述**

1. 位置

正定古城位于河北省西南部、太行山东侧、华北平原中部，南距省会石家庄 15 公里，西接灵寿，总面积 8.9 平方公里。正定古城是国家历史文化名城、中国民间文化艺术之乡、中国书法之乡，以其历史之远、文化之厚、物产之丰、军事之要被誉为“河朔之根本”。

2. 历史沿革

正定是一座历史悠久的文化古城，早在原始社会的新石器时代，这里就有人类繁衍生息，目前已发现的有距今 7000 多年的仰韶文化遗址、距今 6000 多年的龙山文化遗址以及距今 2500 年前的新城铺故都遗址。自北齐以来的 1400 余年间，正定一直是府、州、郡、县治所，是当时北方重要的政治、经济、军事、文化中心，是北京的南大门，历来为兵家必争之地。历史上与保定、北京并称为“北方三雄镇”。至今正定南城门上还镶有“三关雄镇”的石刻匾额。清代大诗人朱佩莲曾赞道：“九通京华路，真称北镇雄，波警徒骇侧，云压太行东。”

3. 文物价值

悠久的历史赋予了正定得天独厚的文物古迹和瑰玮灿烂的文化遗产，正定也因此被誉为“文物宝库、旅游胜地”，并有“古建艺术宝库”的美称。城内现有全国重点文物保护单位 10 处、省保 6 处、县保 23 处，馆藏文物 7672 件。

正定素有“三山不见，九桥不流，九楼四塔八大寺，二十四座金牌坊”之称。这里有被梁思成先生称为“海内孤例”的摩尼殿，有被鲁迅先生称为“东方美神”的倒坐观音，有被称为“楷书之祖”的隋朝碑刻，有宋代闻名遐迩的铜铸大佛，有开元寺的唐代钟楼。隆兴寺宋代建筑群、独具特色的 4 座唐宋古塔以及元明清历代建筑至今保存完好。城内现存历史上最早的县文庙大成殿，还有古城墙、赵云庙、马家大院、王家大院、梁氏宗祠等，共同构成了正定丰厚的旅游文化资源。正定也因此被建筑学界誉为“九朝不断代”的古建筑艺术宝库和佛教文化博物馆。

4. 历史名人

正定文化底蕴深厚，历史名人辈出，历来被称作藏龙卧虎之地。临济寺作为临济祖庭，涌现出慧净、义玄、智贤等佛学宗师，在佛教界影响很大。南越王赵佗，常胜将军赵子龙，文学家蔡圭，诗人蔡松年，一代名医李杲，史学家苏天爵，元曲四大家之一的白朴，太子太保梁梦龙，四部尚书、保和殿大学士梁清标，北洋三杰王士珍等均原籍正定，一代文豪范仲淹也出生在正定。

5. 旅游发展

正定在 1994 年被评为国家历史文化名城、中国民间文化艺术之乡、中国书法之乡。2017 年被评为全国文明县城、全国卫生城市。

正定古城依托文物发展旅游，借助旅游弘扬文化，打造“古城古韵，自在正定”的全域旅游胜地。习近平总书记曾对正定古城保护做出重要批示并亲自审定《正定县（正定新区）总体规划及古城风貌恢复提升规划与实施》。2019 年 12 月 30 日，修复加固南部城墙、原址复建“镇府巨观”阳和楼、荣国府改造提升、古寺古塔生态修复等 24 项古城恢复工程全面完成。古建艺术星罗棋布，如雨后春笋般拔地而起，群星闪烁在古城墙之内，这座千年古郡、北方雄镇再度绽放繁华盛景。“登得上城楼，望得见古塔，记得住乡愁”这句富有诗情画意的梦想之言如今已经在这千年古郡变为现实。

**（二）主要景观景点**

近年来，随着旅游业的不断发展，依托丰富的文化资源，正定古城初步形成以三国子龙故里、佛教临济祖庭、京外名刹之首、世界冠军摇篮、元曲创生中心、红楼文化经典为代表的六大旅游品牌。

1. 古城墙

正定城最早可追溯到 352 年东晋时期，它最初名称为安乐垒，是前燕大将慕容恪在滹沱河北岸筑起的军事堡垒。北周时期正定是一座城墙周长仅为 6500 米的石城，后在唐朝首任节度使李宝臣的主张下扩大为城墙周长 1 万米的土城。明正统十四年（1449 年）都御史陆矩、御史陈金为加强防御重新修筑真定城，将真定城以府级规制建造成周长 1.2 万米的夯土城墙。明隆庆年间真定知县顾绶购砖石大修，在城墙夯土外加砌一层灰砖，后真定知县周应中申请府库银 6 万余两续建，至万历四年（1576 年）竣工。

正定城墙高 13 米，上宽 9.5 米，底宽 15 米。瓮城面积 12282 平方米，全国排第二，仅小于南京中华门前瓮城，比西安瓮城还要大 4 倍，月城城墙是内城和瓮城高度的一半。正定作为府级制城墙，其瓮城略大，超出一般府级制城墙，这是为什么呢？明末清初的史学家顾祖禹给出了答案。他说："正定府控太行之险，绝河北之要，西顾则太原动摇，北出则范阳震慑。寥寥数语就把正定扼晋冀、控中原的战略地位凸显出来。不仅如此，在瓮城之外，正定城墙还有一道月城，月城高度 7 米，月城之外护城河深 7 米、宽 33 米。

正定城设四门：东曰迎旭、西为镇远、南曰长乐、北曰永安。各门皆有月城、瓮城、内城三道城门，形成迂回曲折的防御体系，起到易守难攻之效果。

2. 隆兴寺

隆兴寺始建于隋，是全国十大名寺之一，京外名刹之首，全国首批重点文物保护单位。寺内拥有六个国内之最，摩尼殿是世界古建筑孤例；造型独特的千佛墩被专家推崇为"国内一绝"；龙藏寺被誉为"隋碑第一"；倒座观音被鲁迅先生叹为"东方美神"；拥有中国最古老的转轮藏；高 21.3 米的铜铸千手千眼观音堪称世界之最，与沧州狮子、定州塔、赵州石桥并称为"河北四宝"。

3. 临济寺

临济寺始建于东魏兴和二年（540 年），距今已有 1400 多年的历史，原名临济院。唐宣中八年（854 年），义玄禅师学成归来，成为临济院住持，并在此创立了中国禅宗五家之一的临济宗。临济宗作为佛教禅宗的最大的流派，发源于正定，传至东南亚、日本等地，这些地方的信徒始终与临济寺保持密切交流。1983 年，国务院确定临济寺为汉族地区全国重点寺院。

4 河北正定国家乒乓球训练基地

河北正定国家乒乓球训练基地，被誉为"乒乓福地"，是世界冠军的摇篮。自 1992 年建成以来，先后圆满完成国家乒乓球队大赛前的封闭训练任务 23 次，获得奥运金牌 18 枚，如今已成为乒乓球对世界交流的重要窗口、游客争相观览的重要景点之一。

5. 元曲博物馆

以白朴、尚仲贤为代表的“正定元曲”作家群，创作的元杂剧达45种。目前，正定古城利用县级文保单位马家大院，建成元曲博物馆，通过多媒体、雕像、模型、照片、图片、古书籍等形式，展现以园区四大家之一的白朴为代表的正定元曲的文化魅力，现已正式开放，被誉为“元曲创生中心”。

6. 荣国府景区

1984年，时任正定县县委书记的习近平亲自倡议建设荣国府景区。20世纪90年代，“荣国府”年接待游客最高达138万人次，开创了“中国旅游正定模式”。荣国府是根据中国古典文学名著《红楼梦》严格设计修建，它是我国第一座具有明清式建筑风格的仿古建筑群，共分为三个部分：荣国府、宁荣街和曹雪芹纪念馆，是红楼文化经典代表。

7. 赵云庙景区

三国子龙故里。三国名将赵子龙，可谓家喻户晓，备受百姓推崇。正定以道光年间遗址上重建的赵云庙景点为核心，成立了子龙文化研究会，并成功地举办了世界赵氏宗亲大会，为中外赵云将军的后裔提供了瞻仰凭吊、游览观光的平台。

8. 四塔

（1）须弥塔。古称雁塔，建于唐贞观十年（636年），俗称砖塔，塔高42.5米。是一座砖石结构，以砖为主的九层密檐式方塔。外观简洁大方，朴实无华。这座古塔和西安的雁塔极为相似，但比西安的大雁塔早16年，比小雁塔早71年。

（2）华塔。俗称花塔，塔高33.35米，它是1961年全国首批重点文物保护单位，始建于唐。这座古塔是金刚宝座塔和花塔的巧妙结合，尤其是上半部分，按照八角八面刻画有狮子、佛龛、力士、仰莲、大象。远远地看上去像盛开的花朵。梁思成先生称赞华塔为海内孤例。

（3）澄灵塔。此塔为临济宗创始人义玄禅师的衣钵塔，塔高30.47米，始建于唐，现存为金代遗物。义玄禅师创立的临济宗派使禅宗更加通俗易懂，临济宗派不仅对中国佛教影响深远，至今在日本，韩国以及东南亚等国仍盛传不衰。有着“临济儿孙遍天下”的美誉。

（4）凌霄塔。塔高 40.98 米，现存为北宋遗物。凌霄塔是一座砖木混合结构的楼阁式塔，可供人登临。1～3 层为砖构，4～9 层为木质。在 4～9 层内有全国唯一的塔心柱构造，上下贯穿，对于稳固塔身极为有利。1988 年凌霄塔公布成为全国重点文物保护单位。

7. 正定美食

（1）王家烧卖。说到正定名吃，首先要给大家推荐的就是王家烧卖。王家烧卖历史悠久、色香味美，在国内久负盛名，王家传统烧卖一律选用上等精牛、羊肉和多种调料加工制作而成，因皮薄、馅大、入口不腻、老少皆宜而著称。

（2）马家卤鸡。马家卤鸡起源于明末清初，迄今已有 300 余年历史，清朝同治八年（1869 年），有记载的第一代传人马洛发，把祖传的卤鸡定名为马家卤鸡，并在正定府开设了马家老鸡店，相当有名气。1901 年慈禧太后品尝后，对马家卤鸡大加赞赏，马家卤鸡一度成为贡品，名声大振。

（3）农家八大碗。在正定县，一直流传着用八个碟子八副碗筷款待尊贵宾朋、犒劳优秀工人的风俗。正定八大碗主要包括四荤和四素：四荤以猪肉为主，四碗肉分别精选前膀肉、中肋肉、后臀肉、肘子肉，这四碗肉用的肉料不同，每一碗肉都有名字，分别为扣肘、酥肉、扣肉、方肉；四素选料以萝卜、海带、粉条、豆腐为主。

（4）常山崩肝。古城内正定名吃崩肝，2011 年入选石家庄非物质文化遗产名录。崩肝，早在唐代就已闻名，据说与唐代大将郭子仪有关。古城正定历史上与保定、北京并称为“北方三雄镇”，经常有战事发生，相传郭子仪在正定打胜仗回营后，将士们以炖煳的牛肝为食，虽然有煳味但十分好吃，后来一位正定马姓厨师尝试着在其中加入汤及调料终成“崩肝”，而后流传至今。

古城之内，古寺、古塔遥相呼应，新旧景观珠联璧合，相映成趣，共同构筑了华北大地著名的旅游胜地，形成了独具特色的旅游文化城。白天的正定古城沧桑、城墙斑驳、曲巷深深，漫步古城时仿佛每走一步都是在丈量历史的深度；晚上的正定夜景辉煌，处处装点流光溢彩，仿佛披上了五彩霓裳，让人赏心悦目，不似在人间。花花正定府，荟萃文物城；九楼八大寺，四方有传名；古贤早定论，今朝新景逢；旧城续修复，更现常山荣。“古城古韵，自在正定”欢迎您的到来。

**参考文献**

[1] 正定县旅游局. 知爱正定 [M]. 2017.

## 二、石家庄概况

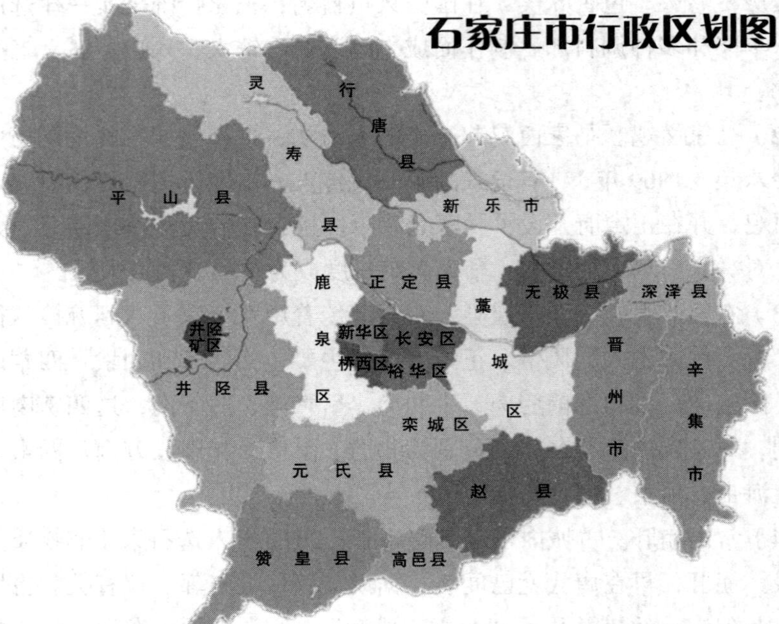


**【讲解要点】**

区位交通、行政区划与人口、自然环境、历史沿革、地方文化、风物特产、旅游资源。

石家庄，简称“石”，旧称石门，河北省的省会，是国务院批复确定的中国京津冀地区重要的中心城市之一，是中部战区陆军机关驻地，是国务院批准实行沿海开放政策和金融对外开放城市，也是全国重要的商品集散地和北方重要的大商埠、全国性商贸会展中心城市之一、中国国际数字经济博览会永久举办地、中国（河北）自由贸易试验区组成部分。

**（一）区位交通**

石家庄地处河北省中南部，华北平原腹地，东临渤海、西依太行、北靠燕山、内环京津，素有“南北通衢，燕晋咽喉”之称。

石家庄具有天然的交通枢纽优势，铁路方面：京广、石太、石德、朔黄四条铁路干线交会于此，其中京广线是连接中外交流的大动脉，石太线是晋煤外运的主要通道。随着京石、石太、石济高铁的开通，1小时高铁经济圈已经形成。公路交通方面：京石、石太、石黄、石安高速公路和107、207、307、308国道以及两条省道、42条县道在市域纵横交错，公路通车总里程6379公里。航空方面：石家庄正定国际机场拥有117条客运航线、4条货运航线，是北京首都国际机场的主要分流、备降机场。全市已构成公路、铁路、航空上下纵横交错的立体交通网络，成了与世界交会的窗口之一。

**（二）行政区划与人口**

众所周知，石家庄是一座新兴的城市。100多年前，这里还是静谧的田园乡村，在不足百年的时间里，变成了高楼林立的大都会。今天的石家庄是全省的政治、经济、文化、科技、金融、信息和国际交往的中心，现辖8区13县（市），即长安区、桥西区、新华区、裕华区、井陉矿区、藁城区、鹿泉区、栾城区、井陉县、正定县、行唐县、灵寿县、高邑县、深泽县、赞皇县、无极县、平山县、元氏县、赵县、晋州市、新乐市。拥有两个国家级开发区，即石家庄国家高新技术产业开发区、石家庄经济技术开发区。另有3个派出机构，即国家级高新技术产业开发区、河北石家庄循环化工园区、综合保税区行使所在地域行政管理权。

截至2017年年底，石家庄辖区总面积13504平方公里（不含河北省直管的辛集市面积960平方公里），全市常住总人口为1087.99万。

**（三）自然环境**

石家庄市域跨太行山地和华北平原两大地貌单元，地貌类型十分丰富。西部地处太行山中段，面积约占全市总面积的50%，东部为滹沱河冲积平原。地势西高东低，西部太行山地海拔在1000米左右，地貌由西向东依次排列为中山、低山、丘陵、盆地、平原。地处平山县的驼梁山海拔2281米，为河北省境内的第五高峰，是石家庄的制高点。辛集市北庞村海拔28米，为辖区内的最低点。太行山被誉为石家庄人民的父亲山，滹沱河是石家庄人民的母亲河，这秀美灵动的一山一水铸就了石家庄地区文明发展历史长河的一幕幕壮美画面。

石家庄市地处中纬度欧亚大陆东缘，属于暖温带大陆性季风气候，四季分明，寒暑悬殊，雨量集中于夏秋季节。干湿期明显，夏冬季长，春秋季短。无霜期 200 天左右，适合多种温带农作物生长，有利于林果业和兽牧业发展。

**（四）历史沿革**

虽说石家庄是一座新兴的城市，但大家千万不要以为它是一座没有历史底蕴的城市。这里的每一寸土地都藏着一段厚重的历史，这一方热土，不仅是中华人民共和国的摇篮，更是 5000 年中华文明的摇篮。

石家庄市所辖区域，是人类文明开发较早、文化底蕴十分深厚的地区。市区白佛口文化遗址是目前全市境内发现的最早的平原地区人类遗址，出土了大量的石斧、石锅、石刀和陶制火灶，距今 6000 ~ 7000 年，属于新石器时代。新乐古代遗址“伏羲台”证明了 6000 多年前中华人文始祖伏羲氏曾活动于此地。

战国时期的中山国创造的文化，是石家庄历史文化脉络中的重要一环，也是继藁城台西商文化后又一个令世界瞩目的辉煌文化。

两汉时期，石家庄西部的太行山区一直是制造兵器、铠甲和生产工具的重要冶金基地之一，“冶河”因此而得名。

汉唐时期是中国佛教、道教复兴并走向鼎盛的时期，恒、赵二州的宗教文化在中国宗教史上也留下了绚丽的篇章。唐宣宗八年（854 年），临济宗创始人义玄禅师驻跸临济寺，创立了临济宗，并将其传播至日本、韩国以及东南亚等国家和地区，赢得“临济儿孙满天下”的美誉。唐代著名的译经大师玄奘曾在赵州柏林寺从高僧道深法师学《成实论》半年。858 年，被后世尊称为“赵州古佛”的从谂法师 80 岁的时候来到赵州，驻观音院弘扬禅宗，形成了深远的“赵州门风”，赢得了“天下赵州”的赞叹。柏林寺也因此成为中国禅宗史上一座重要祖庭。

朋友们，您听过这首河北民歌“小放牛”吗？“赵州桥什么人来修？玉石栏杆什么人留？什么人骑驴桥上走？什么人推车压了一道沟？”石家庄隋唐文化中最为光辉的历史成就是赵州安济桥，它是世界公认的大型敞肩式石拱桥的鼻祖，在世界桥梁建筑史上具有突出的地位和重要价值。

北宋时期，富弼、韩琦、欧阳修、沈括、苏轼等名宦贤臣先后奉使河北，都在真定府（今正定）留下足迹，促进了这一地区经济、文化的繁荣。

金元时期石家庄建筑艺术成就的代表作是井陉苍岩山的福庆寺桥楼殿，桥与殿浑然一体，反映出当时劳动人民高超的建筑技术和美学造诣。在艺术创作领域，著名的上京毗卢寺壁画，与甘肃敦煌、山西永乐宫、北京法海寺壁画一起，并称为“国内壁画四大家”。

明朝初年，石家庄村初创，这里原是正定卫所军屯和官屯。清康熙二十七年（1688 年）废除卫所军屯制，石家庄成为隶属正定府获鹿县（今鹿泉区）的一个小村庄，与当时的政治中心正定城隔滹沱河相望。

20 世纪初期，平汉铁路（今京广铁路）和正太铁路（今石太铁路）相继修建，并在此交会，石家庄就是伴随着铁路的兴建而逐渐发展起来的。1925 年，这座城市始称石家庄市（后曾改名为石门市）。

1947 年 11 月 12 日石家庄市解放，成为全国解放最早的较大城市之一。同年 12 月 26 日，更名为石家庄市。1968 年 1 月 29 日，河北省会迁至石家庄市。1993 年 6 月 30 日，石家庄地区行政公署与石家庄市人民政府合并，成立了新的石家庄市人民政府。

**（五）地方文化**

1. 地方文艺

石家庄历史悠久，文化底蕴深厚，地方文艺集中体现了石家庄区域文化特征。这里有河北省最具代表性的地方性剧种——河北梆子；有河北最具特色的民间舞种之一的井陉拉花；有“昆高丝乱不分家”和“一昆二高三丝弦”之说的石家庄丝弦；有早在战国时期已具雏形的正定常山战鼓；还有井陉晋剧、老虎火、正定中幡、深泽坠子戏、花脸社火、新乐伏羲祭典等颇具地域文化特征、为民众所喜闻乐见的非物质文化遗产项目。

2. 历史名人

自古燕赵地区多出慷慨悲歌之士，石家庄历史悠久，历代名人辈出，英才荟萃，真可谓“为文彬彬、为武赳赳”。这里有西汉南越王赵佗；有常山赵子龙赵云；有建造了著名的赵州桥的隋朝工匠李春；有敢于直言进谏、辅佐唐太宗共同创建了“贞观之治”大业的唐代著名政治家、史学家魏徵；有写下《陋室铭》的唐代著名诗人刘禹锡；有与管仲、商鞅、诸葛亮、王安石、张居正齐名的唐代著名大臣李德裕；有被后世尊为“温补派”鼻祖的金代著名医学家李杲（音搞）；有与关汉卿、马致远、郑光祖并称“元曲四大家”的白朴。

**（六）风物特产**

石家庄不仅人杰地灵，而且物华天宝，物产资源特别丰富。

石家庄土特产有赵州雪花梨、行唐赞皇的大枣、平山绵核桃、鹿泉香椿、藁城宫面、灵寿小米、辛集皮革、晋州鸭梨等。其中赵州雪花梨早在南北朝时就被定为贡品。藁城宫面在清光绪年间，被列为宫廷佳品，民国初期获得过孙中山南京总统府颁发的“国光银牌”奖。辛集的皮革享誉中外，灵寿的小米绿色生态，营养丰富。

石家庄的饮食中西兼容、荟萃南北，尤以河北冀菜为特色，河北人家、保定会馆、热河食府、中和轩、百尺杆饺子店都是富有地方特色的餐馆。石家庄的风味小吃有赵州驴肉火烧、缸炉烧饼、牛肉罩饼、正定八大碗、马家老鸡店卤鸡、红星包子等，石家庄风味小吃品种繁多，北方特点鲜明。

**（七）旅游资源**

深厚的文化底蕴、众多的文物古迹、气势恢宏的八百里太行，为石家庄旅游发展创造了得天独厚的资源条件。

石家庄市旅游资源十分丰富，现有国家级风景名胜区 4 处（嶂石岩、苍岩山、西柏坡—天桂山、驼梁山）、国家级历史文化名城 1 座（正定古城）、国家级森林公园 3 处（五岳寨、驼梁山、仙台山）、国家级地质公园 1 处（嶂石岩）、国家自然保护区 1 处（驼梁山），国家红色旅游经典景区 2 处（西柏坡及周边景区、华北军区烈士陵园），全国农业旅游示范点 1 处（东方巨龟苑）。5A 级景区 1 处，4A 级以上景区 25 处、3A 级景区 5 处，2A 级景区 3 处。

石家庄既有历史文化名城、现代革命纪念地等人文资源，又有山林、湖泊、温泉等自然资源，还有风俗民情、商贸购物、都市观光等资源。

这里有以国家 5A 级景区西柏坡为代表的红色旅游产品。石家庄市域内拥有西柏坡中共中央旧址、华北军区烈士陵园、李家庄美丽乡村、陈庄歼灭战纪念馆、塔元庄村史馆、和平医院白求恩纪念馆、晋察冀军区医院旧址等重要红色文化旅游资源。

这里有以雄奇秀美天的太行风光为主的太行山水旅游景观。国家级风景名胜嶂石岩、驼梁、天桂山形成了嶂石岩地质奇观旅游区、苍岩山祈福胜地旅游区、驼梁—五岳寨清凉慢城度假区和天桂山国际山乡度假区。

这里有以赵州桥、伏羲台和隆兴寺、柏林寺、毗卢寺为代表的“古”文化旅游产品。石家庄历史文化遗存丰富，各类文物点多达1200余处，其中国家级重点文物保护单位39处，省级重点文物保护单位141处。

这里有以市区都市观光、商贸会展为代表的现代“新”都市旅游产品。滹沱河康体游乐带、太行山高速生态景观带、中部都市商务休闲区、西部山地生态度假区、东部田园生活体验区等一大批新业态的旅游景区融入石家庄的旅游大环境。

全域旅游发展背景下，石家庄以全域推进、休闲体验、业态创新、文化挖掘为发展方向，正在着力打造以西柏坡红色旅游融合示范区为龙头，以正定古城文化旅游区、嶂石岩地质奇观旅游区、赵州桥石桥文化旅游区、苍岩山祈福圣地旅游区、井陉太行古村旅游区、驼梁—五岳寨清凉慢城度假区、天桂山国际山乡度假区为核心引擎的品牌旅游区，制定了以横山岭秀水青山旅游区、中山战国文化旅游区、仙台山红叶圣境旅游区等为重点支撑品牌旅游区的“1+7+18”的旅游品牌战略。

著名作家铁凝在《我的城市》一文中这样说道：“当我有机会再身处世界上那些著名的大都市时，也许有人会问我，你的城市在哪儿？我会毫不犹豫地回答说，我的城市在石家庄。”

是的，石家庄就是我们心灵所归的家，风华正茂，永远充满着希望、活力和朝气，迎接着来自五湖四海的朋友。

**参考文献**

[1] 赵俊方. 石家庄导游词汇编 [M]. 石家庄：方圆电子音像出版社，2017.

## 三、塞罕坝国家森林公园

**【常规游览线路】**

东坝梁—塞罕塔—月亮湖—白桦林—尚海纪念林—塞罕坝机械林场—泰丰湖—金莲映日（行程 4～5 小时）。

滦河源头—康熙点将台（行程约 3 小时）。

**【讲解要点】**

景区概述：位置、自然环境、历史沿革、荣誉等。

主要景观景点：塞罕塔、月亮湖、滦河源头、泰丰湖、七星湖等。

### （一）景区概述

1. 位置

塞罕坝全称是“赛堪达巴罕色钦”，意为美丽的高岭。位于河北省承德市围场满族蒙古族自治县北部，北邻内蒙古赤峰市，距承德市区 240 公里，距北京 460 公里。塞罕坝国家森林公园是中国北方最大的森林公园，森林公园总面积 142 万亩，其中森林景观 112 万亩，草原景观 20 万亩，森林覆盖率 75.2%。被誉为“水的源头”“云的故乡”“花的世界”“林的海洋”“休闲度假的天堂”。

2. 自然环境

塞罕坝地处内蒙古高原的东南缘，内蒙古高原与冀北山地的交会地带，地形结构和植被复杂，塞罕坝平均海拔 1500 米，寒温带大陆性季风气候特点表现特殊，这里夏季气候凉爽，空气清新，温度平均 20℃；秋季层林尽染，漫山遍野的枫叶，溢金流丹；冬季皑皑白雪，玉树冰花，一派北国风光。

3. 历史沿革

历史上的塞罕坝是一处水草丰沛、森林茂密、禽兽繁集的天然名苑，在辽、金时期被称作“千里松林”，曾作为皇帝狩猎之所。清朝康熙皇帝在平定了“三藩之乱”之后，巡幸塞外，看中了这块“南拱京师，北控漠北，山川险峻，里程适中”的漠南蒙古游牧地。康熙皇帝借皇帝“春搜、夏苗、秋狝、冬狩”四季狩猎的古代礼仪，同时锤炼汉族八旗的战斗力，实行怀柔政策绥服蒙古，遏制沙俄侵略北疆，维护多民族国家的团结统一等巩固国家政权的多种政治因素，以喀喇沁、敖汉、翁牛特等部“敬献牧场，肇开灵囿，岁行秋狝”的名义，设置了“木兰围场”，将“木兰秋狝”定为祖制。史学家称之为“肄武绥藩”。木兰围场作为塞外的皇家猎苑，自康熙二十年（1681 年）至嘉庆二十五年（1820 年）的 139 年间，康熙、乾隆、嘉庆三位皇帝每年都要率王公大臣、八旗精兵来这里举行以射猎、旅游为主要内容的“木兰秋狝”，共举行了 105 次。

随着清王朝历史的推移，因吏治腐败和财政颓废，内忧外患的清政府在同治二年（1863 年）开围放垦，随之森林植被被破坏，后来遭遇日本侵略者的掠夺采伐和连年山火，到中华人民共和国成立时，原始森林已荡然无存，当年“山川秀美、林壑幽深”的太古圣境和“猎士五更行”“千骑列云涯”的壮观场面已不复存在。塞罕坝地区退化为高原荒丘，呈现出“飞鸟无栖树，黄沙遮天日”的荒凉景象。

中华人民共和国成立后，党和国家高度重视国土绿化。1962 年 2 月，林业部决定建立塞罕坝机械林场。来自 18 个省市区、24 所大中专院校，平均年龄不到 24 岁的 369 名创业者满怀激情，迎着滚滚黄沙，刺骨寒流，在白雪皑皑的塞罕坝吹响了“向荒山要树”的战斗号角。

建场初期，塞罕坝气候恶劣、缺衣少屋。极端最低气温达 -43℃，年均积雪时间达 7 个月。建设者们用困难锤炼意志，用行动践行初心。1962～1982 年，三代塞罕坝人伏冰卧雪、艰苦奋斗，在林场沙地荒原上人工造林 96 万亩，一棵棵落叶松、樟子松、云杉幼苗扎根坝上，创造了沙漠变绿洲、荒原变林海的绿色奇迹。

如今，塞罕坝林场有林地面积 112 万亩，是世界上面积最大的人工林。每年涵养水源、净化水质 1.37 亿立方米，吸收二氧化碳 74.7 万吨，释放氧气 54.5 万吨，可供 199.2 万人呼吸一年。

4. 荣誉

塞罕坝用三代人的青春和汗水，营造起万顷林海。1993 年 5 月，塞罕坝被林业部批准为国家级森林公园。2002 年，被国家旅游局评定为“国家 5A 级旅游区”。2014 年 4 月，中宣部授予塞罕坝机械林场“时代楷模”荣誉称号。

2017 年 8 月，中共中央总书记、国家主席、中央军委主席习近平对河北塞罕坝林场建设者感人事迹作重要批示时指出：55年来，河北塞罕坝林场的建设者们听从党的召唤，在“黄沙遮天日，飞鸟无栖树”的荒漠沙地上艰苦奋斗、甘于奉献，创造了荒原变林海的人间奇迹，用实际行动诠释了“绿水青山就是金山银山”的理念，铸就了牢记使命、艰苦创业、绿色发展的塞罕坝精神。他们的事迹感人至深，是推进生态文明建设的一个生动范例。全党全社会要坚持绿色发展理念，弘扬塞罕坝精神，持之以恒推进生态文明建设，一代接着一代干，驰而不息，久久为功，努力形成人与自然和谐发展新格局，把我们伟大的祖国建设得更加美丽，为子孙后代留下天更蓝、山更绿、水更清的优美环境。

2017年12月，塞罕坝林场获得联合国环境规划署颁发的“地球卫士奖”。

**（二）主要景观和景点**

塞罕坝国家森林公园四季分明，春夏绿草如茵，山花烂漫；秋季层林尽染，野果飘香；冬季银装素裹，玉树琼枝。特别是夏季，气候凉爽、空气清新，游人来到千里坝上，展现在眼前的是蓝天白云、青山碧水、绿树红花、牛肥马壮。仰望蓝天，雄鹰在展翅翱翔；俯视水里，群鱼漫游，尽情嬉戏。加上热情好客的牧民、风味独特的坝上小吃，令人仿佛置身于世外桃源，难分天上人间。

1. 塞罕塔

塞罕塔位于海拔1800米的东坝梁顶，建于1992年7月。塔高25米，火箭式塔体直插云天。游客扶梯登塔，螺旋而上，难辨东南西北。史志记载康熙皇帝围猎至此，顿感心旷神怡，脱口赞道：“真仙境也”。塔下就是康熙亲封的“塞罕灵验佛”。

2. 月亮湖

月亮湖位于塞罕坝森林入口，远看如一轮圆月，当地人叫它月亮湖。月亮湖俗称沙脑泡子，蒙古语为“萨伦诺尔”，在蒙古族人心中，太阳和月亮被尊为“神”。月亮湖是一个海拔1400米以上的高原湖，面积1.5平方公里，最深处3米，如果在高空俯瞰，月亮湖就像一颗蓝色宝石镶嵌在绿色的草原上。湖北面是整齐翠绿的人工林，西、南两面是御道口牧场，是一处集森林、草原、湖泊为一体的自然景观。这里曾是电视剧《还珠格格》的外景拍摄基地。

3. 泰丰湖

水面面积 20 万平方米。传说乾隆皇帝当年打猎来到这里，当时他骑马站在东面的山上向这里一望，见这明净的湖面弯弯曲曲好像一把玉如意，于是把这里命名为如意湖，又名泰逢湖。湖的北边就是当年康熙皇帝平定噶尔丹叛乱的十二座联营，所以乾隆皇帝到木兰围场打猎时曾经多次在如意湖旁安宫扎寨。电视剧《新月格格》曾在此拍摄外景。

4. 滦河源头

滦河源头位于内蒙古多伦县城北 13 公里处，是闪电河和黑风河的交汇处，两河泾渭分明，闪电河河水呈黑色，黑风河河水呈银色，两河相汇形成滦河，是锡林郭勒草原唯一一条入海的河流，同时也是引滦入津工程的重要水源涵养地。源头北岸属内蒙古辽阔是丘陵峡谷起伏的草原地貌。源头南面属河北是齐整的森林，松涛阵阵、白桦翩翩、湿地与湖泊交错。引滦入津工程完成后，时任水利部长的钱正英通过考察，认定这里是滦河发源的主要河流之一，因此得名“滦河源头”。滦河源头河道蜿蜒曲折、水流潺潺、清澈见底，像一条玉带飘落在塞外森林草原之中。

5. 七星湖假鼠湿地公园

七星湖，面积约 500 万平方米。远望去如北斗七星而得名，湖面水草缠生，形成了近半米厚的草皮，将湖面分隔成大小 7 个湖泊，草皮之下，活水相通，7 个湖泊合而为一，故称“活泡子”，久而久之误传为“火泡子”。

七星湖假鼠草湿地公园，海拔 1500 米左右，属于独特的高寒河源湿地类型，植物群落非常丰富，广泛分布着重要观赏植物——假鼠妇草。据中国林科院专家考证，假鼠妇草属于多年生草本植物，假鼠妇草湿地常见于海拔 3000 米的地方，在海拔 1500 米的地域实属罕见，极具科考和观赏价值。这里也是塞罕坝拍摄日出和晚霞的一个绝佳场所。

## 参考文献

[1] 塞罕坝国家森林公园［EB/OL］. 中国林业网. http://www.forestry.gov.cn/

[2] 盛夏牧歌—塞罕坝国家森林公园［EB/OL］. 新华网. http://www.xinhuanet.com

[3] 公园简介. 塞罕坝［EB/OL］. https://www.cncn.com/

[4] 今年踏青骑着马　清明节玩转北京周边草原[EB/OL]. 中国日报网. https://cn.chinadaily.com.cn/

[5] 河北 4A 级景区塞罕坝国家森林公园. 新浪网. https://www.sina.com.cn/

[6] 走进塞罕坝　人在画中央. 天津网[EB/OL]. http://tianjinwe.enorth.com.cn/

[7] 康熙点将台. 河北省塞罕坝机械林场[EB/OL]. 相约久久旅游网. https://www.meet99.com/

[8] 中国北方的一颗明珠——塞罕坝国家森林公园（组图）[EB/OL]. 搜狐网. https://www.sohu.com/

[9] 塞罕坝国家森林公园. 360 百科[EB/OL]. https://baike.so.com/

## 四、承德概况

承德主要旅游景区分布图

**【讲解要点】**

区位交通、行政区划与人口、自然环境、历史沿革、地方文化、风物特产、旅游资源。

承德是首批国家历史文化名城、国家森林城市、全域旅游示范区，承德的避暑山庄及其周围寺庙是中国十大风景名胜、旅游胜地四十佳、国家重点风景名胜区，1994 年，被联合国教科文组织批准为世界文化遗产。

**（一）区位交通**

承德地近京津，背靠内蒙古和辽宁，省内与秦皇岛、唐山两个沿海城市以及张家口市相邻，是连接京、津、冀、辽以及内蒙古的重要节点，具有“一市连五省”的独特区位优势，自古即有“左通辽沈，右引回回，北控蒙古，南制天下”之誉。目前，高速公路、铁路、航空综合立体交通网络已经形成，进入京津 1 小时交通圈。

**（二）行政区划与人口**

承德地处河北东北部，总面积 3.95 万平方公里，占河北省的 1/5，辖 1 市（平泉市）、7 县（围场、丰宁、隆化、承德县、滦平、兴隆、宽城）、3 区（双桥、双滦、鹰手营子矿区）、1 个国家级高新技术产业开发区和 1 个御道口牧场管理区，总人口 383 万，有 3 个少数民族自治县（宽城满族自治县、丰宁满族自治县、围场满族蒙古族自治县），民族 55 个（56 个民族中少乌孜别克族）。

**（三）自然环境**

承德地势西北高、东南低，地貌主要分为坝上高原和燕山山地两种类型，山地气候明显。最高峰雾灵山 2118 米，平均海拔 350 米。环绕市区的山峦属丹霞地貌，奇峰异石自然天成、千姿百态，形成独特的磬锤峰、罗汉山、天桥山、双塔山等十大景观。

承德属于寒温带向暖温带过渡的地域，属半干旱半湿润、大陆性季风型山地气候。承德境内古生物遗存和石器时代人类文化遗存丰富，是中国北方早期文明的重要发源地之一。

承德山清水秀、草丰林茂、空气清新，是京津重要的水源地和生态屏障。森林覆盖率达 58.1%，雄踞华北之首，建成 23 个国家级、省级森林公园，10 个自然保护区，20 个湿地公园，是名副其实的“华北绿肺、绿色宝库和天然氧吧”。承德水资源丰沛，水质优良，境内滦河、潮河、辽河、大凌河四大水系，年均自生水量 37.6 亿立方米，密云水库 56.7%、潘家口水库 93.4% 的蓄水来自承德，每年为京津供水 22 亿立方米。在京津冀协同发展中，承德被定位为“京津冀水源涵养功能区”。多年来，承德市秉承“生态优先、绿色发展”的理念，全力构筑生态高地，为京津冀净化空气、优化水质、美化环境做出了巨大贡献。特别是承德北部的塞罕坝机械林场，为了阻挡频袭北京的沙尘暴，防止呈扇形围聚在北京北面的巴丹吉林、腾格里、乌兰布和、浑善达克等沙漠南侵，塞罕坝林场几代人，躬耕不息，绿色接力，在平均海拔 1500 米、最低气温超过 –43℃的环境下，成功造林 112 万亩，打造出资源价值超 153 亿元的世界上最大的人工森林，创造了荒漠变林海的“绿色奇迹”，被习近平总书记称为“推进生态文明建设的一个生动范例”，荣获联合国环保最高奖——地球卫士奖，以此为题材的电视剧《最美的青春》在全国热播，话剧《塞罕长歌》在全国巡演，并双双荣获中宣部“五个一工程奖”。

**（四）历史沿革**

承德古有滦阳之称，蒙古语曰“哈伦告鲁”，汉译“热河”之意，雍正十一年（1733 年）取“承受先祖德泽”之意，设承德直隶州，始称“承德”。其地处华北与东北地区的连接过渡地带，作为中国古代农耕文化与游牧文化的交会地，众多北方民族在此生息繁衍，多种文明交流融合，展现出一幅色彩纷呈、绚丽多姿的历史画卷。自旧石器时代起，先后有山戎、东胡、匈奴、乌桓、鲜卑、奚、契丹、女真、蒙古、满等多个北方民族在此繁衍生息，众多民族智慧勤劳，创造出辉煌的古代文明，为多民族国家的统一与发展做出了卓越贡献。

在距今 5 万 ~ 3 万年前旧石器时代，这里就有原始人类在此生活。距今 6000 ~ 5500 年前，这里孕育了红山文化。商代时期出现了关于承德地区有文字可考的第一个名字“土方”。西周时期这里属于燕北部的领地。燕秦时期的万里长城在承德留下了遗迹。两汉时期，曹操北征乌桓经过了这里，留下著名的《步出夏门行》。北魏时期的郦道元在《水经注》中记载了武列水和石挺（就是今天的武烈河和磬锤峰）。辽宋时期，承德是辽宋互访的必经之地，苏颂、苏辙、欧阳修、沈括等都留下了足迹和佳作。元朝时期这里是大都与上都间的京畿重地。明朝永乐初年，明成祖朱棣把军民全部撤回长城以内，使承德一带成为“无人区”，历史出现断层。明代中后期，蒙古部落逐渐游牧到今承德一带。直到清朝初年，现承德市区所在地仍只是个仅有几十户人家的小村落，叫“热河上营”。清康熙四十二年（1703年），康熙帝以“合内外之心，成巩固之业”的雄才大略在此修建热河行宫，康熙五十年（1711年）题名“避暑山庄”，此后承德逐渐发展成“万家灯火较前增”的都市。雍正元年（1723年）设热河厅，雍正十一年（1733年）取“承受先祖德泽”之义，改名为承德州，这就是“承德”名称的起源。乾隆四十三年（1778年），改设承德府。嘉庆十五年（1810年），设热河都统府。民国二年（1913年）设热河特别区，民国十八年（1929年）年设热河省，承德为省会。1933年日本侵略者占领热河成立伪满洲国特别行政区。1945年解放。1946年人民解放军战略转移，承德被国民党占领。1948年再次解放，划归热河省管辖，为热河省省会；1955年承德市划归河北省。

**（五）地方文化**

承德地处燕山腹地、内蒙古高原与华北平原的过渡地带。自古就是北方游牧民族与中原汉族文化交融碰撞的地区。5000年的红山文化，3000年的山戎文化，1000年的辽金文化，300年的山庄文化，在这里留下了浓墨重彩的篇章。集中了皇家文化、古建文化、佛教文化和儒道文化，以及多民族交融的民风民俗和饮食文化。承德的滦平县是普通话标准音采集地，凸显了文化多元性，演绎了“和合”文化的璀璨篇章。

全市拥有世界文化遗产2处（长城和避暑山庄及周围寺庙），人类非物质文化遗产1项（丰宁满族剪纸），国家级非物质文化遗产9项，各类文化遗存4253处，是中国摄影之乡、中国剪纸之乡。

**（六）风物特产**

承德资源丰富多样、品种独特，开发潜力巨大。已发现矿藏100多种，开发利用52种，特别是钒钛磁铁矿储量极大，已探明储量84亿吨，是我国北方最大的钒钛磁铁矿资源基地和全国最大的钒钛制品基地。承德蕴藏着丰富的风能、水能、太阳能、地热能、生物质能等可再生能源，具有发展清洁能源的有利条件。承德拥有野生动植物资源2000多种，具有得天独厚的“冷凉性”气候资源，是华北最大的食用菌生产基地和中国北方地区重要的中药材生产基地。兴隆红果、京东板栗驰名中外；榛子、杏仁、坝上蘑菇、蕨菜、金莲花、荞面等绿色山珍以及各种野生中药材亦全国知名；另外，以杏仁为原料的杏仁露饮料，洁白如奶、香味独特、回味悠长，且富含蛋白质和人体所需多种微量元素，早已中外驰名；配上宫廷御膳的烹饪技巧，承德菜成为塞外美食的代表，满汉全席最为有名；鲜花玫瑰饼、平泉羊汤等150多种特色小吃令人垂涎欲滴。随着“后备厢经济”的发展，承德以“承德山水”与“承德好礼”为两个主打品牌，把承德农产品及特色商品统一组合包装，以适应市场需要。

**（七）旅游资源**

承德名胜古迹荟萃、风光秀丽、气候宜人，共有国家A级景区48处，其中5A级1处，4A级10处。承德是国务院首批公布的24个历史文化名城之一、中国十大风景名胜之一、中国44处重点风景名胜之一、中国旅游胜地四十佳之一。1994年年底，承德避暑山庄及其周围寺庙被联合国教科文组织列为世界文化遗产，1998年6月，避暑山庄又被确定为全国首批十大文明风景旅游区示范点，1998年年底承德市又被评为中国优秀旅游城市。

承德曾是清王朝的第二个政治中心，历史名胜规模宏大，人文景观引人入胜。避暑山庄又名承德离宫、热河行宫，是我国现存最大的皇家园林。宏伟壮观的外八庙，是风格各异的皇家寺庙群，呈群星拱月之势环列山庄周围。位于滦平县境内的金山岭长城，气势磅礴、建筑奇特，被誉为“第二个八达岭”。

承德的自然风光雄峻壮观，奇峰异石竞相争辉，磬锤峰、蛤蟆石、罗汉山、天桥山、僧冠峰、鸡冠山、朝阳洞、双塔山、元宝山、热河泉构成承德十大景观。京北第一草原自然风光优美，木兰围场是夏季避暑胜地，雾灵山动植物种类丰富，平泉辽河源头景色迷人。

承德是习近平总书记亲自定位的“京津冀水源涵养功能区”，承德山美、水净、天蓝、地绿，已经成为一张亮丽的新名片。生态优势日益转化为产业优势，承德的雾灵山、塞罕坝、辽河源、茅荆坝、红松洼已经成为享誉全国的旅游目的地。180公里的国家“一号风景大道”成为国内首家注册商标的风景道，成功入选“此生必驾36路”，声名鹊起，受到广泛赞誉。

近年来，承德跳出传统观光游发展模式，以建设国际旅游城市为统领，以创建“国家全域旅游示范市”为抓手，强力推动一季游向四季游转变、观光游向休闲游转变、景区景点游向全域旅游转变，围绕核心景区进一步加快特色小镇建设，重点打造“热河温泉小镇、皇家猎苑小镇、草原马术小镇、天文观星小镇”等特色小镇，为发展全域旅游提供多点支撑。同时，进一步做好乡村旅游发展，集中打造一批旅游精品美丽乡村。重点建设金山岭、大黑山、崔梨沟、茅荆坝四大滑雪场，积极发展冰瀑、冰球、冰橇、冰壶等冰嬉项目，加快把承德打造成“北冰南移的桥头堡”。

目前，承德相继推出的“北京—承德世界文化遗产之旅”“民俗风情游”“木兰围场滑雪狩猎游”“坝上森林草原游”“北京—承德—围场—丰宁—北京生态旅游环线”“承德长城古迹游”“雾灵山科普考察游”“佛教之旅”等项目，实现了由“山庄时代”向“全域旅游”的跨越。

1. 金山岭长城

金山岭长城位于河北省承德市滦平县境内，与北京市密云区相临，距北京130公里，距承德80公里，金山岭长城木兰围场坝上草原280公里，京承高速、101国道贯穿境内。系明朝爱国将领戚继光担任蓟镇总兵时（1567～1582年）主持修筑，是万里长城的精华地段。因其视野开阔、敌楼密集、景观奇特、建筑艺术精美、军事防御体系健全、保存完好而著称于世，堪称万里长城的巅峰之作，素有“万里长城，金山独秀”的美誉。

长城西起龙峪口，东至望京楼，全长10.5公里，有关隘5处，敌楼67座，烽燧3座。挡马墙、障墙、文字砖墙、麒麟影壁墙、将军楼防御体系等在万里长城中绝无仅有。1987年被列为世界文化遗产，为国家级风景名胜区，国家4A级旅游景区、全国重点文物保护单位，2014年被联合国绿色组织评为“全球百佳可持续目的地景区”。

2. 国家一号风景大道

它是国内第一个风景道旅游品牌，位于河北省承德市坝上地区，东起塞罕坝国家森林公园，经御道口牧场管理区、围场满族蒙古族自治县，西至丰宁满族自治县大滩镇，全长180公里。串联木兰秋狝、阿鲁布拉克围、茶盐古道、国家牧场、契丹部落、中国马镇六大组团20个旅游项目，囊括森林、草原、湖泊、湿地、山地等多种自然景观。

目前建成彩色沥青路面自行车慢行系统30公里。它是和合文化新高地、生态文明新样板、乐享河北新标杆、全域旅游新范例。

3. 董存瑞烈士陵园

它是国家4A级旅游景区。其位于河北省隆化县城西北的苔山脚下，伊逊河东岸，是为纪念全国著名战斗英雄董存瑞烈士，于1954年在清康熙皇帝波洛河屯行宫旧址上修建的。经过1957、1960、1973、2008年几次大规模扩建，现占地9.16万平方米，是全国以烈士名字命名的陵园中占地面积最大的。园内有纪念牌楼、烈士纪念碑、董存瑞烈士塑像、烈士墓、纪念馆、碑林等13项主体建筑。并珍藏了老一辈革命家、学者、知名人士为董存瑞烈士所作的题词、书画210余件。2017年1月，董存瑞烈士陵园入选《全国红色旅游经典景区名录》。

4. 蟠龙湖

它位于宽城西南部，是因华北最大水利水电工程——潘家口水库蓄水而形成的人工湖，在空中鸟瞰，整个湖面恰似一条舞爪摆尾、腾云欲飞的巨龙，故称“蟠龙湖”。该湖控制滦河总流域面积3.37万平方公里，总库容29.3亿立方米，湖区总面积180平方公里，整个湖区的湖光山色交相辉映，恰似桂林山水，犹如漓江风光，有“北国江南”“塞外桂林”的美誉。与金山岭长城和燕山主峰雾灵山并称为承德的“紫塞三绝”。

5. 辽河源国家森林公园

它位于冀、辽、内蒙古三省区交界处的平泉市大窝铺林场腹地，距北京260公里，因这里是中国七大河流之一——辽河的发源地而得名。公园总规划面积11886公顷，森林覆盖率高达82%，共有景点65处，分四大景区。各类植物1700余种，野生动物上百种，被专家誉为“绿色基因库”和“动植物王国”。辽河源国家森林公园以高山、森林、草原、奇花、怪石、清泉、古树、古墓八景齐全而取胜，是旅游、观光、度假、科研的极佳选择。

6. 雾灵山

它位于北京密云区与河北省兴隆县交界处。主峰歪桃峰海拔2116米，为京东第一高峰。为国家级自然保护区，拥有世界最大的大面积多目标光纤光谱天文望远镜的国家天文台兴隆观测站。雾灵山早在清代就被皇家设为皇家园林禁地，顺治二年（1645年）起因被划为清东陵“后龙风水禁地”而封禁了254年。这里年平均气温7.6℃，夏季平均气温21.3℃，比京津地区低5℃左右，是华北“热海”中的一座“凉岛”。年均800毫米的降水量，

2080平方公里的广阔森林，约吸附掉大气中1200万吨的灰尘，吸收二氧化碳53.8万吨，释放氧气47.6万吨，是华北地区大气净化的最强区，京津唐承的“天然氧吧”。雾灵山境内有仙人塔景区、五龙头景区、龙潭景区、清凉界景区四个生态旅游景区，共160多个景点。“三里不同天，一山有三季”，山下桃花开，山上雪花飘，山下阴雨连绵，山上阳光明媚，堪称奇景。

7. 山楂小镇

它位于鹰手营子矿区北马圈子镇，由怡达集团规划建设，集山楂种植、加工、文化、展览、研发、交易、物流、旅游、康养为一体，一、二、三产融合，产业特色鲜明、人文气息浓厚、生态环境优美、多功能叠加融合、体制机制灵活的国家级山楂特色小镇。已建成的中国山楂博物馆是目前我国唯一一座以山楂文化为背景，比较全面系统地反映山楂发展历史的专题博物馆。

8. 双塔山

双塔山是承德十大名山之一，位于今承德市双滦区内的滦河之滨。两个巨大的岩柱南北排开，岩柱顶端各有砖塔一座，故名双塔山。据考证，双塔山上的砖塔距今已有1000多年历史，系辽代早期的建筑物，是契丹族崇拜神山、信仰佛教的产物。这两座岩柱高低大致相同，北峰比较粗大，高近40米，周长74米；南峰上粗下细，高约30米，周长34米，比北峰矮小。双塔山陡直而立，高不可攀。北峰顶的砖塔为圆锥形，无门，已倒塌；南峰顶砖塔坐北朝南，高5米余，方形楼阁式。底层宽约2.5米，塔身全用青砖砌成，有檐伸出，檐角上挂风铎，迎风作响。塔顶已圮。塔内外还存石供桌和碑。

**参考文献**

[1] 安忠和. 安忠和说承德 [M]. 北京：中国戏剧出版社，2007.
[2] 李景瑞. 承德古代史 [M]. 北京：民族出版社，2013.
[3] 承德市旅游和文化广电局网站. http://lywh.chengde.gov.cn/
[4] 承德市人民政府网站. http://www.chengde.gov.cn/

## 五、大境门

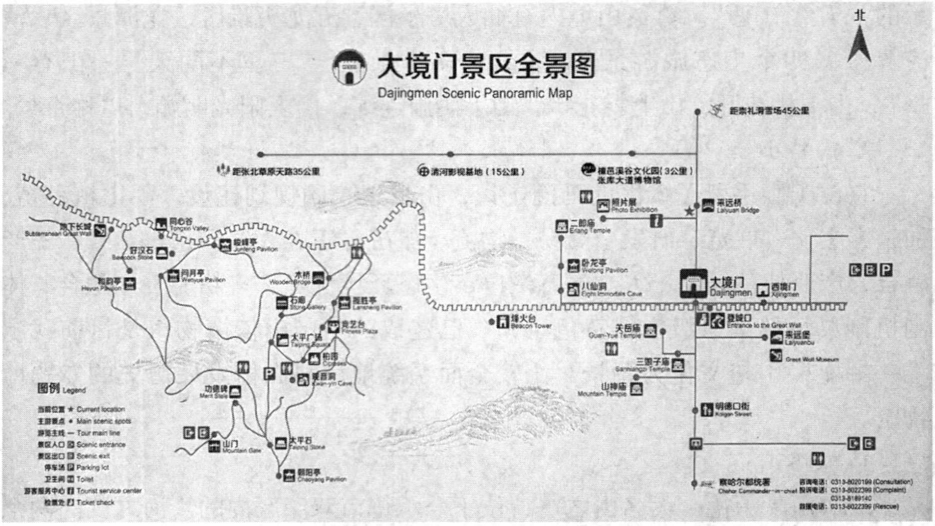


大境门景区

**【常规游览线路】**

大境门—小境门—来远堡。

**【讲解要点】**

景区概述：位置、历史沿革、得名原因。

主要景观景点：小境门、大境门、来远堡、张库大道。

### （一）景区概述

1. 位置

大境门位于张家口市区以北，是长城的重要关隘，因地势险峻而闻名。清顺治元年（1644 年）正式在此开豁建门，始称大境门。城楼建在东西太平山之间的峡谷内，正中门额上高悬“大好河山”四个颜体大字，笔势苍劲有力，是全国重点文物保护单位。

2. 历史沿革

张家口位于河北省西北部，是华北平原通往内蒙古高原的交通要道，也是中原历朝筑城设险阻止北方游牧民族南侵的屏障地带，为历代兵家必争之地。张家口是全国现存长城最多、时代跨度最长的地区，历史上战国、秦、汉、北魏、北齐、金、明等几个历史时期都曾在张家口境内构筑长城，现在长城遗迹长达 1803 公里，张家口也因此被誉为“中国长城博物馆”。长城在张家口域内延袤伸展，游牧文明与农耕文明在长城两边碰撞、交会、融合。

大境门为明宣府镇长城河北段的重要关口，属宣府镇西路，明时设守备镇守，始建于永乐十年（1412 年）。成化二十一年（1485 年），该段长城包砖甃石。万历四十一年（1613 年），宣化巡抚汪道亨为巩固边防，对此处长城进行大规模加固修复，并针对边内外贸易频繁的状况，开设西境门。清顺治元年（1644 年）正式在此开豁建门，始称大境门。

大境门地势险要，是兵家必争之地，是扼守京都的北大门，连接边塞与内地的交通要道。同时也是蒙汉两族人民交通和贸易的边口，为发展蒙汉两族人民的友好关系、沟通内地与边塞贸易，发挥了重要作用。大境门历尽沧桑，是张家口历史的见证，许多重要的历史事件都与大境门密切相关。

康熙十二年（1673 年）吴三桂起兵反清，康熙帝征召塞外八旗士兵于张家口，大批骁勇的八旗士兵从大境门源源不断地进入中原，赶赴南方。张家口大境门为平“三藩之乱”起了重要作用。

康熙三十六年（1697 年），康熙皇帝第三次北征噶尔丹，其主力部队就是从张家口大境门誓师出发的。

平定噶尔丹后，张家口 200 多年来无战事，发展成为中国北方著名的陆路商埠，出现了著名的张库商道，这条商道的集散点就是大境门。张库商道南承京津，辐射湖广，北面一直延伸至当时沙皇俄国的恰克图和毛斯科洼（今莫斯科），影响直达欧洲和西亚。在鸦片战争前相当长的一段历史时期里，张库商道是中俄贸易的唯一通道，张家口成为中国最大的茶叶出口基地和皮毛集散地，被誉为“陆路商埠”“皮都”。当时，在长城脚下，在大境门内外，店铺林立，牛马驼成群，各类货物堆积如山。甚至到 19 世纪末，张家口依然十分繁华，贸易额曾达到 1.5 亿两白银。

由于张库大道的繁荣，清廷把第一条国有实用铁路修到张家口，1909 年，由詹天佑设计施工的京张铁路通车。

1927 年，最后一任察哈尔都统高维岳被大境门内外的高山大川所感动，写下了“大好河山”四个颜体大字，更为大境门增添了气势。

长城大境门区域不但是历史上的军事要塞和陆路商埠，而且在中国近、现代革命战争史上均占有重要地位。20世纪20年代，中国共产党早期领导人李大钊、何孟雄等就在大境门内外展开革命活动，1925年在大境门外东湾子建立了农民运动协会，遗址保存完好。

1931年“九一八”事变后，爱国将领吉鸿昌率领数万抗日同盟军宣誓出征，北出大境门，抗击日寇，收复失地。

1945年8月，我冀察主力部队一举解放了被日伪蒙疆联合自治政府统治了8年之久的张家口，这是中国共产党领导的八路军从日本侵略者手中夺取的第一座较大城市，八路军雄赳赳开入大境门，成为中国人民反法西斯战争取得伟大胜利的历史性记录，大境门一时成为“第二延安”“东方模范城市”“文化城”的象征。

1948年12月，我军在大境门外的西甸子、乌拉哈达一带山谷中围歼国民党官兵5.4万多人，一举从国民党手中夺回张家口，取得平津战役西线张家口战役的辉煌胜利。解放军的威武之师就是从大境门进入市区的，可以说大境门是中国共产党的胜利之门，是中国革命的凯旋之门。

3. 得名原因

大境门是中国万里长城众多关隘中一个十分特殊的关口。在国内外学术界已被视为与山海关、居庸关、嘉峪关同样重要的关口。

从明朝隆庆年间起，张家口大境门外元宝山一带，逐渐形成了在历史上被称为“贡市”和“茶马互市”的边贸市场。来自蒙古草原和欧洲腹地的牲畜、皮毛、药材、毛织品、银器等在这里换成了丝绸、茶业、瓷器和白糖，大境门外成了我国北方国际贸易的内陆口岸。封建王朝以长城和境门为界，做生意的外族人只能在城外交易。“境门”意思是指边境之门。

**（二）主要景观和景点**

1. 大境门

大境门段长城，是雄伟壮观的明代万里长城的主要组成部分，修筑于东、西太平山的山脊上，习惯上被称为外长城，始建于明成化二十一年（1485年），是在北魏长城的基础上修建的。《口北三厅志》载：“大境门据长城之要隘，扼边关之锁钥。形势险要，足资拱卫。”这里历来是兵家必争之地，是扼守京都的北大门，连接边塞与内地的交通要道。正因为这里地势险要，易守难攻，所以当年的塞外铁骑从未从大境门攻入中原。清顺治元年（1644 年），北方边塞相对平静，为了发展同西北各民族的贸易往来，修建了大境门。从此，张家口由军事重镇转变为西北商途上的一座重要的贸易之都。著名的张库大道就是从大境门向西，沿长城脚下的西沟走行，一直通达蒙古的库伦，也就是今天的乌兰巴托。

大境门长城有敌台两座，水关一座，内有北魏时期烽火台一座及卫堡宁远堡堡城，向北开有城门两座（大境门，西境门），向南宁远堡有城门一座（永顺门）。

大境门以条石为基，青砖为体，门下马道平铺石板。拱门外圈高 9.4 米，内圈高 12 米；门道外圈宽 5.9 米，门道内圈宽 6.4 米，进深 9.9 米。门上两扇木质铁皮大门，至今完好。门额匾上有“大好河山”四个颜体的门额题字，是 1927 年察哈尔都统高维岳视察大境门时所题。

大境门顶部是一个长 12 米、宽 7.5 米的平台；外檐有 1.7 米高的垛口，内檐有 0.8 米高的女儿墙。大境门顶部平台东西两侧，是宽 5 米的长城马道。沿马道向东，可以从长城上看到来远堡遗址、国家长城文化公园；东边尽头可以欣赏张家口的母亲河——清水河的旖旎风光；沿马道向西，可以看到有着传奇故事的卧龙亭和始建于雍正年间（1723 ~ 1735 年）的二郎庙；登上西太平山森林公园，可以俯瞰张家口市区的街区风貌。

2. 小境门

张家口东西太平山之间的长城上，开有两个门：一个是大境门；一个是小境门。大境门已经闻名遐迩，成为张家口的标志性建筑。而小境门却曾经被埋没数十年，2007 年才重新面世。小境门门虽小，却是了解明代张家口历史的关键之一。

小境门原称西境门，距大境门约百米远，史志记载，其开设于明万历年间（1573 ~ 1620 年），高 2.4 米，宽 1.62 米。仅可容一辆牛车通过，门顶外沿为石券拱形，券洞内为青砖砌拱，门上设有闸板门，俗称“千斤闸”。与清初修建的大境门比，小境门不及其 1/10。然而别看它很小，它的开通代表着一个新的历史时代的开启。正是这个被人们称为小境门的长城之门，为蒙汉民族之间的经济、文化交流开辟了新的纪元，使过去作为华夷分界的长城，成为一条民族团结的融合线。

小境门不但是蒙汉民族进行经济贸易的历史见证，同时，它比起闻名于世的大境门经历了更多的历史沧桑。张家口地方文史学者一般都认为，小境门最晚与来远堡同时建筑，即最晚建于明万历四十一年（1613 年），也很有可能建于明隆庆五年（1571 年），明朝与鞑靼部实现和议之时。也就是说小境门最短已经开辟了 406 年，最长则可能已经有 448 年的历史。而大境门则开辟于清顺治元年（1644 年），距今只有 372 年。而且大境门的名字也很可能来源于小境门。

根据史书记载，明朝时期曾经在长城上开设过不少境门，作为长城内外的人们进行物资交流的孔道。如《明实录》就记载："万历六年（1578 年），宣府镇修筑铁裹境门五十六座。"可惜的是，这些境门都消失在历史长河之中。只有张家口小境门依然保存至今。因此，小境门是明代万里长城上保存下来的唯一完整的境门。

张家口小境门为我们认识明代长城境门提供了不可多得实物建筑，也对我们了解张家口明代的变迁提供了史料，有着十分重要的文物文化价值。

3. 来远堡

来远堡位于河北省张家口市桥西区北，与大境门、小境门（西境门）、张家口堡组成张家口大境门关，并形成相互依托的防御体系。

明万历四十一年（1613 年），宣府巡抚汪道亨巡阅边塞，来到张家口堡以北的东、西太平山下，看到这里地势十分险要，遂感叹道："上谷延袤三百里，未有若此山之扼要而雄峙也！"于是奏请朝廷依长城筑城堡，命名为"来远堡"，并写下《张家口新筑来远堡碑记》，记其事。

来远堡周长 1000 米有余，城墙高 12 米，下以条石为基，四角各建成楼一座。堡开南、北、西三门，东临清水河，在河畔筑堤建坝，并在河中设水栅，形成完备的防卫屏障。堡内建有公署、营房、观市厅、司税房等，还建有八角亭一座，市井整齐。来远堡建筑"平战兼顾"，战争时期可固守，和平时期可互市，其战略和经济作用十分重要。因为在当时已有张家口堡，人们便把原有的张家口堡称为下堡，来远堡称上堡，又称市圈。来远堡建成时，正值明朝廷与蒙古鞑靼部俺答汗之间实行"茶马互市"的和平时期，于是它很快成为宣大一带最大的互市之所，地位最重要，成交量最大。以万历三年（1575年）为例，张家口成交马匹1.8万匹，折银12万两，大同成交马匹1万匹，折银7万两。张家口的茶马互市，不但交易马匹、茶叶，而且交易的货物十分繁多。当时的来远堡十分繁华。明万历年间（1573～1620年），有人画了一幅《马市图》，图中对宣府来远堡互市的情景做了形象描绘。清人所作《马市图序》，图中称来远堡堡内“百货坌集”，堡外“穹庐千帐，隐隐展展”“盖一时之盛也”！

4. 张库大道

张库大道是从塞外重镇张家口出发，通往蒙古草原腹地城市——乌兰巴托（当时叫库伦），并延伸到俄罗斯恰克图的贸易运销线，全长1400多公里，是有着“北方丝绸之路”之称的古商道。张库大道历史悠久，它始于明、盛于清、衰于民国，被誉为“草原丝绸之路”和“草原茶叶之路”，在国内外具有重要的政治、经济、文化影响以及历史地位。

由于张库大道的繁荣，清末民初张家口成为京都、天津口岸、华北经济区与西北地区沟通的枢纽，成为北方对欧洲贸易的内陆口岸。张库大道兴盛时，大境门内外是张库大道贸易的集散地，最高年进出口贸易额达1.5亿两白银，聚集在张家口的账局、银号、票号、银行多达40家。大境门内外，除国内的1500多家中国商号、店铺外，还有44家外国洋行。俄、美、英、日四国为了保护他们侨民的利益，甚至在张家口设立了领事馆。当时，张家口出大境门向西，近5公里的狭长沟谷中，商号店铺鳞次栉比，交易市场人声鼎沸。京张铁路、张库公路开通后，张家口对库伦（今乌兰巴托）及俄罗斯的贸易发展至顶峰。张家口因此被誉为旱码头、内陆商埠、皮都和茶码头。历史上，张家口也叫作东口。由此延伸，人们把从大小境门进关、汇集的商品叫作口蘑、口马、口皮、口碱、口胶、口柴胡、口芪；把来张家口经营叫作闯东口，把这里的商人称作口商；而张家口在外埠开设的口货专营店叫口货庄；沿张库大道出去做生意叫作跑口外。

张库大道曾经也是一个沟通欧亚、强烈影响欧洲资本的市场，以至于引起了马克思注目，进而研究过其经济现象。《马克思恩格斯全集》第五十卷第二册81页《资本的流通过程》一章中记述：“俄国和中国的茶叶贸易可能是1792年开始的……茶叶陆续由陆路用骆驼和牛车运抵边防要塞长城上的张家口（或口外）……再从那里经过草原或沙漠、大戈壁，越过1282俄里

（约 1368 公里）到达恰克图。”马克思所说的这条经过草原或沙漠、大戈壁的运输道路，正是张库大道。

**参考文献**


［1］黄可润．口北三厅志［M］．清·乾隆二十三年刊本（清·金志章原本黄可润增修）．

［2］韩祥瑞主编．张家口历史文化丛书·张家口悠久的历史［M］．北京：党建读物出版社，2006.

［3］马克思，恩格斯．马克思恩格斯全集第二卷［M］．北京：人民出版社，1980.


## 六、张家口概况

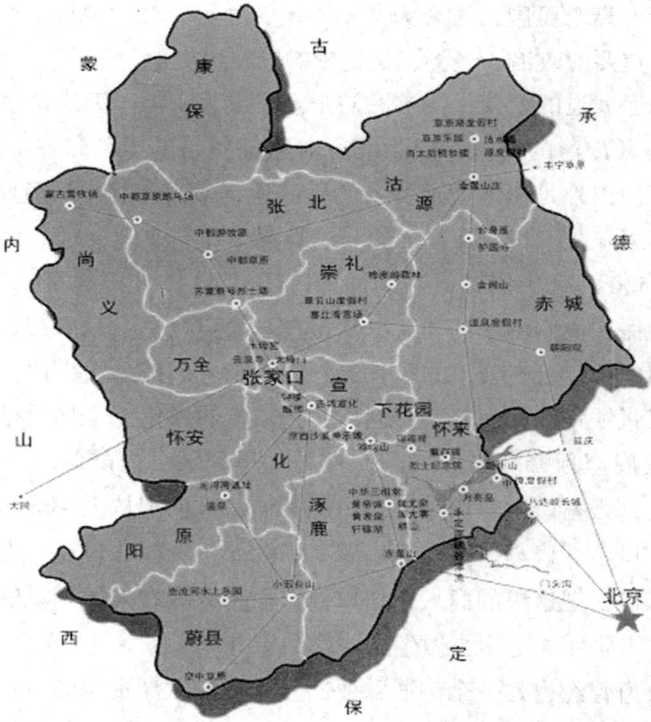


张家口主要旅游景区分布图

**【讲解要点】**

区位交通、行政区划与人口、自然环境、历史沿革、地方文化、风物特产、旅游资源。

张家口市，又称“张垣”“武城”，是河北省下辖地级市之一，位于河北省西北部，素有“北京北大门”之称。张家口地形丰富、历史悠久、文化灿烂、民风淳朴，是一座独具魅力的北方名城。曾荣获全国双拥模范城、国家森林城市、2018 十佳冰雪旅游城市等荣誉。2022 年，张家口将和北京共同举办第 24 届冬季奥林匹运动会。届时，一场精彩、非凡、卓越的盛会将让这座古城焕发出勃勃生机。

**（一）区位交通**

张家口市位于河北省西北部，地处京、晋、冀、内蒙古四省（市、自治区）交会之处，距首都北京仅 180 公里。张家口高速公路网发达，京新高速公路、京藏高速公路、首都环线高速公路、张石高速公路、京大高速公路、张承高速公路、绕城高速公路四通八达。京张高铁、大张高铁、张呼高铁，京张高铁的建成，使得北京至张家口仅 1 小时左右，是 2022 年北京冬奥会的重要交通保障设施。张家口机场有航班往返国内各大城市。

**（二）行政区划与人口**

截至 2018 年，张家口市辖 6 区 10 县，6 个区为桥东区、桥西区、宣化区、下花园区、万全区、崇礼区，10 个县为张北县、康保县、沽源县、尚义县、蔚县、阳原县、怀安县、怀来县、涿鹿县、赤城县。全市总人口 487.32 万，总面积 3.63 万平方公里。

**（三）自然环境**

1. 地形地貌

张家口市地势呈西北高、东南低，东西横贯张家口的阴山山脉将全市分为坝上、坝下两个不同的地貌单元。

坝[①]上是高原区，约占张家口总面积的 1/3，海拔一般在 1400 米左右，并呈由南向北递减之势，其间分布着山冈、湖泊、滩地等典型的波状高原景观，位于内蒙古高原的南端。与之截然不同的是，坝下为低中山盆地，这里的地势西北高、东南低，群山连绵、沟谷纵横，海拔为 1000 ~ 2000 米，位于蔚县的小五台山海拔 2882 米，是河北第一高峰。在群山之间，有较大的

① “坝”字来源于蒙古语的“dabaγ-a”即山岭之意。现为高原与平原的过渡地带，海拔一般为 1300 ~ 1600 米。

山间盆地，这里的海拔又下降到了500～1000米，流过这些盆地的河流为这片土地提供了肥沃的耕地。

总之，这里是内蒙古高原的最南端、太行山的最北端、燕山的最西端、阴山的最东端、恒山的最北端、滦河的最北端、桑干河与洋河的最东端。

**拓展材料**

小五台山位于张家口蔚县境东北部，为恒山余脉，桑干河与拒马河分水岭，是河北省最高山峰。呈东北—西南走向，长约45公里，面积1800平方公里。因有东、西、南、北、中五座高峰，俗称五台，又因较五台山低，故名小五台山。有“有京门屏障”之称。以东台最高，海拔2882米，为华北地区高峰之一，被誉为“河北屋脊”。

小五台山不仅是一座“天然博物馆”，而且还是人与自然和谐相处的典范。这里保持了原生态的色、香、声、趣之美，集山、水、草、林、飞禽走兽为一体，自然和谐，如诗如画。另外，小五台也曾是佛教兴盛之地，随着历代修葺，僧众往返，遗存有大量古寺庙、古石窟、古塔、古碑。始建于北魏年间的金河寺塔群就位于小五台山北麓的金河口峪内，现为河北省重点文物保护单位。

2. 气候条件

位于东亚大陆性季风气候区内的张家口属于中亚干旱区，其主要的气候特征是：四季分明，冬季寒冷而漫长，春季干燥多风沙，夏季则炎热短促降水集中，秋季晴朗冷暖适中。坝上地区太阳能资源丰厚，昼夜温差大，雨热同季，生长季节气候凉爽，高温高湿炎热天气少。年平均气温2℃，年降水量300～400毫米。坝下地区地势相对较低。昼夜温差大，光热资源丰富，无霜期长，雨热同期。年平均气温7℃，年降水量350～500毫米。由于坝上地区夏季平均气温为18℃，且空气中负氧离子浓度达每立方厘米3000～6000个，所以是休闲避暑、观光旅游的理想选择。

3. 自然资源

张家口市矿产资源丰富，是河北省资源大市之一，许多矿种在河北省乃至全国占有重要地位。已探明的矿产资源储量中，居全省第一位的有 10 种，分别是金、铅、锌、冶金用石英岩、石墨、沸石、膨润土、玻璃用凝灰岩、水泥用凝灰岩、含钾页岩。

张家口市动植物种类繁多，在野生木本资源中，野生经济林资源面积和产量较大的有山杏、榛子、沙棘、酸枣、枸杞、山丁子等。国家重点保护的Ⅰ级、Ⅱ级野生动物有褐马鸡、大鸨（bǎo）、金钱豹、小天鹅、金雕等 36 种。

**（四）历史沿革**

张家口历史悠久，在阳原县的泥河湾发现了 200 万年前古人类活动的遗迹，这是一个古人类分食大象的场景，在大象的骨骼上，还有人类刮削过的明显痕迹。可以说，这是我国迄今为止发现的最早的人类进餐场景。除此之外，在泥河湾还发现了多处古人类活动的遗迹，可以追溯到距今几万年甚至几百万年前。在我国目前已经发现的 53 处距今 100 万年以上的早期人类文化遗存中，泥河湾遗址群就占了 40 处。其密度之高、年代之久，不仅在国内绝无仅有，在世界上也极为罕见。这一遗址群直接改写了世界关于人类起源和人类文明发展的历史，成为人类寻根问祖之地。

远古时期，中华民族的始祖黄帝就曾在张家口的涿鹿县，与炎帝蚩尤等部落进行了战争、融合。从而奠定了中华民族的雏形。这也正是《史记》中所记载的“邑于涿鹿之阿，合符釜山”。

春秋战国时，张家口北为匈奴与东胡居住地，南部分属燕国、代国。大约在公元前 476 年，赵国的国君赵襄子灭掉了原本存在于今张家口蔚县一代的古代国，至此，赵国的版图延伸到了张家口。公元前 283 年。燕国的国君燕昭王命令秦开为大将，征讨位于当时燕国西北部的东胡，并取得了成功，他在新占领的土地上建立了一个郡——上谷郡，也就是位于今天张家口市怀来县的大古城遗址的上谷郡。从此之后，这里作为一个繁华的人类聚集点，一直存在了 1000 多年。

张家口地处华北平原与蒙古高原交界处，自古以来，这里就是游牧文明与农耕文明的碰撞之所。两种文明构成了张家口历史的主线。两汉时期，张家口是汉族政权与草原上的游牧民族乌桓人政权的交汇之所。为此，汉朝在张家口设立了护乌桓校尉一职，并建立了宁城，双方开通互市。一时间，人员往来络绎不绝，市场繁荣。宁城互市的开通，为边境的稳定、民族的交融做出了巨大贡献。

唐朝灭亡以后，在草原上出现了一位在中华民族历史上赫赫有名的女政治家——辽国的萧太后，萧绰。因为契丹民族游牧的特性，辽政权实行四季捺钵制。因此，萧太后的营帐经常来到今天张家口沽源的草原上。她醉情于这里盛开的金莲花，所以经常在这里驻跸。这就是史书当中记载的曷里浒东川，也就是今天沽源县的著名景点五花草甸。此外，她还在今天的坝下地区修建了上花园、下花园，也就是今天张家口市的下花园区。

当历史的脚步来到1211年。张家口成为一处改变世界历史走向的重要事件的见证地。成吉思汗率领的10万蒙古大军，在今张北县的野狐岭一带与金朝的40万大军进行了一场殊死斗争，结果是成吉思汗书写了一场人类战争史上以少胜多的经典战例。虽然此役并没有消灭金朝，但却为蒙古大军以后征服世界奠定了基础，可以说，蒙古大军征服世界的起点就是野狐岭。

1449年，蒙古瓦剌部也先率兵向明朝的首都——北京进犯，大军已逼近大同。此时，明朝的皇帝明英宗朱祁镇在亲信太监王振的怂恿下草率决定——率50万大军出兵前线，在得知失利的消息后又慌忙撤兵。之后，疲惫不堪的明军在今怀来县的土木镇被也先大军团团围住，最终因为缺水而城破，50万大军全军覆没，明英宗被俘，这就是改变明朝命运的“土木之变”。

明朝边防的最大威胁来自于北方的蒙古，而张家口正是处于蒙古和明朝的边境地带，也成为双方斗争的最前沿。为此，明朝在张家口地区大量屯兵，在包括张家口在内的长城一线共设立了9个军事重镇，史称“九边重镇”。当时边境上虽然有严格的限制，双方几乎处于隔绝的状态，但随着大量商人的到来，这种情况发生了改变。最初的商人和蒙古地区的牧民进行着一些类似于走私的贸易。在1571年隆庆议和之后，双方化干戈为玉帛。从此，张家口这个边塞要镇又变成了一个商业口岸。清朝建立以后，实现了内外统一，从此，越来越多的商人从汉地到蒙古腹地进行贸易，他们把内地的茶叶、丝绸运到草原上，然后把草原上的皮革制品运到了中原内地。

1728 年，清朝与沙皇俄国的《恰克图条约》签订后，这条商路延伸到了俄罗斯，变成了一条国际商路。这就是后来蜚声国际的张库商道。这其中“张”指的就是张家口，“库”指的就是外蒙古的库伦，也就是今天蒙古国的首都乌兰巴托。当然这条商道的尽头，远不止乌兰巴托，而是俄罗斯以及欧洲腹地。

到了清末，商路越来越繁荣，它吸引了世界上很多国家的商人到此经商。据史料记载，在民国初年，美国、英国、日本和俄罗斯等国先后在张家口设立过领事馆。外国商行更是不计其数，商道的繁荣可见一斑。与此同时，中国人第一条自主修建的干线铁路——京张铁路于 1909 年建成通车，铁路的终点就是张家口，负责修建这条铁路的就是我们非常熟悉的工程师詹天佑。

到了近代，张家口又成了有名的红色之城。1922 年，张家口便建立了党组织。李大钊、何孟雄、夏明翰等革命家都曾经到过张家口，在工人中宣传革命思想。何孟雄更是在这里领导了京绥铁路大罢工，为铁路工人争取了合法权益。抗日战争胜利以后，张家口又成了晋察冀边区首府的所在地。聂荣臻同志曾在这里办公。同时，一大批文化名人也来到了张家口，如艾青、沙飞、陈强、田华等，晋剧表演艺术家郭兰英就是此时在张家口走上了革命的道路。在浓郁的文化气息感染下，一时间张家口文化氛围浓厚，艾青创作了他的著名诗篇《人民的城》。在中国共产党的领导下，从 1945 年 8 月底到 1946 年的 10 月初，在这片土地上展现出了从未有过的活力，被称为“东方文化模范城”。

1948 年，震惊中外的平津战役从张家口打响。我英勇的人民解放军在张家口全歼国民党 35 军，于 1948 年 12 月 24 日解放了张家口，为北平的和平解放奠定了基础。从此，张家口的历史翻开了新的篇章。

**（五）地方文化**

张家口地域文化脱胎于晋、冀、内蒙古的交界地带，衍生在高寒干燥的塞外赵北之地。从“千古文明开涿鹿”起，历经沧桑变迁，逐步形成了以燕赵文化为核心、以山西民俗为重要内容、含有蒙古族游牧文化特点的张家口传统文化。

1. 方言文化

张家口位于草原文明和农耕文明交会之处。这就造成了张家口的文化因素兼具了游牧和农业两个标志性符号。同时，因为清末新政的影响，大规模的牧场被放垦，开发为耕地。因此，数量庞大的山西移民涌入张家口，所以张家口的地域文化中便带有明显的晋文化特征。这在张家口的方言中体现得尤为突出，从语言学的角度划分，张家口方言属于晋语区张呼片。

2. 地名文化

在坝上地区，草原上的粗犷豪放体现得可谓淋漓尽致。虽然今天生活在这里的人以汉族为主，但是他们保留了草原民族热情好客、能歌善饮的特质。这种特质也给每一位来到草原上的客人留下深刻的印象。与此同时，在坝上地区还保留了很多蒙古语音译的地名，这在传统的农耕地区是很少见到的。比如说康保县的哈必嘎乡，其意思就是“牛骨头”。崇礼区的乌兰哈达，是“红色山峰”之意。

3. 民间艺术

在张家口坝下地区，文化习俗则与传统的汉族农耕地区无异，在这种氛围浇灌出了多姿多彩的民间艺术。从戏曲角度而言，张家口地区由于受方言的影响，普遍喜欢听晋剧以及二人台。这其中，二人台更具有地方特色。这种艺术形式流行于张家口以及内蒙古中西部、山西北部和陕西北部地区。节目形式灵活，伴奏乐器简单。表演过程中人物可以跳进跳出，深受群众喜欢。

打树花是张家口最具代表性的民间艺术。这是蔚县暖泉镇别具一格的古老社火表演，流传至今已有 300 多年的历史。其过程是用熔化了的铁水泼洒到古城墙上，铁水遇到墙面迸溅出万朵火花。看上去犹如枝繁叶茂的树冠，因此得名“树花”。在观看树花的同时，打树花的艺人更是一道亮丽的风景线。一名优秀的艺人首先要有胆量，其次要有力气，更重要的是还要有高超的泼洒技艺。每当树花艺人将一勺勺铁水泼向城墙，呈现出火树银花之势的时候，游客们都会为这门传统的民间技艺折服并为之喝彩。

蔚县剪纸是一项始于明代的民间艺术。当时人们就喜欢在窗户上剪贴一些花卉之类的吉祥图案，蔚县剪纸最早就是从窗花演变而来。但是经过几代剪纸艺人的不懈努力，蔚县剪纸具有了一些区别于其他地区剪纸艺术的独特之处。首先是在技法上，蔚县的剪纸不是“剪”而是“刻”。其次，在着色上，蔚县剪纸摆脱了很多地区剪纸颜色单一的面貌，使得作品更加绚丽多姿。因此，蔚县剪纸是全国唯一的一种以阴刻为主的点彩剪纸。其刀工精细、色彩浓艳，多次作为国礼馈赠给国际友人。2009 年，蔚县剪纸被列入世界非物质文化遗产名录。

**（六）风物特产**

地形的多样性造就了张家口农副产品的多样性。从种植业来说，坝上地区盛产莜麦、口蘑、土豆等。莜麦学名燕麦，主要生长在海拔 1500 米以上无公害无污染的坝上地区和高寒山区。莜麦的营养丰富，其中的蛋白质、维生素及钙、铁、磷等矿物质的含量在同类粮食作物中最高，对人身体大有裨益；口蘑被誉为“素中之肉”，是天然的“食用菌之王”，其营养价值极高，含有多种矿物质和维生素。

坝下地区则是水果的主产区，出产如宣化葡萄、龙岩葡萄、供佛杏等。宣化葡萄具有 1000 多年的栽培历史，最著名的当数白牛奶葡萄，其穗大粒硕、晶莹耀眼，可以剥皮切片而不流汁，在清代曾作为“珍果”贡奉皇宫。龙眼葡萄则产自怀涿盆地，因颗粒似龙眼而得名；同时，该品种兼具鲜食和酿酒的作用，驰名中外的长城葡萄酒所用原料就是怀涿盆地所产的葡萄。

因为文化习俗以及地理的差异，张家口的饮食也是丰富多彩，有代表草原特色的手把肉、烤全羊，也有坝下的柴沟堡熏肉、豆面糊糊，可以说张家口是一个美食家的天堂，每一位来这里旅游的游客都可以大快朵颐。

**（七）旅游资源**

依据自身资源，张家口旅游业分为以下五个文旅发展区。

1. 崇礼冰雪运动旅游度假区

该区依托崇礼的冰雪资源，以冬奥会为契机，着力发展冬季冰雪旅游项目，同时除崇礼区的七家滑雪场外，尚义县与张北县也各有一家滑雪场。

2. 赤城田园康养旅居扶贫示范区

该区以赤城县的温泉资源为依托，凭借夏季凉爽宜人的自然条件，加上毗邻北京的地理优势，着力打造以旅居康养为特色的旅游产业模式。

3. 怀来葡萄康养休闲产业聚集区

张家口的桑洋河谷怀涿盆地是我国著名品牌“长城葡萄酒”的主产区，

游客在这里可以吃到鲜美的葡萄，品味纯正的葡萄酒，除此之外这一区域还有天漠、黄羊山等自然旅游景区以及董存瑞纪念馆、丁玲纪念馆等红色旅游资源。

4. 大境门长城历史文化体验区

张家口被称为长城博物馆，从春秋战国到明朝，多个朝代曾在这里修筑长城。作为张家口标志性建筑的大境门不仅是游牧文明与农耕文明交融的象征，也是近代商贸的见证。这一旅游区着力挖掘张家口深厚的历史文化资源，增加张家口旅游资源的品位。

5. 张北草原生态旅游区

张北县的草原天路被誉为“中国的66号公路”，以该公路为龙头，这一区域着力打造包括张北、沽源、康保、尚义四县在内的草原生态旅游区，并结合独特的游牧文化，力图成为张家口发展夏季旅游的主阵地。

在张家口这个因武而起、因商而兴的城市，有着独特的地理位置、悠久的历史文化，孕育出了“尚武爱国、包容开放、重商敬业、崇文好艺”的人文精神，也为今天留下了丰富的旅游资源，随着冬奥会的日益临近，这里必将大放异彩。

**参考文献**

[1] 河北省政协文史资料委员会. 河北文史资料全书（张家口卷）[M]. 北京：中国文史出版社，2012.

[2] 安宁，刘振英，郎琦. 燕赵传奇——张家口往事［M］. 石家庄：河北教育出版社，2015.

[3] 王英. 晋察冀边区首府——“第二延安”张家口［M］. 北京：研究出版社，2014.

[4] 赵占华. 可爱的张家口［M］. 石家庄：花山文艺出版社，2015.

## 七、鸽子窝公园

**【常规游览线路】**

景区入口—鸟语林—樱花林—鸽子窝广场—木栈道—鹰角亭—主席广场—望海长廊—浴日亭—书阁—海边自由活动（拾贝园赶海拾贝、挖螃蟹）（步行游览约1.5小时）。

鸟类博物馆—景区入口—鸟语林—樱花林—鸽子窝广场—木栈道—鹰角亭—主席广场—望海长廊—浴日亭—书阁—海边自由活动（拾贝园走海拾贝、挖螃蟹）（步行游览约 2.5 小时）。

**【讲解要点】**

景区概述：位置、得名原因、景区特色。

主要景观和景点：鸽子窝广场、樱花林、鹰角亭、毛主席塑像、大潮坪、望海长廊、浴日亭、书阁等。

**（一）景区概述**

1. 位置

鸽子窝公园又称鹰角公园，是国家 4A 级旅游景区，位于北戴河海滨东北角。毗邻滨海大道，是秦皇岛市北戴河风景名胜区四大景区之一，占地 300 余亩，以观海上日出为盛景。人称为“军中才子”的张爱萍将军于 1996 年夏天来到鸽子窝公园游览时亲手题写了“鸽子窝公园”的匾额。

2. 得名原因

鸽子窝公园因其独特的景致和特色被视为北戴河的象征，公园向海一侧有块挺拔险峻的巨石，形似雄鹰屹立，故名鹰角岩。该石高 20 多米，形成于新太古时代，距今已有 25 亿年的历史。过去经常会有成群的海鸟在此停留栖息，当地人习惯称这些海鸟为海鸽子，鸽子窝因此而得名。

3. 景区特色

鸽子窝挺拔高耸，面向正东，鸽子窝的鹰角亭，天高海阔，是观海、观鸟、观日出的绝佳之地。清晨，一轮红日从游客企盼的目光和天海分界线的垂直交点上冉冉升起。“鹰亭迎日”被评为秦皇岛十佳美景之一。

鸽子窝大潮坪是候鸟迁徙的重要通道，每年春秋时节，数以万计的珍稀候鸟在这里觅食、停留。这里已发现鸟类 400 多种，被誉为“观鸟的麦加”，是“国际四大观鸟胜地之一”。

**（二）主要景观和景点**

1. 碧湖樱花

1985 年，公园修建了拦海堤坝，使原本一片低洼的海滩形成了一个海湾形人造小湖泊，每逢涨潮开闸就会注入海水。湖面平静优雅，被命名为“鸳鸯湖”。1998 年《中日友好条约》缔结 20 周年之际，日本株式会社和中国浅野水泥有限公司为鸽子窝公园送来了600株樱花，并立碑以示纪念：愿鸳鸯湖畔的樱花开得绚丽多姿，也愿中日这两个隔海相望的国家永远和睦，友爱相处。

2. 鹰角亭

鹰角亭，建于1937年，从建筑学上讲，属于单檐歇山顶，石柱琉璃瓦。亭上所悬匾额是全国人大常委会原副委员长胡厥文先生于1984年题写的。1916年，公益会创始人朱启钤来北戴河修建了北戴河海滨的第一个大花园——联峰山公园后，正准备修建第二个公园——鸽子窝公园，当时刚在这里建了一座"鹰角亭"，就发生了1937年的"七七事变"，朱启钤老先生这一愿望未能实现。1986年政府投资300多万元对鸽子窝公园进行了修缮，并于同年对外开放。

登上鹰角亭，立刻感觉海风迎面吹来，十分清爽。海边一般都是平坦的沙滩岸，唯有鹰角岩是块挺拔高地，而且正好面向正东方向，地理位置极佳。鹰角岩上的鹰角亭，便成了可以与泰山相媲美、全国屈指可数的几个最佳观日出景点之一。著名散文作家峻青先生的散文名篇《沧海日出》，描写的就是鸽子窝海上日出的美景。鹰角亭观日出，便成为鸽子窝公园远近闻名的亮点之一。每到旅游旺季，清晨四五点钟，这里便站满了看日出的人们。海上日出最为精彩的莫过于"晨曦云霞""红日浴海""日路洒金"三大景观。当一轮红日从海面喷薄而出，给世界披上彩衣时，游客们也随之变得激动万分、欢呼雀跃。

3. 鸽子窝大潮坪

公园北侧就是著名的鸽子窝大潮坪，一天一次的涨潮、落潮是这里千百年来不变的风景。大潮坪南北有700多米长，外口大内口小，又有由西向东注入的新河，形成了这块海滩的特殊地形。这里海潮的潮差不大，多在1米之内，深度比较稳定。与钱塘江大潮的汹涌澎湃、气势磅礴不同，鸽子窝大潮一浪推一浪，后浪推前浪，有着一种从容不迫、志在必得的大家气度。海潮退去后，海滩上波痕粼粼，构成了一幅美丽的图画。

大潮坪及周围地带属国家湿地保护区。这里贝类、鱼、虾、螃蟹等海洋生物极为丰富，为鸟类提供了丰富的食物，再加上北戴河风景秀美、环境质量优越，秦皇岛北侧有燕山、东南侧是渤海，山和海尤其利于鸟儿辨识方向，以上几点原因就使这里成为鸟类迁徙的中途栖息地。每年春秋季节，候鸟迁徙，大潮坪上到处可以看到鸟群在悠闲自得地觅食嬉戏，国内外许多鸟类专家和鸟类爱好者都来这里观鸟，北戴河也有了“观鸟的麦加”之美誉。

4. 拾贝园

来鸽子窝公园赶潮拾贝、挖螃蟹，也是件相当有趣的事情。鹰角岩下有拾贝园，每天清晨海水退去的时候，众多游客来到这里，带上小水桶，再拿一把小铁锹，光脚走在湿地或是浅浅的海水里，在水草间就能轻松地捡到花蛤、抓到小鱼，顺着湿地上的小洞挖下去，还可能挖到逃得很快的螃蟹或者不同种类的贝类。热情的当地人也会告诉游客其中的小诀窍，让游客不至于两手空空、失望而归。

5. 毛主席塑像

毛主席塑像是北戴河区政府1992年为纪念毛泽东100周年诞辰而敬塑的，1954年7月26日，毛泽东第二次来到北戴河，目的是筹备召开第一届全国人民代表大会。8月10日，北戴河地区天降大雨，毛泽东触景生情，写下了《浪淘沙・北戴河》。这是主席给我们北戴河人民的一份厚礼，因为它使北戴河再次名扬天下，诗词就篆刻在塑像的大理石台基上。

诗词的上阕是:“大雨落幽燕，白浪滔天，秦皇岛外打鱼船。一片汪洋都不见，知向谁边？”下阕是:“往事越千年，魏武挥鞭，东临碣石有遗篇。萧瑟秋风今又是，换了人间。”

诗词中的“魏武”指的就是魏武帝曹操。“东临碣石有遗篇”中的“遗篇”指的是曹操写的四言古诗《观沧海》。曹操在建安十二年（207年）五月，东征乌桓打了胜仗，心情舒畅，此一行平定了北方。他率大队人马沿着傍海大道，班师回朝，走到这里，看大海、观日出，触景生情，写下了这首流传千古的著名诗篇，抒发了自己意气昂扬的豪迈感情。尽管对于碣石具体所指还有争议，但对于我们来说更为重要的是来体会“东临碣石，以观沧海”的意境。

6. 望海长廊

为了方便大家赏景、休息，景区在靠海一侧，沿着崖壁边缘修建了望海长廊，设计上吸收了北京颐和园和承德避暑山庄长廊的特点，廊内彩绘了北戴河二十四景、民间故事传说以及花鸟虫鱼等传统壁画。方毅副总理为望海长廊题写了牌匾。流连在这望海长廊里，可以远眺大海波光粼粼，可以近观众鸟悠闲觅食，还可以欣赏到落日余晖中，“秦皇岛外打鱼船”的美丽场景。

7. 浴日亭

长廊尽头是浴日亭，其匾额为严济慈所题。这里濒临海边，是欣赏“浴日奇观”的最佳处。浴日亭造型奇特，小巧玲珑，金碧辉煌。在浴日亭，早晨太阳刚刚升起的时候，鲜红的太阳就好像刚刚在汪洋大海中沐浴完，新鲜、湿润、艳丽。当它挣脱海洋的怀抱，跳出海面时，我们会感受到天地万物，连这亭子，连自己在内，都沐浴在灿烂的阳光里，暖暖的、柔柔的。光芒照在海面上，波光粼粼的红色里，水与火就这样奇异地交融，仿佛冰冷的海水也在燃烧。这一场景带给我们心灵的震撼是无法用语言描述的。而鸽子窝公园最早就是因“红日浴海”这一景观而远近闻名的。

8. 书阁

长廊右侧建有书阁、碑廊和碑亭，里面抄录了历朝历代描绘、咏诵秦皇岛的诗句，从秦王嬴政的《碣石门辞》到唐太宗李世民的《春日观海》，再到近代徐世昌的《题莲花石公园》和康有为的《听海潮待月归》，秦皇岛千年的历史便在这洋洋洒洒的文字之间闪现。

**拓展材料**

北戴河是众多留鸟和候鸟的乐园，自然也是人们观鸟的好地方。

南到澳大利亚，北至北极圈边缘，候鸟遵循固定的路线，年复一年从这里南来北往，鸟类专家的研究报告认为：“北戴河附近有几条迁徙路线，在春秋时为迁徙鸟所采用。其中海岸线和陆地上的山脉是鸟类迁徙时导航的标志。海岸与烟波浩渺的渤海、绵延起伏的山脉、沿海的平原形成鲜明的对比，有利于过路鸟进行辨认。”

中国的鸟类有1186种，在北戴河可以看到的就有412种。在这里可以目睹世界上许多著名珍禽。其中，白鹤在1985年春见到652只，占世界已知数量的40%；白鹳，国际曾有报告说，世界上只有1000只，而在北戴河却见过 2729 只，创了世界纪录；至于丹顶鹤，更是成群结队、浩浩荡荡，每年春秋迁徙都要途经北戴河。有一种美丽的水鸟，名叫红胸滨鹬，每年早春自澳大利亚飞来，去俄罗斯西伯利亚繁衍后代，中秋后，又从西伯利亚飞往澳大利亚过冬。它们的旅途最长，是鸟类中的马拉松运动员。

北戴河观鸟的地点很多，鸽子窝、赤土山、联峰山和滨海林带都是最佳的观鸟场所。

在北戴河进行鸟类迁徙研究，有记载的始于1910年。1942～1945年，丹麦人明森在北戴河东侧做了长期的观察记录，并有专著传世。1985 年以后，英、美、比利时、澳大利亚等国众多的鸟类科研工作者和鸟类爱好者接踵而至。英国剑桥大学的廉姆斯·马丁博士每年 5～10 月来北戴河进行鸟类迁徙研究。1996 年，世界湿地涉禽会议在秦皇岛召开，并通过了保护湿地鸟类的《北戴河宣言》。

**参考文献**

[1] 刘启亮，舒艳．河北导游词精粹 [M]．北京：中国旅游出版社，2005.
[2] 逯宝峰．秦皇岛导游词 [M]．秦皇岛市旅游局，2011.
[3] 吉羊．神聊秦皇岛 [M]．石家庄：河北人民出版社，2008.

## 八、秦皇岛概况

**【讲解要点】**

区位交通、行政区划与人口、自然环境、历史沿革、地方文化、风物特产、旅游资源。

公元前 215 年，千古一帝秦始皇东巡至此派人入海求仙，刻《碣石门辞》，秦皇岛由此得名。秦皇岛是国家历史文化名城、河北省唯一的零距离滨海城市，全国首批沿海开放城市、全国首批优秀旅游城市、全国文明城市、国家园林城市、国家森林城市、全国唯一举办过亚运会和奥运会的地级城市、中国第一个生命健康产业创新示范区。素有“长城海滨公园”以及“京津花园”等美誉，更是京津冀经济圈中一颗璀璨明珠。

**（一）区位交通**

秦皇岛区位优越，交通便捷。秦皇岛位于河北省东北部，北依燕山、南临渤海、东接辽宁、西近京津，地处华北、东北两大经济区接合部，居环渤海经济圈中心地带，距北京280公里，距天津220公里。京山、京秦、大秦、秦沈、沈山、津秦6条国铁干线在此交会，京沈高速、沿海高速、承秦高速、京秦高速4条高速贯通全境。北戴河民航机场已开通多条空中航线。秦皇岛港作为我国北煤南运的主枢纽港，海运业务遍及130多个国家和地区。秦皇岛目前已成为全国综合性交通枢纽城市和京津冀协同发展重要节点城市。

**（二）行政区划与人口**

秦皇岛是一座孕育梦想、充满激情、富有活力的美丽海滨城市，辖海港、北戴河、山海关、抚宁区4个市辖区和昌黎、卢龙、青龙满族自治县三个县及秦皇岛经济技术开发区、北戴河新区。陆域面积7812.4平方公里，海域面积1805平方公里，海岸线全长162.7公里。2019年年末全市常住人口314.63万。

**（三）自然环境**

秦皇岛属于温带大陆性季风气候。因受海洋影响较大，气候比较温和，春季少雨较干燥，夏季温热无酷暑，秋季凉爽多晴天，冬季漫长无严寒。年平均气温11.1℃，夏季平均气温23.7℃，森林覆盖率超过57%，生态良好，气候宜人，空气负氧离子含量是一般城市的10～20倍，是名副其实的“天然氧吧”。

秦皇岛地势北高南低，北部山区属于燕山山脉东段，群峰陡峭，山峦起伏。都山为秦皇岛市内第一高峰，海拔1846米，“都山积雪”早在清代就被列为“口外八景”之一。祖山，最高峰天女峰海拔1428米，明山秀水，是山岳型国家级自然风景名胜区。当代诗人臧克家老先生以“画境诗天”赞之。祖山的天女木兰花系太古第四纪冰川期幸存的珍稀名贵花卉，只能生长在海拔1000～2000米的湿润沟谷和岩石裂缝里，拥有“植物活化石”之称，在国家稀有濒危植物名录中被列为第Ⅱ级，是世界知名的珍贵树种。碣石山、联峰山、角山、长寿山等，文化底蕴深厚、自然风光秀丽。柳江盆地地质遗迹国家级自然保护区，被誉为“天然地质博物馆”与“华北地区地质演化的教科书”，是国家现代地质学的发祥地之一，是国内外大专院校以及科研单位教学实习、科学研究的重要基地，国家规模最大的地学野外实习基地。

秦皇岛市河流分属滦河水系与冀东沿海独流入海诸河。青龙河为滦河较大支流，也是流经秦皇岛市最长、水量最丰沛的河流。较大的独流入海河流，自东向西有石河、汤河、戴河、洋河、饮马河等，由北及南，平行入海。石河水库、引青济秦工程（洋河水库、桃林口水库引水二程）保障了秦皇岛的城市用水。

秦皇岛海岸线漫长曲折，沙软潮平，林木苍翠，是中国北方地区最优秀的天然浴场和和海上活动场所。以蓝天、碧海、绿树、金沙为依托建成了乐岛、求仙入海处、新澳海底世界、碧螺塔酒吧公园、鸽子窝公园、仙螺岛等诸多景观。

被国际湿地保护组织命名的北戴河湿地是我国最大的城市湿地，面积达3万多公顷，森林面积超过6600公顷，在这里已发现鸟类400多种，占我国鸟类的1/3。拥有“中国观鸟之都”“观鸟的麦加”之美誉，每年都吸引着来自世界多个国家的观鸟爱好者前来拍摄观测。

昌黎黄金海岸国家级自然保护区是一处集沙丘、沙堤、潟湖、林带、鸟类、海水、文昌鱼等于一体的自然保护地。在这里分布有“活化石”之称的文昌鱼、世界濒危鸟类——黑嘴鸥，被称为是“鸟的天堂、鱼的故乡、沙的世界”，是我国开展科研、科普活动的示范基地和天然课堂，堪称我国海洋类型自然保护地体系的优秀代表。

**（四）历史沿革**

秦皇岛历史悠久，底蕴丰厚。2000余载的岁月长河中留下了夷齐让国、秦皇求仙、姜女寻夫、汉武巡幸、魏武挥鞭、唐宗驻跸等众多历史掌故。更因一代伟人毛泽东主席气势磅礴的《浪淘沙·北戴河》而蜚声海内外。

商周时期，秦皇岛卢龙县为孤竹国中心区域。夷齐让国，老马识途的典故就发生在这里。公元前215年，千古一帝秦始皇第四次出巡至此，并派燕人卢生等方士入海求仙，秦皇岛由此得名。公元前110年，雄才伟略的汉武帝在此筑台寻仙。公元207年秋天，魏武帝曹操北征乌桓，登临碣石，写下了意境开阔、气势雄浑的四言诗《观沧海》。645年，唐太宗李世民东征高丽，在这里观海赋诗，命题《春日观海》。洪武十四年（1381年），明太祖命开国元勋徐达主持修建界岭、永平、山海关32关。1644年，李自成与吴三桂之间的“石河大战”改变了中国历史，顺治帝由此入关，开启了清朝的统治。清代前期，康熙、雍正、乾隆、嘉庆和道光五位皇帝关外谒祖，老龙头澄海楼是他们观海赋诗的必去之地。1898年，清政府正式将北戴河开辟为“各国人士避暑地”，开了中国近现代旅游之先河。

民国时期，我党早期革命者李大钊、王尽美都在此开展革命活动，并领导民族救国运动。1919年夏，中国马克思主义的伟大先驱李大钊在昌黎五峰山写了中国共产主义运动史上的重要文献《再论问题与主义》，以及中国第一篇系统介绍和论述马克思主义的著作《我的马克思主义观》两篇文章。尤其是《我的马克思主义观》，为中国共产党的建立奠定了思想理论基础。“两京锁钥无双地，万里长城第一关”，1922年和1924年两次直奉大战，1933年榆关抗战、1945年山海关保卫战，令秦皇岛军事战略地位显露无遗，这里也多次成为中国历史进程的节点。1945年，中共临榆县委、县政府成立。1948年12月秦皇岛解放，1949年3月改为秦皇岛市，属唐山地区行政专员公署管辖。

中华人民共和国成立后，北戴河又成为中央领导暑期办公的场所和各界人士休疗养之地，1954年夏，毛泽东主席在北戴河写下不朽诗篇《浪淘沙·北戴河》。1979年，中共中央、国务院决定将北戴河对外开放并确定为国家级风景区。1983年，秦皇岛变更为省辖市。1984年，秦皇岛市被国务院确定为中国进一步开放的14个沿海城市之一。秦皇岛曾协办1990年北京亚运会和2008年北京奥运会，是中国唯一协办过奥运会和亚运会的地级市。改革开放以来，秦皇岛综合实力持续增强，目前正在加快建设一流国际旅游城市，在推动沿海经济带发展中发挥更重要作用。

**（五）地方文化**

秦皇岛是一座既蕴含古都风韵，又富有现代气息的文化都市，为国家首批公共文化服务体系示范区。山海文化、长城文化、旅游文化、民俗文化特色鲜明，中西多元文化交融汇聚，城市文化印记俯拾皆是。

秦皇岛被誉为“长城文化之乡”“孤竹文化之乡”“吹歌之乡”“民间诗词之乡”等。昌黎的地秧歌、抚宁鼓吹乐等民俗文化也在不断“走出去”，彰显地域文化风采。同时秦皇岛每年都会举办望海祈福节、中华爱情节、海洋文化节等节庆活动。以秦皇岛为背景创作的《海上生明月》《幽燕秦皇》《孤竹浩歌》等大型实景剧目也各具风格。

全市共登记不可移动文物 619 处，全国重点文化保护单位 11 处，文物藏品 5000 多件，拥有在册非物质文化遗产 97 项，国家级 5 项。长城博物馆、玻璃博物馆、港口博物馆、北戴河博物馆、轮滑博物馆、青龙民族博物馆等 12 个博物馆不仅承载着这座城市的历史文明，也成为与世界交流的平台。

**拓展材料**

望海祈福文化是秦皇岛特色地域文化的重要组成部分，也是海港区的文化根脉和重要源头。随着旅游事业的迅猛发展，望海祈福活动已经成为秦皇岛市旅游文化的重要内容和新的亮点。近年来，秦皇望海祈福文化旅游节充分发挥"旅游－文化"的融合叠加效应，已成为海港区的品牌活动，赢得了外地游客和广大市民的认可及赞誉。

**（六）风物特产**

秦皇岛濒临渤海湾，特产以海产品为主，清蒸铁板蟹、煎烤大虾、辣炒花蛤、酱爆皮皮虾令人垂涎欲滴。除了海鲜，特色风味小吃历来也是为人称道。山海关浑锅、四条包子、杨肠子、扇贝饼、老二位麻酱烧饼、回记绿豆糕、粉鸽子、抚宁老虎肉、赵家馆饺子、青龙水豆腐、青龙豆腐干、孟和尚粉肠、长城饽椤饼等成就了"舌尖上的秦皇岛"，独具特色。

秦皇岛还出产京东板栗、石门核桃、胜利苹果、昌黎蜜梨、玫瑰香葡萄、南大寺水蜜桃、山海关大樱桃、苦杏仁等各种优质干鲜果品。而珍珠项链、珍珠挂件、贝堆、贝雕、人造琥珀、砖雕等工艺品，也是极具秦皇岛当地特色。

**（七）旅游资源**

秦皇岛是中国近代旅游业的发祥地，汇集了丰富的旅游资源，素有"长城海滨公园""中国观鸟之都"的美誉，是驰名中外的旅游休闲胜地，创造了诸多中国第一：清光绪二十四年（1898 年），北戴河海滨被御批为“与中外人士杂居”避暑地，成为中国历史上首个、也是唯一一个由中央政府自行对外开放的旅游避暑地；20 世纪 20 年代，盛极一时的北戴河与夏威夷齐名，素有“远东罕有其匹”“东亚避暑地之冠”的美誉。康有为、梁启超、周学熙、朱启钤、张学良、徐志摩、胡适等诸多名人，在此留下足迹和逸事；同时在这里还诞生了我国第一幅旅游招贴画“仕女骑驴图”、第一条旅游铁路专线、第一条航空旅游航线、第一个 19 孔高尔夫球场、第一个旅游避暑地自治组织——海滨公益会等诸多中国旅游史上的“第一”，北戴河因而被誉为“中国现代旅游业的摇篮”。

秦皇岛市现有 A 级景区 35 家，其中 5A 级景区 1 家，4A 级景区 17 家。秦皇岛丰富的旅游资源可以用“一山一海一胜地，一港一酒一座城”来概括。“一山”即燕山山脉，秦皇岛山地面积占全域面积的 2/3，多奇山盆地、古迹名胜，柳江国家地质公园、祖山、碣石山、长寿山等自然风光和历史遗迹各领风骚；“一海”即渤海，秦皇岛拥有 162.7 公里海岸线，是“中国最美八大海岸”之一；“一胜地”即近现代旅游发祥地“北戴河”，是国家领导人的休疗地，北方地区开展邮轮游艇、滨海度假、观鸟休闲、海上运动的最佳场所之一；“一港”即秦皇岛港，是中国最早的自主通商口岸和世界最大的能源输出港，有“国民经济晴雨表”之称；“一酒”就是以昌黎、卢龙为主的干红葡萄酒，全国第一瓶干红葡萄酒就产自秦皇岛；“一座城”即山海关古城。“天下第一关”是明长城重要关隘，汇聚了长城文化之精髓和城防建筑之精华。

## 参考文献


[1] 中国．秦皇岛．秦皇岛市政务门户网站．http://www.qhd.gov.cn/

[2] 秦皇岛市旅游和文化广电局官方门户网站．http://lywgj.qhd.gov.cn/

[3] 秦皇岛市发展和改革委员会．http://www.qhdfgw.gov.cn/

[4] 秦皇岛市统计局．http://www.qhddtjj.gov.cn/

[5] 360 百科．https://baike.so.com/doc/6051597-6264616.html

[6] 王磊．秦皇岛记忆［M］．北京：中国文史出版社，2008.

[7] 孙继胜等人主创．秦皇岛解说词［M］．明泽文化传播有限公司，2017.

## 九、南湖公园

【常规游览线路】

一号门—丹凤朝阳广场—龙山及龙山阁—国内园—唐山植物园—三号门（步行游览约 2 小时）。

五号门—桃花潭—国内园—热带植物风情馆—龙山及龙山阁—丹凤朝阳广场—国际园—老六号门（步行游览约 3 小时）。

【讲解要点】

景区概述：位置、发展历史、荣誉。

主要景观景点：丹凤朝阳广场、龙山、云凤岛、热带植物风情馆、唐山植物园、国内园、国际园等。

### （一）景区概述

1. 位置

唐山南湖旅游景区位于唐山市中心区，距离首都北京 154 公里，距离天津 108 公里，总体规划面积 30 平方公里，分为核心区和体验区。核心区 5.4 平方公里，包含龙山、龙泉湾、丹凤朝阳广场、云凤岛、凤凰台等 130 多个景观。体验区包括湿地体验、农业观光、森林休憩和绿地运动四大功能区。在景区周边集中建设了唐山市图书馆、群艺馆、大剧院、国际会展中心等一批配套服务项目，拓展了城市公共空间，增加了城市功能，带动了旅游、会展、文化、演艺等新兴业态聚集发展。

2. 发展历史

唐山是中国近代工业的摇篮，工业基础雄厚，孕育了丰厚的工业文明。1878 年，李鸿章委派上海轮船招商局总办唐廷枢筹办开平矿务局，首开中国“路矿之源”。中国近现代工业史上的许多第一都在唐山相继诞生：比如中国第一个使用机器开采的大型煤矿——开滦唐山矿；第一条标准轨距铁路——唐胥铁路；第一台蒸汽机车——龙号机车；第一座铁路桥；中国第一张股票；第一桶机制水泥；第一件卫生陶瓷等。也正是这“七个第一”使唐山雄踞中国工业城市之首，奠定了唐山作为中国近代工业摇篮的地位，为中国近代工业竖起了一座民族丰碑。

中华人民共和国成立初期，在唐山南湖区域，源源不断地开采出了上亿吨的优质煤炭。但同时也给这个地方留下了30多平方公里的采煤沉降区，地表凹凸不平、水洼遍布，最大沉陷达到10米，最大积水深度达到4米左右，可以说，唐山掏空了自己的胸膛，为社会贡献出了光明与能量，也在自己的身上留下了深深的“伤疤”。尤其是1976年的唐山大地震又加剧了沉降地的塌陷，周边散落着上百家小砖厂、屠宰厂、储煤场等污染企业，垃圾遍地、污水横流，被百姓称为唐山的“龙须沟”。

2008年，经过国内外设计机构的设计、论证，一场庞大的改造工程在这块昔日的“城市伤疤”上展开。仅仅14个月之后，16平方公里绿地环绕的11.5平方公里的水域出现在人们面前——这里成了“南湖城市中央生态公园”，湖光山色，美不胜收。18.5平方公里的森林绿地中，4000多种植物郁郁葱葱，绿化覆盖率高达65%，吸引了215种野生鸟类在这里往返栖息。据气象部门测算，唐山市区极端最高和最低气温分别比常年降低和升高3℃~4℃，降水量比往年增加230毫米，大大改善了区域气候和生态环境，南湖真正成为唐山市的“城市绿肺”和“天然氧吧”。

唐山南湖旅游景区持续发展与循环利用的完美结合，对全国130多个资源型城市转型起到了典型示范作用，在采煤沉降区生态恢复方面，提供了一个具有世界品质的现实样本。

3. 荣誉

2016年，唐山以不占用任何一份耕地的独特优势成功举办了世界园艺博览会，并先后荣获河北省人居环境奖、中国人居环境范例奖、迪拜国际改善居住环境最佳范例奖、国家城市湿地公园、河北省首批五星级公园、首批全国生态文化示范基地、国家体育休闲示范区等荣誉，2010年被评为国家4A级旅游景区。2019年通过国家5A级景区景观质量评审。

生态环境保护是功在当代、利在千秋的事业。唐山南湖，从曾经的“龙须沟”变身城市会客厅，是唐山推进生态深入治理的典范，是唐山绿色发展的新名片。南湖的现在，昭示着唐山的未来。注重人与自然的和谐共生，实现环境保护与经济发展的比翼齐飞，让生态文明成为唐山的底色，让唐山这座百年重镇重焕生机与活力。

### （二）主要景观和景点

1. 丹凤朝阳广场

丹凤朝阳广场，因广场中央的“丹凤朝阳”雕塑而命名，占地面积12.5万平方米，是园区举办大型节事活动的首选场地。

“丹凤朝阳”雕塑是由中国著名的工艺美术大师韩美林先生设计的。名字取自《诗经·大雅·卷阿》中的“凤凰鸣矣，于彼高冈。梧桐生矣，于彼朝阳”。凤凰，既是唐山这座浴火重生的英雄城市的象征，又蕴含着幸福、吉祥、前途光明的吉祥寓意。该雕塑高68米，重约447吨，由青铜铸造与花岗岩雕刻而成，于2011年落成。雕塑主体是一尊象征着纯洁高贵、吉祥如意的凤凰，上方一只金色的凤凰昂首向天，高耸入云；下方的一组凤凰紧密靠在一起，目视四方；中间的球体代表“太阳”，寓意被太阳照射过的地方必将万物生长。周围八尊狮子矗立在雕塑四个方向，平和稳重，威震四方，福瑞祥臻。这一动一静的完美结合，形成了独特的审美效果。同时，“丹凤朝阳”的设计消化、吸收、融合了我国古代装饰艺术的规律，借鉴了许多古代艺术的图案造型和表现手法，创造了具有现代形态的雕塑精品。

“丹凤朝阳”大型主题雕塑现已成为唐山十大地标性建筑，成为唐山市一张亮丽的文化名片。

2. 龙山

龙山位于丹凤朝阳广场北侧，占地面积25.6万平方米，绿化面积18.8万平方米，高56米，包括龙源、花溪、花谷、岩石园、花海和龙阁六大景观。

龙源，以中国园林堆石手法，结合龙文化图腾石刻，表现龙源胜境。龙源为花溪的水源头，通过假山石、水帘洞的巧妙堆叠设计，将水源出口隐藏起来，给人一种“只在此山中，水源不知处”的神秘感。

花溪，在山体的设计上，遵循着“虽由人作，宛自天开”的原则，利用山体高差，创造出了丰富的竖向环境；不去着意追求水面之大，而是巧妙地将石景、园桥、叠水这些自然因素组合在一起，营造出一种小桥流水人家的意境。这里一年常绿，三季有花。在白杨的掩映之下，宛如一片鲜为人知的世外桃源。

花谷，主要展示了本地乡土植物、木本开花植物，模拟了北方植物的山体景观。为了丰富季节变化，主要种植有黄栌、红枫、五角枫等观叶类树种以及山楂、柿树、核桃等观果类树种。这边的景观叫作岩石花园，是通过岩生植物与景石相结合形成的岩生植物景观。由于大量使用黄石，给人一种震撼的视觉冲击力。

龙山阁作为龙山的重要景观，是南湖景区的制高点。站在龙山阁上，南湖美景尽收眼底，华灯初上之时，这里是赏月的最佳观望点。龙山阁，占地740平方米，高30.3米，台基高6米，是以元代画家王振鹏所绘的《龙池竞渡图》中的“宝津之楼”为蓝本设计，主体采用钢筋混凝土结构，表面包铜，斗拱、门窗等游人可视、可触部位则采用木质装饰饰件，更能体现唐代楼阁建筑之美。

3. 云凤岛

云凤岛位于龙泉湾中心，占地面积5.5万平方米，是南湖旅游景区五湖九岛（五湖：桃花潭、龙泉湾、青龙泽、将军淀、含烟渡；九岛：云凤岛、邀月岛、香茗岛、翔翎岛、锦鳞岛、朝晖岛和3个树岛）中面积第二大岛。云凤岛，名出《乐府诗集》：“舞云凤，跃潜龙”和《七召·宫室》：“阳乌骞其将动，云凤矫而欲翔。”云凤岛上有一个“永盛戏园”，是仿照唐山小山的永盛茶园修建的，永盛茶园是评剧的第一个剧场。

云凤岛，又是我国首部湖中岛上沉浸式实景体验剧《那年芳华》的演出地。《那年芳华》以洋务运动催生唐山近代工业兴起与文化发展为背景，以20世纪初小山的繁盛和永盛茶园开业为原点，讲述了成兆才、唐云龙、小凤等人物在评剧历史浮沉中坚守家国情怀和梨园情义的故事。该剧将岛上的自然和人文景观与沉浸式的戏剧体验、光影舞美艺术融为一体，打破了传统戏剧的舞台界限，不再靠换幕布来变换场景，而是采用全实景舞台，大家可以边走边看，与演员零距离接触互动，甚至是角色互换。在这里，我们将获得唐山地方特色曲艺文化的创新体验，感受评剧文化的魅力，也是非遗文化的传承与创新。

《那年芳华》带游客穿越时空隧道，在曼妙乐舞中漫步，在炫美光影中驻足。“盘子碗的卖嘞……”“捎着香烟喽……”“栗子、糖炒甜栗子……”夜幕中，耳畔传来极富唐山特色的吆喝声，街市两旁，商号鳞次栉比，各种买卖热闹异常，使人一下就置身于百年前的唐山小山了。

## 拓展材料

“永盛茶园”是评剧诞生的摇篮，是唐山小山的开明绅士王永富在1909年资助修建的。曾经的戏园也叫茶园，因为观众听戏时，坐在戏园里，边听戏、边饮茶，茶园由此而得名。当时，唐山的戏园和书馆不下20余家，常年演出的曲艺艺人达到百余人。

这其中，备受欢迎的当数冀东土生土长的“蹦蹦戏”。他们铺开地摊，开锣打鼓，两三个人粉墨登场，其余的人伴奏，以地秧歌的形式、连蹦带跳地演唱几出短小剧目。演唱一段，就停下来向观众讨钱，然后再唱，这就是评剧最初的形态。

评剧最早从唐山发芽，到了东北三省就开花结果，很快就得到了东北三省广大观众的接受和欢迎。“唐山落子”就是那时候叫起来的。因为评剧是农民发起的小剧种，所以当时连个专业的名字都没有，开始叫落子，也叫蹦蹦戏……进城后又叫“平剧”。《滦县志》记载:“莲花落原名莲花乐，俗谓之‘蹦蹦戏’，昔时丐者乞讨之歌曲，嗣后日益发展居然登台……”

进城后，评剧又向京剧、河北梆子、曲艺等大剧种学习，如唱腔、锣鼓点子、文场弦乐等，质量提高了不少，一下子就被城里的观众接受。那时京剧也叫平剧。因为当时的北京叫北平，京剧是国家大戏，所以叫平剧。而评剧当时是刚进城的小剧种，还没有完全形成，也叫平剧。这就引起京剧班主的不满。这时李大钊出了一个主意，给评剧在“平”字边加了一个“言”字。他说，平剧是国家大戏，代表北平就叫平剧；评剧是民间小戏，它反映社会现实、演唱形式简单、通俗易懂，是以评论社会、评书说唱为重的意思，所以叫“评”剧。李先生还亲自找了盖五珠、月明珠、成兆才等演员谈话，他说:“你们的发展要注意‘评论社会’，以唱为主，只有通过说唱才能达到评论社会的目的，才能得到观众的承认和接受。”

评剧创始人成兆才一生创作、改编的剧目达100余部，如《杜十娘》《花为媒》《占花魁》，像《杨三姐告状》《枪毙驼龙》等现实题材的戏占了很大比重，成兆才因为在剧本编写和表演演唱方面的突出贡献，被誉为“民间戏圣”。评剧的唱腔流行津唐，名扬剧坛。京剧大师梅兰芳看了评剧演员月明珠的演出后，说：“唐山落子大有前途，月明珠是位大有前途的演员。”2006年，评剧被列入首批国家级非物质文化遗产名录。

4. 热带植物风情馆

热带植物风情馆是2016年唐山世界园艺博览会主展馆之一，占地面积2.6万平方米，室内有热带植物1033种。其建筑风格为唐山最著名的煤晶石为造型，展现了唐山因煤兴的历史，体现了唐山人民保护绿水青山的决心。

植物风情馆共分为五个景观区和一个科普区，五个景观区分别为梦幻花园、花梦涟漪、兰亭清梦、绿谷幽梦、梦幻沙丘，展示了具有代表性与观赏性的雨林植物、佛教植物、四季植物、沙漠植物等，这里是唐山研学旅游植物科普实验基地新名片。

植物风情馆内有三奇和三宝。三奇分别是曼陀罗花、龙血树、箭毒木。三宝分别是台湾苏铁、铁西瓜、小叶紫檀。

5. 唐山植物园

唐山植物园是南湖景区的重要组成部分，总占地面积0.55平方公里，分为两大区域，东区为专类园展示区，是集观赏、科普、生态、经济、文化、科研六大功能为一体的新型互动式植物园，西区为国内园和植物风情馆。同时，植物园还是“河北农业大学研究生实践基地”“河北省全民科学素质教育基地”，以及首批“唐山市科普教育基地”。

植物园按照克朗奎斯特分类系统设计建设，各分区重点展示同一科、属或同一类植物。根据不同种类或品种之间的颜色、花期的不同，组成多样植物景观。克朗奎斯特分类法是由美国学者阿瑟·克朗奎斯特（1919～1992年）最早于1958年发表的一种对有花植物进行分类的体系，1981年在他的著作《有花植物的综合分类系统》中最终完善，包括64个目和383个科，现在还有许多植物学家仍然在使用这种分类体系。

植物园结合景观空间的布局，依次布置玉兰园、松柏园、牡丹园、碧桃园、海棠园、锦葵园、樱花园等 22 个专类园，引种露地植物 3000 余种，栽植乔灌木 2.1 万余株，地被植物 2.2 万平方米，展现了丰富多样的植物景观。

6. 国内园

国内园总占地面积 14.6 万平方米，以“山水相依”为主题，包含了河北园、皇家园、江南园、西部园、岭南园、现代园六大主题展园以及台湾园和盆景园两大专项展园，共展示了国内 31 个城市各具地域特色的园艺景观，集中展示了祖国各地的特色建筑形式。

河北园以“长城脚下，燕赵大观”为设计理念，选取北方水城、河北民居及工业文明等元素符号，展示了燕赵大地园林园艺特色及文化底蕴，凸显河北传统文化精髓。畅游此园宛若进入了曹雪芹笔下《红楼梦》中的“大观园”。

皇家园设计风格是“一池三山”，以中国皇家园林的发展脉络及不同发展时期的造园特色为设计理念，还原历史风貌，追求天人合一，体现儒、释、道文化，颇具禅意。“皇城禅道”也体现了博大精深的中华传统文化。

江南园以忆江南为设计主题，以苏州私家园林拙政园为蓝本，设计为融园林、建筑、小桥流水、太湖驳岸、文人逸趣于一体的体验式园林，也被称作士大夫园林。与北方建筑相比，黑瓦、白墙的建筑风格彰显了江南水乡的清秀之美。在这里可以观赏到“人间天堂”的苏杭美景，感受小桥流水人家的江南风情。

西部园以“西部印象”为主题，可以欣赏巴蜀古镇中罗城船形街道的风采，领略以吊脚楼为代表的重庆民居特色，感受内蒙古蓝天、白云、辽阔草原相互交融的自然风光。

岭南园以华侨文化为主线，以“梦里故乡”为设计主题，以岭南特有的建筑体现了轻巧秀丽、通透朴实、中西交融的园艺风格及独特的华侨文化。全园呈现“归”字形态，体现游子对家乡一草一木的思念之情。

7. 国际园

国际园以“快乐每一天”为设计主题，将“海绵城市”理念融入展园建设中，展园区按世界各国园林园艺特色划分，建有美国、意大利、匈牙利、英国、法国、瑞典、德国、荷兰、韩国、日本 10 个展园，突出展示各参展国家园艺水平，配套建筑区展示各参展国家的建筑风格。在节俭、创新、求异中，景区着力将国际园打造成与众不同的“林间花园”，将唐山这座重工业城市绿色发展、转型升级的宏愿传递给世界。国际园营造了许多日常的、多彩的、可参与的、浪漫实用的现代园艺景观，形成别具异国情调的森林漫步和滨水休憩空间，使游客充分体验到“人在林间走，花香伴客游”的愉悦心情。

8. 龙泉湾

龙泉湾水域面积 1.1 平方公里，主要由水秀看台、云凤岛、白鹭码头和滨湖栈道构成。

南湖光影水舞秀在 2019 年 7 月 10 日正式投用，它长 220 米，宽 81 米，水柱喷射最高可达 100 米，长卷巨幅水幕电影、艺术灯光、炫彩激光、多变水柱造型等高科技元素，向游客呈现了一场完美的视觉盛宴，获得了社会各界的广泛好评。光影水舞秀是由音乐喷泉与灯光秀结合所形成的表演秀，它采用最新型整体式升降浮体系统，巧妙地利用了不同的喷高差，结合特效、音乐、色彩、灯光，向大家展现了金凤展翅飞舞的图案。夜晚，LED 灯将整个凤凰形水线渲染得栩栩如生，水线随着音乐节奏的变化而起舞，宛若一只灵动美丽的凤凰展翅翱翔在五彩祥云之中。静态形象与动态水柱造进行了全维度、多层面结合上，形象生动多变，内涵丰富深远，带给观看者超乎想象的震撼。

**参考文献**

[1] 李军．黑色长河 [M]．深圳：京华出版社，2008.
[2] 赵栋，以松．唐山说古 [M]．北京：当代中国出版社，2000.

## 十、唐山概况

**【讲解要点】**

区位与交通、行政区划与人口、自然环境、历史沿革、地方文化、风物特产、旅游资源。

唐山因唐太宗李世民东征高句丽时驻跸于此而得名，素有“北方瓷都”之称。是国家园林城市、中国优秀旅游城市、国家森林城市，曾被联合国授予联合国人居奖、中国人居环境范例奖、HBA · 中国范例卓越贡献最佳奖等荣誉。

**（一）区位与交通**

唐山，是一座具有百年历史的沿海重工业城市，区位优势明显，它地处渤海湾中心地带。唐山位于河北省东部，东与秦皇岛市隔滦河相望，南临渤海，西与京津毗邻，北依燕山隔长城与承德市接壤。距离首都北京154公里，距离天津108公里，海岸线长229公里，海域面积4467平方公里，是华北通往东北的战略要地。

**（二）行政区划与人口**

唐山现辖7区（曹妃甸、路南、路北、开平、古冶、丰润、丰南）、3个县级市（迁安、遵化、滦州）、4个县（迁西、玉田、滦南、乐亭）和4个开发区（海港经济开发区、高新技术产业开发区、芦台经济技术开发区、汉沽管理区），总面积13472平方公里，总人口793万，既是全国较大城市、京津冀区域中心城市，也是“一带一路”交会点和重要枢纽。

**（三）自然环境**

唐山气候温和，属暖温带半湿润季风气候，年平均气温11.6℃。地貌类型多样，是多种农副产品的富集区，唐山素有“冀东粮仓”和“京东宝地”之美誉。北部山区盛产板栗、核桃、苹果、梨、桃、红果等干鲜果品。中部平原盛产玉米、小麦、水稻等粮食作物和棉花、花生等经济作物，芦台小站稻、滦县花生驰名中外。南部沿海既是渤海湾的重要渔场，又是原盐的集中产区，南堡盐场是亚洲最大的盐场。沿海滩涂适宜发展海水养殖业，“东方对虾”是海产品中的珍品，水产品产量居河北省第一。

唐山矿产资源丰富，已探明各类矿产49种，近30种已被开发利用，主要有煤、铁、金、石油、天然气及石灰岩等。

唐山市是河北省第一湿地大市，拥有南湖国家级湿地公园、曹妃甸省级湿地和鸟类自然保护区等一批湿地公园和湿地自然保护区。全市野生植物958种，野生动物530余种，国家一级保护动物18种，国家二级保护动物、省级重点保护动物73种。

**（四）历史沿革**

唐山是历史悠久的古地，早在4万年前这里就有古人类生活，5000年前黄帝曾在这里活动，留下了许多遗迹，广为人知的“夷齐让国”“不食周粟”“老马识途”“戚继光改斗”等典故都出自这里。唐山地区在商代属于孤竹古国；战国时期为燕地；汉代属幽州。现在的唐山在唐朝时原为一片村落，唐朝时李世民两次东征，均屯兵于现在的大城山市区，山被赐唐姓，唐山由此得名。到了明朝，农业、制陶业和采石冶铁业有了一定的发展，冶铁产量居全国之首。清代分属直隶省永平府和遵化直隶州。伴随着清朝末年洋务运动的兴起，1878 年 7 月 24 日，开平矿务局挂牌设局，标志着唐山由此开埠。1898 年，因桥头镇以镇北有“唐山”，改名为唐山镇，这是唐山行政名称的开始。1925 年唐山正式建市。1948 年 12 月 12 日唐山宣布解放。1984 年 12 月 15 日，国务院批准唐山市为全国 13 个“较大城市”之一。1988 年，唐山被国家列为沿海对外经济开放地区。

**（五）地方文化**

唐山人杰地灵，是伯夷、叔齐典故的发生地，是抗倭名将戚继光戍边的地方，是《红楼梦》作者曹雪芹的祖籍地，是革命先驱李大钊的故乡。唐山更是名人荟萃，清华大学的第一任校长唐国安，著名思想家、北京大学第一任校长严复，中国桥梁专家茅以升，中国铁路之父詹天佑都曾在这里工作过。

唐山文化底蕴深厚，是中国评剧的发祥地。乐亭大鼓、评剧、皮影并称为“冀东三枝花”，2006 年，均被列入首批国家级非物质文化遗产名录。乐亭大鼓是中国北方主要曲种之一，最早是流行于民间的清平歌小调，素有“九腔十八调”之称。相传 1850 年前后由温荣创立于河北乐亭，是一门唱腔和板式独特的说唱艺术。评剧原名“平腔梆子戏”，是中国五大戏曲剧种之一。1910 年在民间说唱“莲花落”和民间歌舞“蹦蹦”的基础上发展起来，俗称“唐山落子”。评剧在最初时被称为“蹦蹦戏”或“落子戏”，1936 年白玉霜在上海拍摄《海棠红》时，新闻界首次把“评剧”的名称刊载于《大公报》，从此，评剧这个名字在全国广泛传播。评剧创始人成兆才是唐山人，评剧剧目《花为媒》《刘巧儿》《杨三姐告状》至今广为流传。唐山已成功举办多届“评剧艺术节”，在全国产生了很大影响。唐山皮影又称滦州影，乐亭影，因其影人道具是用驴皮制成又被称为驴皮影。它是集精美的雕刻工艺、灵巧的操纵技巧和抒情的唱腔音乐于一体的综合艺术。1966 年，乐亭被原文化部命名为“中国民间艺术之乡——皮影之乡”。

近代以来，唐山形成了独具特色的五种精神：“铁肩担道义”的大钊精神；开滦工人“特别能战斗”的精神；遵化西铺村“三条驴腿闹革命”的“穷棒子”精神；遵化沙石峪“万里千担一亩田，青石板上创高产”的“当代愚公”精神；“公而忘私，患难与共，百折不挠、勇往直前”的抗震精神。正是这五种精神始终激励着唐山人民创造了一个又一个战胜困难、改革发展的奇迹。

**（六）风物特产**

唐山饮食属京东菜系，饹馇、蜂蜜麻糖、棋子烧饼、迁西板栗等特色小吃享有盛名。饹馇是唐山的名食，也是唐山百姓过年过节、婚丧嫁娶时，桌上必备的一道地方主菜。蜂蜜麻糖在全国享有盛名，已经有400多年的历史，起源于明朝万历年间（1573～1620年），以“广盛号”为代表的七树庄蜂蜜麻糖形似团花、薄如蝉翼，含在口中绵甜清香、松软酥脆、香甜适口，是一道老少皆宜的风味小吃。棋子烧饼因形状、大小都酷似中国象棋的棋子而得名，棋子烧饼色泽金黄、外焦里嫩、层多酥脆、馅溢肉香，是唐山地方独有的风味美食。周总理出访波兰时，曾将其作为国礼送给外宾。迁西板栗的栽培历史已经有3000多年，慧心巧思的迁西人以板栗为食材推出了一道道美食，作为主食的有板栗窝头、板栗粥、板栗米饭、栗蓉馒头，作为菜肴的有栗子焖鸡、栗子炖肉。迁西板栗富含的蛋白质、维生素等成分，营养价值居全国板栗之首。

**（七）旅游资源**

唐山，拥有A级以上景区48家，其中5A级1家，4A级13家。形成了以清东陵、滦州古城为代表的文化旅游，以开滦国家矿山公园、启新1889水泥博物馆为代表的工业旅游，以白羊峪、太阳峪为代表的乡村旅游，以南湖生态旅游景区为代表的生态旅游，以唐山国际旅游岛、曹妃甸湿地为代表的海岛湿地旅游，以青山关等为代表的长城旅游以及以李大钊纪念馆、喜峰口大刀园为代表的红色旅游系列产品。并因优良的城市自然生活环境、城市现代旅游功能、交通、文化娱乐等，于2007年跻身中国优秀旅游城市行列。

南部唐山，海岛湿地风物绝美。唐山国际旅游岛，是京津冀地区唯一同时也是距离北京最近的海岛，其中菩提岛，有2600多棵北方罕见的菩提树，自然植被覆盖率达到98%以上，是孤悬于海上的天然动植物园、国际观鸟基地，更是度假康养的理想去处。曹妃甸是“中国河豚之乡”，曹妃甸湿地，是北方最大的滨海湿地，万亩芦苇净乎天然。乐亭李大钊纪念馆和故居、生态农业园区、碧海浴场，勾勒出“红、绿、蓝”三色画卷。

北部唐山，长城山水厚重毓秀。世界文化遗产5A级景区——清东陵，为我国现存规模最大、体系最为完整的皇家陵寝；220公里的明长城蜿蜒于燕山峰峦之巅，青山关、大理石长城、水下长城万里独秀；康熙御题“天下名山”的景忠山，素有“灵山秀色”的美誉；潘家口水利风景名胜区被誉为北国三峡、塞上漓江；山叶口国家地质公园，石奇、水秀、松美，拥有“全息太古时代地质地貌档案馆”之称；滦州古城，滦河岸边，展现出的是一部汉族、满族、蒙古族民族融合的史书，一幅北方古城的社会生活画卷。

中部唐山，生态文明、工业文化的发展令人叹为观止。在采煤沉降区上建成的南湖生态旅游景区，经历了由“深黑”到“翠绿盎然”的历史性巨变，精美的光影水舞秀，“一座能吃的博物馆”——唐山宴，以及唐山文化IP——时尚动感的皮影主题乐园、首部湖中岛上沉浸式实景体验剧《那年芳华》等20多个精品项目拥湖发展，开启了“南湖时代”。集工业遗迹保护、百年采煤史再现于一体的开滦国家矿山公园，井下探秘游记载着百年城市的工业文明，镌刻了中国近代工业的崛起和唐山的辉煌。

**参考文献**

[1] 王士立. 唐山百年纪事［M］. 北京：中国文史出版社，2002.
[2] 赵栋，以松. 唐山说古［M］. 北京：当代中国出版社，2000.
[3] 闫永增，吕宝富. 唐山历史文化研究［M］. 唐山历史学会内部资料，2016.
[4] 唐山市人民政府网 .

## 十一、第一城

### 【常规游览线路】

城前广场—护城河—金水桥—永定门—前门广场—仿圆明园景区—国际会议中心—鸡尾酒花园—国安新桥影视特效基地—正安宫—金色大厅—京都宅府区—永定门（步行游览约3小时）。

【讲解要点】

景区概述：位置、发展历史、荣誉。

主要景观景点：城前广场、护城河、金水桥、永定门、前门广场、圆明园复原区、京都宅府区。

（一）景区概述

1. 位置

第一城是由中信国安集团公司于1992年10月18日动工兴建，总占地面积为240万平方米，总投资近80亿元，是集会议展览、旅游观光、休闲度假、娱乐健身、美食购物、佛教文化、影视拍摄、教育培训、养老养生、创客空间等多种功能于一体的大型旅游综合体。

第一城地处京、津、冀交界的黄金地带，与京沈高速、京塘高速、京通快速路、103国道相接，距北京市中心52公里，距天津市中心70公里，距廊坊市中心35公里，交通极为便利。

2. 发展历史

中信国安第一城于1992年10月18日开始兴建，1998年4月28日开始对外试营业，经过多年的建设发展，中信国安第一城现已为国家4A级旅游景区、河北省国防教育基地、廊坊市爱国主义教育基地。

3. 荣誉

第一城一直以“弘扬民族文化，发展会展经济事业”为己任，依法建设、合法经营，荣获“国家4A级旅游景区”“中国2000年公园”“中国现代优秀民族建筑综合金奖”等荣誉，经过多年的建设发展，先后荣获爱国主义教育基地、中国少年先锋队红领巾艺术团活动基地、中国美术家协会艺术交流中心、河北最美30景之一、河北省国防教育基地、廊坊市爱国主义教育基地、中国少年先锋队红领巾艺术团活动基地等称号。

（二）主要景观和景点

中信国安第一城外仿明清时期北京都城的城垣风貌，内聚中华几千年民族建筑之精华，采用“缩地不缩景”的方式再现了明清北京都城“内九外七”的城垣格局。全城南北长835米，内城东西宽960米，外城东西宽1174米，城墙总长5公里。从外围轮廓上看，全城呈“凸”字形，城楼、城墙（外城墙高7.5米，内城城墙9.9米）等均按1∶1的比例复原了老北京的内城9座城楼：正阳门、崇文门、宣武门、朝阳门、阜成门、东直门、西直门、安定门、德胜门，以及外城7座城楼：永定门、左安门、右安门、广渠门、广安门、东便门、西便门，加上内外城四个角楼和永定门、正阳门两座箭楼，共计22座城楼，从而形成“北内南外，品字中开”的格局。

1. 城前广场

广场呈放射状，尤如一个巨大的扇面向游人展开，寓意第一城敞开大门广迎天下宾朋。同时为方便游客，广场上设有多个停车位，并有保安24小时看护。每逢重大节日，晚间广场上还会燃放大型焰火，火树银花，五光十色，对于久居城市的人们，可谓是难得一见的壮丽景象。

2. 护城河

护城河在古代是城池的一道重要防御系统，也用于在城楼“走水”（古时称“着火”为“走水”）时汲水救火。现在第一城的护城河已经失去了它在古时候战争年代的防御作用，而作为一道亮丽的风景线，如一条玉带般展现在大家眼前。

3. 金水桥

护城河上方架有七座石桥，其中永定门箭楼前的五路三孔拱桥称为金水桥。金水桥的桥身为大理石质，汉白玉栏杆。除中路桥栏杆为龙凤式柱头外，其余四座桥栏杆均为火焰式柱头。桥身和桥头抱鼓石光素，没有图案装饰。金水桥两侧各分列有一座平桥，也是大理石质，平桥的规制较低，没有设置栏杆。在古代，金水桥为帝后朝臣所走之桥，而两侧的这两座平桥则是专门为地位较低下的差役人员行走所建造的。第一城的金水桥下设有彩灯和电动喷泉，晚间形态各异的喷泉造型在五彩灯光的掩映之下分外好看。

4. 永定门箭楼

走过金水桥，呈现在大家眼前的便是高大的永定门的箭楼和城楼。

永定门箭楼门洞为拱券式，两扇厚重的木质大门上各钉铜钉八十一枚，横九竖九，错落有致，象征九重天子，皇家威严。大门前左右各蹲坐一座石狮。永定门箭楼前的石狮体形高大，用料讲究，雕工精细，且被安放在须弥座上，突出了皇城的威严，天子的气派。永定门箭楼为单檐歇山顶式建筑，布筒板瓦盖顶，绿琉璃瓦镶边。箭楼正脊有吞脊神兽，学名螭吻（音“吃稳”），又名嘲凤，为龙生九子之一，生性好望远，能飞檐走壁，古代多将其立于房屋正脊或垂脊之上，以期望它能担负起警卫的职责。戗脊之上立有神兽，形态各异，栩栩如生。

5. 永定门城楼

穿过箭楼的门洞，呈现在大家眼前的便是永定门高大的城楼。北京最早的永定门城楼始建于明嘉靖三十二年（1553年）闰三月，同年十月竣工。取名永定门，意思是希望大明王朝从此“天下一统，江山永定”。嘉靖四十三年（1564年）正月增建瓮城。大清乾隆三十二年（1767年）将城楼由原来的单檐歇山顶改建成三重檐歇山顶，两层阁楼建筑。1957年因北京城建原因被拆除。第一城于1996年3月按照永定门乾隆时期风貌重建，高27.1米，宽27.2米，进深12.8米，1997年3月竣工。

6. 永定门瓮城

永定门城楼与箭楼间被两段弧形城墙围成一块空地，这块空地即为瓮城。古代战争时期，当敌人跨过护城河，攻进箭楼，这时只要迅速关闭箭楼与城楼城门，就可以形成瓮中捉鳖之势，将敌人集中剿杀，瓮城因此得名。从永定门城楼拾级而上，登临城顶，外城美景便可尽收眼底。瓮城之上城钟高悬，钟鸣悠远，数里可闻。

7. 永定门

永定门是第一城的正门，规模宏大，巍峨壮丽，斗拱多层，且内外梁枋斗拱遍施殿式彩画。永定门城楼彩绘采用最高级的殿式彩画式样，足见其规制之高。

永定门城楼的大门，门钉数量、门洞、门前石狮规制均与箭楼相同，不同的是，在永定门城楼门洞前两侧各有一间小房。两房左右对称，规制一样，均为布瓦卷棚顶。这两间小屋在古代被叫作“班房”，是古时城楼门洞前守城兵丁临时休息之所，现在这两间小屋被用作进入第一城参观游览的进出检票口。这两间小屋规制虽低，可也有其独特之处。小屋砖雕精美，垂脊上的向日葵砖雕雕刻手法洗练，大巧若拙。梁枋上大面积施以苏式花鸟彩画，画面内容丰富，形神兼备。其他地方画上各种吉祥图案，有象征多子的石榴，象征多福多寿的仙桃等，寓意美好，表现出对幸福生活的无限憧憬。

8. 前门广场

走进永定门，第一城优美的身姿立时展现在眼前，现在我们身处前门广场，中轴线东西两侧的这两组建筑分别是东翼楼和西翼楼。前门广场主要以文化及演艺功能为主，每周末早晨9:00，游客都可以在这里欣赏到大型皇家开城仪式表演，清朝皇帝将率领皇家仪仗恭迎客人入城。

9. 五牌楼

穿过前门广场，迎面便是五牌楼。它是第一城模仿老北京前门高大的五牌楼修建的。牌楼，也叫牌坊，最早见于周朝，最初是用于旌表节孝的纪念物，比如以前我们常见的为表彰妇女贞节所立的贞节牌坊就属此类建筑。随着社会的发展，牌坊的作用也发生了变化，各式各样，各种功用的牌坊在公园、寺观、宫苑、陵墓和街道上广泛建造。北京是中国牌楼最多的城市，前门的五牌楼是老北京最高大、最雄伟的牌楼，有“四门三桥五牌楼”之说。第一城正安宫酒店主楼、箭楼和瓮城的四个入口，五牌楼北面的三座拱桥以及这座雄伟的牌楼就是老北京“四门三桥五牌楼”的传神再现。

五牌楼的六根朱红色明柱上端为汉白玉冲天柱，红白相间，十分醒目。冲天柱柱身用高浮雕手法遍雕瑞云图形，顶端用圆雕手法各雕一小狮滚绣球造像。牌楼上梁枋遍施和玺彩绘，龙凤图案沥黄金粉，颜色鲜亮，形象生动传神。雀替及其他部分施以旋子彩绘，图案以金、蓝、红三色的旋花图案为主。牌楼的阳面刻有“国泰民安”四个正楷镏金大字，背面刻有“罨秀”两个字。“罨秀”是可以捕捉、欣赏到美丽景色的意思，它告诉游人，走过这座牌楼，就要进入一个山清水秀的境界了。五牌楼前立石狮两座，体形比永定门城楼前石狮略小，但样式相同。

10. 仿圆明园景区

以中轴线为界，外城东部是仿圆明园景区、西部是京都宅府区。现在大家来到的就是仿圆明园景区了。北京的圆明园始建于康熙四十八年（1709年），后经雍正、乾隆时代不断增建、改造，成为一座举世无双的皇家园林，被誉为“万园之园”“无上之园”。1860年英法联军火烧圆明园，几代皇帝花费大量钱财苦心经营150余年的旷世杰作毁于一旦。第一城按1∶1比例仿建了著名的圆明园40景中的正大光明、平湖秋月、万方安和、上下天光、远瀛观、大水法六组景观。

（1）正大光明（明安宫）。正大光明（明安宫）由正大光明殿、东西配殿、东西耳房和出入贤良门组成。正殿名为正大光明殿，因其大殿内正上方悬挂大清世宗宪皇帝雍正手书“正大光明”四字金匾，故名。正大光明殿是圆明园的正殿，雍正、乾隆年间，皇帝亲政议事、举行重大活动、殿试等大都在这里举行，类似于紫禁城的太和殿，不同的是乾清宫和太和殿的规制比正大光明殿要高些，乾清宫的正大光明匾是世祖皇帝顺治御笔，而圆明园正大光明殿殿匾是世宗皇帝雍正手书。第一城仿建的正大光明殿，占地6800平方米，在这里您可以观赏到第一城特有的“百官朝拜”表演。《雍正王朝》《康熙微服私访记》《蓝色妖姬》《铁齿铜牙纪晓岚》《天下粮仓》等众多影视剧均在此拍摄过外景。

（2）平湖秋月（光明宫）。平湖秋月（光明宫）是乾隆皇帝下江南后仿照杭州西湖的平湖秋月而建，目前不对外开放。平湖秋月北面的这片湖叫作福海，水面上建有水榭、桥、亭。

（3）万方安和。与平湖秋月遥望相对的是万方安和。雍正五年（1727年），雍正皇帝御笔亲书“万方安和”匾，悬于圆明园正殿之上，寓意天下安和太平，时称“卐字殿”。乾隆皇帝将其改称为“万方安和”，象征着天下万方尽归大清王朝统治，各国皆俯首称臣，进贡朝拜，天下太平安和。北京圆明园中的“万方安和”是一座“卐”（万）字形的封闭式大型殿宇，第一城将其重建成为敞开式的“卐”字形游廊，在夏秋之际，广大游客可在此纳凉、休息、拍照，同时，这里也是夏季观赏满湖荷花的绝佳之地。

（4）上下天光。由临水而建的两层楼阁和曲桥上造型奇特的“奇赏”与“饮和”两亭组成的景观称上下天光，是当年乾隆帝取范仲淹《岳阳楼记》中的“上下天光，一碧万顷”之意而建的。

（5）远瀛观和大水法。在圆明园景区最东部有两组西洋景观，即远瀛观和大水法。

远瀛观占地面积2500平方米，相传是当年香妃的寝宫，它的建筑风格独具特色，屋脊上有鱼、鸟、宝瓶等花饰，屋顶则是中国传统的琉璃瓦，可以说是中西合璧的完美构造。成龙主演的电影《十二生肖》部分片段就曾在这里取景拍摄的。

远瀛观前建有一座牌坊，牌坊前是层层喷水的半圆形七级水盘及一个海棠式喷水池，池中有栩栩如生的“十犬逐鹿”喷泉，两侧还分别建有一个13级方形喷水塔。这些形状各异的喷泉即为“大水法”，夜间在各种彩灯的映照下显得格外瑰丽迷人。

11. 京都宅府区

“京都宅府区”主要体现老北京风貌，包括永安宫、大安宫、长安宫、和合茶坊、荷花池、四合院以及大安寺等建筑群。

（1）永安宫。永安宫是一座设计独特的三层建筑，它把老北京的四合院建在了二层楼顶上，包括楼顶的庭院和花园，故称空中四合院。这也是我国目前现存的唯一一座空中四合院结构的建筑。

（2）大安宫。大安宫为西区的代表性建筑，最高层数五层，以宋代的“水宫”为蓝本设计而成，整个建筑物被荷花池围合，整座建筑被荷花池簇拥包围，池中栽有斑桃、玄武红莲等20多种珍贵的荷花，到了夏天竞相绽放，荷香阵阵。

（3）长安宫（亲王府）。清朝时住宅的建筑规模、样式、布局都是严格按照封建礼制建筑的，等级差别十分明显，大体上可以分为亲王、郡王、贝勒、贝子、公侯、品官、百姓等级别，如果逾制建宅会被论罪。从清代王府的规制类型来看，大体可分为亲王府、郡王府和其他王府三类。

亲王府在清朝时期是仅次于皇宫的高级建筑。第一城仿建的亲王府在外观、规制上基本保持了清代王府的原貌，占地6300平方米，总建筑面积为3560平方米，三进三跨院落，由六个四合院式庭院、共18座建筑物组合而成，故又称“十八王府”。门前石狮为大理石制，院中散置叠石假山、曲廊亭榭、池塘花木，既有江南园林风格，又体现了北方造园艺术。

（4）和合茶坊。现在我们来到了和合茶坊。和合茶坊的名字取自《有典》，意为中日和合，是别具特色的水上庭院式建筑，也是我国北方目前现存的唯一一处纯水上四合院建筑形式。

（5）荷花池。“四面荷花三面柳，一城景色半城湖”，荷花使第一城更加赋有一种文化韵味，第一城的荷花也会给游人带来不同的享受。第一城现种植荷花、睡莲面积为30万平方米，于2003~2004年分别引种于南京艺莲苑、广东三水荷花大世界等国内知名的水生植物繁殖地，涉及品种90余种，分布在园区的各个区域。京都宅府区内种植的荷花、睡莲面积达到了15700平方米，其种植的品种有红台莲、千瓣莲、紫玉莲、友谊牡丹莲、大洒锦等20余种，是第一城内最大的单体荷花种植区。

（6）四合院。第一城的四合院别墅占地9594平方米，建筑面积7380平方米，邻水而建，共有 8 套，每套四合院建筑面积 800 多平方米，仿照老北京传统的四合院格局和形式设计建造，二进院落形式，由正房、东西厢房、倒座、主院和跨院组成。

（7）大安寺。大安寺距今已有 1300 多年的历史。据文史资料记载，唐太宗李世民东征行至今香河安平（当时还是荒野之地），大军转危为安。凯旋时，唐太宗即兴赐此地名为“安平”，并敕令用库银在安平建一座大安寺以记之。千百年来，大安寺香火不断，高僧辈出，为周边地区带来了深远的佛文化影响。到了清末民初，大安寺因建寺久远，主体建筑严重老化，于中华人民共和国成立前期殿倒屋塌。

1992 年，中信国安集团公司在香河安平投资兴建第一城，因大安寺旧址在第一城内，广大佛教信众纷纷请求恢复大安寺佛教活动场所。经政府同意，民族宗教局正式批准，由中国中信国安集团负责投资，大安寺于原址复建。重修后的大安寺保持了原有的风貌，大安寺建筑面积 16000 平方米，为一门十三殿的建筑格局，寺内各殿供奉造像共 133 尊，涵盖大乘、南传两大佛教宗派，整体建筑按照传统的寺庙结构建造并配用现代化设备，使其古色古香又别具现代气息，是古今建筑与寺庙文化的完美结合，更是博大精深的佛文化艺术之经典呈现。

金佛殿按照盛唐时期的佛教艺术风格设计建造，是国内寺院建筑中单体面积为最大、镏铜贴金量国内最多、贴金面积最大、供奉佛像形制最高的佛殿。

中国佛教协会会长一诚大和尚亲临大安寺视察指导，并为大安寺题词“圣地”。中国佛协常务副会长圣辉大和尚到大安寺视察、礼佛，并赠送“舍利”，现供奉在大安寺舍利宝塔内。经大安寺两序大众之礼请，由中国佛协副会长、四川省佛协会长、峨眉山方丈永寿大和尚住持本寺，故本寺与四川峨眉山属同宗，同为普贤菩萨道场，当代著名书法家、诗人爱新觉罗·毓嶦为本寺题字：“北方峨眉”。

第一城是一座将古典与现代、历史与文化、科学与艺术、休闲与康养完美结合的大型仿古建筑群，它将以更丰富的资源、更优异的设施和一如既往的周到服务迎接广大宾客。

**参考文献**

[1] 编写委员会. 模拟导游 [M]. 北京：中国旅游出版社，2014.

[2] 中信国安第一城内部讲解词.

[3] 中信国安第一城沙盘讲解词.

[4] http://www.dyc.bjdjc.com/index.asp

## 十二、廊坊概况

**【讲解要点】**

区位交通、行政区划与人口、自然环境、历史沿革、地方文化、风物特产、旅游资源。

廊坊文脉绵长，底蕴深厚，是京畿文化、运河文化、长城文化、宋辽文化的交会之地。这里森林覆盖率达到34%，绿化覆盖率达到46%，被誉为“国家园林城市”“国家森林城市”。

### （一）区位交通

廊坊古称“安墟”，地处河北省中部，位于北京、天津、雄安新区“黄金三角”的核心位置，是京津冀协同发展的核心区，三大历史性工程——北京城市副中心、大兴国际机场、雄安新区从北向南辐射全域。

廊坊境内7条铁路干线、8条高速公路和25条国省干道纵横交错。随着京雄城际、京唐城际、北京机场联络线、天津至大兴机场联络线的快速建设，“轨道上的京津冀”让外地游客来廊坊更加便捷，“快旅慢游”体系正在日益完善。

### （二）行政区划与人口

廊坊市下辖安次区、广阳区2个市辖区，三河市、霸州市2个县级市，香河县、永清县、固安县、文安县、大城县和大厂回族自治县6个县，总面积6429平方公里。2019年年末，常住人口492.05万。

### （三）地名由来

关于廊坊地名的由来，有两种说法，其一是：五代时，北宋丞相吕端为安次人，其父吕琦曾任后晋兵部侍郎，因其家乡宅第院大房高，远近闻名，被人们称为“侍郎房”，简称“郎房”；其二是：明朝初年，由山西洪洞县向此地移民形成村落，因村靠近“琅珐寺”而谐音得名“郎房”。尽管有两种说法，但从廊坊地名的演化分析来看，“琅玡寺”的说法似乎更能说得通。廊坊地名的由来经历了“郎坊”—“廊房”—“廊坊”的变化过程。地名的变化见证了廊坊从一个小村落到大集镇再到城市的发展历史，也更加深了我们对廊坊的认识。

**拓展材料**

“郎坊”是“琅玡”的最早谐音书写形式，当时人们使用谐音字追求音相同或相似，用字则以笔画少为宜；第二种谐音书写形式是“廊房”，“廊房”一词最早出现于《安次县志》，用“廊房”代替“郎坊”，便把廊坊的由来及含义表现得明明白白。《汉语大词典》中“广同庵”三个字中的庵就是寺院，因廊房村靠近琅玡寺而谐音得名。这样廊坊既有房屋的含义，又有寺院的内涵，翔实地反映了村名的由来。在1948年，毛泽东起草的《关于平津战役的作战方针》中用的也是“廊房”。廊坊是“琅玡”的第三种书写形式。因京山铁路在此设站，居民增多，经济发展，加之1948年成为安次县政府所在地，城区扩大，作为居住地名的“房”字与当时现状严重不符，因“房”字只有居住场所的含义，而当时街巷纵横，商业、店铺、手工业作坊到处可见，用“坊”字则更恰当。故此“坊”字取代了“房”。这就是廊坊从一个小村庄发展为大集镇，最后发展为城市的历史，地名书写形式的变化见证了廊坊历史的发展进程。

**（四）历史沿革**

廊坊历史悠久。据史书记载，早在6000多年前就有人类在此聚居，廊坊人的祖先在这片土地上繁衍生息，聚居耕种，创造和延续着人类的文明。4000多年前“黄帝制天下以立万国，始经安墟”，“安墟”即现在安次区常道村附近。《廊坊市志》载：“现境域夏商处冀州之地，战国秦汉于蓟燕之野，晋唐属幽州之域，元明清为京畿要冲。”即现境域在廊坊在春秋、战国时为燕国封疆，秦时属渔阳郡、广阳郡、巨鹿郡，汉、三国时为幽州，唐时属幽州、蓟州、瀛州，宋、辽时属河北东路、南京道，元时属中书省，明时属顺天府，清时属直隶。

近代廊坊发展经历了三个重要阶段。第一次是1898年京山铁路在廊坊设站，拉开了近代廊坊发展的开端，加之1900年义和团取得“廊坊大捷”，更使廊坊蜚声国内；第二次是1951年，安次县设廊坊镇，原安次县城被永定河洪水淹没，县治迁往廊坊镇（今廊坊市区），廊坊成为县级行政中心；第三次是1973年，天津地区行政公署由天津迁廊坊镇（后公署迁天津市），廊坊成为地级行政中心。至此，廊坊由一个不知名的小村落逐步发展为城市。1989年，经国务院批准廊坊正式成为省辖地级市。

**（五）地方人文**

1. 历史人文

廊坊民风淳朴、物华天宝、地灵人杰。历史上发生过许多重大的历史事件和杰出人物，黄帝逐鹿鏖兵经过廊坊；辽国界分廊坊于南北；杨家将守三关演绎英雄悲歌；明朝中叶，刘六、刘七揭竿起义，席卷半个中国，令明京都三次戒严；清朝末年，廊坊义和团打响了中国人民反“八国联军”的第一仗，义和团团民用大刀长矛等冷兵器和血肉之躯，成功地扼制了侵略军进军北京的意图，取得了标志义和团运动高潮的廊坊大捷。

2. 历史名人

廊坊名人辈出，涌现出西晋文学家张华，唐代大诗人王之焕，被誉为“大事不糊涂”的宋朝宰相吕端，西晋大文学家、政治家张华，元朝开国功臣史天泽，民国北洋政府国务总理张绍曾，写下《我的“自白书”》、“高唱葬歌埋葬蒋家王朝”的现代革命烈士陈然，长征老将军孙毅，体育界老领导荣高堂，闻名中外的八卦掌创始人董海川，著名的京韵大鼓“白派”创始人白云鹏等一大批优秀代表人物，在中华民族的文化发展史上留下了浓重的一笔。

3. 地方文艺

在音乐领域独树一帜的屈家营古音乐，乐风古朴，音乐以其严格的教习制度，保持了古乐的纯净，被誉为中国民间音乐的瑰宝；因创作演出《嫁不出去的姑娘》《水墙》等驰名全国的大厂县评剧团先后荣获“全国精神文明建设五个一工程奖”“中国曹禺戏剧文学奖”等多项国内大奖，在当代中国文艺舞台熠熠生辉。京东大鼓主要在河北三河及天津等京东地区发源并广泛流传。在清朝乾隆年间，京东大鼓便出现了，可以说它记录了中国的历史变迁。

**（六）旅游资源**

廊坊文脉绵长，底蕴深厚，是京畿文化、运河文化、长城文化、宋辽文化的交会之地。这里拥有着京杭大运河、燕南古长城等世界文化遗产；有闻名遐迩的胜芳古镇、宋辽古战道等人文古迹；还有景泰蓝、固安柳编等22项国家级非物质文化遗产，广阳百宝嵌、永清核雕等99项省级非物质文化遗产。

截至2020年6月，廊坊共有A级景区45家，其中4A级景区5家，3A级景区21家,2A级景区19家。在全域旅游背景下，廊坊整合各类旅游资源，以文化为魂、生态为本、旅游为体进行京津冀休闲目的地建设，形成了廊坊旅游的“三张名片”，构建了三大特色主题旅游区，并形成了别具特色的四条旅游精品线路。

1. 三张名片

（1）“生态旅游”名片——绿色之城。“让每个城市细胞都渗透绿意”是廊坊的核心理念，这里森林覆盖率达到34%，绿化覆盖率达到46%，被誉为“国家园林城市”与“国家森林城市”。我们始终把绿色作为底色，全力打造“京津乐道，绿色廊坊”，积极构建“一核、三带、四廊、八坊”全域旅游格局，着力建设运河风情体验区、永定河田园观光区、洼淀生活休闲区“三大特色主题旅游区”，重点推出国际康乐旅游港、鲁能生态园、千亩樱花海、万亩荷塘等一批生态旅游项目，形成了“城在林中、路在树中、人在园中、三季有花、四季常青”和“百园千村、万亩秀林”的绿化主框架，为廊坊文旅产业的发展注入盎然生机。

（2）“文化体验”名片——“非遗”之城。这里拥有京杭大运河、燕南古长城等世界文化遗产；闻名遐迩的胜芳古镇、宋辽古战道等人文古迹；还有景泰蓝、固安柳编等22项国家级非物质文化遗产，广阳百宝嵌、永清核雕等99项省级非物质文化遗产。廊坊文脉绵长，底蕴深厚，是京畿文化、运河文化、长城文化、宋辽文化的交会之地。近年来，这里坚持文化为魂、生态为本、旅游为体，把文化融入具体项目，培育了第什里风筝小镇、红木文化小镇、屈家营古乐小镇、“只有红楼梦”戏剧幻城等一批特色鲜明、功能集成的“非遗小镇”。第一城皇家庙会、葛渔城重阁会、安头屯中幡会让游客体会到不一样的民俗，香河肉饼、苏桥熏鱼、大城驴肉、三河豆腐丝等“非遗”美食，更会让游客垂涎欲滴、流连忘返。

（3）“快旅慢游”名片——潜力之城。廊坊境内 7 条铁路干线、8 条高速公路和 25 条国省干道纵横交错，1 小时车程内，坐拥首都机场、北京大兴机场、天津滨海机场三个国际机场和北方最大的海港——天津港。随着京雄城际、京唐城际、北京机场联络线、天津至大兴机场联络线的快速建设，“轨道上的京津冀”让外地游客来廊坊更加便捷，“快旅慢游”体系正在日益完善。

2. 三大特色主题旅游区

以大运河、永定河、白洋淀三大历史人文水系为根基，廊坊形成了“廊坊运河风情体验区、廊坊永定河田园观光区、廊坊洼淀生活休闲区”三大特色主题旅游区。

（1）畅享运河美景、品味京东风情——廊坊运河风情体验区。位于有“京畿明珠和首都东大门”之称的三河、大厂、香河北三县，世界文化遗产大运河以及京东第一河潮白河贯穿其中，是名副其实的京东黄金休闲旅游带。在这里，运河文化、京畿文化、民俗文化底蕴深厚，风情独特。尽显皇家风范的中信国安第一城，现代科幻、美轮美奂的梦东方·未来世界航天主题乐园，明星汇聚、创意无限的大厂影视小镇，还有大厂回族伊乡的神秘深邃，明福山庄的清幽雅致，万亩荷塘的绿色休闲，香河肉饼的美滋美味，京东大鼓的古韵风情，都让游客流连忘返，乐享其中。

（2）穿行田园绿野、游历永定风光——永定河田园观光区。毗邻北京新机场临空经济区，廊坊的母亲河——永定河横贯全域，沿岸土地丰腴、生态卓越、风景独好，是廊坊重要的乡村休闲旅游集聚区。林栖谷、金丰农科园等 20 余座风情各异的生态庄园让游客尽享田园情怀与乡间采摘的乐趣；矿物温泉、骑行体验、康养乐园又给游客提供了众多休闲选择；固安柳编、永清扎刻、宫廷风筝等绚丽多彩的非物质文化遗产，传递着廊坊独特的地域情怀与别样的文化风情，让人们远离城市喧闹，体验不一样的田园乡村风情。

（3）领略洼淀古韵、尽享闲趣温情——洼淀生活休闲区。地处白洋淀东淀，紧邻雄安新区，在发展中逐步形成了洼淀休闲、红木文化、温泉养生、特色美食等一批具有代表性的文化旅游品牌。胜芳古镇、文安古城墙、益津书院、地下古战道可以让游人感受古韵，领略灿烂悠久的历史文明；这里的董海川八卦掌、李少春大剧院又可让游人享受到中华文化的无限魅力；有“神仙水，美人汤”美誉的玫瑰庄园温泉让人们洗尽旅途的疲惫，享受不一样的舒适之旅。美味的文安一锅鲜、闻名遐迩的胜芳皮蛋、独特的大城驴肉，是跳动在舌尖上的感动，中国北方最大的大城红木城，更是悦动于心的温情。

3. 四条精品旅游线路

（1）“畅享航空未来——运河风情之旅”，推荐游览潮白河湿地公园、香河第一城、梦东方·未来世界、大厂影视小镇，领略运河秀美风光，感受皇家园林建筑气魄，体验航空发展魅力。

（2）“拥抱绿色之城——现代文化之旅”，重点游览九天生态休闲谷、自然公园、丝绸之路国际文化交流中心、金丰农科园，感受喧嚣城市里的天然氧吧、现代文明中的艺术文化以及自然与文明的完美融合。

（3）“传承文化瑰宝——品味历史之旅”，可以沿着华夏民间收藏馆、李少春纪念馆、胜芳古镇、盛世福地现代农业园、海之兰大型水上乐园、中国红木城这条线，感受中国传统文化独特魅力，了解民间戏剧，寻访探秘悠久历史古镇。

（4）“体验民俗风尚——健康养生之旅”汇聚了第什里风筝小镇、燕南春酒文化博览园、林栖谷森林度假村、自行车运动公园、枫林庄园、新绎来康郡温泉等精品景点，让游客追溯风筝起源历史，体验燕南春白酒酿造工艺，感受林栖谷天然氧吧。

**（七）特色美食及风物特产**

1. 特色美食

廊坊作为京津走廊上的明珠，美食亦是数不胜数，分散于各县市区。

特色美食是一个城市的印记和回味，享誉百年。有“古镇香风”之美称的宁记香肠之于永清；以猪大肠为主料，再加入猪心、猪肺、猪肚等猪下水料加上各种调味料慢火煮制成的炖吊子之于固安；始于清朝末年，被称为“地上珍品”、大城饮食“三宝”之一的大成驴肉之于大成，都是饮食的历史与回味。

走进三河，豆腐丝和小熏鸡是不得不提的美食。三河优质的水质和黄豆成全了三河豆腐丝的美味。创始于清朝末年的三河小熏鸡，由老汤加入糖熏制而成，金黄泛红、颜色鲜亮，吃上一口，肉质嫩滑、清香爽口，在旧时，每到年节，买上一只小熏鸡带回家是一种风俗习惯。

来到香河，不得不吃的美食必是香河肉饼。彼时的明朝初年，回族人在香河开设了一家名为“哈家店”的小饭馆，售卖牛肉馅饼。面薄肉多、美味无比的香河肉饼在当时已成为香河的招牌美食。

鱼类资源丰富的文安，借鉴东北菜的形式，发明文安一锅鲜，成为廊坊代表菜；廊坊熏肉搭配大城薛家窝头，再加一碗酸酸的霸州素冒汤，有肉有汤，美味加倍。

2. 风物特产

除特色美食外，廊坊还有众多具有代表性的风物特产。

有与景泰蓝、玉雕、牙雕、雕漆、金漆镶嵌、宫毯、京绣同属“燕京八绝”的大厂花丝镶嵌；有获得中国国家地理标志产品的大厂肥牛；有具有绵、甜、尽、爽、香特色的燕潮酩酒；有传统手工艺品固安柳编；有以“金瓜玉脐”闻名于世，历史上与阳澄湖大闸蟹、大泽花津蟹齐名，并获得全国农产品地理标志的霸州胜芳蟹；有享有“收了文安洼，粮食盛不下”美誉、被誉为“红珍珠”的文安红小豆；还有具有600年种植历史的大城金丝小枣。

**参考文献**

[1] 廊坊市崛起“京津走廊”绽放绚丽光彩[J]. 共产党员，2019.

## 十三、野三坡

**【常规游览线路】**

线路一：野三坡风景区—鱼谷洞—拒马河漂流—百里峡艺术小镇—百里峡。

线路二：野三坡风景区—百里峡—白草畔—百里峡—鱼谷洞—拒马河漂流—龙门天关。

**【讲解要点】**

1. 景区概述：位置、名称由来、资源价值、特色。

2. 主要景观和景点：百里峡、嶂谷地貌、鱼谷洞等。

**（一）景区概述**

野三坡以“雄、险、奇、幽”闻名遐迩，在方圆700平方公里的土地上，分布着百里峡、拒马河、鱼谷洞、龙门天关、白草畔及金华山6大景区，共200多个自然景点，以其独特的景致被誉为“太行龙头”“世外桃源”和北京的“后花园”。2016年，首届河北省旅游产业发展大会召开前夕，野三坡打造了百里峡艺术小镇、月亮湾康养小镇、四季童话小镇等一批新业态特色小镇。

1. 位置

野三坡风景区位于河北省保定市涞水县西北部，距首都北京100公里，被誉为“京都后花园”。它地处中国北方两大山脉太行山脉和燕山山脉的交会处，巍巍太行山从这里千里南下，峥峥燕山从这里一路东行。

2. 名称由来

三坡之名是由地势变化、气候不同而产生的。这里的地势由南向北逐渐增高，分为上、中、下三坡，上坡和下坡的气候相差半月有余，因此得名“三坡”。三坡前面为什么加这个“野”字呢？有三种说法：

（1）据《涿州志》记载：明朝初期，燕王朱棣兴师扫北，到达三坡境界，见到一只松鼠用手捧食松果，好像在向他拱手施礼，便说：“兽且归顺，况人民乎？”于是颁诏免除了三坡的丁粮。从此“松鼠讨封”的故事在三坡民间广为流传。三坡地区就这样被燕王“掖”下了，“野”字就是取了“掖”的谐音。

（2）《涿州志》记载：“初涿县政令不行于三坡。”自元代至民国初期，野三坡从未设置官署，朝廷政令也不施于此地，三坡的一切事务均由德高望重的“老人官”统理。一次，康熙皇帝去五台山途经三坡地区，受到三坡人民的阻挠。康熙皇帝愤怒地说：“穷山恶水，野夫刁民。”因此给三坡人民强加了一个“野”字。

（3）1984年，时任涞水县文化局副局长王宝义抓住机遇，以三坡丰富的旅游资源为根基，在三坡营造了登野山、观野景、玩野趣、宿野舍、食野味等突出“野”字乐趣的旅游景区，因此得名“野三坡”。

3. 资源价值

野三坡是华北地质历史的缩影，是华北板内造山带的典型代表。侵入岩、火山岩、沉积岩、变质岩、异常发育的构造节理、断层、褶皱等，形成了千姿百态的地貌遗迹。它浓缩了华北30亿年来地质构造的演化史，可以说，这里既是一部生动的地质教科书，又是一座天然的地质博物馆，是专家学者研究全球构造和板内造山带的最佳区域，也是学生科普教育的生动课堂。

其现已荣膺世界地质公园、国家5A级旅游景区、国家地质公园、国家森林公园、国家级风景名胜区、“美丽中国”十佳旅游景区等多项桂冠，是环首都地区最富特色、最具人气的旅游胜地。

4. 特色

野三坡境内山水泉洞、林木花草、鸟兽虫鱼、文物名胜无所不包，无所不奇。这里有鬼斧神工的峡谷奇观，风光旖旎的拒马河风光，神秘莫测的鱼谷洞怪泉，森林繁茂的百草畔，谜底难解的金华山放光，寻根拜祖的三皇山等自然风光。还有巍峨的长城、苍劲的摩崖石刻、古老的栈道、庙宇、保存完好的平西抗日烈士陵园及兴建的少数民族村寨等人文景观。这里的旅游资源独具风采，总的特点就是突出一个“野”字。

**（二）主要景观和景点**

1. 百里峡

百里峡被誉为“天下第一峡”，位于野三坡的东南部，是野三坡最具代表性的核心景区，也是国家5A级旅游景区。百里峡是地球上十分罕见的嶂谷地貌，景区总面积110平方公里，由三条迂回曲折的峡谷组成。最外边的一条，叫作“蝎子沟”，因沟中遍生蝎子草而得名，全长12.5公里。中间的一条叫作“海棠峪”，因谷内遍布海棠花而得名，全长17.5公里。第三条峡谷被称作“十悬峡”，因沟内分布着数十处弧形的悬崖而得名，全长22.5公里。三条峡谷的总长为52.5公里，即100华里，“百里峡”由此得名。

百里峡的入口，是一座抬梁式和穿斗式的仿汉城堡建筑，这是1992年为了拍摄电视连续剧《三国演义》所建的一处外景拍摄基地。

由于峡谷幽深，日照时间短，所以，即使是在40℃的高温天气，山谷内依旧保持着20℃左右的气温，绝对是功率最大的“天然空调”，是消夏避暑的好地方。

沿着幽深的嶂谷一路前行，曲折的峡谷变化多端，路边的小溪时隐时现，一道道瀑布赏心悦目，潺潺水声悦耳动听。在流水的音乐里，可以暂且放下工作的劳累和生活烦恼，放松心情。你听，天上的鸟儿声声鸣叫，你看，水中的鱼儿尾尾相随。真可谓：来到野三坡，重返大自然。山中方半日，又得返少年。

崖壁上的植物是野三坡特有的“独根草”，生命力非常顽强，它生长在沟谷路边，林木丛中，悬崖峭壁上，独茎、独叶、独根，先开花后长叶，像一把绿色的小伞非常有力地延伸出来。在百里峡还生长着一种植物，叫作“耳羽岩蕨”，当地百姓叫它“蜈蚣草”或“羊齿兰”，它不仅可以消毒杀菌，还可以释放大量负氧离子，促进血液循环、新陈代谢。所以说，进一次百里峡，相当于洗了一次肺，旅程结束后，旅游者就会有一份意外的健康收获。

（1）嶂谷。所谓“嶂谷”，是指谷壁直起直落、上下等宽的幽深大峡谷。在百里峡内，有70%以上的峡段都属于这种形式。嶂谷地貌在我们今天的地球上是很罕见的一种景观，像百里峡这样保存完好且规模宏大的嶂谷，是珍贵的地球地质遗产。

百里峡冲蚀嶂谷迂回曲折，其总方向呈南北“之”字形，给人以幽险、奇深的感觉。如此宏大的嶂谷是怎样形成的呢？这要先从组成野三坡嶂谷的岩石说起。在12亿年前，这里还是一片汪洋大海，沉积了大面积的白云岩。在漫长的岁月中，这些岩石尽经沧桑，不断地受到地壳运动的挤压和破坏，发育形成了十分宏大的节理，也就是岩石中的裂隙。在240万年～1万年前的这段时间里，受到寒冻风化、坍塌、洪水冲蚀，导致节理缝隙越来越宽，最终形成了我们眼前的冲蚀嶂谷奇观。简单来说，嶂谷的形成就是一个三部曲：第一阶段，山体沿着巨大的裂隙张开；第二阶段，裂隙两侧的岩石再沿着垂直的缝隙崩塌垮落；第三阶段，大洪水打扫战场，把垮落的岩石碎块送走。经过这样三个阶段，狭窄曲折、直上直下的嶂谷就形成了。

（2）海棠峪。百里峡的精华所在，就是海棠峪。这条峡谷里分布着奇险的“老虎嘴”、狭窄的“一线天”和惟妙惟肖的“回首观音”等精华景点。海棠峪全长17.5公里，因为峡谷中开满野生海棠而得名。每年7～8月，海棠盛开，整条峡谷缤纷多彩。这里的海棠有一个美丽名字——中华秋海棠。

前面这座美丽姑娘的雕像，就是海棠姑娘。在野三坡还流传着一个动人的传说。在很久以前，山里住着父女俩，父亲叫马三河，女儿叫马海棠。有一天，父女二人上山砍柴的时候遇到了老虎，海棠为了救父亲与猛虎拼死搏斗，等到乡亲们赶来打跑猛虎时，海棠姑娘已经伤重身亡了。乡亲们把海棠抬下山，沿路洒满了海棠的滴滴鲜血。第二年的仲夏时节，峡谷里洒过鲜血的地方竟然长满了粉红色的小花，就是我们今天看到的海棠花。这虽然只是一个凄美的传说，但是从故事中，我们可以感受到中华民族的传统美德，勇敢和孝义。

①老虎嘴。老虎嘴是海棠峪的第一大绝景，这里是百里峡最凉快的地方，最高气温只有17℃。如此神奇的“老虎嘴”是怎样形成的呢？这是由于70万年以来，新构造运动多次抬升，以及间歇性的洪水涡流多次侧向侵蚀形成的。当嶂谷抬升较快时，流水沿构造裂隙迅速下切，形成悬壁陡坎；当嶂谷相对稳定时，流水向侧向侵蚀，尤其是涡流淘蚀作用使岩壁上侵蚀形成侧向凹坑；当流水下切和稳定期流水侧向侵蚀交错进行，就会使岩壁两侧犬牙交错。以上情况说明，新构造运动阶段，抬升速度不同，形成的地貌形态也不同。

抗日战争时期，老虎嘴这里曾经隐藏过当地老乡及坐落在刘家河、松树口村平西兵工厂的机械设施。当时的老虎嘴没有路，是断壁，只能沿小道从山梁上翻过去。虎泉的水常年不竭，在反“扫荡”时期，保证了军民的日常生活用水。

②一线天。一线天是百里峡最窄的地方。悬崖峭壁、雄险惊心、窄涧幽谷、天光一线，真有“双崖依天立，万仞从地劈”的意境。一线天最窄处只有0.83米，这么狭窄的嶂谷是怎样形成的呢？这是由于岩层发育了宏大的垂直的构造裂隙，经物理风化作用，岩层沿节理垮塌，间歇性洪水冲刷谷底及侵蚀两壁，使垂直地面的裂隙不断扩张，形成十分狭窄的嶂谷，故称“一线天”。

③回首观音。走到峡谷深处，回头看，会发现崖壁的侧面有一尊观音石雕，栩栩如生，形象逼真，这完全是大自然的杰作。这是岩层中发育了多组垂直宏大的裂隙，先形成岩柱，又经长期风化作用才形成的。为什么称它

“回首观音”呢？因为游人走在山谷间，不知它的存在，到了最佳位置，蓦然回首，即见峡谷上方一尊观音打坐，故称“回首观音”。

（3）天生桥。天生桥，是大自然鬼斧神工的又一佳作。桥墩是由6500万年前生成的岩浆岩筑成，桥梁是12亿年前生成的沉积岩构成的，桥宽2米、长10米、厚1.5米，桥孔高7米。天生桥是怎样形成的呢？这是由于燧石条带白云岩中产生多组方向裂隙。距今大约70万年，地壳抬升，经物理风化，沿节理面岩石层层剥落，又经流水冲刷侵蚀而形成了天生桥。

（4）环保栈道。百里峡最具特色的两条峡谷海棠峪和十悬峡，由一条环保栈道相连。沿着环保栈道到达山顶，就可以顺着十悬峡的游览线路踏上返程，不走回头路。环保栈道全长1200米，上下台阶3000级，高270米。栈道上记载了公元前841年至2001年共计2842年的历史事件。攀登栈道，不仅能健身、锻炼意志，还能增长知识。游客也可以选择搭乘观光缆车到达山顶。

（5）十悬峡。十悬峡全长22.5公里，是百里峡三条嶂谷中最长的一条，因峡谷中有十几处造型各异的悬崖而得名。谷中悬崖峭壁、怪石嶙峋、千姿百态、险峻壮观。这条峡谷的游览路程约1.5公里，从山顶沿路走下来，看到高耸入云的“擎天柱”、走过神奇的“不见天”、穿过灵芝山“水帘洞”，到达“抻牛湖”瀑布，就走出了十悬峡，十悬峡的出口也是海棠峪的入口。

2. 鱼谷洞

鱼谷洞景区由“鱼谷洞”和“鱼谷泉”两部分组成，自然天成，十分神奇。洞口以南的鱼谷泉，每逢农历谷雨时节大量向外喷鱼，堪称“世界奇观”，“鱼谷洞”与“鱼谷泉”因此而得名。鱼谷洞深约1800米，是出现在古生代石灰岩中的裂隙式溶洞。由于裂隙常出现分叉状，故使溶洞出现洞连洞、洞生洞、洞中有洞的神奇迷宫状溶洞群。更有趣的是，由于部分水溶蚀了大量钙质，使其成为饱和含钙水。这些水又纷纷将钙质沉淀或重结晶，生成多种钟乳石质的石笋、石柱、石龙、石帘、石瀑布等美景。鱼谷洞共分五层，洞内常温13℃。走在地面上的山水间，感受到的是大自然的美丽；走在地下溶洞里，感受到的是大自然的神秘。

（1）泥质条带灰岩。在鱼谷洞的第一层，主要观赏的岩石是泥质条带灰岩。泥质条带灰岩形成于大海，是介于碳酸盐岩与泥质岩之间的过渡类型沉积岩。从海岸线到水深200米的范围内称为“滨浅海地带”，地球上所有的大海里形成的沉积岩，都是在这个范围内形成的。从岸边向“滨浅海地带”沉积物的顺序是：砾岩、粗砂岩、中砂岩、细砂岩、粉砂岩、泥岩（或页岩）和碳酸盐岩。碳酸盐岩主要包括两种岩石，即石灰岩和白云岩。石灰岩的主要化学成分是碳酸钙，白云岩的主要化学成分是碳酸镁。河流从陆地带来的泥沙，进入大海之后，就沉积在大海的岸边，形成河口三角洲和水下沙坝。带来的钾离子、钙离子，溶解在海水里，让海水又苦又咸。而带来的钙离子、镁离子，就在水深200米左右的地方，与海水中的碳酸根离子结合，形成了石灰岩、白云岩这些碳酸盐岩的沉积。泥质条带灰岩形成的位置在碳酸盐岩沉积与泥质岩沉积之间摆动，也就是说，海水的深度稍微深一点儿，形成的就是碳酸盐岩；稍微浅一点儿，形成的就是泥质岩。它一会儿深，一会儿浅，在一个很小的范围内上下浮动，而且这些浮动的相隔时间几乎是相等的。经地质专家考证，这些岩石形成在4.9亿年以前的古生代寒武纪晚期。

（2）岩溶地貌。野三坡一带分布着大量的白云岩和石灰岩，岩溶作用和岩溶地貌随处可见，鱼谷洞就是最典型的一个。什么是岩溶地貌呢？我们知道：水里放盐，是盐水；水里放糖，是糖水；而水里放岩石，在一定条件下，岩石也会溶解。在一些特殊的情况下，只要有二氧化碳参与，地表水、地下水就变成碳酸溶液，这时，被浸泡或冲刷的白云岩、石灰岩等，就能被溶解，被搬运；当二氧化碳溢出的时候，又能重新沉积。以石灰石为例，组成石灰石的矿物是方解石，方解石的化学成分是碳酸钙。一般情况下，碳酸钙是不溶于水的。可是，一旦有二氧化碳参与，碳酸钙就能溶解于水。二氧化碳是个小精灵，水要是有了它，就能把凝固的碳酸钙变成可以溶解于水的酸式碳酸钙，也就是碳酸氢钙。碳酸氢钙的水溶液能够到处游走不停，可是，一旦二氧化碳这个小精灵飞走了，碳酸氢钙就又要失去水分，重新凝固，变回固态的碳酸钙。岩石的溶解、搬运、重新沉积的过程，就叫作岩溶作用，在这个过程中形成的一些特殊的地貌景观，例如桂林山水、云南石林、溶洞以及溶洞里的钟乳石、石笋等，称为岩溶地貌景观。

（3）观音厅。观音厅是溶洞第二层的第一厅，在洞顶的半边洞穴中，有一尊观音像站在莲花宝座之上。事实上，这尊观音就是由岩溶作用形成的一个石笋。石笋是由洞顶滴下的富含钙质成分的溶液，脱水之后，溶液中的二氧化碳也随之逸出，只把固体的碳酸钙留在这里。一滴溶液大概只能留下很小很小的一片碳酸钙的薄膜，这一尊不大的观音像也需要几万年的积累，这可能就是大自然的造化。她脚下还有一个莲花宝座，是流水沉积形成的壁流石，与体态端庄的观音浑然一体，真是鬼斧神工。

（4）龙王厅。眼前这位形似老人的石锥，被称作是龙王的化身，也是因为岩溶沉积作用形成的。它高 2 米，直径 0.8 米，被尊为方圆百里一方土地的保护神，千百年来，受到野三坡百姓的祭拜。

（5）新开发区。鱼谷洞 1985 年对外开放，当时的鱼谷洞总延伸只有 600 米。2005 年深度开发，才发现里边别有洞天，经过艰苦的清挖整理，今天的溶洞延伸达到 1800 米。过桥后，呈现在大家面前的景观是宝塔迎宾，它以石钟乳、石笋、石柱三种滴水沉积物组成。悬挂在洞顶，向下生长，并向下滴水的叫作石钟乳，在石钟乳下面，接受滴水沉积的碳酸钙，向上生长的叫作石笋，石钟乳和石笋相连成为石柱，一排石柱连在一起成为石幕或石帷。这些形似塔状的沉积物是鱼谷洞的代表性景观，游客手中的门票图案就是这个景观。

（6）地下河遗迹。地下河遗留下来的一池碧水，平展如镜，以静为美，在灯光的照射下倒映出洞顶的地层纹理，轻柔舒展，勾勒出一幅美丽的画卷。

面前岩壁是地下河留下的冲蚀遗迹，由于地壳运动，岩石挤压破碎，形成多组节理和断层，地表水沿着裂缝流入，石灰岩层受到长时间的溶蚀和冲蚀，形成许多大小洞穴，并相互连通，联接成鱼谷洞里的地下暗河，构成这里洞中有洞、洞洞相连的特色。大约 7 万年前，本地区抬升，河水与洞口脱离，但仍有雨水等从裂缝中渗入、滴下，形成了洞中丰富的钟乳石、石笋等景观。

（7）鳄鱼出世。该景观位于第三层，这是冲蚀形成的两侧巨齿，看上去像两个鳄鱼要展开生死搏斗一样，取名“鳄鱼出世”，从这里，我们可以想象当时大水冲蚀岩壁的神奇功力。

（8）天锅。这些洞壁旋涡，在地质学上被称为“天锅”。天锅主要是因水的旋涡长期在洞顶旋转将岩石掏空而成的。这处景观的奇特之处就在于水旋涡在洞顶同时形成了五个天锅，这五个天锅中，又各有若干个小天锅，五个天锅一字排开，又同时处在一个大的天锅之中。真可谓“大锅套小锅，小锅套锅仔”，这样的奇观被称为“世界之最”，名副其实。

（9）石瀑厅。石瀑厅位于溶洞的第四层，这里生长的石柱、石瀑布为洞中之最。石柱高约 3 米，直径 0.6 米，它由洞顶石钟乳与洞底石笋对接而成，高耸挺拔，是洞中最大的石柱。洞壁的石瀑布，气势磅礴、汹涌澎湃、黄白交织，非常壮观。

（10）编钟石。这组石钟乳大小、长短、粗细不一，用木槌敲打，可发出美妙的声响，就像古代的编钟。编钟是中国古老的传统打击乐器，由青铜铸成，它由不同的钟依照大小排列，并悬挂在一个巨大的钟架上。编钟常与编磬组合使用，“金石之声”中的“金”就是指编钟，“石”则是指编磬。编钟无愧为我国古代众乐之首，充分显示了我们祖先伟大的创造力。最古老的编钟至今已有 3500 年。自然界是人类永远的老师，也许正是鱼谷洞里的编钟石，给了音乐家以灵感，才让他们制作出雄浑凝重的青铜编钟吧！

（11）石晶花。第五层洞壁有一颗水滴晶莹、闪闪发光的石晶花，是鱼谷洞的珍品。它是在静风环境下由雾滴水产生碳酸钙结晶而形成的。在其他洞穴较为罕见，鱼谷洞内也是仅此一枝，因此称它为“一枝独秀”。

（12）双彩石笋和直立石盾。接下来是更为精彩的一组景观。首先看到的是双彩石笋，在洞顶上方由渗透水形成平行小石盾下生长出三根石钟乳，前两根含泥质较多先生长，当停止生长后水沿石盾下移，随之泥土减少形成第三根半透明的石钟乳。三根石钟乳向下滴水形成的石笋呈半边透明，半边不透明，因此称为“双彩石笋”。

双彩石笋的后面是直立石盾。由于下端连接进土层，泥土长时间缩水，石盾随之下移就产生了直立石盾，实属罕见。

（13）鱼谷泉。鱼谷泉水甘洌清凉、长年涌流不息。水中富含有益于人体健康的多种矿物质微量元素，是难得的天然矿泉水。洞中之鱼长期生活在这天然泉水中，本身就富含钙质等多种矿物元素，更是珍宝。

鱼谷泉是一个间歇泉。令人称奇的是，受季节影响，每年到谷雨节气前后，泉洞中的泉水会不断外溢，并神奇地向外喷鱼，这其中的缘由也成为千古之谜。因此，该泉被列为世界“八大怪泉”之一，成为世界奇观。

参考文献
[1] 保定市旅游局. 保定旅游十座城 [M]. 北京：新华出版社，2016.
[2] 武眉凌，马吉照. 李卓曦. 皇城根边景如虹 [M]. 北京：新华出版社，2018.
[3] 保定市人民政府官方门户网站. http://www.bd.gov.cn/
[4] 保定市文化广电和旅游局官网. http://whgdhlyj.baoding.gov.cn/

## 十四、保定概况

**【讲解要点】**

区位交通、行政区划与人口、历史沿革、地方文化、风物特产、旅游资源。

### （一）区位交通

保定位于河北省中部，太行山北部东麓，冀中平原西部，北邻北京市和张家口市，东接廊坊市和沧州市，南与石家庄市和衡水市相连，西部与山西省接壤。保定区位优势得天独厚，市区距离北京、天津和省会石家庄均在 140 公里左右，雄安新区就在保定市域内。保定自古为“北控三关，南达九省、地连四部、雄冠中州”的通衢之地，素有“京师门户”“京畿重地”之称。

作为京津冀交通枢纽，保定紧密连通首都第二机场、正定机场和天津、秦皇岛、黄骅等海港；京港澳、京昆、大广、太行山高速公路“四纵”纵贯南北，保沧—保阜、廊涿—张涿、荣乌、曲港高速公路“四横”横跨东西；京广、保津两条高铁，京广、京原、京雄铁路以及近 10 条国省干线公路穿越境内。

### （二）行政区划与人口

保定现辖 5 区、15 县、4 县级市，另设 2 个开发区，总面积 1.9 万平方公里，常住人口 939.91 万（上述数字不含雄安新区、定州市）。市区（莲池区、竞秀区、高新区、满城区、清苑区、徐水区）面积 2564.57 平方公里，人口 291.9 万。

### （三）历史沿革

古城保定是一座有着 3000 多年历史的文化名城，也是 1986 年由国务院命名的第二批“国家历史文化名城”。在浩瀚的历史长河中，保定作为远古先人繁衍生息、文明始祖建都活动之地，耀然史册。2.8 万年前的“涞水智人”，1 万年前的徐水“南庄头遗址”，8000 年前的易县“北福地遗址”，5000 年前上古五帝时代黄帝、颛顼、尧帝在这里的文化遗迹，展示了保定从炎黄时代伊始的无断代文明演进过程。

春秋战国时期，始建城池，因地处燕南赵北，为兵家必争之地。燕国、中山国先后在保定立都。北宋时期，这里是宋、辽两国的主战场。元朝设保定路，保定之名，就始于元朝，是取“保卫大都，安定天下”之意。明朝建保定府，清朝为全国“八督之首”直隶总督署所在地，是直隶省的政治、军事、文化中心。中华人民共和国成立后，保定曾两度成为河北省省会。独特的地理区位造就了保定成为畿辅文化核心区的特殊地位，拱卫京师 700 余载，并作为河北政治、经济和文化的中心长达 300 年之久。

**（四）地方文化**

1. 地方文艺

保定地域辽阔、物产丰饶，经过千年历史文脉的传承锤炼，形成了特色鲜明的文化元素和民俗风情。现拥有国家级“非遗”项目 14 项、省级“非遗”项目 99 项、市级“非遗”项目 342 项。北方昆曲、河北梆子、保定老调均发源于此，涞水高洛古乐、定兴子位吹歌、徐水狮舞、易县摆字龙灯、安国老调、清苑哈哈腔等丰富多彩的民间艺术位列国家级非物质文化遗产名录。

2. 历史名人

保定自古人杰地灵，历史名人灿若星河。这里是上古尧帝的故里，孕育出汉昭烈帝刘备、宋太祖赵匡胤两朝开国皇帝，造就了燕国名臣郭隗、赵国名相蔺相如、蜀汉大将张飞、军事家祖逖、数学家祖冲之、地理学家郦道元、禅宗六祖惠能、戏剧家关汉卿、杂剧家王实甫、一代名臣杨继盛、“颜李学派”创始人颜元等名人志士。

3. 饮食文化

保定的饮食文化兼收并蓄、传承创新，是全国第九大菜系——冀菜的主要起源地。

保定饮食文化历史悠久，徐水南庄头遗址出土的禽兽骨骼、谷物加工工具及煮熟食的陶器，表明这里的烹饪已有上万年历史。满城要庄出土的商代斝、爵等青铜器酒具，定州一带古中山国关于羊羹的记载等，都说明保定饮食文化有长期的积淀。保定饮食文化的丰富还得益于地理物产，这里地处广阔富饶的冀中平原，西有太行山脉、东有白洋淀水乡，平原品种、山区特产、各种水产应有尽有，除此之外，保定甜面酱、安国紫皮大蒜等地方调料也为其菜肴增味添色。

保定菜被誉为“冀菜中的一颗璀璨明珠”。在制作上，保定菜讲究选料鲜活，刀工精细，注重色、形、味的统一。在口感上，保定菜肴属中性咸香型，讲究原汁原味、咸淡适宜、明油亮芡、汪油抱汁。源自保定的直隶官府菜来自于民间，形成于官府，升华在宫廷，是国家非物质文化遗产美食。其出品精致大气，形与味兼得，在注重“色、香、味、形”的同时，又增加了用料考究、器皿精美、营养丰富的特点。代表菜品有鸡里蹦、炒代蟹、官府六味骨、李鸿章烩菜、锅包肘子等。

**（五）风物特产**

保定地域辽阔、物产丰饶，县域经济繁荣，近千种特色产业名扬海外。

“天下第一药市”安国是中药文化的发祥地之一，是全国最大的中药材集散地，有“举步可得天下药”之称。安国药市已被列入国家首批非物质文化遗产名录，有“草到安国方成药，药经祁州始生香”之美誉。曲阳石雕有2000多年的历史，被汉武帝誉为“雕刻之乡”，元世祖忽必烈称其为“绝艺”。此外，曲阳定窑位列宋代五大官窑之首，其生产的定瓷以“白如玉、薄如纸、声如磬”而闻名，在宋代被誉为“天下第一瓷”，故宫博物院收藏的“定窑白瓷孩儿枕”是其代表作之一。“中国箱包之都”白沟，自古为“日过千帆，商贾云集”的商贸重镇，宋辽时为“榷场”，清朝为“货通大江南北，商流九州东西”的商品集散地，冠有“燕南大都会”之美誉，现为中国最大的箱包产销地，“国家级市场采购贸易方式试点”。高阳是“中国纺织之乡”，高阳纺织源远流长，始于明末、兴于晚清，有“桂林山上无杂木，高阳花布四季新”之美誉。还有“中国果品之乡”顺平、“中国草莓之乡”满城和“中国辣都”望都等。

旅游商品有保定铁球、易水砚、曲阳定瓷、定兴刺绣、古城香业、槐茂酱菜、徐水刘伶醉、槐茂酱菜、漕河驴肉等都是久负盛名。

**（六）旅游资源**

保定市是中国优秀旅游城市，旅游资源十分丰富。

1. 文物古迹众多

保定是河北省第一文物大市，截至2019年12月，保定市有国家5A级景区3处，国家4A级景区12处，世界文化遗产1处，全国重点文物保护单位59处，河北省文物保护单位74处，市县级文物保护单位468处，未定级文物点1996处。易县燕下都遗址是“中国20世纪100项考古大发现”之一，燕昭王筑黄金台招贤纳士，古壮士荆轲于易水河畔慷慨悲歌；满城汉墓是西汉中山靖王刘胜及其妻子窦绾的陵墓，是目前我国规模最大、结构最复杂、保存最完整的崖墓，出土了金缕玉衣、长信宫灯等各类文物10633件，以出土文物数量之多、品级之高、做工之精美而闻名于世，被誉为“金缕玉衣的故乡”；曲阳北岳庙昭示了历代帝王祭祀古北岳恒山的绵长历史；涿州三义宫见证了以刘备、关羽、张飞桃园三结义为代表的诚信文化之起始；著名的长城“内三关”中，有紫荆关和倒马关；直隶总督署是我国唯一保存完好的清代省级衙署，先后有李卫、方观承、曾国藩、李鸿章、袁世凯等74位99任直隶总督坐镇于此，影响王朝政局的许多重大事件都与该署有关联，可谓“一座总督衙署，半部清史写照”；世界文化遗产清西陵是我国保存最完整、建筑类型最齐全的古代帝王陵墓群，多座极具创造性的建筑，堪称中国乃至世界唯一的建筑艺术品，被联合国教科文组织赞誉为“世界上独一无二的文化景观，人类具有创造性的天才杰作”。保定还有全国最高砖塔宋代定州开元寺塔、贡院及文庙；宋代五大官窑之一的“定窑遗址”；唐代祭祀北岳的曲阳北岳庙；纪念药王邳彤的安国药王庙；千年古刹涞源辽代阁院寺；清代豪门巨宅、华北现存较完整的清代民居古建筑群、被古建专家誉为“千雕艺术馆”的顺平王氏庄园等。保定，凝古聚珍，神光灵藏。

2. 自然风光秀美

保定是兼有平原、湖泊、湿地、丘陵、山地、亚高山草甸的地区，地形地貌齐全。主要自然风光有京南水乡、华北明珠白洋淀；有雄险奇幽、百里长峡野三坡；有京西夏都、生态凉城白石山和海拔2000米的空中草原；有太行明珠、山水阜平中的中国最大的片麻岩天生桥，华北最大的瀑布群和华北罕见的原始次生林。

3. 红色文化丰厚

保定是红色之城、中国红色经典电影之乡，毛泽东主席曾亲笔题词“抗日模范根据地”。在保定这块红色热土上发生的高蠡暴动、七六二师学潮、人民战争的伟大创举地道战、狼牙山五壮士、白洋淀雁翎队、抗日英雄王二小等英雄事迹和革命运动影响深远，与之产生的红色经典影视文学作品如《地道战》《小兵张嘎》《狼牙山五壮士》《青春之歌》《野火春风斗古城》《敌后武工队》《平原游击队》《烈火金刚》《红旗谱》《播火记》《新儿女英雄传》《少年英雄王二小》等教育了一代又一代中国人，开展红色旅游具有得天独厚的优势。

4. 新兴业态众多

全域旅游背景下，保定市旅游环境质量持续提升，公共服务体系不断完善。形成了山水休闲、历史文化、红色教育、工业研学、农业采摘、体育健身、商贸购物等体验丰富的特色旅游产品。这里有京西百渡国际山地休闲度假区：包括月亮湾康养小镇、四季童话小镇、百里峡艺术小镇、华中温泉小镇、太行水镇、易水湖康养小镇等新业态，让人心旷神怡……这里也有京南新城特色旅游体验区：包括世界特产小镇、世界门窗小镇、京南体育小镇、冀康现代休闲农庄、和道国际创意小镇、定兴休闲食品小镇等特色小镇，让人乐享体验……这里还有国际都市田园休闲区：包括秀兰文化小镇、神湖四季温泉小镇、大激店音乐文化小镇、杏塘沟旅游度假区等休闲项目，让人流连忘返……

保定旅游后发优势明显，构建“京津保＋雄安”旅游大格局，其力已聚、其时已至、其势已成、其兴可待。在这里可以开创一片新天地，共享雄安新机遇，共谱发展新篇章，共创美好新未来！身临其境感受“京畿胜境，醉美保定”的无穷魅力。

**参考文献**

[1] 保定市旅游局. 保定旅游十座城 [M]. 北京：新华出版社，2016.

[2] 武眉凌，马吉照，李卓曦. 皇城根边景如虹 [M]. 北京：新华出版社，2018.

[3] 保定市人民政府官方门户网站. http://www.bd.gov.cn/

[4] 保定市文化广电和旅游局官网. http://whgdhlyj.baoding.gov.cn/

## 十五、吴桥杂技大世界

**【常规游览线路】**

江湖文化城（游览观看时长约3小时）—滑稽动物园—杂技剧场—魔术梦幻剧场—鬼手剧场—马戏游乐园—杂技博物馆（约3小时）。

**【讲解要点】**

景区概述：位置、杂技发展、演出内容等。

主要景观景点：江湖文化城、滑稽动物园、杂技剧场、魔术梦幻剧场、鬼手剧场、马戏游乐园等。

### （一）景区概述

1. 位置

吴桥位于河北省东南部，地处运河之畔、渤海之滨、平畴百里、开阔通达。总面积600平方公里，人口30万。吴桥坐拥环渤海经济圈和京津冀协同发展中心带，石济高铁、京沪高铁、高速穿行而过。首都机场、天津机场、济南机场、石家庄机场及黄骅港、天津港环绕四周，2小时内可进京津、可登机、可出海。

2. 历史发展

“十方杂技，九籍吴桥。”1954年敬爱的周恩来总理出访西欧14国，所到之处接见的华人华侨当中总有吴桥杂技艺人，周总理称赞道：“吴桥不愧为杂技之乡啊！”从此吴桥的美名便享誉五湖四海。吴桥街头巷尾、田间地头、餐桌前、土坑上都是杂技的舞台。为了弘扬民俗文化，挖掘保护古老的杂技资源，1993年11月26日，吴桥杂技大世界景区建成开放。景区集娱乐、表演、参与、交流等多功能与一体，建有江湖文化城、杂技奇观剧场、魔术梦幻剧场、鬼手剧场、马戏游乐园、滑稽动物园、杂技博物馆、杂技大剧院等景点。吴桥杂技大世界景区内有两个之最，一个是世界之最，一个是中国之最：它既是世界上唯一的杂技主题公园，也是中国最大的民俗表演类型的旅游景点。景区是2018年沧州市旅游发展大会以及2019年第十七届吴桥国际杂技艺术节的重要观摩点及分会场。

### （二）主要景观和景点

当游客置身吴桥杂技大世界景区，就会真正领会到吴桥杂技祖辈几千年来的智慧和创意。这里有老吴桥的印记、脍炙人口的民谣民歌、享誉世界的杂技名人故事、非物质文化遗产项目及传承人、博大精深的吴桥杂技和魅力无穷的吴桥杂技。习近平总书记曾倡导“让中国好声音唱响世界，让中国故事遍地开花”。

煌煌千年的杂技文化，正是从这块黄土地上发源流淌，继而影响全中国、全世界。吴桥杂技大世界景区南大门的造型是一个拉开的地球，象征着杂技艺术作为桥梁联接世界五大洲。吴桥杂技这块金字招牌在中华杂技史上的意义，套用一位杂技名家的妙语：“吴桥就是杂技人的妈。”拂去历史的尘埃，沿着时间的长河，从春秋走来，从秦汉走来，从唐宋走来，从近代走来的那些吴桥人，一个个都是人格高尚、性格鲜明，或察云观道，或倚剑长笑，或志在四方，或自由洒脱，无不热血滚烫、豪气冲天，一肩担天下道义，一肩负百姓福利。那么，就让我们顺着地域文化的长河，沿着祖先的足迹，一起重走江湖。

1. 赵家茶棚

进入南大门，左侧是赵家茶棚，它是位于运河岸边赵家庄的一座小茶棚，但它可不是一座普通的茶棚，它是乾隆皇帝御赐的茶棚。

今天正值张家班在这里演出，大家也可以体验一把皇上的待遇，坐在御赐的茶棚里，看着御用的表演，喝着宫廷的茶水，您呢，就偷着乐吧！

2. 吕祖祠

“天地无所求，无所求拜吕祖，学套把戏闯江湖”，这是世代杂技艺人演出时经常说的一句话。吕祖就是杂技祖师爷吕洞宾，这天下练把式之人都是吕祖的徒子徒孙，吕家班自然也成了杂技艺人的第一大班。在吕祖祠中就供奉着杂技始祖吕洞宾，如今我们同为江湖人，就一定要拜一拜吕祖。

3. 商业街

祭拜完吕祖，下面让我们一饱眼福，来商业街欣赏民俗表演。

商业街上有踩高跷、小车会、讨落子、旱船等民俗传统文化节目，更有糖人、泥人、糖葫芦等众多非物质文化遗产项目，民俗手工艺传承人在这里为游客展示其精湛的手工技艺。记得小时候，最期待的就是过年和赶庙会，不仅能体验人山人海的乐趣，还有各种吃的、玩的、用的……实在是太多了，一声声的吆喝，一声声的叫卖，宝盖幡幢、音乐百戏、诸般杂技、热闹非凡。

4. 江湖文化城

景区的江湖文化城集中再现了北京天桥、天津三不管、上海大世界、南京夫子庙四大民俗艺人集散地的演出风貌，也是吴桥老县城的微缩景观。景区推出的“江湖八大怪”就在城中献艺，漫步城中时可以看一看老鼠高出神入化的驯鼠技艺，瞧一瞧小钢炮的肚皮上切菜，聆听一下吹破天的鼻奏唢呐，还有蹬起千斤重大缸的小脚女，赤脚上刀山的怪腿李，他们说着当年卖艺求生的语言，把闯荡江湖的场景展示得淋漓尽致。“江湖八大怪”每一怪都有不同的绝活，每一手绝活都有一段传奇的故事，进入城中如同穿越时空回到当年那个“杂八地儿”，看看他们当年走江湖的市景百相，观看说书、唱戏、打把式卖艺、原汁原味的民俗绝招绝活。

5. 杂技奇观剧场

今天的杂技剧场可以说是重现了孙福友当年演出的盛况，而且是与时俱进的表演。与江湖文化城的“古朴”风格有所不同，杂技剧场主打“豪华”路线，气势恢宏的舞台效果、精彩刺激的杂技表演、如梦如幻的音乐氛围、感人至深的爱情故事、别具匠心的造型设计，岂一个精彩能形容！这场视觉盛宴充分展示了杂技的“高精尖、新奇美”，演员们在技中创作出艺，在艺中磨炼出技，推出了众多叫得响的优秀杂技作品。

在杂技剧场，客人对杂技所有的美好期待与盼望，都将在这里得到最好的满足。空中自由舞的绸吊，执手相伴的凝望，让人情不自禁地想象起浪漫的爱情；3米高空的地圈，一跃而起，让人不由得感叹男儿的英雄本色；彩环交映中，曼妙的舞姿蹁跹，让人瞬间感受到女儿生当绕指柔。将近一小时的主题杂技演出，是那些生于斯、长于斯的少男少女们，真正热爱杂技艺术最生动的体现。

6. 魔术梦幻剧场

魔术梦幻剧场是展示大型舞台魔术的地方。中国是魔术的发源地之一，魔术早在汉代以前便出现了，当时被称为“幻术”。公元前500年我们的祖先便有了“九连环”的记述，迄今世界众多魔术大师表演的“环扣可解”均被称作“中国环”。魔术也是中国开展对外文化交流活动重要的领域之一。

接下来让我们走进魔术梦幻剧场，来一同感受美轮美奂的舞台、玄幻迷离的灯光，体验魔术的神奇与魅力吧。

7. 鬼手剧场

鬼手剧场也是最受游客喜欢的景点之一，是用表演者的艺名来命名的，这位传奇的人物就是著名民间表演艺术家王保合先生。2007 年，王老师被原国家文化部列入首批国家级非物质文化遗产项目代表传承人名单。王老师表演节目道具非常简单，三个海绵球两个碗，百演而不漏，百看而不厌，出神入化，令人叫绝。他的表演能带给游客非常深刻的感受，您会时而肯定，时而疑惑，时而大叫，时而思索，半小时的表演时光让游客记住了鬼手，并且终生难忘，这“正是一二三三球两碗一手诡，四五六六神无主四方惊”。

8. 马戏游乐园、滑稽动物园

马戏游乐园和滑稽动物园里是大型马术表演和驯兽的场地，这里的主角是动物王国的公民，展现的是飞马跳涧、镫里藏身等高超技巧。在这里，游客会看到聪明伶俐的猴子骑车，憨态可掬的狗熊打篮球，威武霸气的狮子老虎跳火圈走钢丝。只有你想不到的没有它们做不到的。

9. 杂技剧院

吴桥江湖大剧院位于杂技大世界景区北部，以吴桥地域文化为设计元素，与杂技大世界和周边建筑融为一体，外形为圆形，类似天坛建筑造型，如天坛般庄重典雅、古风古韵。这里有集水、火、升降、旋转等为一体的多功能水舞台、冰舞台和各类常规舞台，环境典雅，可容纳 1600 名观众。大型杂技情景剧《江湖》在这里上演，表演场面如史诗般波澜壮阔，讲述了吴桥杂技从无到有、从小到大、从国内到国外的发展历程，沉淀了吴桥杂技儿女的世纪梦想。

10. 休闲、研学

到吴桥杂技大世界不仅是看杂技，更多的是感受和体验，以前游客的旅游以看为主，如今，体验休闲游已成为游客的最爱。从观光到休闲，从“好看”到“好玩”，这一变化折射出游客旅游快乐值在不断提升。吴桥杂技大世界作为国家传统文化的研学基地，近年迎来了全国各地的大中小学生，他们在这里看舞台上的飞人是如何练成的，学童话中的魔法师是如何变幻的，听中国史上的杂技是如何发展的。看看他们眼中的同龄人有什么不同之处，亲自触摸吴桥杂技强劲的脉搏，学会遵行规、遵古训、尊师重道，让中华文化发扬光大。吴桥杂技大世界，既是老年人怀旧的故土，又年轻人杂技的乐园，更是孩子们历练坚强意志的课堂。

11. 杂技魂标志

杂技为根，文化为魂，现在我们看到的是大世界标志——杂技魂，它是由北京著名的体育雕塑家谭云先生设计完成的。杂技魂标志底座是一个牛头，上面有三名拿顶倒立的顽童，之所以用牛头是因为杂技艺术起源于民间，是劳动人民在生产生活中创造出来的，牛既是人们劳作的亲密伙伴，又是勤劳善良的象征，牛头上三名拿顶倒立的顽童，生动再现了吴桥的一句家喻户晓的民谣："上至九十九，下至刚会走，吴桥耍杂技，人人有一手。"用牛头作为底座说明吴桥人像牛一样勤劳、善良、朴实、的精神，也有的游客朋友说用牛头作为底座是说吴桥的杂技真"牛"，我觉得也很贴切。

12. 食在吴桥

来吴桥有这么多好看的、好玩的，那么好吃的有什么呢？俗话说：民以食为天，食因民成俗。在吴桥，江湖可以是一场酣畅淋漓的杂技表演，也可以是一部气势恢宏的情景剧，更是一种味道。景区内红牡丹宾馆的江湖主题餐厅融江湖文化、杂技春典、江湖私房菜及特色演艺于一体，在这里，您可以品尝独具吴桥地方特色的主题餐饮系列——"江湖宴"。正所谓"巾、汉、粒、抟"四大江湖齐上桌，每一道菜都是围绕江湖主题特制而成的，味道鲜美，尤其是江湖宴蒸碗，俗称"扣碗"，也称"老席儿"，最受食客喜爱。扣碗自明朝永乐年间开始流传，至今已有600多年的历史，以农家的粗瓷大碗作为盛器而得名的"八大碗"，是民间逢年过节招待贵客必备佳肴。江湖宴蒸碗，在传承传统制作工艺之上，配以独家秘方，经多道古法工序制作而成，口感酥松、香味浑厚、唇齿留香。除了江湖宴，我们吴桥的饹馇、老豆腐、羊杂汤、特制宫面、吴桥烧鸡、火锅鸡等地方美食都让人赞不绝口。在大世界景区可以真正实现游客食、住、行、游、购、娱的一体化需求。

吴桥杂技大世界近年来一直被央视《新闻联播》《朝闻天下》《第一时间》《新闻直播间》和新华社等国家级媒体栏目给予直播报道，也成了众多主播及粉丝的网红打卡地。让我们相约杂技之乡，相约杂技大世界！

**参考文献**

[1] 杨双印. 吴桥杂技[M]. 石家庄：花山文艺出版，2000.

## 十六、沧州概况

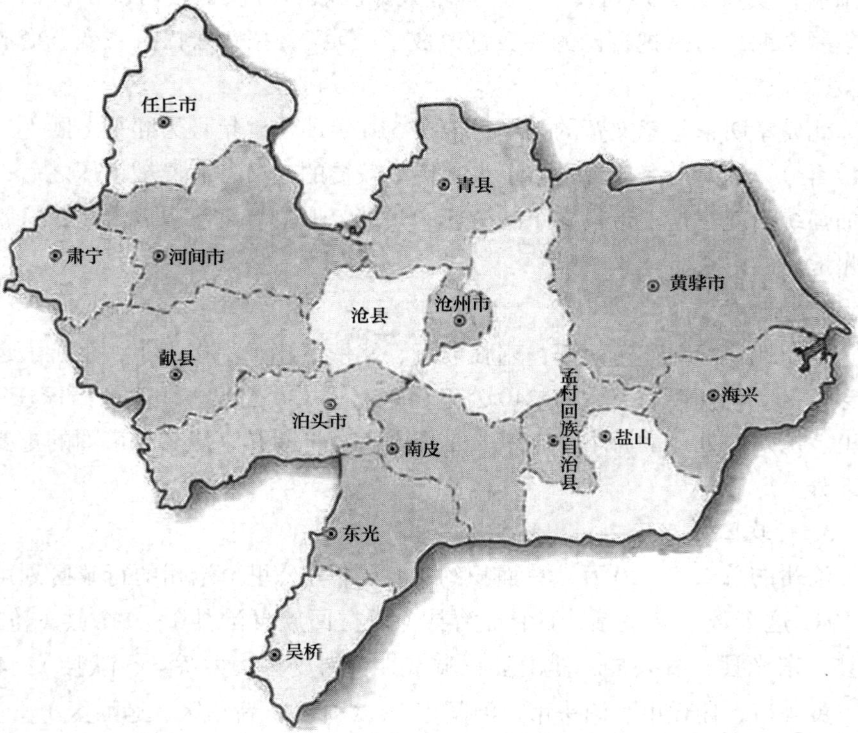


沧州行政区划图

**【讲解要点】**

概况：名称由来、地理位置、气候与地貌、行政区划与人口、特产、旅游资源等。

地方文化：诗经文化、运河文化、武术文化、杂技文化、渤海文化、医药文化等。

### （一）概况

1. 名称由来

沧州物华天宝，人杰地灵，它的建城史可以追溯到 517 年，北魏孝明帝熙平二年（517 年）设立沧州，所以说沧州是一座有着 1500 年历史的古城。

南北朝时期的北魏政权是由鲜卑人创立的，最有名气的皇帝就是大名鼎鼎的北魏孝文帝拓跋宏，他是杰出的少数民族改革家。他把都城从大同迁到洛阳后，实行了一系列改革，让鲜卑人穿汉服、说汉话、写汉字，积极融入华夏文明，后来把自己的姓氏都改成了“元”，拓跋宏摇身一变，变成了“元宏”。

北魏孝明帝是孝文帝的孙子，他在516年即位，年号为熙平。熙平二年（517年），渤海沿海一带发生了大乘佛教教徒的起义，起义被镇压之后，为了加强统治就在这一带设立了一个新的州郡，取沧海之意得名沧州，这就是沧州地名的由来。

2. 地理位置

沧州地处河北省东南部，东临渤海、北依京津、南接山东，京杭大运河贯穿市区。沧州距首都北京240公里，距天津120公里，距省会石家庄221公里。沧州地处环渤海中心地带，是环渤海经济圈和京津冀都市圈的重要组成部分。

3. 行政区划与人口

沧州的总人口720万，总面积约1.4万平方公里。沧州的行政区划可以用1942这个数字来概括：1个自治县（孟村回族自治县）；9个县（沧县、青县、东光县、海兴县、盐山县、肃宁县、南皮县、吴桥县、献县）；4个市（黄骅市、任丘市、泊头市、河间市）；2个区（新华区、运河区）。

4. 气候与地貌

沧州的气候为明显的暖温带大陆季风气候。四季分明，日照充足。春季干旱多风、夏季炎热多雨、秋季凉爽晴朗、冬季寒冷干燥。

沧州地处广袤无垠的冀中平原东部，地势低平，起伏不大。很多人说沧州境内是一片大平原，没有山，其实在海兴县境内是有一座山的，这座山叫马骝山，沧州本地人更喜欢叫它小山。小山真的很小，南北长约7公里，东西宽约1.5公里，主峰海拔36.18米，是沧州海拔最高点，称得上“沧州屋脊”。小山是在近3万年前由地壳运动、火山喷发而形成的产物，现在是河北省火山遗迹自然保护区和历史文物保护区，省级地质公园。南宋大诗人陆游在小山登高望远时留有“齐州山水窟，登眺有佳处。秋夜鱼东船，春荠鬲滩树”的诗句。值得一提的是，小山主峰是一座汉代王陵，墓主人是东汉质帝刘缵之父、渤海王刘鸿。

5. 地方特产

金丝小枣是沧州市的著名特产，早在春秋战国时代，农民就获枣树之利。金丝小枣的名字是怎么来的呢？掰开半干的小枣，可清晰地看到由果胶质和糖组成的缕缕金丝粘连于果肉之间，拉长3～5厘米不断，在阳光下闪闪发光，金丝小枣因此而得名。小枣是被国内外医药界肯定和推崇的营养滋补剂，在沧州当地有“一日食三枣，郎中不用找”的说法。

泊头鸭梨也是沧州特产，其栽培历史可追溯到汉代，《史记·货殖列传》中已经有了记载。东晋道学家葛洪的《神仙传》中，曾有“交梨”的记载。据传隋炀帝出游运河，路过泊头曾上岸观梨花，只见“河上花，天水浸灵芽，浅蕊水边匀玉粉，浓苞天外剪玉霞，斜晖暖摇青翠动，梨花香透万千家”。泊头亦因隋炀帝泊船上岸观花而得名。经原国家质量监督检验检疫批准，自2004年9月27日起对泊头鸭梨实施原产地域保护。

6. 旅游资源

沧州的旅游资源，可以概括为“东游西逛，南来北往”。

从沧州往东，可以游览沧州铁狮子与旧城遗址公园，沧州铁狮子铸造于后周广顺三年（953年），是河北四宝之一，与赵州桥、隆兴寺、定州塔齐名；也可以走进南大港湿地，那里是鸟的天堂；还可以走进沧海文化园，在国内最大的人造海滩——十里金沙滩，漫步戏水；更不用说恒大旅游文化城的建设已经开始……

从沧州往西，可以到达京南第一府——河间，在瀛州怀古；也可以到肃宁的裘皮城逛上半天，买几件称心的貂皮；献县单桥是古人集资建成，世界上最长的不对称石拱桥；当然，纪晓岚的大名，您一定早有耳闻，到纪园里可以充分了解大才子纪晓岚的一生。

而要说往南，沿着运河南行，在泊头春赏梨花，秋摘梨果，顺便到铸造小镇学一门地道的铸造手艺；东光是马致远的故乡，铁佛寺声名远播；最吸引广大游客的是吴桥杂技大世界，每天江湖大八怪的表演，让人为之惊叹！

最后要说往北，就到青县了，盘古的大庙辉煌壮丽，司马庄的有机蔬菜摘下来洗洗就能吃；红木小镇荟萃了精致的红木家具……

**（二）地方文化**

以前说起沧州，首先想到的就是“三水六乡”。“三水”是指沧州东临渤海，西连白洋淀，京杭大运河在沧州境内蜿蜒穿行，全长238.44多公里，是大运河流经的20个城市中里程最长的城市；“六乡”是指沧州是武术之乡、杂技之乡、金丝小枣之乡、鸭梨之乡、铸造之乡和中国历史第一侨乡。

近年来，沧州启动了文脉梳理工程，总结概括了“六大文脉”。其中“诗经文化”“运河文化”“武术文化”“杂技文化”是沧州约定俗成的文化表述，有相当的共识和群众基础。“渤海文化”具有沧州地域特色，也包含千童文化、盐业文化等内容。而“医药文化”则是沧州对中国中医药发展做出的巨大贡献。

1. 诗经文化

《诗经》是中国第一部诗歌总集，它的诞生、传播与沧州有着千丝万缕的联系。

《诗经》能被称为“经”，足以说明其在中国诗歌史上具有极为重要的地位，据说春秋时期流传下来的诗有3000首之多，后来只剩下311首，其中有6首只有标题，没有内容，称为笙诗六篇，这样就剩下305首了，所以《诗经》也被称为《诗三百》。到了秦朝，始皇帝焚书坑儒，民间存留的《诗经》和其他一些文化典籍遭到灭顶之灾，仅在大秦帝国的都城咸阳还有一些孤本，然而这些孤本也难逃厄运，项羽火烧咸阳，包括《诗经》在内的这些孤本也被付之一炬。所以汉代初期，华夏文明有很长一段时间的文化真空期，直到一个沧州人出现才发生了改变。这个人是谁呢？

这个沧州人就是刘德。刘德是汉景帝刘启第二子，汉武帝的哥哥。刘德以皇子身份受封河间王，为王二十六载。刘德在河间期间，为了搜集整理文化典籍，在河间国北部设“君子馆”（今河间市君子馆村）招揽四方学者，共同参与先秦文化典籍的整理和修订，《诗经》的整理也在计划之中。

在河间的儒家学者中，以《诗经》研究者毛亨、毛苌叔侄最为著名，毛苌承其家传，不仅诵其诗，而且解其意，对《诗经》颇有研究，得到河间王刘德的欣赏，被封为博士，《汉书》中有“又有毛公之学，自谓子夏所传，而河间献王好之”的记载。从此，毛苌在河间的君子馆、诗经村、三十里铺三处讲学传经，传习弟子（诗经村、君子馆村由此得名）。当时，全国讲

《诗经》的有鲁、齐、韩、毛四家，但前三家内容有误，因此鲁诗亡于西晋，齐诗魏代亦亡，韩诗也没有流传下来，唯有毛诗“最得其精”，尊为“六义宗工”，流传于世，我们现在读到的《诗经》就是《毛诗》。

刘德将整理校订后的文化古籍进京献给汉武帝，对古文化宝贵遗产的保存和延续做出了巨大贡献。然而，令刘德意想不到的是，汉武帝对刘德心生猜忌。心灰意冷的刘德回到河间后，纵酒听乐，自我麻痹，四个月后（前130年）逝于河间。因其献书有功，谥号为献，沧州献县这个地名，就是因此得名。班固在《汉书》中评价刘德为“修学好古，实事求是”。所以沧州也是成语“实事求是”的发源地。

2. 医药文化

因为一部大家耳熟能详的电视剧《神医喜来乐》，很多人都知道沧州有一个神医叫喜来乐。在这里，正本清源一下：喜来乐是一个虚构的人物，沧州历史上没有喜来乐这个医生。但是，沧州医学大家层出不穷，倒是真的。

说到中医，绕不过神医扁鹊。扁鹊，姓秦，名越人，是春秋战国时期名医，渤海郡鄚州人（今沧州任丘市）。扁鹊对中医最大的贡献就是用四种方法为世人诊病，分别是望色、听声、写影和切脉，这就是后来中医总结的四诊法：望诊、闻诊、问诊和切诊。《史记》称赞扁鹊是最早应用脉诊于临床的医生。扁鹊精于内、外、妇、儿、五官等科，应用砭刺、针灸、按摩、汤液、热熨等法治疗疾病，被尊为医祖。

金元时期，沧州又出了一位医学大家。刘完素，字守真，河间人，故后世又称其为刘河间，他生活在北宋末年至金朝建立初期，是金元四大家中的第一位医家。刘完素自幼聪明好学、喜读医书，对《素问》极为偏爱，朝夕研读，手不释卷。刘完素和他的弟子们开创了金元医学发展的新局面，形成金元时期一个重要学术流派“河间学派”。

到近代，张锡纯扛起了弘扬医药文化的大旗。张锡纯，沧州盐山人，近现代中国中医学界的医学泰斗，同时也是中西医汇通学派的代表人物之一。1916年在沈阳创办我国第一间中医医院——立达中医院。20世纪20年代初期，与江西陆晋笙、杨如侯、广东刘蔚楚同负盛名，称为“四大名医”。1928年定居天津，1930年创办国医函授学校，培养了不少中医人才。

3. 运河文化

大运河是世界上开凿最早的运河，开凿于前486年吴王夫差的邗沟，与长城、坎儿井并称古代中国三大工程，它南起余杭，北到涿郡，贯通海河、黄河、淮河、长江、钱塘江五大水系，全长约1797公里，是苏伊士运河（190公里）的9倍、巴拿马运河（81.3公里）的22倍，是中国仅次于长江的第二条“黄金水道”，同时也是世界上最长的运河，价值堪比长城。2014年6月22日，中国大运河项目成功入选世界文化遗产名录。

沧州是京杭大运河流经的20个城市中里程最长的城市，沧州段运河属于南运河，全长238.44公里，它北起青县李又屯村，南至吴桥第六屯，流经青县、沧县、沧州市区、泊头、南皮、东光、吴桥。因隋炀帝乘龙舟沿永济渠抵涿郡（今北京），因此又名御河。

南运河河道至今保留着“九曲十八弯”的原生古河道形态，在地图上可以明显看出，沧州至德州段尤其突出。我们都知道“两点间直线距离最短”，设置这么多弯不是绕远了吗？实际上这是有意为之，是古人修河智慧的体现。运河水在抵达沧州之前，刚刚越过运河制高点，水流顺势而下、气势汹汹，船只行驶和两岸安全都受到极大影响。人们发挥平原的优势，利用自然地形与人工做弯使河道形成连续弯道，人为延长了运河长度，起到减缓河水流速的作用，解决了水位落差过大的问题，同时也降低了拉纤的难度。最后不建一闸而实现了航道水力特性的调整和运河水位的调节，其工程效益被称为“三弯抵一闸”，所以在南运河河道上才少了很多船闸的影子。但因为多弯，看上去很近的距离，船行起来可就远了，所以又有“南望德州，北望沧州”的说法。

大运河是沧州的母亲河。在历史上沧州的州治（行政中心）曾多次“搬家”，从建城之时起，总共搬了8次之多，虽然有时是因为战乱，迫不得已，但总的趋势还是向大运河靠拢，因为依偎在母亲河畔，才能享受母亲河带来的漕运之利。因为大运河，泊头的鸭梨、沧县的红枣才能运到全国各地，甚至出口海外；因为大运河，沧州的盐业才能销往全国，让百姓尽享渔盐之利；因为运河，泊头盖起了清真寺；因为运河，青县诞生了红木家具；因为大运河，沧州的武术家才创出了“镖不喊沧”的威名；就连吴桥的杂技艺术走江湖，也是沿着运河两岸北上南下的，就像吴桥艺人的锣歌所唱：

小小铜锣圆悠悠，学套把戏江湖走。

南京收了南京去，北京收了北京游。

南北二京都不收，条河（即运河）两岸度春秋……

4. 武术文化

沧州是中华武术精华聚集地，堪称传统武术盛地和世界武术百科全书。沧州武术源于唐宋，盛于明清，沧州自古便是武术之乡。沧州武术一共有拳棒器械53种。先说太极拳，沧州有陈式太极拳、杨氏太极拳、吴氏太极拳和武氏太极拳。沧州的代表性拳种是六和拳、八极拳，还有天然智通拳、连环门绵掌、青龙剑、青萍剑、拂尘剑、昆吾剑、太师鞭、杨家枪、防手枪、疯魔棍、闯王刀、二郎泉、五子拳、六合拳、八仙拳、燕青拳、太祖拳、少林拳、昆仑拳、华山拳、螳螂拳、飞虎拳、麒麟拳、白猿通臂拳、拦手拳、戳脚拳、通臂拳、燕青弹腿、翻子拳、意拳、查拳、洪拳、花拳、唐拳、短拳、滑拳、砸拳、劈挂拳、功力拳、形意拳、明堂拳、沙教拳、阴阳翻拳，勉张拳，最后还有龙形翻子、八卦掌。53种中华武术遍布狮城，天下武师十有其三，他们强身健体、济困扶危、保家卫国、名扬天下，真正是："仗剑八万里，光寒十九州。天地英雄气，千秋尚凛然。"

晚清十大武林高手中与沧州有关的就有三位，大刀王五、王子平和燕子李三都是沧州人，霍元甲生于天津，祖籍沧州东光。

沧州武林名师众多、武精德高，他们的事迹在民间广泛流传。例如，击败沙俄大力士、受到康熙皇帝召见嘉赏的丁发祥；有宣统皇帝的武术教官八极拳师霍殿阁；有神枪李书文、镖师李冠铭、双刀李凤岗、大枪刘德宽、李文彪，以及佟忠义、郭长生、李雨三、杨积善、孙文勃、吴秀峰、张殿奎、卢振铎、贾耀亭、丁玉林、丁润华等。马凤图、马英图传艺于西北五省。民国时期的中央国术馆，建于1927年，地点在南京中央体育场，由蔡元培、于右任等人士发起，培养造就的一批技术全面的武术人才，成为后来发展武术的骨干。曾先后有52位沧州拳师在国术馆任教，就连国术馆的发起人和首任馆长张之江，也是沧州人。

沧州武术的传承极为重视个人品德，更有着中华民族骨子里特有的民族气节。六合拳掌门人石同鼎师傅，招收学员、徒弟有"十传十不传"的门规。通臂拳传承均取密授，选择条件是非常严格的：不忠不孝之人不传；不尊师重道之人不传；不守口如瓶之人不传；爱财如命、见利忘义之人不传；不练武着迷、痴心求术之人也不传。此外，必须是贯字形身体，即长胳膊长腿、大手大脚的人，否则亦不传授。这些门派在传艺时，无一不是把德行放在第一位。

1992 年沧州被国家体委命名为“武术之乡”，是全国首批命名的唯一地级市武术之乡。1989 年举办了首届沧州武术节，从 2010 年第八届沧州武术节开始正式升格为国家级武术类节庆活动，是沧州有史以来承办的规格最高、规模最大、影响最广的国际武术盛会。

5. 杂技文化

中国的杂技艺术历史悠久，源远流长，是中华民族珍贵的优秀文化遗产。中国的杂技之乡有多个，但是，就历史悠久、群众基础雄厚和在海内外的影响而言，最著名的要数沧州吴桥了。吴桥杂技艺人闯江湖，走遍了世界各地。1954 年周恩来总理访问亚非欧 14 国，每到一处接见华侨时，总有吴桥的杂技艺人。

1958 年，沧州吴桥县小马厂村出土的 1500 多年前南北朝、东魏时期的古墓壁画上，就描绘着倒立、肚顶、转碟、马术等杂技表演形象。但是，沧州吴桥杂技在全国享有盛誉则是在元朝以后。沧州吴桥位于河北省东南端，共有 449 个自然村，杂技艺术在沧州吴桥有着广泛的群众基础，几乎村村都有杂技艺人。有一首歌谣唱道：“上至九十九，下至刚会走。吴桥耍杂技，人人有一手。”

1993 年 11 月，沧州吴桥建成了国内独一无二的杂技民俗旅游度假区——中国沧州吴桥杂技大世界，景区集游乐、观赏、参与、表演等多功能于一体，既有乡土气息浓郁的民间绝活，也有高雅美观的舞台表演。中国吴桥国际杂技艺术节每两年举办一届，逢单年举行，举办时间一般为该年度 10 月最后一周或者 11 月第一周，举办地点在中国河北省石家庄市。吴桥国际杂技艺术节有“东方杂技赛场”的美称，和摩纳哥“蒙特卡洛国际马戏节”、法国“国际明日杂技节”一起被世人称为世界三大赛场。

2006 年 5 月 20 日，吴桥杂技经国务院批准列入第一批国家级非物质文化遗产名录。2007 年 6 月 5 日，经原国家文化部确定，河北省吴桥县的王保合为该文化遗产项目代表性传承人，并被列入第一批国家级非物质文化遗产项目226名代表性传承人名单。

6. 渤海文化

沧州濒临渤海，海洋深刻地影响着沧州的历史和文化。

沧州盐山被誉为“千童故里”和“中国历史第一侨乡”。据《史记·秦始皇本纪》、清《盐山县志》等有关文献记载，公元前210年，方士徐福征召数千童男童女及百工、武士，由盐山出海，成功东渡扶桑（日本）。目前，盐山仍然传承着甲子年举办隆重祭祀徐福出海活动，即“千童信子节”。盐山千童信子节被有关专家学者称为“中日友好交流的活化石”，2008年被正式列入国家非物质文化遗产名录。

黄骅市东25公里，在羊二庄回族乡海丰镇村南至杨庄村之间，有一处重要滨海遗址，被称为海丰镇遗址。海丰镇遗址是宋金时期“海上丝绸之路”的北方起始点，瓷器从这里远销东北亚、韩国、日本及更远的一些地方。2006年5月25日，海丰镇遗址被列为第六批全国重点文物保护单位。

沧州海滨地势平坦，海滩宽广，风多雨少，日照充足，蒸发旺盛，为晒盐提供了极为优越的自然条件，因此自古以来就有着大面积的盐田，是中国重要产盐区。河北沧州是全国最大的工业盐产区，每天工业盐的产量相当于台湾省布袋盐场一年的产量总和，是我国工业上最重要的盐场。

黄骅是河北地区运距最短的出海口，现已建成20万吨级航道和万吨级以上泊位25个。2019年，黄骅港完成吞吐量2.8亿吨、集装箱56.5万标箱，绿色安全评价位列全国沿海港口第一。

六大文脉不是孤立的，它们彼此促进、互为依托、交相辉映，共同构成了极具沧州地方特色的文化景观。

## 参考文献

[1] 司马迁著．李翰文编．史记［M］．北京：联合出版公司，2016.

[2] 班固著．汉书［M］．北京：中华书局，2016.

[3] 沧州市人民政府官方网站．http://www.cangzhou.gov.cn.

[4] 沧州市志编纂委员会．沧州市志［M］．北京：方志出版社，2006.

[5] 全国导游人员资格考试教材专家编写组．导游业务［M］．中国旅游出版社，2016.

## 十七、衡水湖

**【常规旅游线路】**

游船观光线路：码头—三生岛—梅花岛—远观芦苇荡—荷花荟萃园（季节性景点）—码头。

沿岸漫步线路：北堤健步路—湿地公园—马拉松广场—游客信息中心—荷花园。

自然研学线路：湿地公园—梅花岛—小湖隔堤。

**【讲解要点】**

景区概述：位置、成因、资源价值、特色。

主要景观景点：马拉松广场、三生岛、梅花岛、荷花荟萃园、游客信息中心、湿地生态公园、荷花园。

相关景观景点：河北园林博览园。

### （一）景区概述

1. 位置

衡水湖位于河北省衡水市主城区与冀州区之间的滨湖新区境内，处于环渤海经济圈和首都经济圈内，北京、天津、石家庄、济南四大华北都市圈地理中心位置，距离首都北京200余公里，雄安新区正南方100公里，乘坐高铁至省会石家庄仅需40分钟，区位优势明显，交通便利通达八方。

2. 成因

衡水湖的成因及名字的演变与衡水这座城市的变迁发展有着千丝万缕的联系。

（1）地质成因。据考证，衡水湖为浅碟形洼淀，由太行山东麓倾斜平原前缘的洼地积水而成，属黑龙港流域冲积平原中冲蚀低地带内的天然湖泊。

（2）历史变迁。相传衡水湖是大禹治水取土的地方，衡水湖是大禹治水留下的“禹迹”。《史记》记载：“禹行自冀州始。”《尚书·禹贡》中也有记载，大禹治水时就曾“至于衡漳”。历史上，黄河还曾几次决口流经衡水湖，最后一次是宋朝时黄河改道，这一流就是40多年。

衡水湖历史上经历了从古黄河、漳河古道到湖泊，从湖泊到农田、农场，又从农场到湖泊的剧烈变迁，其名称也在不断演化着。衡水湖俗称千顷洼，在历史资料中多有记载。《汉志》中提到“信都县有涤水，称信泽。”《洪志》中指出：“海子所谓河乜，又称洚水，即冀州海子。”北魏时期，郦道元所作的《水经注》提到了河北境内的十几个湖泊，其中把衡水湖叫作博广池，并且说它物产丰富，多“美蟹佳虾，岁贡王朝，以充膳府”。《真定志》记载：“衡水盐河与冀州城东海子，南北连亘五十余里，旧名冀衡大洼。”清代贺涛《冀州开渠记》中说：“滏水自西南来，至州北境，折而东，横亘衡水界中……北二十余里隶于县者曰衡水洼，南十余里，隶于州者曰海子。”清代《吴汝纶日记》中也提到：“冀州北境直抵衡水，地势洼下，乃昔日葛荣陂也。”据考证，上面几处提到的“信泽”“海子”“洚水”“冀衡大洼”“博广池”“衡水洼”“葛荣陂”等，就是现在的衡水湖。

（3）名称的确定。衡水湖一名正式得来，和行政区划的变更有直接关系。隋朝开皇十六年（596年）设置衡水县。因漳水从衡水县西南入境后，不是东流入海，而是折向北流，然后入海，古人亦把这一段漳河水称为“衡水”，此后，衡水县名称历代沿用。1958年4月，冀县、衡水、枣强三县成立千顷洼灌溉工程指挥部，千顷洼被改建为平原水库。同年6月，冀县、枣强、衡水、武邑四县合并为衡水县，俗称衡水大县。这一工程顺理成章地被命名为衡水县衡水湖引蓄水枢纽工程，又称衡水湖蓄灌工程，简称衡水湖。

3. 资源价值

衡水湖是具典型性和稀缺性的国家重要湿地、国家级生态旅游示范区、国家级水利风景区、华北单体面积最大的淡水湖泊，素有“京南第一湖”“东亚地区蓝宝石”等诸多佳誉。衡水湖国家级自然保护区面积163.65平方公里，水域面积75平方公里，在众多的野生动植物中尤为突出的是有鸟类324种，属国家一级重点保护的有丹顶鹤、黑鹳、东方白鹳、大鸨金雕等8种，属国家二级保护的有大天鹅、小天鹅等49种，每年在这里筑巢繁衍的候鸟有十万只，越冬的灰鹤有3000多只，雁类上万只，遮天蔽日的灰惊鸟更是湖上最壮观的风景，2017年3月，在衡水湖一次观测到308只的青头潜鸭是世界级极危鸟类，全球不足1000只，在衡水湖还发现了目前世界上最大数量的青头潜鸭种群。

**拓展材料**

衡水湖国家级自然保护区主要保护对象是内陆淡水湿地生态系统以及国家Ⅰ级、Ⅱ级重点保护鸟类，其中核心区面积58.16平方公里，缓冲区面积46.04平方公里，实验区面积59.45平方公里。总蓄水量为1.88亿立方米，分为东西两部分，东湖区42.5平方公里，蓄水量为1.2亿立方米；西湖区32.5平方公里。水源主要引自黄河水。

保护区内生物多样性丰富，共有383种植物、34种鱼类、416种昆虫，17种两栖爬行类动物，20种哺乳类动物。衡水湖处于东亚至澳大利亚鸟类迁徙路线的地理中心。同时，衡水湖作为重要的生物基因库，小白鲢、鲫鱼、秀丽白虾、青虾等被列入国家水产种质资源保护范围。

4. 特色

衡水湖依托湿地独特资源优势，形成观鸟、赏花、游船、品鱼、康养等多种游览体验方式，来这里观碧波万顷、听渔歌唱晚、品美味湖鲜、闻沁脾花香，置身天然氧吧，身未动心已远。衡水湖在休闲观光大众旅游的基础上又不断研发新产品，这里的自然体验研学游深受广大青少年喜爱。2020年衡水湖景区入选“衡水市首批中小学生研学实践教育基地”。

**（二）主要景观景点**

1. 马拉松广场

马拉松广场位于东湖大道西侧，是“双金赛事”衡水湖国际马拉松赛的起点和终点，还是衡水湖景区的标志性入口乃至衡水城市形象的展示窗口。广场始建于2012年，2019年改造提升，广场整体以水寓人，有“源头活水”“流水不腐”“水滴石穿”“水到渠成”“上善若水”五个文化区块，串联起广场的文化布局。

马拉松广场东侧邻近东湖大道的主景观文化雕塑通过“衡水湖国际马拉松LOGO”造型与“翅膀”造型表现马拉松参赛者完赛撞线的瞬间，渐变的多彩模块也如飞溅的浪花，突出冲击突破的速度感、激情绽放的获得感，体现每一名参赛者和衡水城市不断超越自我、展翅腾飞的价值追求，最终达到人与自然和谐统一、上善若水的精神境界。

**拓展材料**

衡水湖国际马拉松赛事是真正意义的环湖赛，赛事的起点、终点及主要赛道都在美丽的衡水湖畔。自从2012年开赛以来，已成功举办8届。衡水湖国际马拉松赛连续获中国田协“金牌赛事”荣誉，2019年5月获国际田联“金标赛事”殊荣，是名副其实的“双金赛事”，环湖健身已经成为衡水这座城市的新时尚、新名片。

2. 三生岛

三生岛是游船进入衡水湖水面游览观光的第一站，岛屿占地面积2.3万平方米，三生岛中间地势相对平坦，东西两侧地势较低，南北两侧地势相对高。三生岛曾以鸟类放飞活动为主要游览项目。

规划后的三生岛将打造湿地微世界，以湿地科普教育为主要功能。通过微缩的不同湿地景观类型，进行分区布置，主要分为三大功能区：入口码头区、观鸟广场区、五大园区，形成以林地、沼泽、滩涂、水域、草甸为主题的五大园区，是三生岛规划的核心部分，目标是打造三生岛成自然湿地露天博物馆。

3. 梅花岛

梅花岛因其形状酷似梅花而得名，是湖中最大的岛屿，水面游览观光的第二站。建设中的梅花岛将被打造成为衡水湖自然体验基地，由德国KUKUK公司、瑞士PG公司、北京别处空间公司三家共同进行了概念性设计，引进国际先进的可持续发展教育理念，通过人工修复进行近自然的生物多样性重建，将梅花岛建设成为一流的、亲近自然的体验中心。同时建设地心漫游、鸭巢、水上道路、树道、冥想空间等9个别具匠心的多感官体验设施，最大限度地保障鸟类的生活环境并提供生态教育功能，有组织地开展一些科研教学活动，尽可能减少人类活动对鸟类的侵扰，全力构建人、鸟、湿地植物多重视角下的生态共享栖所，让青少年和游客进行亲近自然的体验。

4. 荷花荟萃园

荷花荟萃园是水面游览观光的第三站，同时也是衡水湖景区的季节性景点，每年的6~9月份开放。荷花荟萃园总面积超过40万平方米，有白芍药莲、友谊牡丹莲、大洒锦、中南海古莲、牡丹莲、白雪公主、春不老、翡翠莲等国内外知名荷花20余个品种，以及菱角、芡实等可观赏水生植物，是集观光、休闲娱乐、生产科研、荷文化于一体的荷花生态主题园。

5. 湿地生态公园

衡水湖生态湿地公园位于马拉松广场北侧，东临东湖大道，北至北堤路，建成于2011年5月，占地面积24.9万平方米，绿地面积20.09万平方米，绿地率为80.7%，绿化覆盖率为93%。湿地生态公园设计以自然式山水园林为主体，通过山水地形变化，凸显湖区景观特色。为营造人与自然融为一体的自然环境，充分结合当地现状，利用现有的自然景观和自然资源，将整个园区与衡水湖有机结合起来，借助自然景观恢复湿地，让人与自然融为一体，实现生态、社会、文化、经济相互依存的理念。

绿化苗木以本地耐盐碱植物为主，遵循生态性原则，整体景观从北向南形成私密、开敞、疏林、私密交错的植物群落，给人以不同的视觉景观感受，植物群落采用高层乔木、中层乔木、小乔木、灌木、地被植物的复层式种植模式。开阔的人工湖面与衡水湖浑然一体，通过木栈道、廊桥、木平台可近距离观赏衡水湖的美景，游人可以观看到开阔的湖面景观、郁闭的密林景观、清爽的树林氛围，使游人体验到多姿多彩、优美自然的湿地景观。

6. 荷花园

荷花园北接衡水湖游船码头、马拉松广场，西、南两侧与广阔秀美的水面相连，东侧是东湖大道，荷花园占地总面积35万平方米，整园以荷花为主题，总体形象是多个荷叶衬托的莲藕形状，花草树木、山石景观、栈道、观景台点缀其间，是一个集多种自然景观于一体的生态公园。

**参考文献**

[1] 赵云旺. 衡水湖风物 [M]. 石家庄：花山文艺出版社，2011.

## 十八、衡水概况

【讲解要点】

区位交通、行政区划与人口、自然环境、历史沿革、地方文化、风物特产、旅游资源。

衡水市别名“北方湖城”“桃城”。“衡水”一词始见于北魏文成帝拓跋浚的《文成帝南巡碑》，取意“漳水横流”，人道“风水衡存”。衡水水韵悠长、农耕发达、文脉绵盛、名人辈出，古冀州治所、全国第一个农村党支部纪念馆均在衡水境内。衡水重诚孝美德，系教育名城，获“全国质量强市示范城市”之美誉，享“2019 中国城市品牌评价百强榜”之殊荣。蜜桃之乡、年画之乡、毛笔之乡、酿造之乡、内画之乡、丝网之乡、铁塔之乡、皮草之乡实至名归。衡水踞黄金要冲以兴交通枢纽，邻京津雄安而建功能基地；天青而水润，无台风、海啸、泥石流之苦，土厚且道平，少地震、滑坡、洪涝之忧，可谓冀东南朝气蓬勃、宜居宜业、宜游宜学的魅力新城。

### （一）区位交通

衡水地处河北省东南部，东邻山东省德州市和河北省沧州市，西连省会石家庄，南接邢台，北通保定，总面积 8815 平方公里，呈南北略长的不规则菱形。

衡水交通发达，境内有京九铁路、太青高铁、石德铁路及规划或在建的京九高铁、石沣城际高铁、邯黄铁路等 8 条铁路和大广、石黄、衡德、邢衡等多条高速公路，还有 106、307 两条国道和 10 多条省道，1 小时交通圈覆盖石家庄、济南，2 小时交通圈覆盖北京、天津，是省内仅次于省会石家庄的第二大交通枢纽，被社会经济学家费孝通誉为“黄金十字交叉处”，衡水火车站被誉为“京南第一大站”。

### （二）行政区划和人口

衡水市现辖 2 个市辖区（桃城区、冀州区），1 个县级市（深州市），8 个县（安平县、饶阳县、武强县、阜城县、武邑县、景县、故城县、枣强县）。户籍人口近 456 万。

### （三）自然环境

衡水地处黄河中下游冲积平原，地势自西南向东北缓慢倾斜，是黑龙港流域传统的农耕区。矿产资源较少，是河北省唯一没有山脉且肉眼望不到山脉的平原城市。现流经境内的主要河流有潴龙河、滹沱河、滏阳河、清凉江、大运河等，并拥有华北地区单体水域面积最大的湖泊——衡水湖。

衡水属大陆季风气候区，为温暖半干旱型，四季分明，冷暖干湿差异较大。

**（四）历史沿革**

衡水在夏代分属冀、兖二州，后建制几经变动，隋开皇十六年（596 年）始置衡水县。隋代以后，境内多属冀州、深州或冀州、深州、景州三州分领。

中华人民共和国成立前后，设衡水专区，所辖县多有更迭。1962 年专区复置时辖域基本固定至今，1970 年改称衡水地区，1996 年改设地级市。

**（五）地方文化**

1. 历史名人

衡水地处燕赵文化与齐鲁文化交会处，文化底蕴深厚，历代名人辈出。其中董仲舒、道安和尚分别是儒学、佛教发展中承前启后的关键人物，其学说对中国传统文化的发展产生了深远的影响。

董仲舒，西汉广川（今衡水东南部）人，思想家、政治家、教育家，唯心主义哲学家和今文经学大师。其学以儒家宗法思想为中心，杂以阴阳五行说，系统神权、君权、父权、夫权，形成帝制神学体系。汉武帝时上“天人三策”，其“罢黜百家，独尊儒术”的主张为汉武帝所采纳，使儒学成为中国社会正统思想，影响长达 2000 多年。

孙敬，字文宝，汉朝信都（今冀州区）人，东汉著名政治家。年少好学，是成语“悬梁刺股”中“悬梁”的主角人物。

释道安，东晋安平国扶柳（今冀州区）人，俗姓卫，神聪貌丑，少年出家，杰出的佛教学者，僧团领袖，集佛学的禅法和般若两大系之大成，提倡“本无”（即性空）之学，主持译翻译了《四阿含》《阿毗昙》等经书共百余种万言，编纂出我国第一本佛典目录——《综理众经目录》（又称《道安录》）。在佛教发展史上有多项创举，如确立戒规、主张僧侣以“释”为姓等，是佛教中国化的第一位里程碑式人物。

孔颖达，字仲达，隋唐冀州衡水人，经学家。奉唐太宗诏命所总编纂的《五经正义》，集魏晋南北朝以来经学之大成，长期作为科举考试明经科教材

（今桃城区建有以孔颖达墓为依托的孔颖达公园，为唐代建筑风格）。

高适，字达夫、仲武，唐朝渤海郡（今河北景县）人。后人将高适、岑参、王昌龄、王之涣合称“边塞四诗人”。其诗笔力雄健，气势奔放，代表作有《燕歌行》《蓟门行五首》《塞下曲》等。

刘宝全，字毅民，深县人，京韵大鼓演员，刘派京韵大鼓创始人。代表作《大西厢》《宁武关》等。

荀慧生，艺名白牡丹，今阜城县人，京剧表演艺术家，荀派艺术创始人，与梅兰芳、尚小云、程砚秋并称“四大名旦”。代表作《元宵谜》《玉堂春》等。

孙犁，原名孙树勋，安平县人，现当代著名小说家、散文家，“荷花淀派”创始人，著有《孙犁文集》八卷等，被誉为“我国报刊史上一代编辑典范”。

此外，还有西汉女政治家窦太后、北齐高祖高欢、全国第一位农村党支部书记并河北省第一位县委书记弓仲韬、老一辈革命家王任重、抗日民族英雄章振国、“群众所信任的领袖人物”——全国第一位土地合伙组创办者耿长锁、“全国五亿农民的方向”——合作社办社典型王玉坤、“太行山上的新愚公”李保国、道德楷模林秀贞、围棋大师聂卫平等古今名人。

2. 特色文化

（1）红色文化。衡水是革命老区，中国共产党第一个农村支部和河北省第一个中共县委在安平县诞生，全国第一个农民合作社在饶阳县成立，红色血脉世代传承。抗日战争时期，衡水属晋察冀边区的冀中区和晋冀鲁豫边区的冀南区，衡水人民前赴后继、浴血奋战，现出无数可歌可泣的革命英烈，为民族的解放和独立做出了巨大贡献。如在抗日战争和解放战争期间仅有十几万人口的安平县，共有13000多名优秀儿女走上了革命道路，2700名优秀儿女为此献身，先后涌现出了抗日英雄王东仓、“冀中子弟兵的母亲”李杏阁等一批革命志士和拥军模范。《风云初记》《腹地》《平原游击队》《烈火金刚》《吕正操1942》《滹沱河风云》《耿长锁》《走向康庄大道》等小说、影视剧、戏剧、纪录片均取材于衡水大地。敌后武工队、回民支队等抗日武装亦曾活跃于衡水地域。耿长锁、王玉坤等农民领袖亦成为党员干部组织、带领人民群众自力更生、艰苦奋斗、组织起来走集体主义道路、社会主义道路的典范。在众多红色展馆中，全国第一个农村党支部纪念馆——耿长锁纪念馆最具特色。

（2）孝义文化。作为地处燕赵文化与齐鲁文化交会的农耕区，衡水形成了勤劳纯朴、务实守信、厚德善行、刚烈仗义的民风，尤重孝义，并被今人发扬光大，是衡水成为道德高地的动力源泉。如衡水好人网、衡水志愿者协会等组织，都有众多义工注册，经常开展扶危济困活动和公益服务。郝女君、林秀贞为分别为古今典型代表。

（3）董子文化。董仲舒的思想和行为，影响了中华民族的历史。东汉思想家王充在《论衡》中指出："孔子终论，定于董子之言"。近代康有为认为："不得董子发明，孔子之道，殆堕于地也。"儒家思想成为中国传统文化的核心、中国古人价值观的主导，董仲舒起到了关键作用。我们常说的"天人感应""三纲五常"，都是他提出来的。近年，学术界对董仲舒及其思想研究的重视程度不断提高，作为董子的故乡，衡水市有得天独厚的条件，衡水学院设有董子学院，衡水学院承办的董仲舒与儒家思想国际研讨会已成为董子研究的顶级国际学术会议，衡水市也打响了董仲舒与儒家思想研究这一文化品牌，董子及其思想对衡水文化、教育、政治、社会等诸多方面的影响实际上已经成为一种地方文化。

（4）衡教文化。衡水人重视教育、通过教育改变个人和家庭、通过刻苦学习成才报国的观念已经融入血脉。

《史记》载董仲舒年少在家乡学习时心无旁骛，"三年不窥园"。宋代著名政治家司马光有诗："吾爱董仲舒，穷经守幽独。所居虽有园，三年不游目。"正所谓近水楼台先得月，被"三年不窥园"精神熏陶最早、受影响最深的自然是衡水人。同为汉代名人的孙敬，家乡与董仲舒老家并不远，则以"悬梁苦读"而成才激励后人。

重视教育，再加上勤奋好学，成就了衡水独特的人才现象。比如唐代，唐太宗的十八学士中，衡水人孔颖达、盖文达居然占了两席。安平崔氏自东汉开始，历经魏、晋、南北朝、隋、唐、五代至宋1000余年，代代高官显宦，才子辈出。东汉崔瑗因首创"章草"成为一代书圣，唐代崔护则因"人面桃花相映红"的瑰丽诗句千古留名。我国第一部诗歌总集《诗经》整理编纂者之一毛苌、中国历史上第一位状元孙伏伽、被鸠摩罗什称为"东方圣人"的释道安、边塞诗人高适、类书名家李昉、当代著名作家孙犁、作家王林……衡水地域并不大，但教育使衡水"人口少、名人多"。

今天，以“超级中学”衡水中学为代表的衡水中小学名震海内外，每年有无数衡水学子奔赴祖国各地的同时，还有无数外地学子到衡水求学苦读。衡水的教育服务，更为京津等临近大城市疏解了中小学就学压力。衡水的教育奇迹，既有现实的社会原因，更有悠远的历史根由。

（5）衡商文化。衡商文化有着深厚的历史底蕴，在历史上和近现代产生了许多独具特色的传统产业和县域特色经济，涌现了在全国有影响的众多商帮。如清代中后期，在京津居住、经商的衡水人众多，北京的全聚德、一得阁，天津的金鸡鞋油、曹记驴肉这些全国知名的大品牌，创始人或合伙人都来自衡水；荣宝斋、瑞蚨祥、劝业场等底蕴深厚的老字号，也留下了衡水人奋斗的身影。咸丰年间的北京琉璃厂，衡水人开设的古旧书籍、文物碑帖、印章书画、文房四宝等店铺近300家，乃至有了“衡水街”的别称。衡水老白干更在1915年首届巴拿马太平洋万国博览会上获得最高级别荣誉——甲等大奖章。今天，安平丝网商户遍布全国并走向世界，景州铁塔、冀州医疗器械、枣强大营皮毛等均在国内同行业举足轻重。衡水老白干、养元核桃乳已是人尽皆知的地标性品牌。守正拓新可谓衡商文化的一大特色，追求财富而不失本心，从衡水商人多年如一日组织、赞助国学公益讲座这类崇尚风雅的活动中即可窥一斑。

（6）工艺民俗文化。衡水民俗文化项目丰富，有内画、武强年画、桃城法帖、戳脚、剪纸等各级各类“非遗”项目及民间传统技艺；有深州形意拳、武强打花膀、安平河西调、深州老丝弦、故城运河传统架鼓、疯秧歌、运河号子、安乐秧歌、跑驴、旱船等富有特色或喜闻乐见的民间表演艺术；有刻铜、玉器雕刻、地毯编织、硬木雕刻等传统手工技艺；有乐器、田园棉等特色文化产业项目；还有武邑扣碗、流常老豆腐、枣强鞋底烧饼、巨鹿香肠、景县粉疙瘩等极具地域特色的美食名吃等。其中，又以“一画一镇三绝”为代表。一画，是武强年画；一镇，是周窝音乐小镇；三绝，指的是冀派内画鼻烟壶、侯店毛笔、衡水金鱼。

武强年画为我国五大木版年画之一，发端于宋代，是在原始的耕作方式、佛教思想、传统观念和古老的民族习惯影响下发展起来的民间乡土艺术。周窝音乐小镇位于武强县周窝镇周窝村，由武强县政府和北京璐德文化艺术中心联合打造。通过对周窝村沿街店铺承租，统一包装，新建音乐吧、咖啡屋、音乐饰品屋、专家别墅、音乐制作室等娱乐休闲场所，吸引国内外音乐家长驻周窝。同时，通过每年固定时间组织开展国内、国际音乐交流活动，如麦田音乐节、吉他文化节等，带动音乐人才输出、音乐创作、乐器销售、餐饮酒店等相关产业发展。

内画鼻烟壶是中国特色传统手工艺品。20世纪60年代，内画艺术有京派、鲁派、姚江派（粤派）三大流派。王习三在继承京派技法的基础上，融合内画名家流派之特长，形成了自己的独特风格，在国际上被誉为冀派。目前，冀派也是从业人数最多的流派。

中国侯店毛笔产于衡水市侯店村，相传为秦朝将军蒙恬所制，古称蒙笔，又称“蒙恬精笔”“侯笔”“象笔”，是历史悠久的特色传统手工艺品，据说曾被光绪帝封为“宫廷御笔”。侯店毛笔古朴、典雅，笔长杆硬，刚柔相济，含墨饱满而不滴，行笔流畅而不滞，是广大书画家及艺术品收藏家的首选佳品，名扬海内外，远销日本、欧洲、东南亚等多个国家和地区。

**（六）风物特产**

有衡水老白干、养元核桃乳、衡水内画壶、武强年画、侯店毛笔、深州蜜桃、徐氏宫廷金鱼、深州蜜桃、饶阳金丝杂面、衡水湖烤鸭蛋、衡湖莲叶茶、蒲编工艺品都是衡水具有代表性的风物特产；衡水湖全鱼宴、武邑扣碗、枣强鞋底烧饼等则为不可不尝的地方美味。

**（七）旅游资源**

衡水旅游资源大体可分为八大类：以衡水湖为代表的自然旅游资源；以全国第一个农村党支部纪念馆和耿长锁纪念馆为代表的红色旅游资源；以武强年画博物馆、董子园为代表的传统文化旅游资源；以衡水老白干酿酒（集团）有限公司、养元核桃乳工业园区、邓庄农业科技示范园区为代表的工农业旅游观光资源；以“一画三绝”为代表的旅游纪念品资源；以周窝音乐小镇、闾里古镇为代表的村镇特色文化休闲旅游资源；以景县开福寺舍利塔、桃城区宝云寺、冀州道安寺为代表的古建筑和宗教文化旅游资源；以及以孙敬学堂、衡水中学为代表的教育体验旅游资源等。

**参考文献**

［1］《河北旅游》编写委员会．河北旅游［M］．石家庄：河北科学技术出版社，2014.

[2] 马育倩，付岗主编．模拟导游［M］．北京：中国旅游出版社，2014.
[3] 全国导游人员资格考试教材专家编写组．导游业务［M］．北京：中国旅游出版社，2016.
[4] 衡水市地方志编纂委员会．衡水市志［M］．北京：方志出版社，2002.
[5] 安平县地方志编纂委员会（王建斌主纂）．安平县志［M］．北京：中国社会出版社，1996.
[6] 景县志编纂委员会．景县志［M］．北京：新华出版社，2008.
[7] 冀州市志编修委员会．冀州市志［M］．北京：方志出版社，2013.
[8] 司马迁等．点校本二十四史［M］．北京：中华书局，2011.
[9] 魏彦红主编．董仲舒与儒学研究 III［M］．成都：巴蜀书社，2015.
[10] 王景武．文华衡水——河北衡水文化展前言［EB/OL］．衡水：衡水日报，2019［2020.7.10］．http://www.hsrb.com.cn/a/whhs/.
[11] 楼听雨．衡水：平原的传奇［EB/OL］．衡水：衡水日报，2019［2020.7.11］．http://www.hsrb.com.cn/a/wenhua/7/2019/0530/195944.html.

## 十九、大峡谷

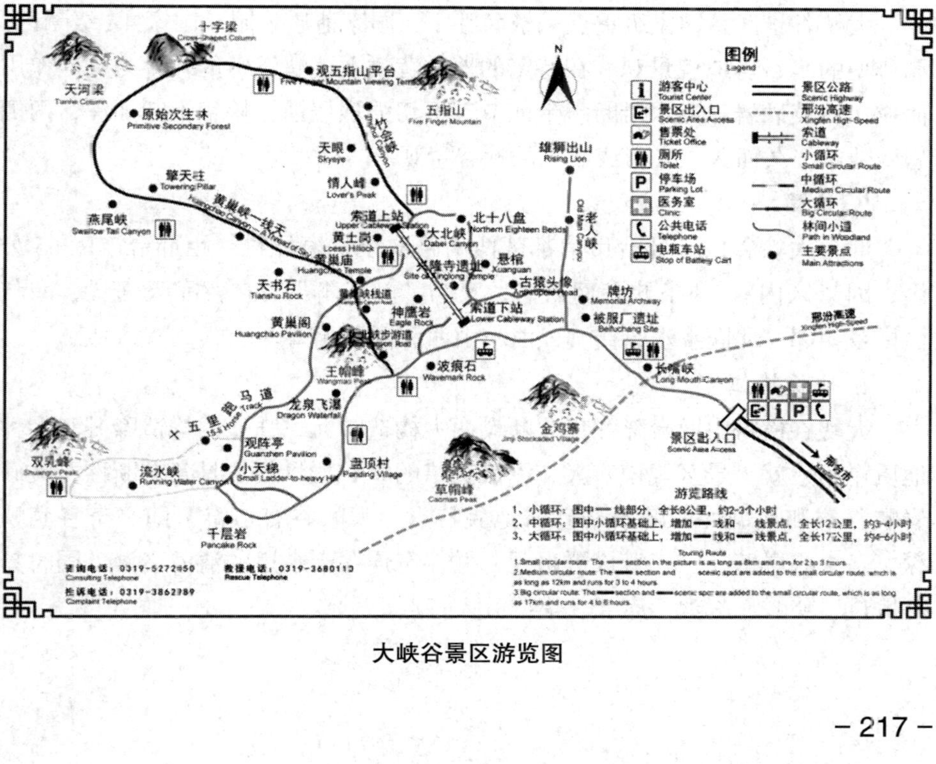


大峡谷景区游览图

【常规游览线路】

小环线：2~3 小时（长嘴峡—波痕石—龙泉飞瀑—盘顶村—千层岩—小天梯—观阵亭—黄巢阁—黄巢峡栈道—大北峡步道—波痕石—被服厂遗址—长嘴峡）。

中环线：3~4 小时（长嘴峡—波痕石—龙泉飞瀑—盘顶村—千层岩—流水峡—十五里跑马栈道—黄巢阁—黄巢峡栈道—大北峡—北十八盘—古猿人头像—被服厂遗址—长嘴峡）。

大环线：4~6 小时（长嘴峡—波痕石—龙泉飞瀑—盘顶村—千层岩—流水峡—十五里跑马栈道—黄巢阁—黄巢峡栈道——线天—原始次生林—竹会峡—北十八盘—古猿人头像—牌坊—被服厂遗址—长嘴峡）。

【讲解要点】

景区概述：位置、地貌特征、荣誉。

主要景观和景点：长嘴峡、王帽峰、人工湖、八路军被服厂遗址、神鹰岩、波痕石、龙泉飞瀑、流水峡等。

**（一）景区概述**

大峡谷景区是国家级重点风景名胜区、国家地质公园、国家 4A 级景区。属典型的嶂石岩地貌景观。在特定的地质背景下，峡谷由内外合力共同作用而成。石英砂岩经流水沿断裂带或节理下切强烈侵蚀，峡谷不断加深，两侧岩壁陡峭，久而久之，形成罕见的峡谷奇观。

1. 位置

邢台大峡谷位于邢台市信都区西南路罗镇贺家坪村，距邢台市区 65 公里，因景区内有 24 条峡谷而得名，又名“峡谷群”。它背靠天河梁，南与白岸乡相邻，北同浆水镇接壤，西与山西和顺县相望。

2. 地貌特征

大峡谷横跨山西台隆和华北断坳两大构造单元，强烈的构造隆升和多种地质作用造就了景区规模宏大、纵横交错的峡谷群景观。具备垄断性石英砂岩峡谷群和典型性的嶂石岩砂岩地貌特点。大峡谷有三奇，即一奇谷底峡深、二奇峡岸壁立、三奇成群出现，并伴有连绵十余里的清潭飞瀑，同时具有峡长、陡峻、深幽、赤红、集群五大特点。

3. 荣誉

因具有极高的美学观赏价值和重要的科学研究价值，大峡谷景区先后被评为国家级风景名胜区和国家地质公园景区。已开发游览面积 18 平方公里，由 24 条峡谷组成，是一处集自然景观、人文景观与地质奇观与一体的游览胜地。八百里太行的一大奇观，被专家誉为世界奇峡。

**（二）景区主要景观景点**

1. 长嘴峡

景区的第一条峡谷，也叫贺坪峡，因景区前面的贺家坪村而得名。这条峡谷长 800 米，宽 20 米，高 70 余米，两壁垂直高度 40 ~ 140 米不等。步入景区，大峡谷的阳刚之美扑面而来，两壁山石如斧劈刀削，有一夫当关，万夫莫开的巍然之气。这里的峡谷群发育在长城系红色石英砂岩中，地层厚度大，跨越地质时代长，是太行山中部地区的典型代表。之所以叫长嘴峡，是因为从高空俯视，景区就像一只展翅翱翔的雄鹰，长嘴峡正位于鹰嘴的位置，所以形象地称其为“长嘴峡”。

景区的岩石绝大部分都是红色的，在地质学上属于石英砂沉积层，14 亿年前这个地区是一片浅海的环境，红色石英砂沉积后，在高温、高压作用下形成这种岩层，后经燕山造山运动，山体形成皱褶，又经千万年的流水切割、侵蚀，才最终形成今天奇峡群奇特的地势地貌，在两侧还沿节理发育出许多小的裂隙，也就是小的峡谷。红色石英砂岩硬度非常大，是制作外墙和内墙装饰材料的佳品。

2. 王帽峰

形似古代帝王之盔，故名“王帽峰”，它的海拔为 1194 米，是黄巢峡、竹会峡、流水峡等重要景点的天然屏障。雨后，爬上峰顶看云海翻滚，天地相连，仿佛一幅水墨画在眼前展开。

3. 人工湖

俗话说“山得水而活”，为了保持水土、绿化环境，激起人们的环保意识，更好地利用灵动的水资源，景区筑起六个大坝，用来蓄水，水库里蓄满了水，就是六个人工湖，湖面高高低低，各有不同，湖水清透见底，悠悠碧水、巍巍群山，蔚为壮观。若是下过雨之后更应了白居易的那句诗：“山色好当晴后见，泉声宜向醉中闻”。

人工湖对岸的岩石有许多褶皱，它是具有一定韧性的岩石受水平挤压力的作用而发生的波状弯曲的塑性变形。

4. 八路军被服厂遗址

在大峡谷中有许多抗战时期的遗迹，1940 年抗日战争时期，我八路军 129 师第 10 旅供给处的被服厂就在这里，当时两排厂房共 20 间，缝纫机、纺织机几十台，主要为八路军战士生产运往前线的被子、衣服、鞋袜等。1942 年日本人进山扫荡时，对被服厂进行了偷袭，20 多名战士奋不顾身，与敌人顽强作战几个小时，但终因寡不敌众，全部壮烈牺牲，厂房也被火全部烧毁。这便是震惊一时的贺坪峡兵工厂惨案，战士大无畏的革命精神不禁使我们肃然起敬，昔日的战火硝烟虽然已随风散去，但八路军战士当年斗志昂扬的凯歌依旧不能平息，久久回荡在山谷中。

5. 神鹰岩

这座山崖与构造运动形成的节理有关，岩石沿构造节理面坍塌，同时伴随着雨蚀、风化，最终形成现今的孤峰，形似一只展翅翱翔的雄鹰，故取名神鹰岩。

6. 波痕石

这块大平石的表面像搓衣板一样，在地质学上称作“波痕”，所以叫波痕石。顾名思义，它的来源就是波浪在地表留下的痕迹。当然也不全是波浪，或者是风，或者是水流，18 亿年前这里是一片温暖的浅海环境，大海的波涛夜以继日地冲击着海岸，在岸边的沙石上留下了一道道波纹，经过成千上万年的沉积、抬升等地质变化，形成了今天这种带波纹的巨石。水流波痕发育在长城系常州沟组，由薄到厚层状的褐红色石英砂岩中。它反映了水体较浅、单向水流较强的沉积环境。景区内还有许多有趣的“波痕石”，有的像云朵，有的像城市的街道分布图，有的像甲骨文，有的甚至像我们今天的汉字。

7. 龙泉飞瀑

由于山中沟谷纵横、雨水充沛，常常是“山中一夜雨，处处挂飞泉”。瀑布落差 38 米，发育在长城系红色石英砂岩上，瀑布上段，水流将砂岩旋蚀成瓮状锅穴，飞流直下，水从石瓮中回旋喷流而出，从数十米高的峭壁上飞溅而上，溅起一连串粉末般的水花，如飞珠滚玉一般，最终形成眼前的瀑布。“石瓮”，顾名思义，因它口形似桶，壁圆似瓮，故名“石瓮”，为飞瀑上游弧形切峡谷，由流水螺旋状冲刷而成。瀑布上方平整的岩壁，则是岩石风化崩塌而留下的坚硬的红色石英砂岩壁，宽大平滑，属最典型的太行嶂石岩地质景观。丰沛灵动的瀑布景观以及气势恢宏的嶂谷地貌，彰显出景区独特而稀有的流水侵蚀地貌。丰富而典型的沉积构造，真实地记录了地球十几亿年的海陆变迁历史。

这个地方终年不见阳光，再加上瀑布飞流直下带来的凉风，再热的天也能让您感到透心凉，十分舒适。

8. 盘顶村

太行深处有人家，此地可寻东篱下。因位于南十八盘盘顶而得名的这个村落是一个天然的大氧吧，40 亩地上只住着 9 户人家，几间石板房倒映在青山绿水间，一方方梯田错落有序排列在山坡上。徜徉在山间小道，四面环山，依山傍水，树木成荫。由于交通不便，它少了城市的喧哗和污浊的空气，空气清新、水质清澈，人们日出而作，日落而息，犹如陶渊明笔下的世外桃源。

9. 流水峡

峡谷长 3000 米，宽 20 米，高 70 余米，谷底常年有流水，并且温度保持在 17℃左右，游客可在清清凉凉中享受一瞬间的舒心。

峡中鸟语花香、柳暗花明、曲曲弯弯的陡壁上有众多的石崖、石盆、蜂窝状石洞、千姿百态，两侧岩壁中的缝隙还不断地滴着晶莹的水珠，溪流飞瀑，山高谷深，这是大自然的赐予。

流水峡是在地壳的抬升过程中，垂直节理经过数亿年流水强烈下切而形成的。峡谷两侧山体的岩层无论从颜色和褶皱纹理上，并不是浑然一体的，因为它们也如同人的年龄一样，不属于一个年龄段。红色的石英砂岩在不断沉积的过程中，因其砂质不同，沉积年段不同，故所形成的岩层也不相同，因此才有了这些外观上的差异。峡谷植被丰富、溪水不断，原始生态保持良好，深得游客喜爱。

10. 十五里跑马栈道

当年黄巢的部队在这条路上训练遛马，景区开发后对道路进行了拓宽，改为了步行游览路。

沿途山壁的凹陷处有许多小立棍，这是当地的一种风俗习惯，寓意是：支支山，不腰酸，请山神保佑我们不腰酸腿疼。走在近2000米，宽约1.5米的跑马栈道上，登山远眺，古栈道架虚构空、藏奇露险、蜿蜒曲折，似一条腾飞的巨龙，游历于太行山中。

11. 龟裂石

地质学上叫泥裂石。泥裂又称龟裂，是沉积岩中的一种层面构造，多发育在长城系红色石英砂岩中，它是未固结的沉积物表面暴露于大气中干涸、收缩而裂开的缝隙，被后期砂质沉积物充填。根据其V形的形态，可以判断其地层的上下关系。

12. 黄巢峡一线天

据《邢台县志》记载，黄巢峡是唐末黄巢农民起义的根据地之一，因黄巢在峡谷里聚集练兵得名。此条峡谷深幽狭长，峡岸壁立，是群山中的一道地堑，串联着无数小型峡谷，摇摆中形成了一道道关卡，犹如重门锁翠。它集山、峡、水、树于一身，7月份平均温度仅有18℃，是景区的精华之所在，黄巢峡长4000米，壁高150余米，宽处几米，最窄处仅有几厘米，却又极度伸展，险峰对峙，红崖绝壁，壁立千仞，大有瞬间合拢之势，故又称作“一线天”。清代诗人李斐有诗云：“云里石头开锦缝，从来不许嵌斜阳。何人仰见通霄路，一尺青天万丈长。”由于燕山运动产生的大型垂直节理裂隙，经水流的冲蚀、新构造抬升作用等，使河谷不断下切，裂隙不断垂直扩展，最终形成了现在的嶂谷地貌类型。

13. 擎天柱

此峰高80余米，直径5米左右，名叫“擎天柱”。它就像一根石柱屹立于峡谷中间，高耸入云，让人心生敬畏。它的形成与3个不同方向发育的节理有密切的关系。岩层长期沿节理方向风化剥蚀、水流冲蚀，并伴随着岩层的坍塌，而最终形成现在的石柱。从这里看去，又像一头狮子在仰天吼叫，因此，又称它为“仰天吼”。

14. 次生林

次生林里植被覆盖率高，属次生和人工植被。分布于海拔1000米以上的植被有油松、鹅耳枥、六道木、牛角棍及细叶苔草、卷柏等。分布在海拔600米以上的低山区草本植物有麻栎、栓皮栎、刺槐、荆条、槲树等；大乔木有文冠果、榆树、柏树、核桃、柿子等；小乔木有黄杨、连翘、白檀、女贞以及石竹、波斯菊、飞燕草等。这里同时也是野生中草药的生长地，有人参、当归、瓜蒌、何首乌、柴胡、黄连、乌灵芝等上百种中草药；这里常见的野生动物有刺猬、獾、狐狸、野兔、松鼠等几十种；鸟类有喜鹊、鹌鹑、山雀、画眉等几十种。

次生林里植被丰富，景观各呈异彩，春天，万绿涌动，繁花似海；入夏，满目青山，苍翠欲滴；秋日，秋高气爽，层林尽染；冬季，玉树琼花，银装素裹。

15. 竹会峡

竹会峡，当地人原来称之“小竹苇”。相传，很早时，这里曾住着几户姓杨的人家，在峡谷后的开阔地种了许多竹子和芦苇，因此而得名，后来人们叫成了竹会岭，后期景区开发时便改名为竹会峡。此峡中岩石也属石英砂岩，长 2000 米，平均宽约 10 余米，高 70 余米。峡道弯曲，峰回路转。谷底发育类似河流阶地，阶地堆积物为各种碎石和鹅卵石，堆积物离谷底约 1.5 米。它是峡谷正切过程中地壳抬升的证据。

16. 天眼

几十亿年前景区是一片浅海环境，石灰岩被海水长期侵蚀，岩石松软的部分被海水冲刷掉，慢慢形成了一种溶洞，后来由于地壳运动，海水消退，山体上升，孔洞也随着山体升上来，形成裸露的峰脊溶洞。由于天眼是通透的，“过堂风”很厉害，即便是在烈日炎炎的盛夏，站在里面也会觉得冷风刺骨。

17. 大北峡

大北峡悬空的栈道横亘于悬崖峭壁上，随山势而旋转，犹如带子般缠绕在岩石上。一侧是千尺奇峰，一侧是深谷涧壑。峡谷幽曲，随山势高低起伏。盘踞峡谷两边的山崖，犹如两扇巨大的屏障向山谷倾斜。游人攀登上蜿蜒曲折的悬空栈道犹如踩在云端，有平步青云之感。如果清晨登上，雾气还未散去，好似仙境般，令人心旷神怡，崖壁上各类灌木点缀左右，形态万千，是最受游客喜爱的景致之一。

18. 猿人头

古猿头像位于长城常州沟组红色石英砂岩侧壁上。从侧面看上去，“猿人”的眼、鼻、嘴、下巴，轮廓分明，栩栩如生，脸庞清晰可见。一双眼睛凝视前方，犹如一件天然的“雕塑”作品。

19. 石林

和长嘴峡一样都属于嶂石岩地貌，只不过这里经过风化、崩塌、流水冲刷的时间较长，形成了今天的自然景观——石林。

20. 龙眼石

红石上有一个个圈圈，这种石头叫龙眼石，在长城系红色石英砂岩中，发育于薄壳结核，属于后生结核。结核内无构造，为圆形或椭圆形，最大直径 6 厘米，最小直径 2 厘米。

青山不老，绿水长流，畅享山水氧吧，情醉峡谷风韵，太行奇峡欢迎您。

**拓展材料**

2017 年河北邢台峡谷群经过专家组实地验收，获批成为国家地质公园，同意命名为：河北邢台峡谷群国家地质公园。

河北邢台峡谷群国家地质公园为原国土资源部批准的第六批国家地质公园。国家地质公园，是由中国行政管理部门组织专家审定，由中华人民共和国国务院自然资源部（原国土资源部）正式批准授牌的地质公园。

河北邢台峡谷群国家地质公园位于邢台县西部山区，总面积为 95 平方公里，由峡谷群园区和九龙峡园区组成。作为主景区的邢台大峡谷，是国家 4A 级旅游景区、国家重点风景名胜区。景区横跨河北、山西两省，总面积 60.8 平方公里，由 24 条峡谷组成，其中达公里以上的就有 8 条之多，具有狭长、陡峻、深幽、赤红、集群五大特点，形成了垄断性的石英砂岩峡谷群，成为八百里太行一大奇观，被专家誉为“世界奇峡”。

邢台大峡谷景区是以适应砂岩峡谷景观为主体，辅以山崖、瀑布、人文风情等景观的峡谷群型旅游区，其所具备的垄断性石英砂岩峡谷群和典型性的嶂石岩砂岩地貌特点，在太行山区乃至全国山岳型旅游区中不可多得。

## 参考文献

［1］邢台市旅游发展委员会、邢台职业技术学院．邢台导游词［M］．邢台．2017．

［2］邢台市旅游发展委员会．邢台市旅游综合材料［M］．邢台．2016．

［3］百度百科．https://baike.baidu.com/

［4］赵兴军，杨爱敏．邢台县历史文化读本［M］．邢台：河北人民出版社．2013．


## 二十、邢台概况

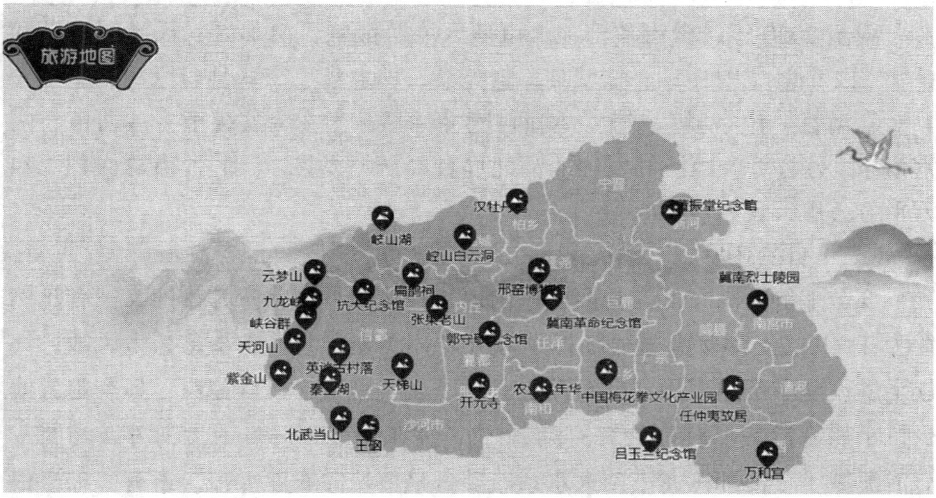


邢台市旅游地图

**【讲解要点】**

区位交通、行政区划与人口、自然环境、历史沿革、地方文化、风物特产、旅游资源。

邢台，是世界上最大的单晶硅生产基地、全国最大的自行车及零部件加工基地、全国最大的玻璃研发生产基地、全国最大的轴承生产销售集散地之一、首批国家智慧城市试点、中国太阳能建筑城、河北省京津冀城市群节点城市、冀中南先进制造业基地和物流枢纽。

**（一）区位交通**

邢台位于河北省南部，区位优势明显，交通便利。东以卫运河为界与山东省相望，西依太行山和山西省毗邻，南与邯郸市相连，北及东北分别与石家庄市、衡水市接壤。距省会石家庄市106公里，距首都北京396公里，2小时经济圈内有北京、天津、石家庄、郑州、太原、济南六大城市，及天津港、黄骅港两大港口，可实现2小时进京、2小时出海。境内京广、京九铁路，京广、京九高铁，京港澳、大广、太行山高速纵贯南北；邢和、邢黄铁路，邢衡、邢汾、邢临、青银高速横贯东西，与邢台国际内陆港、邢台机场构成了“东出西联、南承北接”的交通枢纽。

**（二）行政区划与人口**

截至2020年，全市共辖4个市辖区（襄都区、信都区、任泽区、南和区）、12个县（内丘县、临城县、隆尧县、柏乡县、宁晋县、巨鹿县、平乡县、新河县、广宗县、威县、临西县、清河县）、2个县级市（沙河市、南宫市），另有1个经济开发区（河北邢台经济开发区）。邢台市总面积1.24万平方公里，总人口796.63万。

**（三）自然环境**

邢台地势西高东低，自西向东山地、丘陵、平原呈阶梯排列，三者比例约为2∶1∶7。属暖温带大陆性季风气候，四季分明。春季多扬尘风沙，气候干燥；夏季炎热多雨，气温潮湿；秋季天气稳定，气候凉爽；冬季雨雪偏少，干燥寒冷。邢台市共有河流21条，除东部界河——卫运河外，均属于海河流域子牙河和黑龙港两大水系。邢台是传统的农业大市，素有“棉海粮仓”的称号。矿产资源丰富，是河北省重要的煤炭钢铁能源基地。蓝晶石储量为全国第一，石膏储量为华北第一，瓷土储量为全省第一。

**（四）历史沿革**

邢台历史悠久，人文资源厚重，拥有3500年的建城史和800年的建都史，与中华文明发展同步，缔造了“五朝古都、十朝雄郡”的灿烂文明。素有“鸳水之滨，襄国故都，依山凭险、地腴民丰”的美誉。是中国乃至世界上最古老的城市之一，被史学家誉为“燕赵第一城”。先后做过商朝、邢国、赵国、常山国、后赵五个朝代的国都。在历史的不同时期曾有井方、邢国、钜鹿郡、襄国郡、邢州、顺德府、邢台市的名称。

悠久的历史积淀了厚重的文化，古老的文明彰显了神奇的魅力。正因为邢台市位于太行山东麓、古黄河西岸这片独特的大山与大河结合地带上。太行山为中华民族的脊梁，黄河为中华民族的摇篮，大陆泽是古代天下九泽之一，故邢台处于中华民族的核心地带。

古时隶属冀州（《尚书·禹贡》作“冀兖青徐扬荆豫梁雍”古九州，冀州排第一）、商周为邢国、秦汉为钜鹿郡、隋唐称邢州、宋代称信德府、元称顺德路、明清为顺德府，皆为历代封建王朝设置州郡路府的治所。1993年地市合并为现在的邢台市。3000多年行政建制一脉相承，从未断绝。

1.“邢”字由来

“邢”字古通“井”，《康熙字典》说“穴地出水曰井”，古邢台百泉竞流，故称井方。上古时期黄帝曾居住在邢台的干言冈一带，亲自率领当地百姓开发利用井水，建井田，筑邑而居，史称“黄帝凿井，聚民为邑”。从甲骨文中的“井方”发展到春秋战国时期的“井邑”，到了秦代，秦始皇命丞相李斯以小篆体统一天下文字，于是将“井”“邑”二字合为一个字“邢”，“邢”字由此而来。

2.“邢”“台”的由来

早在公元前11世纪，周成王就曾封周公的第四子姬苴为邢侯，建立起邢国，统辖邢地。

古语说：“积土四方高丈曰台”。《说文解字》里又讲“台，观四方而高者”。《五经要义》里则记载：“天子三台，灵台以观天文，时台以观四时，囿台以观鸟兽。”从这里我们就知道，台由人工所为，是权力和地位的象征。西周邢侯建国后，周天子特许邢侯按天子礼制建城，于是他在城外筑起了一座高台，来炫耀自己的威仪，自此，邢侯台便成为邢国的象征。春秋时期，狄人进袭邢国，破坏了邢城和邢侯台，邢人认为这是奇耻大辱，在迁都夷仪城（今邢台浆水镇）后，重新筑起一座“邢侯行台”，用来表示邢侯复国的壮志。

把“邢”和邢地的象征——“台”联用而成为邢台之名，至少在唐代时期已经口碑相传，宋徽宗宣和二年（1120年），赵佶正式把龙岗县改名为邢台县，邢台从此正式作为行政区划名称延续至今。

明代李攀龙的《登邢台诗》中说：“郡斋西北有邢台，落日登临醉眼开。春树万家漳水上，白云千载太行来。”

3.邢台“卧牛城”的来历

邢台雅号“牛城”。沈括《梦溪笔谈》中曾提到：“郭进守西山时所筑，厚六丈，上可卧牛，俗呼为卧牛城。又传城西有拴牛石，东北有牛尾河，深丈许，阔五丈……”

据史书记载：“邢台城为春秋时邢侯所建，五代十国时期由后赵皇帝石勒扩修，北宋时又进行重修。城墙长九里十三步，宽六步，上可卧牛，所以俗称卧牛城。”

民间还有一个美丽的传说。很久以前，邢台一带土地肥沃，水草丰美，人们第一次来到这片土地上时，看到一头神牛，头南尾北，席地而卧。于是人们就在神牛卧过的地方定居下来，繁衍生息，逐渐形成了城镇。大家就称自己的城镇为卧牛城。

如今在邢台，市内还有许多跟牛有关的典故和遗迹。市区南面有东牛角村和西牛角村，市北面有牛尾河横贯东西，市内还有南长街和北长街等。

“牛城”二字不但表达了邢台人对牛“勤劳、开拓、进取”精神的敬佩之情，更是表达了牛城人民战天斗地、奋发进取的雄心壮志。

**拓展材料**

公元前17世纪，邢氏族聚居冀南，以族名命地为“井”，即“邢”。《禹贡》记载夏禹时期为冀州之域。公元前15世纪，商王祖乙迁都于邢，为京畿地，经祖辛、沃甲、祖丁等王，历时百余年，成为商朝国度。公元前1060年，周成王封周公旦第四子姬苴为邢侯，筑邢城，建邢国，统辖邢地，历时400余年。赵王之子赵襄子曾食采于邢，故有襄国之称。公元前372年赵成侯据邢，邢为赵国信都。公元前221年，秦始皇统一六国，废分封，设郡县，在邢置信都县，属钜鹿郡。公元前206年，项羽立张耳为常山王，更名襄国，为常山国都。东晋元帝大兴二年（319年），石勒于襄国称赵王，国号“赵”，都襄国，史称后赵。

隋唐称邢州，宋称信德府，元称顺德路，明清改为顺德府。1949年中华人民共和国成立前邢台建立专区，后称邢台地区，1982年所辖邢台市升为地级市分立，1993年邢台地区与邢台市合并为现在的邢台市。

**（五）地方文化**

邢台是中国许多重大历史事件的策源地，在漫长的岁月中，留下了弥足珍贵的历史文化遗产，其中许多是全国独有的。深厚的文化积淀和丰富的文化内涵，使邢台这座历史名城成为中华文明中的一朵奇葩。

1. 邢窑文化

邢窑是我国古代最早的官窑之一，中国白瓷的发祥地，代表了隋唐两代白瓷烧制工艺的最高水平，在中国的陶瓷史中占有重要地位。邢窑白瓷的烧制形成了我国陶瓷史上著名的“南青北白”格局，结束了自商周以来青瓷一统天下的历史，被称为陶瓷史上一座辉煌的里程碑，成为我国陶瓷发展史的一个分水岭。

**拓展材料**

邢白瓷文化产业园区位于邢台市内丘县，该园区以邢瓷遗产为依托，以文化旅游为先导，以配套服务为支撑，重点发展艺术品鉴赏与交易、民俗体验、休闲度假、创意设计四大支柱产业，是一个集文化创意、文化主题旅游、现代娱乐、青少年体验式教育、文化会展于一体的复合型文化产业园区。

邢白瓷博物馆，占地53亩，是级收藏、展示、研究邢白瓷的专业博物馆。

邢窑陶瓷烧制技艺是2014年经国务院批准列入第四批国家级非物质文化遗产名录的一种传统技艺。

2. 黄巾文化

爆发于邢台巨鹿的黄巾起义是中国历史上第一次有组织、有准备的农民起义，张角创造的太平道是我国江北道教的两大流派之一. 太平道乐则是国家非物质文化遗产，被誉为道教音乐的活化石，黄巾起义深刻影响了后世，是慷慨邢台风骨的体现。

3. 武术文化

邢台是名副其实的武术之乡，其中最有名的当数中国四大文化拳种之一的邢台梅花拳。邢台梅花拳是首批国家级非物质文化遗产，也称梅花桩，是中华武术中一个古老的拳种，在我国北方有着广泛的影响，历史非常悠久，融周易八卦为拳理，化阴阳五行于术中，在义和团运动中发挥了重要的作用。

发源于邢台临西的临西弹腿是南拳北腿中“北腿”的代表；沙河藤牌阵则作为唯一的兵法战阵项目入选国家首批非物质文化遗产；邢台南宫则是中国武术之乡，另外邢台还是武氏太极拳和杨氏太极拳的最重要传承地之一。

4. 古代科技文化

以郭守敬、僧一行为代表人物的邢台古代科技文化，曾在7世纪和13世纪达到了世界科技水平的巅峰。郭守敬以其卓越的天文、水利、仪器仪表、数学成就名列中国古代十大科学家之列，同张丘建、张子信、刘秉忠、郭伯玉等一批邢台籍的科学家一起，深刻影响了中国和世界，为全人类的科学事业做出了巨大贡献；僧一行在世界上首次推算出子午线纬度一度之长，开了科学史上用观测方法确定子午线长度的先河，编制的《大衍历》比唐代已有的其他历法都更精密。刘秉忠设计的北京城、郭守敬主持规划设计的京杭大运河被列为世界文化遗产。

**拓展材料**

紫金书院被誉为我国古代的“清华大学”，在我国文化科学史上占有重要地位，是我国数学、天文、历法重要研究地之一。元代名相刘秉忠早年在此讲学，培养出郭守敬、张文谦、王恂、张易等一大批在科学和政治领域有伟大建树的人才，带出一个“邢州学派”。

政治上以刘秉忠为首，全力辅佐忽必烈，成功建立了元朝中央集权制的大一统国家，促进了中华各民族先进文化的全面交融。科技上以郭守敬为首，他们为创制《授时历》，完成了仪器制造、天文观测、四海测验、数学研究等一系列高水准高难度的科研活动。正是他们的这些科技成就，将元初中国科技文明推向了世界最高水平，成为中国乃至世界科技发展史上的一座里程碑。

因刘秉郭守敬、张文谦、王恂、张易五人在科学和政治领域做出的伟大贡献，后人称其为“紫金五杰”或“邢州五杰”。

5. 七夕爱情文化

邢台是中国七夕爱情文化之乡。经专家考证，邢台的天河山就是牛郎织女故事的原生地。邢台也是周公与桃花女爱情传说的起源地，专家认为中国北方汉族婚俗就起源于此。

6. 邢台名人

邢台，人才荟萃、俊彦贤达、灿若星汉。在数千年的历史长河中，涌现出了许多仁人志士，英雄豪杰。我国历史上第一次有准备、有组织、有纲领的农民起义的领袖张角就是邢台巨鹿人。一代名相宋璟，是唐代有名的政治家。元代名相刘秉忠，辅佐忽必烈平定蒙古内乱，建立起疆域广袤的元朝。元代著名科学家郭守敬，是中国科学技术发展史上最杰出的人物之一，曾有20多项科研成果遥遥领先于当时的世界水平。闻名中外的义和团领袖赵三多、宁都起义著名将领董振堂、京剧大师尚小云、全国劳模吕玉兰等都是邢台人的骄傲。这些人物闪耀了历史星空，见证了历史风流，又铸就了城市未来。

7. 邢台旅游节庆活动

近年来邢台市节庆活动精彩纷呈，新业态亮点突出，如国际公路自行车大赛、太行山文化节、旅发大会、巨鹿杏节、九龙峡桃花节、扁鹊庙会、清河张氏恳亲大会、清河国际羊绒节、云梦山泼水节、天河山“七夕”爱情文化节、前南裕栗花节等。

8. 邢台市非物质文化遗产简介

邢台具有丰厚的人文资源，隆尧秧歌、威县乱弹、梨花大鼓、巨鹿四股弦，乡情乡音，韵味十足；邢台长信排鼓、平乡梅花拳、沙河藤牌阵、任县王其和太极拳，侠肝义胆，大气磅礴；邢窑白瓷、广宗柳编、内丘神码、威县土布纺织，风格各异，巧夺天工；牛郎织女、周公与桃花女、邢台卧牛城、清河武松等历史传说，留下无数动听故事；沙河九龙庙沟祭祀、清河张氏祭祀、南和抬皇杠、任县平乡广宗民间打醮等民俗，传承千古文明。

（1）隆尧秧歌戏。隆尧秧歌是在当地百姓稻秧之歌的基础上，借助汲取民歌、民艺的营养逐渐形成、演变而来的，距今已有200多年的历史。特点是徒歌干唱的形式，伴奏只有武场。从其发展和表演艺术风格看，可概括为两大流派：一是宗师立业；二是业余成家。隆尧秧歌唱腔古朴，不用丝竹相配，它不是任何戏曲的变种或分支，在中国戏曲史上占有自己独特的位置。

（2）邢台梅花拳。流行于邢台广宗、平乡和威县一带。广宗、平乡两县至今尚武之风甚浓。据《广宗县志》和《平乡县志》记载，梅花拳在明末清初传入当地。先后涌现出邹宏、景廷宾等著名拳师，并因著名的反清灭洋“景廷宾起义”而声名远播。

（3）威县乱弹。威县在历史上地处“燕南赵北”之地，与北方戏曲中心——山东临清毗邻。这一带地处偏僻，民风独特，孕育出了明显带有燕赵“慷慨悲歌”之风的古老独特剧种——威县乱弹。威县乱弹表演粗犷，唱腔独特，特技惊人，以武功见长。

（4）太平道乐。太平道乐盛行在有着“中国民间艺术之乡”的广宗县，太平道乐是我市珍稀的传统宗教音乐文化，国家级非物质文化遗产，被誉为世界道教音乐的“活化石”。产生于公元180年前后，已传承1800多年。以它独特古朴的韵律，在民间音乐及道教音乐中绝无仅有。

（5）沙河藤牌阵。沙河藤牌阵历史悠久，源自商代，是中国古代战场实战技击项目，仅存于邢台市沙河市十里铺村，当地人称之为“打藤牌”。藤牌战法由于是师徒传授，又有严格的祖师遗训，所以古往今来对它的记载较少，清朝以前处于秘密传承状态，现代主要在民间庙会、节日庆典和乡艺会演中为大众所熟悉。

**（六）风物特产**

旅游商品类：富岗苹果、绿岭核桃、金沙河挂面、清河羊绒、宁晋工笔画、邢台老粗布、华龙方便面、临城核桃、汉牡丹瓷、邢白瓷、牛城牛酒、邢酒、核桃工艺、宁晋绢画、刺绣、剪纸、酸枣汁等。

土特产类：邢台板栗、隆尧大葱、临西酱菜。

名吃类：威县“牛舌头”吊炉火烧、黑家水饺、广宗“猴爬杆”薄饼、清河菜豆腐、清河八大碗、威县酥鱼、南和小米煎饼、隆尧魏庄熏鸡等。

**拓展材料**

浆水苹果：2002～2005年连续四年被中组部指定列为会议专用果品和重要会议招待用果品荣誉进京；2007年又一次被列为特供果品，代表着河北邢台抗大老区新农村人民对中华人民共和国的深深感恩与真诚祝福，为党和中华人民共和国献上了一份“浆水”薄礼而“红”遍全国，享誉世界。

富岗苹果：河北省内丘县特产，因生长于太行山深处富岗山庄（原岗底村，2001 年岗底村改名，开始叫“富岗山庄”。）而得名。这里日照丰富，昼夜温差大，极利于水果的有效积累；土壤为中性偏碱的沙壤土质，含有较丰富的磷、钾、钙、镁等元素。富岗苹果具有优良的内在品质，多项指标均高于全国平均值。果肉硬度大、纤维少、质地细。

绿岭核桃：是地理标志产品，是首届中国核桃节的“金奖”产品，被评为“中华名果”“奥运推荐名果”，是河北省名牌产品。

**（七）旅游资源**

邢台西依太行山，旅游资源特色突出，自然风光绮丽多姿。八百里太行纵贯南北，邢台处在中段最精彩篇章，山山有景致，四季景不同，凝聚了丹岩、碧水、湖泊、瀑布、峡谷、森林以及保存完好的古民居等，构成了一幅幅优美的画卷，成就了如诗如画的美丽邢台。

邢台旅游资源种类齐全，可分为山水观光游、人文历史游、红色主题游、休闲度假游、工农业体验游等类型，目前拥有国家4A级旅游景区 11 家，国家 3A 级旅游景区 26 家，国家 2A 级旅游景区 12 家，国家级风景名胜区 2 个，国家地质公园 2 个，国家森林公园 2 个，国家水利风景区 4 个，中国历史文化名村 9 个，中国传统村落 40 个，是名副其实的历史古都、旅游大市。

邢台是一座全域精彩、全景美丽的活力之城。促进邢台市全域旅游产业提质发展，助力邢台市创建中国优秀旅游城市、国家全域旅游示范区，做好长城国家文化公园、大运河国家文化公园的建设，努力把邢台市旅游业打造为新型战略性支柱产业，打造百里太行旅游产业示范区，叫响“守敬故里，太行山最绿的地方”这一城市品牌。

1. 山水观光游

邢台是一座山水绿城，八百里太行孕育了优美的自然风光，凸显了太行山的壮美与雄浑。在这个太行山最绿的地方，山藏水孕、风光旖旎、千峰竞秀、胜景频出。

这里有被誉为太行山最绿的地方——前南峪、北方九寨沟——云梦山、北方奇观——崆山白云洞、太行奇峡——邢台大峡谷、中国爱情山——天河山、中华五杰山——紫金山、燕赵第一景——九龙峡、太行第一水洞——天梯山，充分体现了观光、探险、踏青的旅游主题。

2. 人文历史游

邢台人文历史底蕴深厚，民族民俗风情独特。有郭守敬纪念馆、清风楼、扁鹊庙、英谈古寨、开元寺、沙丘平台遗址、邢白瓷博物馆、清河华夏张氏祖庭、柏乡汉牡丹园、普彤寺塔等。充分体现了文化、历史、修学、科普的主题。

3. 工农业旅游

邢台，是京津冀绿色厨房，循环农业、创意农业快速发展，知名农业品牌，不断涌现。这是一条集田园观光、采摘体验、工业游览于一体的线路，主要由长寿百果庄园、前南峪农业生态观光区、临城绿岭核桃小镇、红石沟休闲农场、德龙钢铁文化园、河北今麦郎集团、金沙河面业集团、清河羊绒制品城组成。

4. 红色经典游

邢台，是一片红色的土地。有烽火熔炉、将星摇篮——中国人民抗日军政大学，红军名将——董振堂，全国劳模——吕玉兰。这些可歌可泣的英雄人物，为这片古老的土地增添神圣和荣光。

红色经典游主要由中国人民抗日军政大学旧址、董振堂纪念馆、冀南烈士陵园、吕玉兰纪念馆、129 师东进纵队司令部旧址、冀南银行遗址、被服厂遗址、八路军印钞厂遗址等组成。

5. 休闲度假游

主要由英谈古镇、王硇古镇、邢襄古镇、秦王湖度假区、岐山湖度假区、七里河组成。在古村中回归恬静，在大森林中静心、清肺，从喧嚣中回归自然的宁静、生活的质朴，收获一种独具魅力的人生体验。让您静享“采菊东篱下、悠然见南山”的轻松心境。

好山引得宾客至，好水醉人游不归。

新时代，新征程，再聚力，再出发。邢台资源得天独厚，旅游产业方兴未艾，我们相信，明天的邢台将不负众望，邢台这幅山水画卷必将越来越美丽。

## 拓展材料

一、邢台古八景

1. 鸳水灵井：位于邢台旧城南关外，此处原为鸳水庙旧址，院内有一精石砌就的八角井，井深莫测，水甘如饴。春季，由于地下水位高，井内常有金翅鲤鱼翻出水面。人们把它当作一种美好吉祥的象征，俗称为“鸳水灵井”。

2. 郡楼远眺：清风楼位于邢台旧城中心，原府衙前左侧沿四周凭栏，始建于唐代。极目远眺，市肆栉比、山水在目，旧时邢州全景尽收眼底，故名“郡楼远眺”。

3. 野寺钟声：唐代名寺开元寺殿前有一巨型铁钟，用以作课报时，每当以巨木击撞时，钟声粗犷沉鸣，声震远近。信徒僧众双手合十，异地同拜，因此成为邢台一大景，叫作“野寺钟声”。

4. 达活名泉：原为一水池，周百步，深丈许，泉水晶莹碧透，一望见低，水量大时，主泉似开锅之水，翻华斗艳，银花沸腾，无数小泉，犹如玉盘行珠，滚流不息。

5. 仙翁古洞：张果老山，又名仙翁山，山腰一棵千年“苦梦树”被视为镇山之宝，黄河以北仅此一棵。

6. 玉泉夕照：位于邢台市西北的皇寺村，寺内有三绝，皇寺、乌桕和玉泉池。每当夕阳西坠，在古刹的屋脊飞檐上，在乌桕的树冠丫杈上，在玉泉池的凉台牌碑上，以及在四周的山林石崖边，均抹上了一层金黄色的彩辉，景观十分幽静、壮丽。形成了游人神往的美景，这就是“玉泉夕照”名胜的由来。

7. 鼎梅晴雪：小西天群山之中有一种叫鼎梅的野生植物，遍地都是，在冬季开红、白、黄三种颜色的花，一片银白的世界里盛开着鲜艳多姿的鼎梅花，确是别有一番情趣。怪不得古人说：“世间奇艳，鼎梅山上雪。”

8. 柳溪春涨：市区北关外豫让桥附近，“垂柳成林，花香四溢，清溪飞溅”。金朝时人们在此挖池塘、筑长廊、建柳溪亭。

二、邢台新八景

1. 牡丹汉韵：柏乡汉牡丹园是国家牡丹芍药资源保护区，占地面积500余亩，园内囊括了国内外牡丹珍品全部的九大色系，上千个品种，以世界牡丹的活化石——汉代牡丹总领群芳。

2. 崆山溶洞：集山、水、洞、林、文物为一体的综合性旅游区，是全球同纬度最大的溶洞，是我国北方一处难得的岩溶洞穴景观，号称"华北第一洞"。被专家赞誉为"北方一大奇观""地下岩溶造型博物馆"和"世界喀斯特风景洞穴世博园"。

3. 鹊庙石柏：内丘县扁鹊庙内的九棵石柏，据考证，九棵柏树为汉柏，一次栽种，树龄在2000年以上，最大的树干直径达1.3米，最高的树干达8米。树身的斑纹，充分展示其古老。枝叶繁茂、四季葱翠、盘根错节、形似龙爪。九龙石柏集年代之久、数量之多、生境之奇三大奇观于一身，在全国也十分罕见。

4. 太行奇峡：八百里太行山一大奇观，被专家誉为"世界奇峡"。

5. 九龙秋色：景区有一处红叶岭，该岭海拔1200米，日照充足，土地肥沃。每逢秋季，黄栌、五角枫、山桃、柿树等30余种红叶集中生长，红色将山峰尽染。极目远眺，漫山红遍，甚是壮观，呈现出"黄灿灿如醉金落满枝头，红彤彤似晚霞醉染山谷"的胜景，成为太行山最红的地方，与九龙峡谷相得益彰。

6. 抗大朝晖：景观坐落于浆水镇前南峪村的中国人民抗日军政大学陈列馆。

7. 天河云海：此景观位于天河山景区，经考证是牛郎织女故事的原生地。

8. 七里画廊：是邢台的母亲河。七里河发源于邢台西部山区，呈西北—东南走向，是一条典型的季节河，是太行山东麓丘陵区的重要排涝泄洪河流。2007年邢台市启动七里河综合整治工程，整体定位为：打造"行洪、生态、休闲、宜居"等多功能为一体的七里河新区。经过多年治理，七里河已成为市民休闲的好去处，景色优美，七座大桥跨过河道，各具特色。现在，七里河两岸绿树成荫、花团锦簇，河中碧水清流、波光荡漾，各具风格的自然、人文景观在七里河畔一路排开，形成了一道美丽的风景画廊。

**参考文献**

[1] 邢台市旅游发展委员会，邢台职业技术学院. 邢台导游词 [M]. 邢台. 2017.

[2] 邢台市旅游发展委员会. 邢台市旅游综合材料 [M]. 邢台. 2016.

[3] 邢台市政府网站. http://www.xingtai.gov.cn/

[4] 百度百科. https://baike.baidu.com/

[5] 邢台日报. 邢台加大文旅产业投入力度 36 个文旅项目建设加快推进 [N]. 邢台. 2020.

[6] 赵兴军，杨爱敏. 邢台县历史文化读本 [M]. 石家庄：河北人民出版社，2013.

## 二十一、广府古城

**【常规游览线路】**

杨露禅故居—广府古城南门—广平府署—武禹襄故居—广府古城东门—弘济桥（步行游览约 3 小时）。

**【讲解要点】**

景区概述：位置、美誉。

主要景观景点：杨露禅故居、广平府署、武禹襄故居、弘济桥等。

### （一）景区概述

1. 位置

广府古城位于河北省东南部、邯郸市东北 22.5 公里滏阳河畔的永年洼里，距离县政府驻地临洺关 25 公里。因历史上曾为广平府治所，故称广府。现为全国重点文物保护单位，全国 5A 级景区。

2. 美誉

广府古城素有古城、水城、太极城的美誉。

说它是古城，因为这里历史悠久，春秋时期已有城池规模，时称曲梁城，距今有 2600 多年历史。《左传》记载，（鲁）宣公十五年六月癸卯，也就是公元前 594 年，晋荀林父败赤狄于曲梁。自西汉起，广府古城历代或为府郡治所，或为州县治所。隋末唐初，夏王窦建德曾在此建都，当时为土城，周长六里二百四十步。元朝侍郎王伟做郡守时，将土城增筑扩大；明嘉靖二十一年（1542 年），知府陈俎调集九县民工，历时十三年，将土城修砌为砖城，周长为九里十三步（4522 米，即现在的规模），现今在西城门洞下有“大明嘉庆二十一年知府陈俎修砌此城”碑刻，此碑保存完好。古城高 12

米，宽 8 米，建有城门楼 4 座，角楼 4 座，垛口 1752 处。城内面积 1.5 平方公里，人口约 1.5 万，有四大街、八小街、七十二道拐拐弯的街巷格局。据明嘉靖《广平府志》载，明洪武元年（1368 年）改广平路为广平府，为当时京师八府〔顺天府（北京）、保定府（保定）、河间府（沧州）、真定府（正定）、顺德府（邢台）、广平府、大名府（大名）、永平府（秦皇岛）〕之一。

说它是水城，因为围绕广府古城四周是碧波荡漾的护城河，护城河全长约 5500 米，宽 70 ~ 120 米，水深 2 ~ 3 米；护城河之外是面积达 21.5 平方公里的永年洼，为河北省三大洼淀之一，它是由滏阳河改道冲积而成的，广府古城就坐落在洼淀的正中央。这里地势低洼，陆面平均海拔 41 米，比滏阳河河底还低 2 米，南高北低，水能自流。淀内长年积水，且水质优良，是著名的天然水产养殖场，被人们赞誉为北国的“鱼米之乡”。广府古城历史上曾吸引无数达官显贵、文人墨客流连忘返，唐代诗人李白、晚唐才子司空曙、元代明相王磐、清代郑板桥与方观承等留下许多诗画。清直隶总督方观承到广府治蝗放粮时，题诗一首：“稻引千畦苇岸通，行来襟袖满荷风。曲梁城下香如海，初日楼边水近东。拟放扁舟尘影外，便安一榻露光中。帷堂患气全消处，清兴鸥鱼得暂同。”

说它是“太极城”，因为这里是太极拳的中兴发祥地。在当今太极拳五大流派（陈式太极拳、杨式太极拳、武式太极拳、孙式太极拳、吴式太极拳）中，杨、武式太极拳均诞生于此，从中又衍生出了孙式和吴式太极拳两大门派。自清中叶至今，杨、武式太极拳创始人杨露禅、武禹襄，太极大师杨班侯、杨健侯、李亦畬、杨澄浦、郝为真、傅钟文等均出生于此。百余年来这里拳风不败，城内外习练太极拳蔚然成风。目前，全世界练习太极拳者约 3 亿人，每年都有数以万计的太极拳爱好者到这里寻根问祖、求师学艺。因此，广府古城成为闻名遐迩的“太极圣城”。自 1991 年以来，这里已成功举办了 11 届国际太极拳联谊会，为弘扬光大太极文化做出了积极的贡献。也正是基于广府古城在海内外太极拳界的影响，永年县被命名为“中国太极拳之乡”和“中国太极拳研究中心”。

### （二）主要景观和景点

#### 1. 杨露禅故居

杨露禅故居始建于晚清时期，总占地面积 980 平方米，分南北两部分。

现在的杨氏故居是 1992 年修复的，整个建筑比原貌规格大、标准高。另外还增设了杨氏太极宗师的雕像、纪念馆，以及供人歇息的茶座、凉亭等。

杨露禅故居共分两个院落三个展室。第一进院落为正房三间，偏房三间，划分为三个展室。二进院落是练武场地。

第一展室里陈列了当年杨露禅卖煤土时的独轮推车，杨氏父子当年练功所用的石锁以及介绍杨露禅的展板。

杨露禅，名福魁，生于清嘉庆四年（1799 年），卒于清同治十一年（1872 年），享年 73 岁。祖籍永年县闫门寨村，后来移居广府城南关居住，因家境贫寒，以推车卖煤土维持生活，但喜欢拳脚功夫，初学洪拳。他爱交朋友，经朋友介绍，空闲时常到城内西街的一家粮行帮忙、做工，粮行的隔壁是一家由河南温县陈家沟人开设的中药店，店名“太和堂”，掌柜的叫陈德瑚。有一天，一个地痞欺负掌柜的不是本地人，到药店寻衅滋事，双方发生口角，地痞举手便打，被陈德瑚用手轻轻一拨，一下子跌倒在门外街心。当时杨露禅刚好经过，看得真切，倍觉惊喜，料定陈掌柜身上颇有功夫，便恳求陈掌柜收己为徒。杨露禅的为人深得陈掌柜的信任，于是，在陈德瑚的引荐下，先后三次南下河南温县陈家沟，拜陈长兴为师，学习“绵拳”，苦心砺志，潜心研究，历时十八余载得其精髓，随创立了杨式太极拳。

到了 1854 年春天，杨露禅经亲友引荐来到京城，被瑞王府聘为王府拳师，其间挫败了许多来访的较技者和各王府拳师。一时间，杨露禅名震京华，被京城的武术界誉为“杨无敌”。有一次，光绪皇帝的老师翁同龢观看杨露禅与人比武后，给予了极高的评价，称颂道：“进退神速，虚实莫测，身似猿猴，手如运球，犹太极之浑圆一体也。”

第二展室主要介绍的是杨式太极拳第四、第五、第六代传人。正门上方“杨露禅故居”五个大字，为国家原书协副主席欧阳中石手书。正房廊柱上是清光绪皇帝的老师翁同龢所书的对联“手捧太极震寰宇，胸怀绝技压群英”。

第三展室则再现了当年先师生活和练拳的情景。杨露禅有个习惯，就是每天晚上坚持在中厅或院子里练拳，他睡觉时从不在床上，而是睡在一条板凳上，为的是睡觉中一翻身就会惊醒，便马上起身开始练拳，由此可见他练拳爱拳的精神和他功夫的来之不易。右边那位长须飘飘、目光深邃的老人就是杨露禅先师，那位正在演练太极的是他的次子杨班侯，中间的那位是先师的三子杨健侯，兄弟两人正在聆听先师的教诲。先师的夫人正在一旁一边做着针线活，一边观看着儿子的表演。

第二进院落，就是当年杨氏父子练功的地方，大家不妨也来感受一下这练功场的气场。南侧的碑廊，是纪念海内外弟子捐资修复先师故居时所立的功德碑。

2. 广平府署

广平府署坐落于广府古城南北中轴线北端，正对南大街。朱元璋洪武元年（1368 年），设立广平府，管辖永年、邯郸、鸡泽、曲周、肥乡、广平、成安、威县、清河 9 县，治所就在这里。到清代，承前制，为直隶广平府，治所未变。雍正四年（1726 年），为解决滏阳河建闸争水纠纷，将磁州（今磁县）划归广平府，至此，广平府辖一州九县直至民国二年（1913 年），废府留县。其间，广府作为明清时期的府治长达 545 年。

广平府署的整体建筑格局为中轴对称，主体建筑均坐北向南，主从有序，中央大堂，两侧辅助，前朝后寝，是典型的官衙建筑结构。府署占地面积约 5.3 万平方米，建筑面积 5600 多平方米，有大小院落 19 个，房屋 160 余间。

进入府署的第一座建筑叫“仪门”，就是礼仪之门。由中门和东西两个便门组成，是一座强化封建礼制的建筑物。过去，进入仪门是有严格规定的，中间的正门是让上级官员走的，平常关闭不开，只有新官上任、上级官员来访、皇帝亲临、迎接圣旨或者举行重大庆典活动时才可以打开，以表示隆重。左右两侧叫生死门，其中，东侧是生门，西侧是死门，以前，府内工作人员走生门，囚犯走死门。仪门的东侧摆放的是鸣冤鼓，为百姓击鼓鸣冤所用。西侧立了两通石碑，上面刻着“越诉笞五十，诬告加三等”，显示了古代法律和府署的严肃性。

迎面建有一座高大的牌坊叫“圣谕戒石坊”，是皇帝赐给府署作为官场箴规用以警诫官员的。牌坊正面上书“公生明”三个大字，是战国末期赵国著名思想家荀子所撰，意思是说，只有公平公正才能明察秋毫、明辨是非。背面题写的是五代十国时期后蜀皇帝孟昶所撰，北宋著名书法家黄庭坚书写的“尔奉尔禄，民膏民脂；下民易虐，上天难欺”，这十六个字的意思是说，作为一名官员，你的收入都来自老百姓的血汗，虽然百姓可以欺瞒，但你的所作所为逃不过洞察一切的上天的双眼，为官者要有所警诫。

大堂广场两侧并排而建的房屋，就是府署的六科。它按古时左文右武的习俗，东侧为吏、户、礼三科，西侧为兵、刑、工三科，对应中央六部，是府署内的法定机构，也是府署内工作人员的主要办公场所。

广平府署的大堂正中是“月台”。月台的正面和东西两侧各有一处台阶，中间的台阶一般不使用，上下月台的规矩是东上西下。知府审理案件时，老百姓可站在月台上“旁听”。月台还有一个作用，就是救日护月。古代发生日食、月食的时候，人们认为要有灾害发生，从官府到百姓都要进行祭祀活动驱灾赶邪。活动在官衙举办时，地点就是月台。

月台前方是第一道匾额“广平府正堂”。大堂又名“正堂”，为府署核心机构，是封建社会权威象征，是知府开读诏书、接见官吏、举行重要仪式、公开审理重大案件的场所。

卷棚下方是副对联，上联是“摈私循国法晨昏惕厉常如负岱在肩”，下联是“息讼察民情上下浚疏莫要防川於口”，意思是说：办案不可徇私，宜尊法典；治水不在堵口，重在疏浚。表现了当时的府署官员，力求上不负天子皇恩，下不欺百姓子民，追求公平公正的为官理念。

第二道匾额为“忠爱”，意思是忠君爱民。这里便是当年广平知府升堂办案，举行庆典的地方。两侧的楹联极具现实性：“吃百姓之饭，穿百姓之衣，莫道百姓可欺，自己也是百姓；得一官不荣，失一官不辱，莫说一官无用，地方全靠一官”。这副楹联写明了官和民的辩证关系，浅显易懂。大家请仔细看下这副对联中的字有没有什么奇异之处？（官字少一点，姓字多一点）官字少一点是告诫官员们要少一点官气，姓字多一点是提醒官员们要多一点爱民之心。

大堂正中悬挂的“明镜高悬”是第三道匾额，其意在于标榜公正无私，断案精详。

大堂正中屏风上绘“云雁朝日图”，这是代表四品文官身份的图案，屏前高出地面约 30 厘米的地方称“台”，是知府审案的地方。台正中设公案，公案上摆放有文房四宝、签筒、惊堂木等审案必须用品。其中，签筒内有红、绿头签各 10 支。绿头签是捕签，用来捕人；红头签是刑签，用来用刑。

在这里签和签筒还另有妙用：签筒容积正好是户部颁定一斗米的容积，一支签的长度也正好是一尺的长度。如有缺斤少尺案件发生，当场即可衡量验证。

后面的那个木架为官印架，上面放置的是官印。左侧的桌椅是审案时书吏办公的地方，以便于进行现场记录。而堂前的这两块石头分别为原告石和被告石，其中原告在东，被告在西，这是由于东尊西卑的缘由，可以反映出古代案件在审理之前，被告地位要低于原告。

在屏风背后还写有“清、慎、勤”三个字。这三个字是封建社会对官员的基本要求，即“清廉、谨慎、勤政”。

大堂的后面是二堂院落。二堂又称“中和堂”。“中和”二字出自于《中庸》：“中者，天下之大本也；和者，天下之达道也。”以中为度、以和为贵，中和堂就是取中庸和谐集于一堂之意，是知府处理日常事务的场所。二堂东梢间是议事房，是知府与幕僚议事的地方，也是知府上堂前或上堂期间更衣休息的场所。西梢间是启事房，也称稿册房，是署内师爷和书吏为知府查找案宗或整理案卷的地方。

二堂之后为三堂，由宅门相隔，我们刚才参观的建筑一般称之为“外衙”，而进入这道门，就意味着进入了“内衙”。宅门是府署的咽喉之地，所有进入人员都要在宅门东侧门房登记，一般人等不可随便进入。三堂又称“燕思堂”，是知府平常休息、喝茶、处理内务、会见宾客、接待上级官员以及处理隐私案件的场所。三堂的东梢间为知府书房，是知府日常读书、休息的地方。西梢间为签押房，是知府阅处机密文书和处理机密事务的地方。三堂之后是东四堂和西四堂。东四堂是知府和夫人及子女居住的场所，外人不准随意入内。西四堂，是知府小妾居住的地方。

出了东便门，就是浮青阁，也叫镇楼，镇楼里面供奉的是守印大仙，一般是狐仙，也有供奉黄仙（黄鼠狼）的，但是并不多。他们虔诚地供奉，是希望狐仙守护好他们的官印，同时为他们的仕途带来好运。1937 年，镇楼毁于战火，现为原址重建。

最后是府署的小花园，是知府赏荷观鱼休闲的一个场所。这里是莲池，与“廉耻”谐音，寓意“清水衙门，廉洁清政，出淤泥而不染”。莲池东侧配房则是府衙差役、用人的住房。

3. 武禹襄故居

武禹襄故居是典型的晚清建筑，总占地面积 9000 平方米。原故居分三条纵轴线，现除中轴线部分保存较为完好外，其余两侧轴线尽毁。现存中轴线部分，分南北三重院落。南面的三间敞房是轿房，是主人出入存放轿子的地方，类似于我们现在的车库。轿房正对着的大门是仪门，西面这三间北屋，是武宅的书房兼私塾，西南方原来建有月门、花厅、演武场等建筑。均为雕梁画栋，飞檐亮瓦，十分壮观。可惜早已被毁。穿过仪门就可进入故居。

故居的上房是客厅，武禹襄会客的地方，东西配房是他的儿孙们的卧室。这个客厅也是过厅，中间的屏风是两扇门做成，如果是一般客人，武禹襄便会在这个客厅会见。来了贵客才会打开屏风迎进最里面的自己的房间，贵客如是女士，则由家人从屏风两侧引入。由此可见过去男尊女卑的习俗是如何不平等。

再往后走就是武禹襄的内宅了。东西配房是武禹儿子的卧室，正房北屋就是武禹襄的住处。

武禹襄名河清，字禹襄，广府镇东街人。生于清嘉庆十七年（1812 年）二月，卒于光绪六年（1880 年）十一月，清代的秀才，自幼酷爱武术。他起初和杨露禅同习洪拳，后学太极拳。武禹襄为了进一步探求太极奥妙，于 1852 年亲赴陈家沟向陈长兴求教。但是到河南后，得知陈长兴已年老多病不能收徒传艺，于是便拜河南赵堡镇陈清平为师。陈清平将自己的拳技精髓、奥旨秘诀，倾囊传授给武禹襄。武禹襄亦加倍努力，日夜研习，月余理法尽知。他又把他的哥哥武秋瀛从舞阳盐店找到的王宗岳《太极拳谱》和不知作者姓名的《太极拳概要图》《拳论》一并抄绘携回。回家后，即找他的外甥李亦畲搭手试验。他们日夜加紧研练，苦学二载，创造出一套武式太极拳路并写出《太极拳解》和《十三总势说略》等著作，传授于世。至今被拳界奉为经典名著。武禹襄先生被尊为武式太极拳第一代祖师。

4. 弘济桥

弘济桥也叫府东桥，东西横跨于滏阳河之上。滏阳河是华北地区一条重要的河流，它发源于邯郸市峰峰矿区的太行山东麓，流至天津附近与海河交汇。在古代时它就是一条重要的水上交通线。据《广平府志》上记载：“又赖滏水，上达磁邯，下通津卫。”行旅通商极为方便。

弘济桥建于何时已无从考证，目前仅有碑刻记载为明万历十年（1582年）重修。由于修桥时动用四面八方人力众多，因此名为“弘济桥”。古代是冀鲁两省交通要塞，桥侧石柱上深达寸许的纤痕至今清晰可见，不难想象当时这里的水运十分繁忙。

弘济桥桥面长48.9米，宽6.82米，大券跨度24.8米。弧矢全部用石块砌成，下面没有桥墩，只有一个拱形大券似长虹飞架，大券的两旁各有两个小券。这种敞肩式的桥形不仅节省了原料，减轻了桥身自重，而且减小了水流对桥身的冲击力，有力地保护了桥身。弘济桥的砌筑方法也很完美，它是由18道单券纵向排列而成，券石与券石之间用铁束腰相连，护拱石之间用石灰或泥浆砌筑，提高了拱券的抗压强度。另外勾檐石的大量使用也是中国桥梁史上独一无二的，到桥下我们就可以清楚地看到这种构造了。弘济桥的这些修造方法，使整个大桥浑然一体，结构非常牢固，以至于历经千年依然稳若磐石。

弘济桥不但是一座正常的交通运输桥，而且还是一座艺术之桥。桥上共有18根方形望柱，望柱上有7个狮子、8个猴子、1个鲜桃、1个石榴和中间的一个地牤牛。桥面两边各有17块石栏板，还有9桃10石榴，栏板上所刻花纹多是连年有余、节节封侯等吉祥画，还有鹿、麒麟、八仙和武松打虎等图案，形象逼真，玲珑可爱。大券和小券两面中间刻有龙头，大券两边对刻的二龙戏珠、飞龙、飞凤，两边尽端小券刻的缠枝花，更是炉火纯青，精工细雕，栩栩如生，有很高的艺术价值。

关于弘济桥还流传着这样一个美丽的传说。相传，桥修好以后，不知从哪里来了一个老道士，他在桥上转来转去，左看看，右摸摸，嘴里还不住地念念有词：“桥真好，桥真好，可惜两处没修好，榴、桃、狮、猴没修活，龙嘴子没成宝。”人们听了，纷纷要求老道士留下来，帮着把这两处修修。老道士说：“试试看吧！”从那天起，老道士每天在桥上，摸摸石榴、桃，梳梳狮子和猴毛，还坐在伸出的龙头上，用手去摸龙嘴里的那颗珠子，一连七七四十九天，珠子突然放光，老道士也不见了。有一年发大水，村子的房子都被淹了，人们都逃到了桥上。眼看桥也要被洪水淹没了，就在这时，桥柱上的狮子、猴子活了，个个跳进水里抬桥，慢慢把大桥托了起来，望柱头的石榴和桃也都成了真的，像在聚宝盆里一样，取之不尽，供人们充饥。只见水涨桥浮，再大的洪水也奈何不得这座桥。从此，人们把这座弘济桥．称作浮动桥。

另外，在桥面石上还发现了角石、三叶虫等化石，它们都属于古生代时期的奥陶纪，至今已有 4.5 亿～5 亿年之久，更为古老的石桥平添了许多神秘的色彩。

说不尽的历史岁月，道不完的典故传奇，数不尽的英雄豪杰。人杰地灵的广府城，见证了 26 个世纪的跌宕起伏。广府古城经过一次次的战火洗礼依旧那么壮美，依旧那么迷人。无不让人由衷感叹：壮哉，古城；大美，广府！

**参考文献**

［1］邯郸市政府网站．http://www.hd.gov.cn/
［2］邯郸导游词汇编．

## 二十二、邯郸概况

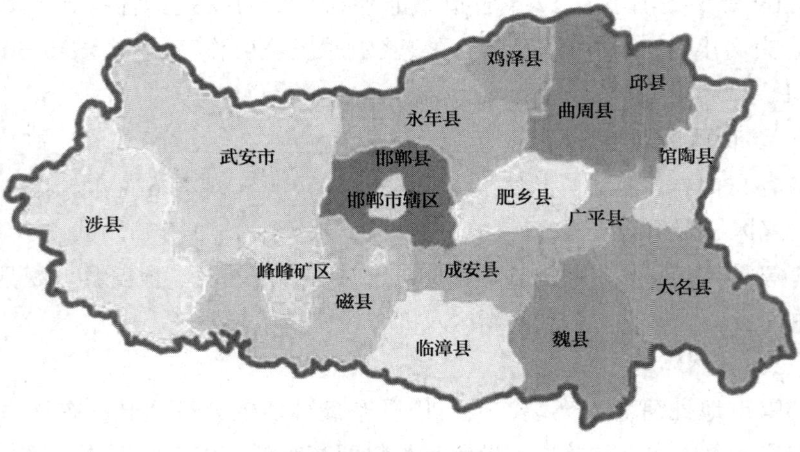


邯郸行政区划图

**【讲解要点】**

区位交通、行政区划与人口、自然环境、历史沿革、地方文化、风物特产、民间艺术、旅游资源。

钟灵毓秀，文化邯郸："邯郸"二字，作为一个城市独属的名称，3100年来从未改变。上溯遥遥8000年，地肥水沛的邯郸洺河两岸，就有磁山人栽种谷稷，饲养家禽。战国时期作为七雄之一赵国的都城鼎立158个春秋。汉代后期，邯郸富冠海内，名列中国五大商都。曹魏邺城，"三曹""七子"使建安风骨彪炳中国文坛。延宕唐朝，万室歌钟、繁花似锦。宋代北京大名府，更是一部《水浒》天下知。明清广府城，文有紫山书院、武有太极宗师。汤汤滏水旁，坦坦平原上，上苍钟情于这片土地，把悠久的历史给了这里，把多彩的文化给了这里，把丰饶的物产给了这里，更把灵秀的智慧给了这里。

**（一）区位交通**

邯郸区位优越、交通便捷。地处晋冀鲁豫四省交界，是东出西联、通南达北的重要节点。境内铁路交叉、国道交会、高速纵横、机场通航，综合立体交通优势明显。邯郸机场已开通到上海、杭州、广州、深圳、厦门等20条航线，境内铁路有京广、邯长、邯济、邯黄铁路和京广高铁，干线公路有京港澳、青兰、大广、绕城、邯馆、太行山6条高速公路，106、107、309等7条国道及17条省道。邯郸到北京的高铁车程、到上海的航程，均为2小时，1小时经济圈可覆盖中原经济协作区13个城市6000多万人口。

**（二）行政区划与人口**

邯郸总面积1.2万平方公里，总人口1057万，现有6个市辖区（丛台区、复兴区、邯山区、峰峰矿区、肥乡区、永年区）、1个市（武安市）、11个县（鸡泽县、邱县、曲周县、馆陶县、涉县、广平县、成安县、魏县、磁县、临漳县、大名县）和冀南新区及邯郸经济技术开发区。

**（三）自然环境**

邯郸市地处河北省南端，太行山脉东麓。西依太行山脉，东接华北平原，与晋、鲁、豫三省接壤。邯郸市地势西高东低，以京广铁路为界，西部为中、低山丘陵地貌，东部为华北平原。海拔最高1898.7米，最低32.7米，属暖温带大陆性季风气候，四季分明。年平均气温13.5℃。邯郸境内的河流属海河水系，境内有较大河流及支流20多条，主要有漳河、卫河、卫运河、滏阳河、沁河、渚河、输元河、洺河等河流。邯郸素有“钢城”“煤都”和“北方粮仓”“冀南棉海”之称，是国家重点建设的老工业基地。邯郸栽培植物资源主要作物有小麦、玉米、稻谷、棉花、花生等，是全国重要的粮棉、禽蛋、蔬菜生产基地。邯郸蕴藏有种类繁多的矿产资源，是全国著名的煤和高品位的铁矿石产区，拥有丰富的“两黑”——煤、铁资源，煤炭和铁矿石储量分别达到40亿吨和4.8亿吨。

**（四）历史沿革**

“邯郸”之名，最早出现于古本《竹书纪年》。邯郸地名之由来，现在一般以《汉书·地理志》中三国时魏国人张晏的注释为源：“邯郸山，在东城下，单，尽也，城郭从邑，故加邑云。”意思是说，邯郸的地名源于邯郸山，在邯郸的东城下，有一座山，名叫邯山，单，是山脉的尽头，邯山至此而尽，因此得名邯单。

8000多年前，新石器早期的磁山先民就在这里繁衍生息，开启了农业文明的新纪元。

邯郸的城邑，肇起于商殷。古本《竹书纪年》中，就有商末殷纣王在邯郸建“离宫别馆”的记载。

邯郸西周时属于卫国，春秋时为晋地，战国时，赵敬侯元年（前386年）将赵都自中牟（今河南鹤壁西）迁徙到邯郸，邯郸作为赵国的都城，历经八代王侯，延续了158年的繁华。

秦始皇十九年（前228年）秦军破邯郸，赵王迁降秦，邯郸属秦国。汉高帝四年（前203年）立张耳为赵王，都城仍设邯郸。九年（前198年），刘邦封其爱子如意为赵王，并重建邯郸宫城。一直到西汉后期，邯郸城有“富冠海内，天下名都”之称，与洛阳、临淄、成都、宛（南阳）齐享全国五大都会盛名。

东汉末叶，豪强并起，割据混战，邯郸开始走向衰落。建安十八年（213年），汉献帝册封曹操为魏国公，于邺城建都。魏都邺城继而先后为后赵、冉魏、前燕、东魏、北齐的国都，前后历时364年，对于后世产生了极为深远的影响。

隋唐时，邯郸先后归属或复辖为洺州、磁州、武安郡和紫州，衰落而成蕞尔小县。唐高祖武德四年（621年），作为魏州首府的大名已发展成为黄河以北较大区域的中心城市。

宋王朝建立后，宋太宗将天下分为十五路，邯郸县属河北路磁州。宋仁宗庆历二年（1042 年），建大名为陪都，称北京。

明太祖洪武元年（1368 年），邯郸县属北直隶省广平府。清朝因袭明制称直隶省，邯郸县仍属广平府管辖。民国初，废广平府，邯郸县属直隶省冀南道；1928 年，直隶省改为河北省，邯郸县直归省辖。

在抗日战争和解放战争时期，邯郸是晋冀鲁豫根据地的中心地带，刘伯承、邓小平率八路军 129 师转战千里太行，创建了以邯郸为中心的晋冀鲁豫解放区。

1945 年 10 月 5 日邯郸城获得解放。此后，邯郸县城始建为邯郸市，直属晋冀鲁豫边区政府（政府设在邯郸市）。1949 年 3 月，撤销邯郸市，降为邯郸镇，同年 8 月河北省人民政府成立，设立了邯郸专区，邯郸镇划归河北省邯郸专区管辖。

1949 年 10 月 1 日中华人民共和国成立，邯郸镇仍为邯郸专区专署驻地。1952 年 12 月 22 日，邯郸镇复升为邯郸市。1993 年经国务院批准，撤销邯郸地区，实行地市合并，称邯郸市。

中华人民共和国 70 多年来，邯郸已由初期一个人口不足 3 万的小镇，逐步建设成为一个城市人口超百万的新兴的繁华都市。

**（五）地方文化**

在邯郸悠久历史的进程中，孕育并积淀了深厚的历史文化，8000 余年的历史铸造成了赵文化、磁山文化、女娲文化、曹魏建安文化、北齐石窟文化、梦文化、磁州窑文化、广府太极文化、成语典故文化、边区革命文化十大文化脉系。

1. 赵文化

以胡服骑射为代表的赵文化，是中华民族古老文化的源头之一，是华夏文化与北方草原游牧文化交会、融合和升华的结晶，具有中原华夏文化和北方草原文化构成的二重性。它丰厚博深、魅力四射、光彩照人，是邯郸地域文化中的代表。赵文化滥觞于春秋，兴旺于战国，延续至两汉，在历史的长河中流淌至今，形成了自己独特的风韵。这里产生了发达的冶铁、制铜、制陶等手工业，形成了繁荣的城市商业贸易，孕育了荀子、公孙龙、慎到等一代学术大师，涌现出赵武灵王、廉颇、蔺相如、赵奢等一批慷慨悲歌的英雄人物。它与燕文化共同构成了中国古代北方文化的概貌。

2. 磁山文化

我国以粟作农业和定居生活为特点的原始农耕文化的典型代表，因最早发现在武安的磁山遗址而命名。经科学测定，距今已有8000多年的历史。磁山被确认为是世界上粮食作物——粟的最早发源地，还是中国家鸡和中原核桃最早的发现地。农作物“粟”（谷子）、家鸡和核桃三大发现，改写了我国乃至世界粟作农业、家鸡驯养和核桃产地的历史。以陶质平底盂、鸟头形支脚为特点的生活用具，以石制斧、铲、磨盘、磨棒为特点的农耕和脱粒工具，以长方形坑穴为特点的粮食窖穴，以陶、石器“组合物”为特点的祭祀遗迹等，构成了磁山文化独特而丰富的内涵。磁山文化被誉为“中华瑰宝”，是我国新石器时代考古的一项重大突破。

3. 女娲文化

坐落在涉县的古中皇山上的娲皇宫，传说是华夏始祖女娲氏“炼石补天，抟土造人”的地方，世人尊称为“华夏祖庙”。娲皇宫建造在悬崖峭壁上，阁楼高悬，构造奇巧，被称为河北古建筑十大奇观之一。从娲皇宫开凿的石窟和摩崖刻经考察，它始建于北齐天保年间（550～559年），距今已有1450余年，后经历代相继扩修，逐渐形成今日规模。相传农历三月十五日为女娲的诞生之日，每当此时举办娲皇庙会，来自周边数省的游客云集此地祭祀女娲。千百年以来，流传在这里的民风民俗、民间信仰和神话传说形成了丰富的神秘文化，在中原大地远近闻名。以娲皇宫为代表的女娲文化，展现了女娲在洪荒时代与自然抗争、改造自然、造福苍生的不屈精神，表现出中华民族自强不息的民族精神。

4. 曹魏建安文化

位于临漳县西南的古邺城遗址是东汉末年至魏晋时期，中国北方政治、经济、军事文化的中心。在东汉末年至隋统一的400年间，邺城为北方著名的古都，东汉末年孕育出了文学史上璀璨的“建安文学”。著名的政治家、军事家和诗人曹操，在邺城聚集了以曹氏父子和建安七子为主体的“邺下文人集团”，辞赋慷慨，开一代风格刚健、情调激越之文风，在中国文化宝库中占有极其重要的地位。铜雀三台和邺城的建筑格局，对隋唐长安都城、元大都（北京城）、日本奈良城乃至后世的都城建筑都产生过重大影响。以邺城为依托的建安文化，是建安文学的摇篮、民族融合的结晶、中国文化史的奇观。

5. 北齐石窟文化

以响堂山石窟和娲皇宫石窟为代表的北齐石窟文化，是中国佛教雕刻艺术的宝藏，这里有世界上最大的摩崖刻经群，代表着北朝时期佛教发展的最高成就。响堂山石窟是北齐最大的佛教石窟寺院，是位列中国云岗、龙门、敦煌、麦积山四大名窟之后的全国第五大石窟群，隋、唐、宋、明历代开凿续修，共有大小洞窟十六座，造像4300多尊。它一方面是中西方文化互相融汇过程的历史体现；另一方面是南北方文化相互渗透的历史见证，是中国佛教雕塑艺术汉化过程中承上启下、融会贯通的重要环节。娲皇宫石窟现存北齐佛教刻经六部，共计约13万字，是国内摩崖刻经保存文字最多、最完整的经书，是研究中国佛教史和校勘中国佛教史籍的重要实物资料，也是北朝书法艺术的精品。

6. 梦文化

以“一枕黄粱”和黄粱梦吕仙祠古建筑群为代表的梦文化，蕴含着极为深厚的中国哲学思想，表现出中华民族对于美好事物的向往和执着追求。由此演绎、发展而形成的“梦文化”在中国博大精深的历史文化典藏中，留下了一幅幅浓墨重彩的绚丽画卷。依据唐传奇《枕中记》而建的千年古观“黄粱梦吕仙祠”，建筑规模宏伟，内有中国“名梦馆”，是研究中国“梦文化”的集大成之地，也是中国“梦文化”的唯一载体，它对中国小说、戏剧、诗文的创作都产生了重要的影响。黄粱梦文化底蕴深厚，是中国梦文化的代表和重要组成部分。邯郸因此被海内外人士誉为“美梦之乡”。

7. 磁州窑文化

磁县、峰峰矿区的西部地区，是绵延的太行山余脉，这里蕴藏着大量的高岭土，是制作陶瓷的天然原料。从北齐时就已开始烧造瓷器，并逐渐形成了漳河流域的观台和滏阳河流域的彭城两大窑场。宋元时期逐渐发展成为北方最大的民间瓷窑。其造型优美，装饰手法丰富，色彩对比强烈，题材广泛，技艺高超，在思想表现出强烈的民族意识，它所创造的白地黑花的装饰艺术，集诗、书、画于一体，独具浓郁的乡土气息，代表了古代北方民窑的最高水平。古来就有“南有景德，北有彭城”“千里彭城，日进斗金”之说。磁州窑以粗犷、豪放、潇洒的艺术风格而独树一帜，创造了宋金元时期民间瓷艺的最高成就，体现出民间工艺强大的生命力。磁州窑文化在中国乃至世界陶瓷文化艺术中都占有极其重要的地位。

8. 广府太极文化

灿烂的东方文明，孕育了博大精深的太极文化。清朝道光年间，在中国邯郸的永年县广府城，诞生了一代太极宗师杨露禅和武禹襄，使永年县成为中国太极拳两大流派——杨式太极拳和武式太极拳的中兴发祥之地。在此后的100多年中，杨式和武式太极拳广为传播，尤其是杨式太极拳开武术健身之先河，使太极拳易于习练，成为强身健体的体育项目。太极拳作为祖国传统的文化艺术瑰宝，就是从这里走遍全国、走向世界，成为亿万民众热爱的体育健身运动的。太极拳因其集武术、医术、导引术为一体的科学的人体文化，引起了世界各国专家、学者及爱好者的重视和喜爱，广府的太极拳文化已成为中国的国粹而载入史册。永年因而被命名为“中国太极拳之乡”。如今，以杨露禅和武禹襄为代表的广府太极文化，已成为河北乃至中国向世界传播健康和友谊的纽带。

9. 成语典故文化

邯郸作为国家历史文化名城，其广袤地域的辉煌历史、深厚丰腴的文化积淀为邯郸留下了众多的名胜古迹和历史故事，经过千百年的披沙拣金，凝聚成了脍炙人口的成语典故。据不完全统计，由邯郸历史和相关史书中所滋生、蕴积、提炼出的具有邯郸地方特色或与邯郸有密切关系的成语典故达1500条之多，如“胡服骑射”“邯郸学步”“完璧归赵”“负荆请罪”“黄粱美梦”等，它们以言简意赅、精辟神妙、富于哲理、寓于情趣、耐人寻味而成为中国汉语言艺术中的一朵奇葩。邯郸的成语典故，集中原与边塞之风韵、蕴文化与哲理之内涵，在华夏历史文化长廊中独树一帜，堪称国之瑰宝。2005年10月26日，经中国文联批准，由中国民间文艺家协会授予邯郸市“中国成语典故之都”称号。成语典故文化已成为邯郸市十大文化脉系中一颗璀璨的明珠。

10. 边区革命文化

邯郸在中国抗日战争和解放战争中，是晋冀鲁豫解放区的中心。刘伯承、邓小平及其领导的八路军129师以太行山为战场，英勇抗击日本侵略者，展现出边区人民的浩然正气和民族之魂。刘、邓首长运筹帷幄、决胜千里之外，在这里指挥大小战役3100多次，为中国人民的解放事业立下不朽的功勋，形成了彪炳史册的革命军事文化。从这块红色土地上走出的300余位将帅，成为中华人民共和国第二代领导集体的中坚力量。《人民日报》《人民画报》在邯郸创刊，中央人民广播电台的前身华北新华广播电台在邯郸开播。在抗战中创建于邯郸的《人山报》影响深远，边区革命文艺活动和创作演艺队伍在这里培养、成长、壮大，催生出了如火如荼的边区大众文化。现代最早的纪念性建筑——晋冀鲁豫烈士陵园和涉县的“一二九师司令部旧址”及“陈列馆”名列全国百个爱国主义教育示范基地。

**（六）风物特产**

1. 土特产类

邯郸的土特产有涉县花椒、涉县柿子、涉县核桃、永年大蒜、北沿村粉皮、和村香醋、鸡泽辣椒、大名府小磨香油、大名花生、曲周曲面、成安草莓、魏县鸭梨等。

2. 小吃类

邯郸的特色小吃有武安拽面、武安熏肉、驴肉卷饼、锅盔夹肉、永年驴肉香肠、广府酥鱼、彭城的三下锅、和村羊汤、和村熏肉、二毛烧鸡、五百居香肠、郭八火烧、临漳扒兔、临漳大锅羊汤、黑脸烫面包、广平八蒸等。

特色小吃及邯郸菜形成了邯郸独特的饮食文化，2017年在哈萨克斯坦阿斯塔纳世博会上，邯郸菜作为中国美食代表之一，走上了国际舞台。2019年8月，邯郸20道菜品入选2022年冬奥会“崇礼菜单”。

**（七）民间艺术**

邯郸有着绚丽多彩的民俗文化和民间艺术。大名草编、曲周龙灯、广平水陆画、馆陶黑陶制作、魏县花布染织等129个项目列入国家级和省级非物质文化遗产。

草编工艺，据说已有1500年的历史，清朝雍正年期间（1730年前后），起源于西付集乡朱家村，从山东掖县传入大名县境内，后传至大名县卫河以东地区，掐辫手工艺遂至千家万户。大名草编手工艺多以麦秆制作草帽提篮等物品。在此基础上，经过民间艺人的研究，又增加了提袋、茶垫、坐垫、地席、门帘、果盒、纸篓、拖鞋以及用麦草制作的贴画、贴盒等。麦草贴画集油画、工笔画等艺术于一身，多表现花鸟虫鱼、虎啸深山、鹿鸣翠谷、悬流飞瀑等题材，有一定的实用价值和艺术价值。

“曲周龙灯”起源于宋代。据传，宋朝时期的曲周县十年九涝，庄稼无所收成，农民贫困交加。民间有敬俸龙王，可保平安的传说。于是，为了求龙王保佑，风调雨顺，五谷丰登，人们就制作了一条龙，龙内燃灯，起名“龙灯”。每年元宵节，挥舞龙灯，敬仰龙王，代代相传，延续至今。广平水陆画又称为水墨布画，主要分为轴画、壁画等，是古代寺庙举行水陆法会时悬挂的一种神像画，已有数百年的历史。图画既有工笔重彩，又有水墨黑白，画技精湛，勾勒、渲染细腻。

**（八）旅游资源**

邯郸山川壮丽、风景秀美。全市拥有涉县娲皇宫、广府古城2处5A级景区，丛台公园、武安朝阳沟、京娘湖、七步沟、涉县太行五指山等13处4A级景区，峰峰响堂山、涉县娲皇宫2处国家风景名胜区，武安国家森林公园、峰峰响堂山2处国家森林公园，磁县东武仕水库等5处国家水利风景区，峰峰滏阳河等3处国家湿地公园，武安伯延镇等5个中国历史文化名镇，磁县花驼村等7个中国历史文化名村，赵王城遗址等40处全国重点文物保护单位，武安地质公园和青崖寨分别为国家地质公园和国家自然保护区。

在邯郸，可登武灵丛台遥想赵王检阅军队的威严与豪迈；可到临漳邺城赏铜雀、金凤、冰井三台，一探“铜雀春深锁二乔”的究竟。中国十大石窟之一的峰峰响堂山石窟，等着您去探寻中国佛教雕刻艺术的宝藏，奉祀女娲的“华夏祖庙”——涉县娲皇宫，会让您置身天造地设的唯美之境，品赏世界之最的摩崖刻经。到永年广府古城，您可感受气魄雄伟之城，婉约柔美之水，杨武太极之风；在北宋陪都大名府，您可触摸历史的厚重与沧桑。弘济桥、黄粱梦吕仙祠、“江北第一阁”玉皇阁、“佛教禅宗祖庭”成安二祖寺……众多的文化遗迹都镌刻了邯郸历史的变迁。

这是一片长满了故事的土地，这是一座等了你3000年的城。太行山劲烈的风，华北平原酣畅的雨，烈酒浇透的汉子和踮着脚尖飞旋的舞娘是故事里幻化不完的背景。这就是古都邯郸。

蒹葭苍苍，彼黍离离。3000年，不过一壶老酒的距离。邯郸，你若来，很近，不来，很远。为了等你，它三千年名字不改。这就是邯郸，有内涵，不简单！

**参考文献**

[1] 邯郸市政府网站. http://www.hd.gov.cn/

## 二十三、雄安市民服务中心

**【常规游览线路】**

西南门进入，经政务服务中心、会议培训中心、党工委办公楼、生活配套区、企业办公区、凯骊酒店、规划展示中心，西北门出。

**【讲解要点】**

景区概述：位置、建筑特点等。

主要景观景点：政务服务中心、会议培训中心、党工委办公楼、生活配套区、企业配套区、企业办公区、规划展示中心等。

### （一）景区概述

雄安市民服务中心是河北省雄安新区的行政机构，位于雄安新区容城东部小白塔及马庄村界内。占地面积24.24万平方米，建筑面积约10万平方米，是新区内第一个建设项目，整体布局呈现三纵三横格局，具有对称、庭院式特点。主要用于新区党工委、管委会、雄安集团、先期入驻新区企业的临时办公和日常生活，同时满足新区规划建设成果展示、政务服务、会议接待和未来低碳智慧城市生活体验等功能需要。

雄安市民服务中心从一开始就确定了“以人文本，开放共享”的城市基因。按照通用、共享、适老、融合的原则扩展无障碍内涵，全面服务来访人群，又配备了鼓励绿色出行的充电桩和智慧骑行系统，无人超市、智慧邮局等共享商业服务设施，倡导绿色健康、智慧共享的生活模式。园区在确保职住平衡的同时，还采用开放式街区理念，与既有城区资源共享。

雄安市民服务中心从2017年12月7日正式开工，到2018年3月28日项目主体竣工，仅用了112天，真正实现了“雄安速度”。该项目大量采用了装配式设计，在整个项目中装配化率超过70%。特别是在企业办公区，大量使用模块化、可生长、可循环利用的钢结构装配式房屋，钢结构构件全部在工厂加工，然后运输到工地进行拼装，运用焊接机器人焊接，施工工期相比传统模式缩短 40%，建筑垃圾减少 80% 以上。

基于绿色发展的基本理念，市民服务中心倡导绿色出行，禁止燃油车驶入园区，创新推广固定线路、不固定站点、根据乘车人数动态分配车型的"智慧公交"运营模式，构建包含新能源无人车、智慧骑行共享单车、电动摆渡车和智慧公交等综合运用的智慧交通体系，创新实现无障碍系统化、开放街区、通用共享、便捷出行、健康生活、便民利民等人性化服务，真正实现"市民服务中心"的内涵，以人为本，把城市还给人。

服务中心设计之初，从城市与生态互利共荣角度，思考白洋淀生态文化，汲取历史与文化底蕴，兼顾地方群众情感。确认以"大雁"为创意点的设计方向，形象体现淀泊风光，雁领雄安。两只大雁分别象征着雄安的生态底蕴和创新灵魂，蕴含雄安市民服务中心全新一代环保建筑的设计精髓，彰显服务于民、诚信为民、领先为民的建筑内蕴。

**（二）主要景观景点**

1. 政务服务中心

政务服务中心位于主轴线西侧，于 2018 年 5 月 30 日正式启用，上下两层，使用面积 3850 平方米。一层为服务区，根据不同功能设置为市场准入服务区、行政许可服务区、投资项目联审区、公共资源交易区和综合商务服务区，并提供自助服务、金融服务，设立畅通政企沟通的"创业会客厅"。二层为综合服务区，包括办公室、审批会商区、会议室、资料室、档案室、监控室、机房等设施。

政务服务中心为园区被动式节能建筑示范，通过精细化设计施工，采用外墙保温系统、被动式外门窗系统、气密性处理措施、高效热回收新风系统，充分利用被动式自然能源和内部热源，在保证生活舒适度的情况下实现建筑低能耗运行。

政务服务中心通过提供"一对一"全程帮办、综合窗口一窗受理、全程网络流转审批、一口统一出证等全流程服务，提升公众的办事体验。

政务服务中心按照"大部制、扁平化"原则，从提升办事人员体验入手，打造"我办事、您放心"的雄安政务服务质量品牌。按照"数字城市、智慧政务”理念，网上政务服务综合平台将实现更多审批在网上“跑”，更多数据在云上“共享”。

2. 会议培训中心

会议培训中心，总建筑面积6271平方米。一层为1030平方米的多功能厅，并设有新闻发布厅和贵宾接待室，二层布局面积为200～500平方米的多功能会议室8个，均配备最先进的视听设备，可满足不同规模、不同功能的会议、会展及新闻发布等需求，可保障1600人同时参加会议，未来将有更多国际性会议、论坛在这里举办，支持雄安新区建设发展最前沿信息的交流与共享。

3. 行政管理中心

行政管理中心坐落在园区中心位置，建筑面积11320平方米。区别于以往党政办公楼的封闭式设计，采用了现代设计手法，在体现庄重典雅的同时，呈现出一个开放透明党政办公新形象。整个建筑采用四合院式的格局，结合轻盈的屋顶和柱廊形象、简洁的立面，既呼应了中国传统建筑的意境，又代表了雄安面向未来的姿态。此外，整体布局结合中部公共活动区域，创造丰富的院落空间和宜人的绿荫空间。

4. 周转用房和生活服务区

党政办公区的北面为周转用房，是园区为入驻党政办公人群提供短期周转的住宿空间。生活服务区设置食堂、京东无人超市、中信书店，为园区提供全方位、多元化的园区商业配套保障。

5. 通往企业办公区沿途

（1）慢行步道系统。园区内交通设计充分体现以人为本的设计主旨，在延续“南北为街，东西为巷”的总体平面布局基础上，通过连续花园步道，将大生态自然引入建筑空间，将景观花园作为连接建筑物的主要轴线。在满足场地基本人行交通功能的同时，根据不同使用人群的需要，设置两条运动健身步道环，总长度1500米的慢跑运动环道和总长度750米的漫步健身环道，通过植物组团的设计，解决健身步道及人行区域的遮阳问题，同时运用植物进行造型搭配，营造健康舒适的微气候。

（2）海绵城市。项目在建设过程中引入了“海绵城市”的理念，在绿地、人行道设置透水砖、车行道设置透水沥青，停车位设置植草砖，营造

“雨水花园”。通过树池、下凹式绿地丰富景观效果，增加近 8000 立方米的雨水滞蓄设施，实现园区雨污零排放。加上总长 777 米的雨水管涵，可调蓄收集 20000 立方米的雨水，并在旱时回灌再利用。该项目也是全国首个真正实现海绵城市的工程。

（3）综合管廊。地下综合管廊总长约 3.3 公里。地下管廊式基础设施将是未来新区建设的一大亮点，把“城市交通、城市水电、煤气供应、灾害防护系统”集约化统一在地下管廊。建成后，燃气、供电、通信、排污等管道都会被收进这个管廊“大口袋”中，保障供电、排水供热、光缆等系统的安全高效运转，可有效杜绝“拉链马路”现象。后期不需要反复开挖路面，直接在管廊中对各类管线进行抢修、维护、扩容改造等，充分体现新区高起点规划、高标准建设理念。与地上海绵城市建设双管齐下，实现水资源自然寄存、自然渗透、自然净化，践行雄安新区绿色协调发展理念。

6. 企业办公区

位于整个园区最北侧，未来这里将是众多大型企业云集的地方。本区主要由办公楼、商业配套及酒店组成，总建筑面积约 3.6 万平方米。其中，可租赁面积约 2.3 万平方米。

企业办公区建筑秉持可持续发展的绿色建筑理念，采用 4 米 ×6 米的集装箱模块作为基本单元，单元模块拼接为 1000～1200 立方米左右的“十字”单元组合，内部为钢结构服务核，四周为集装箱结构功能体。建筑形态以“十字”单元布局向四周开放，组合灵活、可生长性强。场地内采用透水铺装，设置湿地雨水花园，结合微地形设计形成雨水自然下渗和收集，践行海绵城市理念，打造具有示范性的生态办公区。

作为雄安新区先期产业导入、产业孵化的重要平台，市民服务中心企业引入是雄安新区探索全新发展模式的重要一环，引入企业需符合未来新区产业发展规划。

未来，项目企业引入将以系统化设计和产业规划为出发点，根据产业发展阶段及路径，分阶段实施产业链上下游企业持续引入，助力雄安新区构建全球领先的智能、科技、绿色产业发展生态系统。

7. 企业办公区商业配套

这个区域承载着园区主要商业配套功能，品牌引入围绕实现园区“美好生活”的理念进行，重点挑选具有强大资源保障能力、市场影响力、彰显创新性的优质品牌，如麦当劳、星巴克、赛百味等国际连锁品牌，配合项目定位进行独特的高标准店面设计：麦当劳全球唯一形象的首席设计师旗舰店、星巴克设计师甄选店、赛百味 Masterpiece 形象店均入驻本项目。在满足基本生活属性的基础上，引入智能化、无人化的科技升级型商业业态，以主题招商与智慧运营并行，契合实现人文与公共空间的共融、长效发展，提升园区活力与吸引力。

雄安凯骊酒店于 2018 年 5 月开始试运营，2018 年 7 月正式开业。相比于传统酒店，它是一家智能化商务酒店，三大亮点为：智能自助入住系统、3D 人脸识别、绿色模块化建筑。酒店客房智能控制，每一间客房都有智能管家，自主办理登记、刷脸进房，进入客房后，人感开关将自动开启灯光等设备，在入住的同时享受新科技带来的无限便利。

8. 规划展示中心

这里是雄安新区的整体规划及“智慧园区”的精髓所在。

（1）数字孪生。按照建设智能新区的要求，雄安市民服务中心推进智能基础设施适度超前规划建设，推动全域智能化应用服务实时可控，建立健全大数据管理体系，致力打造“数字孪生园区”，实现物理园区与虚拟园区的同生共长，形成雄安新区“数字孪生城市”的微缩雏形。

雄安新区数字孪生城市是在大数据、人工智能、物联网、云计算等新一代信息技术不断发展、数据作用不断凸显的背景下提出的，它旨在将数字技术与城市规划、治理、运营相结合，以数据支撑城市决策、运营，创新城市治理方式。

作为数字城市的目标，数字孪生城市是智慧城市建设的新起点，赋予城市实现智慧化的重要设施和基础能力。未来，依托互联网平台和大数据中心，雄安城市发展一切可管可控，管理扁平化、服务一站式，虚拟服务现实，未来雄安所有的建筑模型和数据都会出现在雄安云平台上，实现用虚拟的城市管理现实的城市。

（2）BIM 系统。市民服务中心作为采用“CIM+BIM”技术建造的试点项目，初步建立贯穿规划、设计、建造、交付的项目级（BIM）、城市级（CIM）建设管理系统。实现 BIM 模型、三维倾斜地理模型与三维地质模型的融合叠加展示，可减少70%以上的施工变更，利于快速精确算量，有效控制成本，保障建设品质，并形成可复制、可推广的经验。

**参考文献**

[1] 从“市民服务中心”探“未来之城雄安”．中国金融信息网．http://finance.eastmoney.com/a/202002051372381964.html

[2] 程远肖．城市治理新思路对标雄安 用数字孪生城市理念进行智慧城市建设[J]．数据观．2014．

## 二十四、雄安新区概况

**【讲解要点】**

概况、雄安记忆、愿景规划。

### （一）概况

1. 成立背景

2017年4月1日，中共中央、国务院印发通知，决定设立河北雄安新区。这是继深圳经济特区和上海浦东新区之后，又一个具有全国意义的新区，是千年大计、国家大事。习近平总书记在中国共产党第十九次全国代表大会上的报告中明确提出：“以疏解北京非首都功能为‘牛鼻子’推动京津冀协同发展，高起点规划、高标准建设雄安新区。”按照以习近平同志为核心的党中央赋予的历史使命，雄安新区将着眼于疏解北京非首都功能、帮助解决北京“大城市病”，着眼于深入推进京津冀协同发展、构建京津冀世界级城市群，着眼于贯彻落实新发展理念、在推动高质量发展方面成为全国的一个样板，打造成为绿色生态宜居新城区、创新驱动发展引领区、协调发展示范区、开放发展先行区。

2. 地理位置

雄安新区地处太行山东麓的冀中平原中部，北京、天津、保定腹地，距北京、天津均为105公里，距石家庄155公里，距保定30公里，距大兴机场55公里。属温带大陆性季风气候，总体地势平坦开阔，由西南向东北倾斜，南部为华北平原现存最大的常年积水湖泊——白洋淀。

3. 规划范围

雄安新区规划范围包括雄县、容城、安新三县行政辖区（含白洋淀水域），任丘市鄚州镇、苟各庄镇、七间房乡和高阳县龙化乡，规划面积1770平方公里。新区区位优势明显，交通便捷通畅，地质条件稳定，生态环境优良，资源环境承载能力较强。现有资源开发程度较低，发展空间充裕，具备高起点高标准开发建设的基本条件。

**（二）雄安记忆**

1. 历史文化

雄安地区历史文化首要的特征是交会、碰撞、融合、创新发展，其次是连续性强，基本没有缺环。雄安新区已发现各类文化遗存263处，其中遗址189处、墓葬43处、古代建筑15处、近现代重要史迹及代表性建筑16处。现有非物质文化遗产项目480个，其中国家级非物质文化遗产项目3项（雄县古乐、鹰爪翻子拳、安新县圈头音乐会）。

结合地域分布，雄安新区重要文化遗产可以归纳为：一处自然文化景观，两条线形遗产，三个考古学中分布片区，四座古城，五处重要地上文物点，六处近现代重要史迹和典型建筑。

一处自然文化景观：白洋淀。两条线形遗产：燕南长城，北宋雄州城和宋辽地道等边关文化遗迹。三个考古学文化集中分布片区：一为容城县容城镇周边和白洋淀周边区域的新石器文化区。容城镇的午方、东牛、白龙，白洋淀周边安新留庄、梁庄、雄县三各庄等地分布有新石器时代北福地文化、后冈文化、庙底沟文化、大司空文化、龙山文化等不同类型的考古学文化，时代从新石器时代早中期到新石器时代晚期。二为容城县晾马台乡、大河镇及安新县大王镇北部集中分布的东周汉代文化区，以南阳遗址为代表。三为白洋淀地区红色文化遗迹集中分布区。四座古城：古州（颛顼）城、鄚州城、安州城和新安城。五处重要地上文物点：山西村明塔、陈调元庄园、陈子正故居、赵北口戏楼、圣人殿凉亭。六处近现代重要史迹和典型建筑：抗苇席税亭、端村惨案旧址、雁翎队战址、烈士墓及纪念设施、供销社、大礼堂等。

由此可见，雄安地区历史悠久、文化璀璨、地灵人杰、物华天宝，自古就是华北生态与人文交融之地，留下了丰富多样、生动鲜活的物质文化遗产和非物质文化遗产。它们蕴含着雄安人民特有的精神价值、思维方式，体现着雄安人民的生命力、创造力和凝聚力。

得益于得天独厚的自然地理环境，雄安新区成为塞外游牧民族与中原农耕民族北上南下的重要通道。这里历史悠久、文化遗存丰富，具有突出的战略意义。8000年前，雄安燃起文明之火，人们定居制陶，湖滨渔猎。夏商周时期，华夏王朝鼎盛于中原，雄安处王朝北疆之地，文化在华夏和戎狄之间碰撞升华。战国伊始，燕赵争雄，雄安在燕南赵北间游移变迁，燕赵文化在这里交会融合。汉唐盛世，郡国藩镇林立，融合发展的脚步从未停止。宋辽时期，为边关重镇，筑城设防，榷场通商，各民族和平共存、其乐融融。明清时期，为畿辅重地，在京畿文化的辐射滋养下，剽悍与儒雅交织。近现代时期，外敌入侵，烽火燎原，雄安于不屈中挺立，在中华民族抗敌御侮的独立史上写下光辉的篇章。闻名中外的雁翎队利用有利地形驱船为马、投苇当枪，神出鬼没出入于莽莽芦荡，谱写了一曲白洋淀人民抗日救国的英雄赞歌。著名作家孙犁先生的《白洋淀纪事》奠定了我国文坛“荷花淀”派的文学基调，孔厥、袁静的《新儿女英雄传》、徐光耀的《小兵张嘎》等优秀的文学作品，乡土气息浓厚，时代特色鲜明，成为我国现代文学发展史上一道道绚丽的风景。

2.“非遗”项目

（1）雄县古乐。雄县古乐是雄县地方传统鼓吹乐。据考证，它起源于宋元时代，兴盛于明清时期，与宫廷音乐有着极深的渊源关系，是民间鼓吹乐之北乐支系。目前有国家级“非遗”乐社4家，分别是亚古城、开口、赵岗、杜庄，有省级“非遗”乐社2家，分别是十里铺音乐会、韩庄音乐会。其曲目均是历经几百年世事沧桑才得以保留的古曲，具有极高的历史价值，较完整地保留了传统民族音乐的原有风貌，是研究民族古典音乐的宝贵资料。

（2）鹰爪翻子拳。鹰爪翻子拳是名震拳坛的卓越拳术，是国家级“非遗”传统体育项目。陈子正（1878～1938年），又名纪平，雄县李林庄村人，鹰爪翻子拳创始人。他经过30年悉心研究、充实、体验，而逐步完善发展成名震拳坛的卓越拳术，此拳术具有将翻子拳的“闪翻”，少林拳的快捷、刚健和鹰爪功法的刁抓擒拿融为一体的特点，其健身作用显著，技击性突出，实用性强，受到武术界称道。

（3）安新县圈头音乐会。据考，圈头村音乐会是清代乾隆年间兴起的庙会祭祀活动，其规定严格、曲谱古老、旋律悠扬，届时将搭芦棚、摆供桌、插会旗、挂会标，请出扁鹊、华佗、张仲景等古代名医神像，吹奏音乐，焚香拜祭。由于是水乡，白洋淀地区音乐会多会乘船助兴祭拜。因此，圈头音乐会又名“音乐圣会”。音乐会不为婚嫁演奏，只为神灵和亡灵演奏，巡香、祭祀、丧礼是音乐会三项基本会规，自形成以来沿袭至今。

3. 雄安风情

雄安现有A级以上景区三家，包括“华北明珠”——白洋淀景区、堪称“历史奇观、地下长城”的宋辽边关地道遗址公园、雄安酒企文化——雄安保府酒文化园。

白洋淀景区，是国家5A级旅游景区，著名的湿地自然保护区，昔有“北地西湖”之称，今有“华北明珠”之誉，诗赞“北国江南”，歌咏“鱼米之乡”，是帝王巡幸之所，英雄辈出之地……它源于太行山区的潴龙河、孝义河、唐河、府河、漕河、瀑河、萍河、南拒马河、白沟引河9条河流，构成扇形水系汇流于此。这里水岸葱郁，蜿蜒秀美，造就了白洋淀汪洋浩渺、势连天际的壮阔景象，史称“九河入梢”。在366平方公里的水域内143个淀泊星罗棋布，3700条沟壕纵横交错，39个小岛点缀其中，10万亩荷塘接天映日，12万亩芦荡密密丛丛，既有浩浩荡荡的雄魄又有水路相间的灵秀，造就了独特的自然风貌和人文景观。这种特殊的地形地貌在世界范围内也是独一无二的。淀内的鱼、虾、蟹、贝、莲藕等水生植物资源丰富，是鱼的乐园、鸟的天堂、水生动植物的博物馆。

雄县宋辽边关地道，绵延数十公里，结构复杂。经专家考证和史书记载，认为有藏兵运兵、传递情报、监测敌情三大功能，为经过精心规划设计、统一组织领导下建造的大型持久防御性地下军事工程，在我国乃至全世界都十分罕见，具有重要的历史、文化、军事价值，堪称“历史奇观、地下长城”。1993年被命名为省级文物保护单位；2007年，雄县被中国文联命名为“中国古地道文化之乡”，并挂牌“中国古地道文化研究中心”；2013年3月，被国务院公布为第七批全国重点文物保护单位。

雄安保府酒文化园，由酒文化博物馆、万泉涌烧锅遗址、酒神广场、十大酒局、小古莲池、保府会堂等组成。其中，“酒文化博物馆”是雄安新区首家酒类文化博物馆，包含“寻·印象雄安”“识·白酒之源”“知·五甑飘香”“展·湿地生态”“品·白酒馨香”“醉·原浆之美”六大展厅，室外建设有酒神广场、白酒文化园、万泉涌酒作坊遗址，并配套207平方米的游客中心及5000平方米的停车场。

除此之外，当地的民俗文化与水乡渔民淳朴的生产生活方式都具有浓郁的北国水乡特色，男捕鱼、女编织的渔民生活由来已久，捕鱼工具、方法品种众多，为全国之冠，苇编工艺独树一帜，放河灯等民间花会更是蜚声中外。民俗与特产造就了白洋淀独特的饮食文化。素有“白洋淀风味”之说，全鱼宴、荷花宴、半蒸半煮、饼子熬小鱼等特色饮食享誉中外。

**（三）规划愿景**

雄安新区成立以来，要求各地区各部门，认真落实国家主席习近平重要指示，按照党中央、国务院决策部署，统一思想、提高认识，切实增强“四个意识”（增强政治意识、大局意识、核心意识、看齐意识），共同推进河北雄安新区规划建设发展各项工作，用最先进的理念和国际一流的水准进行城市设计，建设标杆工程，打造城市建设的典范。

构建科学合理的空间布局。坚持生态优先、绿色发展，统筹生产、生活、生态三大空间，将淀、水、林、田、草作为一个生命共同体，进行统一保护、统一修复，努力构建蓝绿交织、和谐自然的国土空间格局。坚持以承接北京非首都功能疏解为重点，科学确定新区开发边界、人口规模、用地规模和开发强度，新区远景开发强度控制在30%。统筹土地利用、环境保护、文物保护、防洪抗震等专项规划，实现多规合一。坚持城乡统筹、均衡发展、宜居宜业，逐步形成“一主、五辅、多节点”城乡统筹、功能完善的组团式城乡空间结构，布局形成疏密有度、水城共融的“北城、中苑、南淀”城市空间和宜居宜业的现代化启动区城市风貌。

塑造体现历史传承、文明包容、时代创新的新时代城市风貌。坚持中西合璧、以中为主、古今交融，弘扬优秀传统文化，保留中华文化基因，彰显地域文化特色；加强城市设计，塑造城市特色，构建出“一方城、两轴线、五组团、十景苑、百花田、千年林、万顷波”的起步区空间意象和城淀相望的启动区格局，整个城市天际线轮廓舒展、韵律起伏，城市风貌体现出“中华风范、淀泊风光、创新风尚”。

打造优美自然的生态环境。深入践行生态文明理念，尊重自然、顺应自然、保护自然，统筹城、水、林、田、淀系统治理，做好白洋淀生态环境保护，恢复“华北之肾”功能；大规模植树造林，开展国土绿化，构建宁静、和谐、美丽的自然环境；规划建设“一淀、三带、九片、多廊”，整个城市蓝绿空间占比不低于70%，实现森林环城、湿地入城，3公里进森林、1公里进林带、300米进公园，街道100%林荫化，绿化覆盖率达到50%，形成林城相融、林水相依的新时代生态文明典范城市，建设天蓝、地绿、水秀的美丽家乡。

建设绿色、智能、创新城市。大力发展高端高新产业。提供优质共享的公共服务。打造便捷、安全、绿色、智能交通体系。打造“四纵两横”高速铁路网和“四纵三横”高速公路网。坚持公交优先，公共交通占机动化出行比例达到80%。构建“公交+自行车+步行”的出行模式，起步区绿色交通出行比例达到90%。

雄安新区，将在以习近平同志为核心的党中央坚强领导下，规划好建设好，完成党中央赋予的重大历史使命。

## 参考文献

[1] 雄安新区管委会公共服务局. 雄安故事——雄安地区历史文化读本[M]. 中国旅游出版社，2019.

[2] 河北雄安新区规划纲要. http://www.xiongan.gov.cn/2018-04/21/c_.2018.

# 第七章 专题讲解

## 一、河北历史文化

河北省地处华北，北依燕山、南望黄河、内环京津、外沿渤海，因位于黄河以北而得名。在中国最古老的地理著作《禹贡》里，河北省属于九州中的冀州之域，因此简称“冀”。河北又称“燕赵”，这是因为战国七雄争霸时期，今河北省辖域，北为燕国之地，南为赵国之地，故有此别称。因元、明、清三代先后曾建都北京，河北大地是为京畿、藩屏之地，政治、经济、军事地位十分重要，故又有“畿辅”之誉。

### （一）这是一片历史悠久、文化厚重的土地

河北地区历史悠久，是中华文化的发祥地之一，从旧石器时代起，早期人类的遗址遍布河北各地。位于河北省阳原县的泥河湾文化遗址群，既是人类活动最北端的见证，又是中华大地古人类早期发祥地之一，被称为“人类祖先的东方故乡”，又被誉为“东方人类从这里走来”。到了距今六七千年前的新石器时代，在河北省境内，人类活动更加广泛，遍及西、北部山区和平原，反映当时社会概貌的仰韶文化、龙山文化、细石器文化等遗存遍及全省，现已发现新石器时代文化遗存 70 多处。在仰韶文化中，以磁山文化遗存最为丰富。

5000 年前，在黄帝最初的都城涿鹿城，黄帝、炎帝、蚩尤在这里“合符会盟”，中华民族完成第一次大融合，黄帝和炎帝从此被尊为中华民族的始祖。“釜山合符”初步奠定了中华大统一的基础，是中华各民族先民的大团结、大

统一，建构了中华一统的雏形。因此，涿鹿有“中华文明从这里走来”之称。

夏朝是我国奴隶制社会的第一个朝代。相传夏朝开国之君大禹，曾长期致力于治理水患，他依山川大势，划全国为“九州”，治理洪水的出发地就是冀州。商朝早期曾在今河北邢台西南部建都，商朝是我国奴隶制社会的发达时期，由活跃在河北中、南部的商族部落发展壮大而来。西周在河北的封国有燕、卫等，还有邢（今邢台一带）、孤竹等。春秋战国时期，诸侯割据、群雄角逐，在河北的主要诸侯国有燕国和赵国，既有“风萧萧兮易水寒，壮士一去兮不复还”的燕国名士荆轲，又有“胡服骑射”的赵武灵王，演绎了一段辉煌的中华文明史。

秦朝时，河北地区的经济文化在全国居十分重要的地位，是朝廷的北疆重地。中国的千古一帝——秦始皇生于邯郸，死于邢台沙丘平台，他生前曾多次巡幸河北，并建有行宫，“秦皇岛”就是因始皇亲临于此而得名的。

西汉时，刘邦在河北先分封异姓王，后改封同姓王。汉代以后，幽州、冀州作为地方最高一级行政区划，在河北境内，历魏、晋、南北朝而不改。汉朝时，河北沃野千里，农业发达，人口稠密，是当时经济发达的地区之一，特别是冶铁业达到了很高的水平，满城汉墓出土有灰口铁、脱碳钢、百炼钢以及使用淬火工艺制成的铁器。

魏、蜀、吴三国鼎立时期，位于河北南部的邺城，交通四通八达，城市布局严谨，城池巍峨，宫苑壮丽，成为当时的繁华盛都，先后有6个政权在此建都。邺城也是当时的佛教中心，城内寺庙林立、僧侣云集，南北响堂山石窟保存至今，窟内存有众多雕刻精美的佛像，涉县中皇山的摩崖石刻也颇负盛名。

隋、唐时期，河北是当时重要的经济区域。魏州是河北南部的水陆要冲，经济和文化都非常发达，有“魏州十万户，歌钟喧闾里”之说。贝州（今清河）号称“天下北库”。幽州（今北京）是河北北部工商业繁盛和水陆交通枢纽城市。此外，沧州有渔盐之利，海运发达；定州为丝织业中心；邢台窑所出产的白瓷，同南方越州窑所产的青瓷齐名；五代时期王处直墓出土的彩绘浮雕刻工精湛，彩绘绚丽，是难得的艺术珍品；沧州铁狮子高大伟岸，雄健挺拔，至今风采犹在。

宋、辽时期的河北经济进一步繁荣，文化呈现出多元化的风貌。史书称河北“衣被天下”，特别是河北东路“民富蚕桑”，丝织业产量更大，有“绫绢州”之称。宋代制瓷业昌盛，定窑（在曲阳县涧磁村）名列全国五大名窑之首，白瓷滋润如玉。磁州窑则是北方最大的民间瓷窑，以白地黑花的釉下彩绘技术和朴实流畅的纹饰享有盛名，两处遗址均有大量精美瓷器出土。宣化辽代墓葬中的壁画内容丰富、造型生动，反映了辽代的社会风俗。井陉柿庄的金代墓葬壁画则是对金代农村生活景象的描摹。

元、明、清三个王朝都建都北京，河北拱卫京师，成为畿辅重地，文化遗存非常丰富。位于河北北部的元中都遗址是保存较为完整的古代皇城遗址；被列入世界文化遗产名录的明代长城有2000公里穿越河北；长城东端的秦皇岛山海关被誉为“天下第一关”；保定莲池书院曾是清代北方的最高学府；清代皇家陵园东陵和西陵，山清水秀，陵墓壮观，已被列入世界文化遗产名录；清代夏都——承德避暑山庄及外八庙以独特的园林胜景、宏伟的庙群成为今日的旅游胜地。

中国历史进入近代史时期后，李鸿章出任直隶总督，在直隶开办了一批以军用工业为主的近代工业（天津机器局、开平煤矿），修筑铁路，筹办了北洋水师，成立各种新式学堂。袁世凯继任直隶总督后，举办“新政”，铸铜圆、办学校、发展工商业。特别是编练新军，创办保定陆军军官学校、军官学堂等，使保定成为全国最大的陆军训练中心，为北洋军阀集团培养了一大批军官，其中有些人走上了民主革命的道路，有的人最终成为共产主义战士。

中华民国建立后，当时国民政府建都南京，今河北境域主要属直隶省，后因直隶省名不符实，于1928年改为今天的名字——河北省。

1948年5月至1949年3月，中国共产党中央工作委员会、中共中央和中国人民解放军总部先后设在平山县太行山东麓的西柏坡。这里是党中央和毛主席进入北平（北京）、解放全中国的最后一个农村指挥所。在这里召开了全国土地会议，颁布了《中国土地法大纲》，指挥了决定解放战争走向的辽沈、淮海、平津三大战役，召开了具有伟大历史意义的七届二中全会和全国土地会议，进而解放全中国，故有“新中国从这里走来”“中国命运定于此村”的美誉。

1949年10月，中华人民共和国成立后，仍为河北省。

**（二）燕赵大地多慷慨悲歌之士**

唐代散文家韩愈说：“燕赵古称多感慨悲歌之士。”千百年来，河北这块土地哺育出难以计数的杰出人物，他们在不同的历史时期为中华民族的兴盛发展做出了卓越的贡献。

春秋战国时期名医扁鹊，渤海郡鄚州（今河北任丘）人，首创“望、闻、问、切”四诊法，开了中医学的先河，被后世尊为“医圣”。

汉代著名的思想家、哲学家、政治家、教育家董仲舒，提出“罢黜百家、独尊儒术”，为汉武帝采纳，开创了此后延续2000余年的封建社会以儒学为正统的局面。钜鹿人张角，是中国东汉末年农民起义军“黄巾军”的领袖和太平道的创始人，率领群众发动“黄巾起义”，这是中国历史上第一次有领导、有计划的农民起义。三国时期蜀汉开国皇帝、政治家刘备，涿郡涿县（今河北涿州）人，他与关羽、张飞“桃园结义”、对诸葛亮“三顾茅庐”的故事，被后人传为佳话。

南北朝时期的科学家祖冲之，范阳遒县（今河北涞水）人。他在世界数学史上第一次将圆周率（π）值计算到小数点后七位，编制的《大明历》，第一次将“岁差”引进历法，推算出一回归年的长度为365.24281481日，误差只有50秒左右。北魏地理学家、散文家郦道元，范阳（今河北涿州）人，他写的《水经注》记述了1252条河流的发源地点、流经地区，还记载了大量农田水利建设工程资料等，是一部著名的地理学巨著。

隋代著名的桥梁匠师李春，河北邢台临城人，他建造的赵州桥，是当今世界上跨径最大、保存最好、建造最早的单孔敞肩型石拱桥，距今已有1400多年的历史，被美国土木工程师学会选定为“国际历史上土木工程的里程碑”。初唐政治家魏徵，下曲阳（今河北晋州市，一说为馆陶）人，以直谏敢言著称，是中国史上最负盛名的谏臣，曾帮助唐太宗李世民安定天下。

北宋王朝的建立者，涿州（今河北涿州）人赵匡胤，发动陈桥兵变后即帝位，国号宋，结束了五代以来的长期混战割据局面。元代天文学家、水利学家、数学家郭守敬，顺德邢台（今河北邢台）人，元世祖时主持修订历法，编制《授时历》，比现行公历早300年，为纪念郭守敬的功绩，国际天文学会以郭守敬的名字将月球上的一座环形山命名为“郭守敬环形山”。国际小行星中心将小行星2012命名为“郭守敬小行星”，中科院国家天文台也将国家重大科技基础设施LAMOST望远镜命名为“郭守敬天文望远镜”。元代杂剧作家关汉卿，河北安国人，是中国古代戏曲创作的代表人物、中国文学史和戏剧史上一位伟大的作家、元代杂剧的奠基人，与马致远、郑光祖、白朴并称为“元曲四大家”，他的剧作还被译成英文、法文、德文、日文等，在世界各地广泛传播，外国人称他是“东方的莎士比亚”。

清代大文学家曹雪芹，祖籍河北丰润，他以亲身生活经历感受，创作了伟大的现实主义作品《石头记》(即《红楼梦》)，为我国古典文学写下了光辉篇章。张之洞是清代直隶南皮人，洋务派代表人物之一，其提出了“中学为体，西学为用”，与曾国藩、李鸿章、左宗棠并称晚清“四大名臣”。

李大钊是河北省乐亭县人，他是中国共产主义运动的先驱、伟大的马克思主义者、杰出的无产阶级革命家、中国共产党的主要创始人之一，中国最早的马克思主义传播者。

悠久的历史形成了河北深厚的文化底蕴。4 项世界文化遗产、6 座国家级历史文化名城、168 处国家级文物保护单位、117 项国家非物质文化遗产。在这片美丽的土地上，燕赵儿女谱写了绚丽的历史篇章，创造了独具特色的燕赵文化。新时代，7500 万燕赵儿女踏上了全面建设经济强省、美丽河北的新征途，河北这块有着深厚历史传统和悠久文化传承的土地，将拥有一个更加美好灿烂的明天。

**参考文献**

[1] 舒艳. 河北旅游精品景区导游词 [M]. 北京：中国旅游出版社，2013.
[2] 舒艳. 河北旅游线路沿途导游词 [M]. 北京：中国旅游出版社，2013.
[3] 马育倩，付岗. 模拟导游 [M]. 北京：中国旅游出版社，2014
[4] 杨润田，马育倩. 河北旅游 [M]. 石家庄：河北科学技术出版社，2014.
[5] 王卫. 河北地理 [M]. 北京：北京师范大学出版社，2009.
[6] 河北省地方志编纂委员会. 河北省志（第 79 卷）(文化志）[M]. 北京：方志出版社，2001.
[7] 蔡茜. 河北文化读本 [M]. 石家庄：河北人民出版社，2009.
[8]《充满希望的河北》宣传片解说词. https://baijiahao.baidu.com/s?id=1615887211274660333&wfr=spider&for
[9] http://www.hebeimuseum.org.cn/contents/68/1718.html
[10] https://baike.baidu.com/item/%E9%9B%84%E5%AE%89%E6%96%B0%E5%8C%BA/20594936?fr=aladdin

## 二、河北长城文化

河北省自古以来就是长城修建的重要地区，是历史上修筑长城最多的省份之一。长城河北段现存战国、汉、北魏、北齐、唐、金、明代等不同时期修建的长城，涉及秦皇岛、唐山、承德、张家口、保定、廊坊、石家庄、邢台、邯郸9个设区市以及雄安新区共59个县（市、区），总长度2498.54公里，占全国11.79%。长城河北段地跨海滨、山地、高原、平原等多种地貌类型，与沿线地区蜿蜒逶迤的燕山——太行山地、辽阔坦荡的坝上高原、沃野千里的华北平原、迤逦多姿的渤海之滨交相融合，形成雄浑、壮丽的独特景观，成为中国长城最为丰富的文化景观遗产。

### （一）悠久的长城建造历史

河北长城从战国的燕、赵，至秦、汉，再到明朝，长城工程之精华在这里表现得尤为突出。

早在公元前369年的战国时代，处于燕、赵之间的“千乘之国”中山国，为了在燕、赵等大国的夹缝中求生存，就在今河北中部的涞源、唐县、顺平和曲阳一带修建了总长约89公里的长城，开了河北长城修筑的先河。不久位居七雄的燕国和赵国，也分别修筑了用以北御匈奴、楼烦的燕北长城、赵北长城，用以防范中山国、秦国、魏国和齐国等邻国的燕南长城和赵南长城。

秦统一后，将燕、赵、秦北部边境的长城连接起来，并加以扩展和修缮，第一次形成了一条西起甘肃临洮、东止于朝鲜清川江畔的万里长城。这道长城在河北境内东西横跨张家口、承德两市，行经怀安、尚义、万全、张北、崇礼、沽源、赤城、丰宁、围场等县，总长约482公里。

汉代是修筑长城最多的封建王朝，建成一条东起辽东，西至新疆蒲昌海（今新疆罗布泊）的汉代长城，总长度超过1万公里，横跨西北、华北、东北的广大地区。河北境内的汉长城主要经张家口的怀安、尚义、张北、万全、崇礼、沽源、赤城和承德的丰宁、隆化、滦平、承德等县，总长约255公里。

北魏长城主要利用秦、汉，特别是西汉旧边进行增补，河北是北魏王朝修筑长城较多地段之一。北魏泰常八年（423年）、太平真君七年（446

年）和太和八年（484 年）均在河北修过长城，三条长城经过今张家口和承德两市的赤城、崇礼、宣化、万全、张北、怀安、涿鹿、蔚县、沽源和丰宁等县。

北齐王朝在短短 28 年中也大修长城，不仅利用了北魏泰常八年（423 年）修建的长城，北齐天保七年（556 年）又将长城自山西汾阳起，向东延伸到辽宁省绥中县的渤海岸边，其间经过张家口蔚县，承德市的兴隆、宽城县，唐山市的遵化、迁西、迁安县和秦皇岛市的青龙、抚宁以及山海关角山，为明长城奠定了坚实的基础。

此后，隋、唐朝和金朝也在河北境内修建过长城。战国至金代，河北境内早期长城总长 1159.91 公里，多为土岗、石堆等遗址遗迹。

明代是长城修筑的极盛时期，其修筑时间最长、规模最大、质量最高，建筑也最为精美。在明代统治的 270 余年间，长城修建贯穿始终，从未停止。东起鸭绿江、西至嘉峪关，总长度 8851.8 公里，形成中国北部东西向的一道坚强防线。河北境内明长城总长 1338.63 公里，主要以砖体长城为主，由于位于北京附近，因此建筑精美，种类齐全，几乎囊括了明代长城所能见到的所有类型，是明代长城精华所在，绝大多数分布在张家口、承德、保定、唐山、秦皇岛等地。

**（二）代表了中国古代军事防御体系的最高成就**

长城河北段集中了我国战国、汉、北魏、北齐、唐、金、明等不同历史时期的长城文化遗产，构建了完整齐备的古代军事防御体系，而其中防御体系最为坚固的当数明长城了。明长城河北段的蓟镇、宣府镇长城地势最险峻，建筑形制最完备，依靠堡城、关隘和大路两旁的连续烽火台形成烽火传递和御敌系统，部分地方采用“连墩列戍”形式连成密集墩台提高防御能力，这些都代表了长城建筑和古代军事防御体系的最高成就和工艺水平。金山岭长城每逢高山峻岭或险要的地方，便修筑敌楼，10 公里的长城筑有近百座敌楼，其密集程度罕见，是“因地形，用险制塞”修建原则的典型体现。山海关“枕山襟海，实辽蓟咽喉”，体现出“主体两翼，左辅右弼，互为掎角，一线逶迤”军事防御布局，与南北翼城、东西罗城、宁海城、威远城，构成七城一体的立体防御体系。关城左右五座敌楼“五虎镇东”，关外卫城、哨城和敌台、烽火台组成前哨防御线。从老龙头到九门口防线，按“镇城—

路城—关城（隘口）—堡城—敌台—烽火台”构筑长城指挥系统格局，构成山海之间固若金汤的海陆军事要塞。

**（三）形成了独特的长城带经济格局**

长城，以山为骨，以河为脉，东起沧海，西至瀚漠，修建伊始看似杂乱无章，然而2000多年后的科学研究表明，它的走向与400毫米等降水量线高度吻合。众所周知，400毫米等降水量线是中国半湿润和半干旱地区分界线，东南为湿润地区，且土地肥沃，适合耕种，率先发展了农业。北部气候干燥，土地相对贫瘠，适合发展游牧经济。长城的修筑与存在，便起到了把农、牧两个民族隔离开来的作用，有利于保护中原地区的农业经济和先进的生产方式，有益于社会生产力和封建文明的发展与积累。自秦汉至明，历代统治者通过不断修筑长城，同时采取大规模向长城带沿线移民、修筑交通通道、开拓边疆新区域等举措，促进了中原地区经济、文化的发展。因此，长城也成为中国古代以畜牧业经济为主的民族地区和以农业经济为主的民族地区的分界线。

长城沿线，在古代大多是生产比较落后的地区。随着长城的逐步修筑，为了发展长城沿线的生产，以解决驻军和居民的衣食供应等问题，自秦、汉以来各朝代都采取了驻军自力更生的办法，采取了“屯田”这一行之有效的发展生产的政策，同时大量移民前往长城沿线垦荒。秦始皇时曾在长城沿线设立十二郡来开发和管理长城内外地区，成效十分显著。到汉代，统治者在今甘肃、新疆境内也大量设置了“屯田”，使河西四郡及西域几十个属国的生产也大大发展起来。明朝时期屯田方式有三种：“军屯”“民屯”和“商屯”。“军屯”就是驻军屯垦田地；“民屯”就是通过移民的方式垦田；“商屯”是为了补充各卫所粮储不足，使商人运粮至边，给予相应的盐铁专卖权。这种“屯田”“屯戍”“屯垦”的制度一直延续了2000多年，使得长城沿线的居民日增，农业经济获得了长足发展，而和平时代长城口岸互市贸易的发展，也带来经济的繁荣。同时，长城、烽燧等建筑阻挡了北方游牧民族的掠夺，对“屯田”、发展生产、保护人民安居乐业，也发挥了重大作用。

此外，长城还对我国与外国的经济文化交流起了巨大的促进作用。历史上，自汉武帝派张骞出使西域后，我国便与很多国家有了友好往来。这种友好往来，2000 多年中之所以能相继发展，也与长城分不开。汉武帝修筑河西长城以及远至当时西域诸属国的列城、亭障、烽燧，其目的之一就是为了保卫这条漫长的对外往来的交通大道，防止匈奴奴隶主贵族的掠扰。随着历史的发展，这条通道进而成为联结中亚、南亚、西亚以及欧洲、非洲的走廊和重要枢纽，成为中西经济、文化交流和国内东、西部各民族经济、文化交流与辐射的极其重要的输送线。

长城河北段拥有我国进出西北和东北地区最重要的两大关口——张家口和山海关。张家口连接着华北农耕文明和塞外草原的游牧文明，在明代开设的宣府马市，加强了内地与草原民族之间的经济贸易交流，促进了边疆民族的经济社会的发展，成为草原丝绸之路起点。山海关山、海、关、城四位一体，连接着华北农耕文明和东北渔猎文明，近代则又成为东方大陆文明和西方海洋文明交流融合的前沿地区。长城河北段保障了北方地区的长期稳定、安宁与和平，保护了沿线交通和互市贸易，促进了沿线农业开发与城镇发展，推动了各民族文明、文化的交流与融合。

**（四）承载了自强不息的民族精神**

长城作为世界文化遗产，是中华文明的重要象征，传承着伟大的民族精神。河北长城主要分布于燕山—太行山山脉的崇山峻岭之中，历经 2000 多年的营造，其建造难度之大、持续时间之长，集中展现了中华民族不畏艰难险阻、顽强不屈、吃苦耐劳的精神特质，在维护我国长期和平、统一的历史上，不仅具有举足轻重的战略地位，更发挥了不可替代的重要作用。

战国时代燕、赵和中山国在长城内外频繁厮杀，长城既是诸侯间争雄称霸的产物，又准确地诠释了什么是“战国时代”。秦始皇连接起万里长城，东巡碣石，使长城成为中华民族大一统的象征。汉武帝几度派遣大将出上谷击匈奴，为汉朝这一封建盛世提供了和平安定的社会保障。三国时曹操出卢龙塞，“东临碣石，以观沧海”，留下了千古传唱的诗篇。唐太宗亲率大军出临榆关征伐高句丽，赢得边境安宁，达到“贞观之治”。明王朝的兴衰与长城息息相关。洪武年间，明军将元顺帝赶到长城之外，奠定了明朝 276 年统治的根基。明末，山海关守将吴三桂引清兵入关，敲响了明王朝的丧钟。

近现代，长城成为中华民族坚强不屈民族精神的象征。在抗日战争和解放战争时期，河北境内的长城成了保卫华北、保卫中国、打击日寇的主要战场和国共两党进行战略总决战、解放全中国的重要战场。"九一八"事变后，在冷口、喜峰口一带长城岭上，中国军队进行了改变长城价值的"长城抗战"。山海关抗战打响长城抗战第一枪，喜峰口、罗文峪第29军大刀队重创日寇，《大刀向鬼子们的头上砍去》因此唱遍整个抗日战场。冯玉祥、方振武、吉鸿昌等在张家口成立抗日同盟军，进行了察北抗战，与日本侵略者展开殊死斗争，收复多伦的战役名垂青史。兴隆黄花川、孙永勤举行了壮烈的抗日斗争；冀东十万农民还举行了声势浩大的抗日大起义。1937年抗日战争爆发，长城河北段沿线成为主要抗日根据地，涞源东团堡战斗全歼日军士官大队，黄土岭大捷击毙日军中将阿部规秀。1940年在长城脚下开展了威震中外的百团大战。解放战争时期，第四野战军解放山海关，与华北野战军共同作战，打响了史无前例的三大战役之一的平津战役，吹响了中华人民共和国成立的号角。

一次次斗争，极大地激发了全民族团结统一、众志成城的爱国精神。这些伟大胜利，都是在"把我们的血肉铸成新的长城"的民族精神鼓舞下，坚韧不屈、浴血奋战而取得的。长城作为中华民族的精神象征，已深深融入了中华民族的血脉，成为中国人民心中爱国主义精神的丰碑。

**（五）孕育了光辉灿烂的文化艺术**

2000年的历史孕育了长城光辉灿烂的文化艺术，成为重要的文化艺术瑰宝。除了城墙、敌台、烽火台、关城、隘口、镇城等本身的建筑布局、造型、雕饰、绘画等建筑艺术之外，长城沿线独特的风土民情和生活习惯，也孕育了丰富的民间文学，《周幽王烽火戏诸侯》《塞翁失马》《孟姜女哭长城》等都是人们耳熟能详的故事。

《孟姜女哭长城》《牛郎织女》《梁山伯与祝英台》《白蛇传》并称中国古代民间四大传说，千百年来广为流传，并于2006年被列入第一批中国非物质文化遗产名录。孟姜女的传说不仅是一段挣脱封建枷锁的爱情故事，其意义已远远超出了其故事本身。劳动人民创造出孟姜女，赋予她坚韧的品质，通过她发出内心的呐喊。"憎恨战争、期盼和平"才是故事内涵和灵魂所在，因此更具有深刻的思想性。孟姜女故事的流传与长城是不可分割的，哪里有长城，哪里就有孟姜女的故事在传播。万里长城沿线，就有万里孟姜魂，东起渤海的山海关，西至大漠的居庸关，修建了多少姜女庙、姜女祠、姜女坟，恐怕无人知晓。但是千百年来，孟姜女已经成为长城文化的一个重要组成部分，成为有血有肉、活灵活现的长城之魂。

此外，古往今来不知有多少帝王将相、戍边士卒、骚人墨客、诗词名家为河北境内的长城留下了不朽的篇章。“两山壁立青霄近，一水中行白练飞”的古北口；“万里蜿蜒壁，千峰拥塞门”的紫荆关；“烽烟已靖千秋色，旌旆空悬万里晴”的九门口；“两京锁钥无双地，万里长城第一关”的山海关；“长城万里跨龙头，纵目凭高更上楼”的老龙头；“自古尽道关城险，天险要隘在角山”的角山长城；文天祥题孟姜女庙联“秦皇安在哉，万里长城筑怨；姜女未亡也，千秋片石铭贞”和“海水朝朝朝朝朝朝朝落；浮云长长长长长长长消”的孟姜女庙楹联。明代诗人王慎留下了《登金山口绝顶》；近代政治家谭嗣同写下了《井陉关》；毛泽东主席更是在《沁园春·雪》中留下“望长城内外，惟余莽莽”的名句。千百年来，文人墨客留下的佳作对于我们今天文学艺术的欣赏、创作的借鉴，都有重大的价值。这些无一不彰显着河北长城文化之博大精深。

万里长城现在已经成为中国的一个象征，2019 年 8 月，习近平总书记在视察嘉峪关时强调：“当今世界，人们提起中国，就会想起万里长城；提起中华文明，也会想起万里长城。长城、长江、黄河等都是中华民族的重要象征，是中华民族精神的重要标志。”长城河北段更是以巍峨壮丽的建筑、丰富深邃的文化内涵，成为自然风景优美、人文资源丰富的旅游胜地。河北长城将以更宽阔的胸襟接纳八方来宾，长城文化将得到前所未有的传播和光大。

**参考文献**

[1] 李建丽，李文龙．河北长城概况［M］．文物春秋，2006.
[2] 郑绍宗．河北古长城［M］．河北教育出版社，2016.06.
[3] 李建丽．河北长城概述［J］.《中国青山关长城学术研究论文集》．2004.
[4] 杨润田，刘启亮．河北旅游［M］．河北科学技术出版社，2011.
[5] 衣志坚安忠和．金山岭长城［M］．内蒙古文化出版社，2001.

## 三、河北红色文化

红色文化是中国共产党优良传统和思想精神的重要源头，是中国共产党人创造的新民主主义文化的核心，蕴含着中国革命胜利的强劲动力和伟大不朽的民族精神，承载着中国共产党带领人民群众前行的革命史、奋斗史、英雄史，具有超越时空的强大吸引力和感召力。

### （一）河北红色文化体系形成源流

河北红色文化体系是以马克思主义为理论本源、以慷慨悲壮的燕赵风骨为文化底蕴，从波澜壮阔的民主革命历程中孕育发展而来的，极大地丰富和发展了燕赵文化。

开风气之先的铁肩道义是河北红色文化产生的本源。河北是最早受到马克思主义影响的区域之一，马克思主义的广泛传播，为河北红色文化的孕育提供了根本前提，这一过程与传播马克思主义的先驱李大钊紧密联系在一起。李大钊发表了大量宣传十月革命和马克思列宁主义的著名文章和演说，阐述十月革命的意义，讴歌十月革命的胜利，旗帜鲜明地批判改良主义，积极领导和推动五四爱国运动的发展，成为中国共产主义的先驱、我国最早传播马克思主义的人。马克思主义的广泛传播成为河北红色文化生成的逻辑起点和理论本源，河北也成为开风气之先的重要区域。

慷慨悲歌的燕赵风骨是河北红色文化的历史底蕴。作为燕赵大地的河北，东临渤海、西依太行、南接大河、北枕燕山，是南北入口的关隘，属边防重镇，长期处于民族冲突的最前沿，战乱不断，造就了燕赵慷慨悲歌的文化特征。燕赵大地上源远流长的慷慨悲歌传统，蕴含着一种为了特定的理想、信念而义无反顾的悲剧精神，为河北红色文化的生成积淀了厚重的文化底蕴，积淀了河北红色文化体系厚重的历史底蕴。

波澜壮阔的河北革命运动是红色文化的实践土壤。随着马克思主义的广泛传播和地方党组织的建立，燕赵儿女为新民主主义革命的胜利做出了独特贡献，同时为河北红色文化的生成提供了丰富的实践土壤，在燕赵大地上留下了永不磨灭的红色记忆。

### （二）河北省红色文化资源形成脉络

河北这片红色沃土作为革命老区，红色文化资源分布广泛、系统完整、底蕴深厚、知名度高。这些红色文化资源已成为中华民族不可或缺的宝贵精神财富，成为进行爱国主义教育、革命传统教育、政治思想教育的鲜活教材。

大革命时期，河北原野风雷激荡。李大钊在此积极传播马克思主义；保定市成为当年中国留法勤工俭学运动的发祥地；衡水市安平县台城村是中国共产党第一个农村党支部诞生地；开滦煤矿工人举行大罢工；中国共产党在北方领导第一支农民武装起义队伍——津南农民自卫军；在冀南，党组织农民武装暴动，将奉军赶出邯郸城。1927 年 4 月 28 日，李大钊怀着对党无限忠诚和坚定的共产主义信念慷慨赴难，从容就义。大革命失败后，为了反抗奉系军阀和国民党的反动统治，领导北方地区的革命斗争，中共中央组建了中共顺直省委。在恶劣的斗争环境下，河北党组织领导人民始终坚持战斗，发动了玉田起义、高蠡暴动等在全国有影响力的斗争，还进行了建立苏维埃政权的伟大尝试，在河北人民革命斗争史上写下了光辉的一页。

日本帝国主义侵入河北以后，河北党组织积极动员民众，投入抗日救亡运动。1933 年 1 月 1 日，日军炮击山海关，山海关守军何柱国部拒绝执行蒋介石的不抵抗政策，奋起还击，打响了长城抗战的第一枪。河北人民在共产党的领导下纷纷声援，组织慰劳队赴前线慰劳。在共产党的影响和推动下，1933 年 5 月 26 日，冯玉祥、吉鸿昌、方振武在张家口成立了察哈尔民众抗日同盟军，将日军全部逐出察哈尔省。1935 年，党在冀南领导农民进行暴动，为后来建立冀南抗日根据地打下了基础。

抗日战争全面爆发后，河北成为敌后抗日的主要战场。1938 年 1 月，晋察冀边区行政委员会在阜平成立，这是共产党建立的第一个敌后抗日根据地。1941 年以后，针对日本的“三光政策”，河北抗日军民开展了广泛的群众性反扫荡斗争，燕赵儿女利用地道战、地雷战、平原游击战有力地打击了日本侵略者。保定白洋淀也是冀中抗日战争的重要战场，著名的水上游击队——雁翎队威震敌胆。战斗中涌现出了许多可歌可泣的英雄人物和动人事迹，如著名的“狼牙山五壮士”、回族抗日英雄马本斋及其领导的回民支队、少年英雄王璞等。在中国人民抗战最艰苦的时刻，伟大的国际主义战士白求恩、柯棣华等人也奔赴抗日前线，在河北这片热土上谱写了他们人生中最辉煌壮丽的篇章。

解放战争时期，河北既是中国革命领导中心，又是解放战争的主战场之一。平山县西柏坡曾为当时中共中央、中央工作委员会和解放军总部的所在地。中央工作委员会在这里召开了党的全国土地会议，制定了《中国土地法大纲》，土地改革极大调动了广大农民革命和生产的积极性，巩固了解放区。1948 年 5 月，毛泽东等率中共中央进驻西柏坡，在这里党中央指挥了辽沈、淮海、平津三大战役，召开了七届二中全会。1949 年 3 月 23 日中共中央离开西柏坡，移驻北平，“新中国从这里走来”。在全国解放战争中，燕赵大地涌现出一大批英雄儿女，董存瑞舍身炸碉堡的英雄事迹传遍全国，曾深深地影响了一代代青少年的成长。“这最后一碗饭，送去做军粮；最后一尺布，送去缝军装；最后老棉被，盖在担架上；最后亲骨肉，送儿上战场……”这首在河北广为流传的民谣，淋漓尽致地抒发了党与人民群众的鱼水深情，也充分展示了燕赵儿女为中华人民共和国的诞生所做出的无私奉献。

中华人民共和国成立后，河北劳模等形式的社会主义先进文化是河北红色文化理论体系中的一部分，也是河北红色文化体系的延续与升华。社会建设时期，马万水、吕玉兰、戎冠秀等河北劳模艰苦奋斗和不畏艰难的精神，形成了社会建设时期的社会主义先进文化。改革开放后，河北涌现出国企改革“邯钢经验”的创造者刘汉章、开创山区扶贫新路的“太行山愚公”李保国等全国道德模范。这些劳模发扬了无私奉献、奋起作为的精神，引导了良好的社会风气，形成了具有时代特色的社会主义先进文化。

**（三）河北红色文化资源表现形式**

河北红色文化体系是由以红色基地为载体的物化形式、以红色文献为载体的理论形式、以红色经典为载体的艺术形式、以红色精神为载体的精神元素四种形态构成。其中，红色精神是贯穿整个河北红色文化体系的灵魂，最富有生命力。

*1. 以红色基地为载体的物化形式*

红色基地包括重大革命事件发生地、革命遗址、革命历史遗留物等，具体如重要会议会址、名人故居、纪念馆等，是纪念重大历史事件或重要历史人物的场所。河北革命历史文化深厚，厚重的革命历史造就了丰富的红色资源，中国共产党领导中国革命进程的各个历史时期，均在河北留下了众多的革命斗争遗迹。河北省现有 800 多处红色旅游资源、160 余处红色旅游景点，涵盖了 1840 年至今以来四个历史时期不同种类的红色资源。《全国红色旅游经典景区名录》中，河北省 14 家红色景区位列其中，西柏坡、白洋淀、野三坡（平西抗日根据地）作为国家 5A 级旅游景区，已成为河北省红色旅游的重要名片。李大钊故居及纪念馆、八路军 129 师司令部旧址、狼牙山五壮士纪念地享誉全国。

2．以红色文献为载体的理论形式

红色文献主要包括不同时期中国共产党主要领导人的著作、党组织颁布的各类文件、根据地出版的各种报纸杂志和书籍等。这些“红色文献”是在十分艰苦的战争年代中发行的，当年的印刷数量本来就不多，又持续经历了战火的洗礼，故留存下来品相好的书刊很少，有些已成为孤本。河北作为革命老区，保存有大量的党的领袖著作、党组织各类文件及根据地出版的各种书籍和报纸杂志等，如 1939 年在晋察冀边区出版的《抗敌报》多种号外、1948 年的《张家口日报》、1942 年太岳边区出版的《前线音乐》创刊号合订本等。这些文献资料真实记录了历史，是再现历史和研究红色文化的重要依据。以中共中央在西柏坡为例，三大战役期间，毛泽东仅为辽沈战役就写了 77 封电报，有关三大战役的电报、指示收入《毛泽东军事文选》的就多达 200 余封；毛泽东起草了 1948 年“九月会议”的决议和《在中国共产党第七届中央委员会第二次全体会议上的报告》，并写下了许多著作，仅收入《毛泽东选集》第 4 卷中的就有 20 篇。

3．以红色经典为载体的艺术形式

红色经典是中国社会生活中一种独特的文艺现象，它包含了历史的记忆，也包含着一个民族视为至宝的精神财富。在中国共产党领导中国革命的过程中，在河北大地曾涌现出许多名垂青史的英雄人物和事迹，以其为原型，产生了一大批经典文艺、影视作品，既是历史再现，也是艺术升华，具有极强的感染力和影响力。在河北红色经典中，以抗日战争和解放战争为题材的作品闻名全国，激励和鼓舞了几代人的成长。例如，红色经典小说《野火春风斗古城》《青春之歌》《烈火金刚》《敌后武工队》《新儿女英雄传》《红旗谱》《播火记》《烽烟图》《风云初记》《平原烈火》《少年英雄王二小》等；著名文集《白洋淀纪事》；革命歌曲《歌唱二小放牛郎》等。艺术家们把这些红色经典作品进行了改编，这些英雄儿女的英雄事迹被艺术家搬上银幕，活生生地展现在我们的面前，如红色电影《地道战》《小兵张嘎》《狼牙山五壮士》《野火春风斗古城》《大决战》《为了新中国前进》等。

4. 以红色精神为载体的精神元素

红色精神是红色文化的灵魂，是红色文化的凝练和升华，代代传承，历久弥坚，历久弥新。燕赵大地上源远流长的慷慨悲歌传统，为河北红色文化的生成积淀了厚重的文化底蕴，在波澜壮阔的革命中，形成了李大钊精神、抗大精神、白求恩精神、董存瑞精神、西柏坡精神等，为燕赵文化注入了新的内涵和时代元素。

（1）“铁肩担道义”的李大钊精神。大革命时期，马克思主义者李大钊在风云激荡的河北传播马克思主义，这让当时的知识青年看到了国家的希望，开展了各种方式的马克思主义宣传活动，河北也成为最先开放风气的重要区域，以李大钊为代表的进步知识分子以救国救民为己任，舍生忘死的气魄形成了铁肩担道义精神。“铁肩担道义，妙手著文章”，正是对李大钊最真实的写照。

（2）艰苦奋斗、英勇牺牲的抗大精神。中国人民抗日军政大学创建于延安，1940 年 11 月，遵照中央指示，我党挺进敌后办学，进驻河北邢台浆水前南峪一带，为时两年零三个月。在日军频繁扫荡和物质条件极其艰苦的情况下，抗大师生贯彻中共中央和毛泽东同志制定的“坚定正确的政治方向、艰苦朴素的工作作风、灵活机动的战略战术”的教育方针和“团结、紧张、严肃、活泼”的校风校训。1943 年 1 月，根据党中央指示，抗大离开浆水，重返陕甘宁边区，抗大在浆水期间，与当地群众军民相拥，写下了一连串动人的佳话，也为老区人民留下了宝贵的精神财富——抗大精神。在中国抗日战争和解放战争时期，抗大培养出 10 多万名德才兼备的军政干部，培育和锻造了“艰苦奋斗、英勇牺牲”的抗大精神，对夺取抗日战争、解放战争的胜利和人民军队的建设立了不可磨灭的功勋。

（3）毫不利己、专门利人的白求恩精神。“一个高尚的人，一个纯粹的人，一个有道德的人，一个脱离了低级趣味的人，一个有益于人民的人。”这是毛主席对伟大的国际主义战士诺尔曼·白求恩的定位。白求恩是名医生，他的人格魅力和伟大精神集中体现在他的医疗实践中。他对病人高度负责、满腔热情，“像爱自己一样去爱每一位病人”；他对技术一丝不苟，精益求精；他在医疗工作中毫不利己，专门利人。他是集精湛技术与崇高医德于一身的伟大的白衣天使。白求恩又是一名国际主义的伟大战士，他从异国他乡不远万里来到中国，把中国人民的解放事业当作他自己的事业，义无反顾地告别了在自己国家中优裕而舒适的生活，心甘情愿地在中国这块艰苦贫瘠的土地上、在充满艰难危险的反法西斯战场上，张扬生命的风帆，体味人生的意义。

（4）以两个“敢于”、两个“务必”为本质特征的西柏坡精神。西柏坡精神是在战略决战的殊死搏斗中产生的，是在夺取全国胜利的前夜产生的，是党中央在最后一个农村指挥所的特定条件下产生的，因此，西柏坡精神有大决战硝烟的洗礼，有迎接胜利喜悦的撞击，有摧毁旧政权、建设新政权的各种困难的挑战。这一历史阶段虽然短暂，但由于这是决定中国命运的关键时刻，因而，在这种特定的历史条件下产生的革命精神更具有创造力和表现力。西柏坡精神其本质特征，是两个“敢于”、两个“务必”。两个“敢于”体现了大无畏的英雄革命主义精神，两个“务必”体现了积极进取不断革命的精神。这两种精神贯穿于党中央在西柏坡期间革命斗争的全过程，成为最突出的特点，并且两种革命精神互相辉映、相得益彰，成为夺取胜利、迎接解放、战胜困难、实现转变的强大精神支柱。

**参考文献**

[1] 孙炳芳. 河北红色文化生成源流概述［J］. 传承，2010（24）.

[2] 张艳青，张骥. 河北红色文化与党内政治文化的辩证关系研究［J］. 中共石家庄市委党校学报，2020（07）.

[3] 赵蓉花. 红色文化融入高校思想政治教育路径研究［D］. 太原：中北大学，2019.

[4] 贾微晓. 中国共产党革命精神与红色文化理论解析［J］. 理论月刊，2018（10）：62-68.

[5] 黄璐瑶. 广州红色旅游教育功能实现研究［D］. 广州：华南理工大学，2019.

## 四、河北自然风光

河北省位于华北平原的北部，东临渤海、西接太行、北有燕山，是全国唯一兼有高原、山地、丘陵、盆地、草原、湖泊和海滨的省份。种类齐全的地形地貌以及温和宜人的气候，造就了河北独特的自然风光。雄踞河北西部的太行山，山高谷深，深藏和镶嵌着雄、险、幽、奇的美景。冀北燕山，崇峻险要，植被茂盛，宜林、宜牧面积大。坝上草原，有广阔的天然草地，形成了以草原为主的生态环境。沙软潮平的北戴河、南戴河和黄金海岸，是著名的海滨浴场和避暑胜地。河北中南部，则是一望无际的沃野平川，白洋淀、衡水湖宛若两颗璀璨的明珠，镶嵌在华北平原之上。

**（一）地文景观**

河北省山地主要由燕山和太行山两大山脉组成，海拔多在2000米以下，属于中低山。这些山地自然风光奇特迷人，气候舒适，而且通达条件也较好，多成为旅游胜地。

燕山山脉是中国北部著名山脉之一。山地中多盆地和谷地，山脉与附近水系直交，切穿山地成为交通要道和古代重兵防守的险关，如古北口、喜峰口等。最东端的山海关为沟通东北、华北的咽喉。兴隆境内的雾灵山、山海关的长寿山、青龙的祖山等，均是山景中的“俊杰”。燕山主峰雾灵山，海拔2116米，被誉为“京东第一山”。

太行山，又名五行山、王母山、女娲山，是中国东部地区重要山脉和地理分界线。最高峰为小五台山，海拔2882米。山地受多条河流切割，多横谷，形成著名的太行八陉，自古就是交通要道，商旅通衢。这里有武安的摩天岭和京娘湖，临城的崆山溶洞，赞皇的嶂石岩，井陉的苍岩山，平山的天桂山、驼梁，灵寿的五岳寨，鹿泉的抱犊寨，位于阜平、涞源、唐县交界处的大茂山，涞水的野三坡、白石山，蔚县和涿鹿县交界处的小五台山等，犹如一条镶满珍珠的彩带。

位于秦皇岛柳江盆地的柳江国家地质公园完整且系统地保存了华北地区从元古代至今20亿年的地壳演化、地理环境变迁和生物演化史。地层完整、界限清楚、岩类齐全、化石丰富、沉积构造发育，被誉为“天然地质博物馆”“华北地区地质演化的教科书”，是我国规模最大的地学教学野外实习基地。

河北省还有一些特殊的地貌类型。素有“百里赤壁”及“万丈红崚”之称的嶂石岩地貌，与丹霞地貌和张家界地貌并称我国三大砂岩地貌。保定涞源白石山，雄居八百里太行山最北端，是一种独特的峰林地貌景观，也是我国唯一的白云质大理岩峰林地貌。另外，承德地区集中分布有典型的丹霞地貌，2011年，磬锤峰、双塔山、鸡冠山三个园区被评为承德丹霞山国家地质公园。

**（二）水域风光**

河北省境内的河流很多，长度在18公里以上1000公里以下的河流就有300多条。河北省内的河流大部分都发源于或经过燕山、冀北山地和太行山山区，在下游有的合流入海，有的单独入海，还有因地形最后流入湖泊的。主要的河流有漳卫南运河、子牙河、大清河、永定河、潮白河、蓟运河、滦河等，分属海河、滦河、内陆河、辽河4个水系。这些河流或两岸人文荟萃，或自然风光秀丽。

河北省湖泊数量较多，但大的湖泊较少，主要分布在坝上地区。白洋淀是华北平原最大的淡水湖，总面积366平方公里，位于雄安新区境内。白洋淀因水产资源丰富，淡水鱼有50多种，盛产苇席、鲜藕、稻米，史称“日进斗金”，素有“华北明珠”之称。衡水湖是河北平原唯一保持沼泽、水域、滩涂、草甸和森林等完整生态系统的国家级自然保护区，其生物多样性十分丰富，以内陆淡水湿地生态系统和国家一级、二级鸟类为主要保护对象，是著名的观鸟胜地。

河北省泉水种类很多，分布也相当广。主要的温泉有白洋淀及雄县地区温泉，永清、固安、霸州三县温泉，赤城温泉，乐亭温泉，平山温泉，遵化汤泉，怀来温泉等。赤城温泉史称“关外第一泉”，有总泉、胃泉、眼泉、气管炎泉、冷泉和平泉之分，由于出落地区水温高低和所含化学物质各不相同，分为治疗皮肤病、胃病、眼病、呼吸道疾病等不同疾病的疗养区域。

河北省有487公里曲折绵长的海岸线，岸外岛屿众多，海岸地貌类型齐全，自然风光各异，拥有众多旅游价值极高的风景区。主要有北戴河海滨、昌黎黄金海岸、翡翠岛、南戴河海滨、曹妃甸、乐亭三岛、沧州南大港湿地等。其中北戴河风光秀丽，海岸漫长曲折，滩面平缓、沙软潮平、海水清澈，是我国著名的海滨避暑胜地。

**（三）生物景观**

河北地处中国东部，跨越中温带和南温带，是我国北方地区生物种类比较丰富的地区。

河北森林旅游资源主要分布于坝上高原、燕山山脉。其中最具代表性的是位于燕山山脉中段的雾灵山国家自然保护区，森林覆盖率为76.2%，保存了完整的温带森林生态系统，被专家誉为“华北物种基因库”和“京东绿色明珠”。此外，还有塞罕坝国家森林公园、小五台山国家级自然保护区、大海陀国家级自然保护区等。塞罕坝国家森林公园是中国北方最大的森林公园，被赞誉为“河的源头、云的故乡、花的世界、林的海洋、珍禽异兽的天堂”。

河北草原旅游资源主要集中于河北省北部的坝上高原。该地区平均海拔在1500米左右，夏无酷暑，舒适宜人，地势平缓，多为丘陵草原，总面积约350平方公里，是理想的绿色健康旅游休闲胜地。河北的草原旅游区主要有承德木兰围场、丰宁京北第一草原、张北中都草原、沽源金莲川草原、蔚县空中草原等。木兰围场位于河北省东北部，是清代皇家猎苑，与内蒙古草原接壤，这里水草丰美，动植物资源丰富，是滦河的主要水源地。主要由塞罕坝国家森林公园、御道口草原森林风景区和红松洼国家自然保护区组成。蔚县空中草原是目前为止发现的国内面积最大、种类最全、生长最集中、保存最完好的雪绒花生长区域，被称为“中国雪绒花”的故乡。

河北省也是我国动物种类较多的省份之一，在野生动物资源中，有不少全国珍贵、稀有种类，如我国特有的鸟类褐马鸡，仅见于山西和河北境内，属于世界珍禽，国家一级保护动物。其他珍稀动物还有白冠长尾雉、天鹅、猕猴、金钱豹、青羊黄羊、白鼬等。

**（四）天象与气候景观**

日出的壮观美景只有在天地交界的地平线才能见到，北戴河海滨的鸽子窝是我国观日出的最佳地点之一。鸽子窝公园的鹰角岩挺拔高耸，正好面向正东方向，地理位置极佳，登临鹰角亭，天高海阔，是观海、观鸟、观日出的绝佳之地。

河北省有着丰富秀美的冰雪景观，张家口、承德围场地区因积雪时间长、坡度陡缓适中，成为十分理想的滑雪胜地。张家口崇礼县是华北地区最理想的滑雪区域，2022年崇礼将成为世界冬奥会滑雪项目的主要举办地。

### 参考文献

[1] http://www.cctv.com/special/1088/1/91337.html

[2] http://www.chinaplat.com/wm/WmShow_12707_142168.html?_t=950317b1573867939

[3] http://www.360doc.com/content/18/1125/16/5512889_797141587.shtml

[4] http://www.china.com.cn/guoqing/2009-10/21/content_23756875.htm

## 五、河北风物特产

河北不仅人杰地灵，而且物华天宝。广袤的土地和悠久的历史孕育了数量繁多的风物特产，涉及范围也非常广泛，主要分为民间传统工艺、土特产、风味食品三大类。许多土特产和风味小吃享誉中华，历史悠久的手工艺品特产，艺术成就丰厚。从传统制瓷工艺到巧夺天工的雕塑艺术，再到惟妙惟肖的装饰工艺，无一不体现河北人民的勤劳和智慧。

### （一）民间传统工艺类

河北的手工艺品特产，数量众多、特色鲜明、艺术成就丰厚。陶瓷、雕塑、美术、彩灯、编织等传统工艺品享誉国内外。

1. 陶瓷工艺品

河北陶瓷在我国瓷器发展史上占有很重要的地位。"类银类雪"的唐代邢窑细白瓷的烧制成功，为日后彩瓷的出现和发展创造了条件。宋代"五大名窑"之一的定窑瓷，素以"薄如纸、声如磬、釉如玉"的艺术特色著称于世，以其精美的印花工艺独领风骚。我国古代北方最大的民间瓷窑磁州窑白地黑花瓷，因其浓郁的民间泥土气息深受世人喜爱。馆陶黑陶具有"黑如漆、明如镜、薄如纸、硬如瓷"的特点，现代黑陶艺术经过馆陶人的继承和创新，逐步发展成古朴庄重、优美高雅的艺术品；中国国家地理标志产品——唐山骨质瓷属中国首创，开创了中国骨质瓷发展的新纪元。由此可见河北陶瓷文化的久远、博大与精深。

2. 雕塑工艺品

河北拥有历史悠久、技艺精湛的各种雕塑工艺，如石雕、骨雕、木雕、木皮雕、泥塑、面塑、骨雕等。雕刻工艺具有浓厚的乡土气息。

石雕类雕刻工艺最具代表性的是曲阳石雕。曲阳石雕始于汉代，兴盛于唐朝，以天然汉白玉为原料，被列入国家级非物质文化遗产项目，曲阳县因此被誉为“中国民间艺术之乡——石雕之乡”。张家口阳原石雕以“恒山玉”为石料，也是河北石雕工艺的代表。木雕类雕刻技艺首推承德木雕，承德雕刻艺人用“明开夜合木”这一罕见的珍贵木料在继承中国传统木雕艺术的基础上大胆创新，雕刻出多种既实用又具有山城特色的传统雕刻艺术珍品。基于对生态和环境的保护，承德雕刻艺人利用锯木头时不要的废料，又创造了木皮雕这一雕刻技艺。泥塑、面塑也是河北民间传统雕塑工艺，河北玉田、白沟两地的泥塑及任县、深泽两地的面塑广泛流传于民间，成为深得百姓喜爱的民间工艺品。大厂骨雕是由象牙雕刻演变而来，在牛骨上进行雕刻的工艺品。

3. 美术工艺品

河北民间美术以剪纸、内壁画、农民画为代表。蔚县是蜚声海内外的“剪纸之乡”，蔚县剪纸原为窗花，以“阴刻”和“色彩点染”为主，故有“三分工七分染”之说，属中国民间剪纸艺术中的精品；沧州海兴、承德丰宁两地剪纸也各具地方特色。发源于衡水的“冀派”内画，是一种鼻烟壶内壁绘画技艺，享有“华夏绝艺”与“国之瑰宝”的美誉，婴戏图和百子图最能反映冀派内画鼻烟壶的艺术特点。绘画类民间工艺最具代表性的当数武强年画，武强年画以阳刻为主，兼施阴刻，运用黑白对比的手法，发挥了木刻刀韵的效果。武强年画与辛集农民画、涞水“土坷垃”版画、栾城擦笔年画、丰宁布糊画等民间工艺品一同成为富有河北乡土特色的优美艺术形式。

4. 彩灯工艺品

彩灯，曾经承载着人们的美好愿望，代代相传至今。说起河北的彩灯民间工艺品，不得不提胜方花灯和藁城宫灯。至今，在胜芳、藁城两地依旧流传着做花灯、观花灯的旧俗。胜芳的传统花灯，以形意灯为主，造型新颖，别具一格，花灯有大有小，大至数米，小不盈寸，可玩于手掌之中。藁城宫灯历史悠久，梅花镇屯头村是全国最大的宫灯生产专业村，“工艺纸雕宫灯”是藁城宫灯的代表作，世博元素纸雕宫灯曾被授权为“2010 年上海世博会特许商品”。

5. 编织工艺品

编织工艺指利用韧性较好的植物纤维，以手工方法编织成的一种工艺品。河北编制工艺品大多取材便利，为传统民间工艺制作项目。大城蒲垫以蒲草为主要原料编织而成，成品多为茶几垫、茶杯垫、桌垫、椅垫等室内装饰品。河北望都、唐县等地编织工艺原料取材于小麦茎秆，编织而成的草编工艺品多为草帽、花篮等生活装饰用品。安新县白洋淀苇编精选“华北明珠”白洋淀的芦苇及其他材料加工而成，苇编民俗系列作品《钟馗》在“首届中国国际民间艺术博览会”上荣获金奖。廊坊固安县素有“柳编之乡”的美誉，早在明代永乐年间，当地农民就开始进行杞柳的种植和柳器的编织，提箱、茶几、果篮、花篮、面包篮、礼品篮等是其代表性工艺品。

除此之外，还有被誉为“稀世国宝”的涿州金丝挂毯，有“北易南端”之说的易水砚，被光绪帝立碑表彰，称之为“御笔”的侯店毛笔，始于宋朝，被称为“雌雄”球的保定健身球等也是极具地域特色的河北民间工艺类风物特产。

**（二）土特产类**

特产（土产）指某地特有的或特别著名的产品。一般而言，土特产是指来源于特定区域、品质优异的农林产品或加工产品。河北是我国唯一将平原、丘陵、高原、湖泊汇集的省份，土特产丰富。

1. 干果类土特产品

干果类土特产品主要有板栗、核桃和枣类等。板栗素有“干果之王”的美誉，是一种一年种百年收的“铁杆庄稼”。河北是板栗的主产区，省内板栗分为燕山板栗和太行山板栗。产于燕山山区的河北板栗以颗粒饱满、香甜、皮薄、适于糖炒等特点著称于世，是河北省出口农副产品中具有较大优势的土特产品之一。涉县是中国重点核桃产区县之一，被评为“中国核桃之乡”。涉县核桃皮薄仁满，色泽金黄，含油量达60%左右。卢龙县也是驰名中外的核桃之乡，卢龙“石门核桃”素有“石门核桃举世珍”之誉，也是唯一能与美国名牌“钻石核桃”相媲美的品牌。枣类特产以沧州金丝小枣、阜平大枣、赞皇大枣最为著名。沧州金丝小枣又名西河红枣，因干枣剥开时有金黄拉丝相连，入口甜如蜜，外形如珠似玑，故称金丝小枣。赞皇大枣为历代皇家贡枣，果实营养价值丰富，被誉为“百果之首”及“天然维生素之王”。

2. 水果类土特产

水果类土特产尤以兴隆红果、赵州雪花梨、深州蜜桃、宣化葡萄、涉县柿子最为著名。兴隆红果，色泽红艳、个大肉肥、质地柔韧、酸甜爽口；赵州雪花梨因其成熟后肉质洁白无瑕、似霜如雪，故被称为“赵州雪花梨”，有“大如拳，甜如蜜，脆如菱”之说；深州蜜桃个头硕大、果型秀美、色泽鲜艳、皮薄肉细、汁甜如蜜，有“刀切不流水，口咬顺嘴流”的说法；宣化有“葡萄城”之誉，牛奶葡萄是宣化葡萄中的“状元”，有“刀切‘牛奶’不流汁”之说，清朝曾作为“珍果”进贡皇宫；涉县柿子曾被古诗称颂为“色胜金衣美，甘逾玉液清”。

3. 药材类土特产品

枸杞，是一味常用的中药，产区遍及沧州、衡水、邢台、邯郸、石家庄等地区，其中，最为著名的当数河北巨鹿枸杞。河北巨鹿县不仅是全国闻名的枸杞生产基地，也是全国最大的枸杞集散地。枸杞因“棘如枸之刺、茎如杞之条”而得名。

4. 调味类土特产

调味类土特产有望都“羊角辣”和享有“涉县花椒十里香”之誉的涉县花椒等。望都是中国传统出口“三都”（山东益都、四川成都、河北望都）之一，涉县产的黄金椒、白沙椒栽培亦是历史悠久，素以产量高、品质好著称。

5. 皮毛类土特产

皮毛类土特产有张家口口皮和枣强营皮。张家口早在东汉时期就有了毛皮贸易，到明代已发展成中国的毛皮集散地，因此有“皮都”的美誉。张家口的毛皮具有皮板洁净、皮毛丰厚舒展、富有弹性等特点，通称“口皮”或“口羔皮”。河北省枣强县自古被世人称为“裘皮之乡”，原料有东北黄狼皮、狸猫皮：承德细毛羊皮、坝上口皮、兔皮、太行山羊皮等优质毛皮。

此外，河北的土特产品还有享有“红珍珠”美誉的红小豆，产于环渤海的秦皇岛、唐山、沧州等地区的渤海对虾，有衡水“三绝”之一的衡水金鱼，以及享有“食用菌之王”美称的坝上口蘑等。

**（三）风味食品类**

河北优越的地理位置和人文风俗孕育了璀璨的饮食文化，形成了颇具地域特点的风味食品。保定的槐茂酱菜、白洋淀松花蛋、驴肉火烧、曲阳烧饼、高碑店豆腐丝，石家庄的“金凤扒鸡”、藁城宫面，衡水的饶阳金丝杂面，唐山的麻糖，廊坊的香河肉饼，怀安柴沟堡熏肉等都是河北最为著名的风味食品。

1. 保定槐茂酱菜

清康熙十年（1671 年），由北京金鱼胡同迁来保定的赵氏夫妇，用几口大缸在西大街从事酱业，专营酱菜和面酱，因店旁有一株古槐而取名“槐茂”。光绪二十九年（1903 年），慈禧太后和光绪去西陵，途经保定，暂住行宫（现保定二中校址原地）。当地官员献上槐茂酱菜，太后品尝后赞不绝口，并赐名“太平菜”，赐春不老为“备瓮菜”。自此，槐茂酱菜名声大噪。

2. 藁城宫面

藁城宫面，又名藕面。源于隋唐，盛于明清，历时 1500 余年源远流长。据元朝时期马可·波罗所著的《马可·波罗游记》记载，意大利空心粉就是按照“藁城宫面——藕面”模仿、演变而来。明朝诗人凌儒子曾赋诗一首：“众赞荷花贵似仙，情深又叹并蒂莲。莫愁去蒂恐丝断，化做藕面皆是缘”，对“藁城宫面——藕面”赞誉有加。清朝时，地方官吏就以藕面常年进贡皇宫，故得名“宫面”。民国时期，出口朝鲜，并受到孙中山南京总统府嘉奖。

3. 唐山麻糖

唐山麻糖已经有 400 多年历史，起源于明朝万历年间，原产于曹雪芹的老家——冀东唐山丰润的七树庄。唐山麻糖形似团花，薄如蝉翼，有的乳白、有的淡黄，松软酥脆、香甜适口。距今 100 多年前，糕点铺“广盛号”融合了两种排叉的做法，并吸取了京城糕点“蜜供”的浇浆法，制出了如今的风味名吃——蜂蜜麻糖。

4. 保定驴肉火烧

保定驴肉火烧是一种小吃，发源于河北省古城保定，广泛流传于冀中平原。火烧为一种面食，一般为死面做成，将其在饼铛里烙熟后，架在灶头里烘烤，使其外焦里嫩，别具风味。趁热用刀劈开，加入热腾腾的熟驴肉，是最正宗的吃法。另有用肉汤加淀粉熬制的焖子夹入火烧佐食，其中以保定南部定州地区的焖子最为美味和著名。

## 六、河北饮食文化

河北物产资源丰富，为河北人民饮食的多样性提供了物质保证。同时，河北的饮食文化也因地理位置、自然条件、文化背景等因素的差异，形成了

"南北东西迥异，千姿百态纷呈"的显著特点。河北的饮食文化主要包括河北菜文化、河北酒文化和河北茶文化。

**（一）河北菜**

河北菜，也称燕赵菜、冀菜（以下均称冀菜），是源于河北、吸纳中外、具有河北风味特点的中国地方菜。这个"源"可以是河北的特产或主产原料，也可以是河北特有的烹饪技艺，或反映了河北的人文历史特点，或承袭了河北民俗、民族饮食传统和习惯，只要是河北人民劳动、思维创造的菜品，都当属冀菜。

冀菜历史悠久，源远流长，但正式得名却是在2006年10月，由国家商务部、中国烹饪协会、中国饭店协会在西安市共同主办的第二届全国餐饮业博览会创新菜系大赛中，大会组委会评定授予的唯一中国新菜系。

1. 冀菜发展简史

河北地处华北平原，东临渤海、西倚太行、南连中原、北枕燕山。这里气候适宜、四季分明，土地肥沃、物产富饶，山珍海味、果蔬杂粮等可供烹调的原料多达千余种。聪明的燕赵先民仰仗大自然的丰厚馈赠，在这片神奇的土地自由地繁衍生息。

在200多万年前的河北阳原县桑干河畔的泥河湾遗址中就发现了人类祖先进餐的遗迹；四五十万年前河北境内的"北京人"最早开始用火烧煮食物；在7000多年以前的武安磁山遗址，挖掘出了许多石器陶盂、陶支架等成组器物，以及固定的大量储粮窑穴。在发现的骨骼中，经科学鉴定还有鸡的骨骼，这是迄今发现的最早的家鸡，饮食原料的增多，丰富了人们的生活。

四五千年前的黄帝时代，河北出现烹饪技术，结束了持续几十万年的烘烤、石烹的饮食生活，开始向以水做传导热量的蒸煮法和汽蒸法上迈进，开始了真正意义上的饮食新时代。

殷商时期，烹制工具的改良、动物油的使用，大大推动了河北烹饪技术的发展，冀菜的雏形已开始出现。春秋战国时期，饮食原料资源丰富，已经有了"六禽""六畜""六兽"之说，繁多的水产品也已被采用入馔。菜肴制作利用水传导和气传导技术，并开始走向利用动物油进行传导的技术。

西汉时期，大量引进苜蓿、胡瓜、胡桃、胡豆、胡椒、胡麻等烹饪原料，为冀菜的发展提供了必要的条件。胡瓜引进后率先种植的是河北一带，黄瓜之名、黄瓜入馔也源于河北。在食用油方面也有了突破性的发展，在使用动物油的基础上，开始使用植物油来烹调，如豆油、麻油、黄酱等，使菜肴的色、香、味发生了变化，对冀菜的发展起了促进作用。

隋唐时期，佛教得到了空前的发展，这时素食也随之兴起。豆腐、豆油等植物性原料广泛应用。

宋代，枸杞、银耳、百合、良姜、白芷、豆蔻等中药入馔，形成冀菜一个新的特色，从而起到了医食相得益彰之妙用。

元朝时期，河北凭借独特的地理位置，餐饮市场异常活跃，形成了冀菜色、香、味、形的高度发展时期。

清代，河北的烹调技艺、名师、名菜、名店构成一体，菜肴结构和宴席的规格形成一定的格局。河北的餐饮形成了地域性的特色菜，初步构成了冀菜体系。

清末到改革开放前，河北餐饮、烹饪技术处于止步不前的状态。

改革开放以来这几十年，是冀菜全面快速大发展、高升华的崭新时期，有关冀菜的烹调技法和理论研究，都有了飞跃发展。冀菜在继承传统的基础上，坚持博采八大菜系和全国各地菜品之长，把许多外地菜肴的精华融入本地菜，同时坚持不断地创新，使本地菜在外形、口味上都有了突破，逐渐形成自己独有的个性、品牌和风格，并出现了一大批具有冀菜特色的名菜、名点、名宴、名小吃，使冀菜更加丰富多彩。

2. 冀菜的流派

随着时代的进步及社会经济的发展，冀菜由原来的三大风味进一步拓展为现在的四大流派，它们各有所长、各有特色。

（1）冀菜的主体和源头——冀中南平原菜。冀中南平原菜起步于春秋战国时期，涵盖了保定、石家庄、邯郸、邢台、衡水等地地方菜，以保定、石家庄、邯郸菜为代表。从整体上看，其所选原料多是平原、太行山脉、河、湖、淀淡水物产，制作繁简并举，技术全面，博采众长。

代表菜中冷菜有码头酥鱼、金凤扒鸡、牛城鸡卷、五百居香肠、兰香园粉肚、崩肝、临洺关驴肉香肠、热切丸子、安新皮蛋、燕风楼红肠、马家鸡铺扒鸡等；热菜有金毛狮子鱼、小白龙过江、抓炒鱼、笏板鸡、南口肉、炒代蟹、雪桥八仙、锅塌里脊、藕块炖肘子、勺拌鸡爪、炒鱼片、王大山爆肚、熘肝尖、肉末春不老、相先生豆腐、鸳鸯银耳等。

（2）冀菜饮食文化的高峰——塞外宫廷菜。塞外宫廷菜以承德宫廷菜为代表，涵盖承德、张家口等地的菜肴。承德宫廷菜有别于京城御膳，是满、汉、回、蒙古等民族菜点的集萃。原料以山珍野味为主，技法独特考究，以炸、烤、煨、熘、炒、泥烤等制法见长，刀工精细，注重火候，风味独特，以香酥、鲜美、咸香为主。

代表菜中冷菜有柴沟堡熏肉、拌万全水萝卜、麻仁大扁、风干汆山龙、酱铁雀、坝上泡菜等；热菜有烤全鹿、鹿血金银羹、金银燕菜、扒熊掌、花子山鸡、龙舟鱼、鸡丝长寿菜、滑炒山鸡片、五奎园改刀肉、蒲棒鹿肉、隔扇焖肉、滑炒如意菜、烧南北、核桃山鸡卷、金钩玉柱、杏仁豆腐、麻辣沙半鸡、鲜鲜汤、葱爆羊肉、木兰肉丁、火烧野猪肉、雪里藏珠等。

（3）冀菜中的一朵奇葩——冀东沿海菜。冀东沿海菜以唐山菜为代表，包括秦皇岛、沧州、廊坊等地的地方菜。冀东沿海菜以烹制鲜活水产见长，将冀东民间文化、地方特产与烹饪技艺有机融合，口味清鲜，讲究清油抱芡、明油亮芡，配以精美唐瓷，别具风格。

代表菜中冷菜有唐山熏鸡、肖胡子驴肉、沧州鸡肠、沧州冬菜等；热菜有群龙戏珠、酱汁瓦块鱼、玉带腰子、熘腰花、白玉鸡脯、百花大虾、烹虾段、清蒸海蟹、芦花鸡、京东板栗鸡、炒全蟹、栗子鸡块、栗子扒白菜、鸡茸菜心、焦溜饹馇、铁锅熬小鱼、炸虾葫芦、蜜汁金丝小枣等。

（4）冀菜中的一颗璀璨明珠——直隶官府菜。直隶官府菜是后人对明清时期直隶官府及总督享有菜派的总称，它来自于民间、形成于官府、升华于宫廷、服务于大众。它既有本土特色又兼容天下食风，是流行于京师附近的“直隶省”，却又影响过整个北方菜系的较为特殊的系列菜肴。

直隶官府菜主要以保定当地特色原料入馔，口味上以鲜咸香为主但兼具多味，制作上工艺精湛、工序完整、流程严谨、烹法多变，其突出特点是口味酱香浓郁、器皿华贵大气、文化内涵丰富。尤值一提的是直隶官府菜独特的器皿，多为青花瓷制品，不仅外观精美，还科学实用，其最具有代表性的温盘、温碗和温盏，能够适应北方寒冷气候，保持菜品的热度，进而保留其独特香气，使其口感更佳。

伴随时代的发展，直隶官府菜以深厚的历史积淀、丰富的历史典故、更营养的原料搭配、更丰富的烹制手法、创新的菜品式样，为中国官府菜的发展树立了一个新的里程碑。2011 年 7 月，“直隶官府菜”被国务院公布为国家级非物质文化遗产。

著名代表菜有：鸡里蹦、炒代蟹、锅包肘子、总督豆腐、阳春白雪、李鸿章烩菜、半蒸半煮、南煎丸子、鱼头炖豆腐、赵北口三鲜羹、腌鱼饼子、直隶海参等。

3. 冀菜的特点

（1）就地取材，选料精细。冀菜注重选用当地名优物产入馔，如用张家口产的口蘑，加上等鲜汤白汁扒制的白扒口蘑，再用秦皇岛所生产的渤海对虾制作的群龙戏。冀菜选料严格，不同质地菜肴要选用不同质地的主料和配料，如白玉鸡脯必须选用鸡芽子，即鸡胸脯上连接翅膀的一条肉，是全鸡最嫩的里脊肉，再配以时令蔬菜。改刀肉也必须肥瘦肉相间。

（2）刀工考究，擅长花刀。冀菜讲究不同的菜要有不同的刀口，不同形状的主料要配以不同形状的辅料，对各种刀口有着严格的要求，尤其是切肉丝的甩刀法、砍刀法和连片法颇有特色，堪称三绝。这些刀技姿势美观、速度快、原料成形整齐划一。经刀工处理后原料造型更加美观多样，尤其是花刀的形状更是逼真，如片状就有柳叶片、月牙片，大小象眼片、骨排片、抹刀片等；块状的有滚刀块、劈柴块、菱角块、枕头块等，从而使菜肴造型更加丰富多彩。

（3）注重用汤，坠汤取胜。冀菜的用汤，根据菜肴的质量档次分别选择使用头汤、二汤、套汤、坠汤，即将鸡鸭肉等蛋白质、矿物质含量丰富的原料洗净，用开水焯过后放入清水中（不放调料），用小火烧开慢火煮，使营养素溶于汤中，待汤浓时淘出一半，此汤称为头汤；尔后原汤内再放入原料加水继续小火煮，汤浓时再淘出一半，与头汤混合，此汤称为套汤；剩余部分称为二汤。将新取套汤倒入锅内加热，取鸡脯肉、猪外脊肉剁成茸捏成饼状坠入汤中，待汤近开时肉饼渐渐浮起，撇去浮沫，捞出肉饼，过滤后即成坠汤。此汤味道鲜美，醇厚且清澈见底，高档菜肴借助此汤，可以说是锦上添花。

（4）烹法多样，熘炒著称。冀菜使用的烹调方法有 30 多种，其中以熘、炒、炸、爆、烧、扒、拔、涮、烤等方法为主，尤以熘炒更为见长，而且对火候、糊浆、调味、芡汁等工序有着严格的要求。烧、扒、熘菜，讲究明油亮芡，必须正确地掌握汤汁的多少、芡的浓度和勾芡的时机，技术要求颇高。糊、浆的使用在冀菜中非常广泛，菜肴原料在烹调之前，根据原料的性质和菜肴质地、色泽等特点，进行挂糊和上浆，在加热中少受损失或不受损失，从而保持菜肴品质及其营养成分。糊浆的原料相同，但在使用上有着严格的区别，如滑炒菜要上蛋清浆，滑熘菜则挂蛋清糊。

（5）口感丰富，鲜咸香为主。咸味是菜肴的母味，冀菜在口味上以鲜咸、咸鲜、清香、醇香为主，讲究咸淡适度，咸中有鲜，鲜咸适口，在咸中求味醇，在鲜中求味清。冀菜的味虽然以鲜咸香为主，但不拘一格，口味多样，甜酸、甜香、香辣、酸咸、怪味道等诸味并不少见。冀菜还非常讲究菜肴的口感质地，通过口感变化，给人不同的享受，如滑炒菜讲究滑嫩，抓炒菜讲究外焦里嫩，干炒菜讲究外酥里嫩，爆炒菜讲究脆嫩，清炒菜讲究滑爽。

4. 河北名菜简介

（1）金毛狮子鱼。该菜始于民国初期，最早由一代冀菜大师袁清芳创制。袁清芳是保定清苑人，后定居石家庄。他曾在保定著名饭馆宴春园学徒 8 年，造就了精深的厨艺，练就了一手刀功。1951 年，他以保定名菜“抓炒鱼”为基础，成功研制出金毛狮子鱼，其做法是鲤鱼初加工时“先片后剪”，剪成无数细条后下锅炸制，色泽红亮，鱼丝蓬松，成菜造型如狮子抱绣球，摇头摆尾、须发尽张。1952 年，在河北八大城市烹调技术表演赛中，金毛狮子鱼受到高度好评，获誉“河北第一菜”。1982 年，金毛狮子鱼被列入国宴菜谱，自此名扬天下，延续至今。

（2）烧南北。烧南北是张家口市一道特色传统名肴。所谓烧南北，就是以塞北口蘑和江南竹笋为主料，将它们切成薄片，入旺火油锅煸炒，加上一些调料和鲜汤，烧开勾芡，淋上鸡油即成。据说清代在塞北地区流行着以竹笋和口蘑为辅料的两种菜肴，有一次一位厨师将顾客吃剩下的烧口蘑与烧笋片回锅加热时，因为各自的量不大，就把它们烩到一起。结果这种杂烩的混合菜，不仅色泽红白相间，十分美观，而且鲜味浓厚、醇香可口。烧南北就这样在塞北的饭馆里诞生了，并很快就传遍了张家口、宣化一带的长城内外，成为当地独具特色的风味美食。

（3）炸饹馇。饹馇又称咯扎，是一种河北唐山汉族的面食小吃，用豆面做成饼形，切成块，熬菜吃、炒菜吃或炸着吃。它是百姓逢年过节、婚丧喜庆、迎来送往的必备之物，当地还有“不吃咯扎宴，不算到唐山”的说法。唐山民间对“饹馇”一词的来源流传着一个很有趣的故事：据说当清王朝在遵化建东陵以后，守陵人为讨得皇家的欢心，把这一特产送进了皇宫。当时的慈禧太后吃饭有个习惯，端上来的菜最多夹两口就撤下。有一次，御膳房端上了醋熘咯扎，她一看没有吃过，问了声：“这是什么菜呀？”太监赶忙回答：“还没起名字呢，请老佛爷赐个名吧。”慈禧太后一边听一边吃了两口，太监就忙着往下撤。谁知慈禧太后还没有吃够，就说了句“搁着吧”。太监以为这是太后赐的菜名，马上传下去：“老佛爷赐此菜名为‘咯扎’。”咯扎与搁着谐音，从此以后，咯扎的叫法便在民间流传至今，其身价也大大提高。

（4）李鸿章烩菜。1896 年，李鸿章奉慈禧太后旨意出使欧美各国，在外数月，因不习惯西餐，很是思念家乡饮食。回到直隶总督署后，曾给膳食总管董茂山谈及此事，董茂山根据保定府自古擅做烩菜的传统，精选上等的海参、鱼翅、鹿筋、牛鞭等配以安肃（今徐水）的贡白菜、豆腐、宽粉等，加入保定府三宝之一的槐茂甜面酱精心烩制而成，李鸿章品尝后，感觉口感鲜醇软糯，味道酱香浓郁，于是拍手称赞，后来直隶官府官厨便逐步将此定名为“李鸿章烩菜”。

（5）锅包肘子。锅包肘子是保定地区的名菜，已有 140 年的历史。清朝时期，保定府就是历代举子进京赶考的门户和临试苦读的最后一站，家境富裕的考生往往自带食品。所带的一些酱肉、肘子连汤带水，吃着油腻、携带不便。保定高阳名厨师王老昆改进制作工艺，烹制了“锅包肘子”：把肘子在锅中煮至半软，然后在原汤中放各种调料，用温火炖软，再用团粉挂糊，炸至金黄色出锅，改刀撒上五香面。锅包肘子外焦里嫩、香酥适口、香而不腻、营养丰富，且携带更为方便。一经问世就大受欢迎，成为举子们从保定进京必带的食品。后因此菜有美容养颜的功效传入宫廷，深得慈禧太后喜欢，她特意召王老昆进宫到御膳房专门烹制锅包肘子。王老昆还乡后在高阳县城内开了家饭馆，专卖锅包肘子，这道宫廷菜又流传于保定民间。

## （二）河北酒文化

### 1. 河北酒文化概述

河北是我国酒文化发祥地之一，河北酒文化历史悠久，博大精深，灿烂辉煌。就造酒历史来说，河北的造酒史至少可以追溯到7000多年前的磁山文化时期。到了商代，河北的先民们已经熟练地掌握了用酒曲酿酒的先进技术，在藁城台西发现的商代酿酒作坊遗址及遗址中出土的酒曲残骸，是目前世界上发现的最早的造酒作坊的完整遗址和世界上现存最早的酒曲实物。在平山县中山王墓出土的两壶战国古酒，距今已保存了2300多年，仍然散发着酒香，是目前世界上发现的保存年代最久的古酒实物，比欧洲保存最早的酒要早1000多年。

从酒器方面来看，正定南杨庄新石器文化遗址中出土的原始瓷细颈壶残瓷片，是目前世界上发现最早的原始瓷酒器实物，把中国烧瓷的历史从汉代向前推进了1000多年。在平山县战国中山王墓出土的夔龙饰青铜方壶，四面均刻有精美的铭文，每面10行，共计446个字，是目前发现的我国铭文字数最多、金属刻制铭文最精美的青铜酒器，在中国青铜器中占有十分特殊的地位。河北青龙县出土的金代青铜烧酒锅，是目前世界上发现的最古老的蒸馏酒器的代表性实物，也是河北蒸馏酒技术走向成熟的铁证。

在酒令游戏领域，战国中山王墓出土的青铜兽座投壶，是目前发现的年代最早的投壶实物。西汉中山靖王刘胜墓出土的镏金嵌绿松石青铜酒骰子，是目前我国发现最早的酒宴游戏用的酒骰子。在该墓出土的助兴专用的24枚行酒钱，铸造精美、钱文清晰、表面光亮，显然是经过了长期的把玩，是我国最早的酒牌雏形，也是后世中国酒牌的鼻祖。

另外，满城西汉中山靖王刘胜及其妻窦绾墓的地下酒库，储酒总量达3600多石，是目前我国乃至世界上发现的规模最大的古代墓葬酒库。在望都县东汉墓发现的羊酒壁画，是目前我国发现的最早的表现用羊肉酿酒的壁画。宋代苏轼出任定州刺史期间，亲自发明酿造的“中山松醪”，是在传统药酒基础上发展而成的一种河北文化名酒。在1915年万国博览会上，它与贵州茅台酒一起获得金奖。并且，它是全国所有名酒中唯一由名人创制、名人命名、名人作赋并留下酒赋书卷的名酒。

河北省也是我国历史悠久且规模最大的葡萄及葡萄酒产区之一。据《宣化府志》记载，明清时代，怀来葡萄已成为怀来一带古时属宣化府的每年宫廷贡品。1976年，在河北沙城酒厂诞生了“中国第一瓶干白葡萄酒”。据《昌黎县志》记载，其葡萄种植可追溯到明朝万历年间（1573~1620年），葡萄酒酿造可追溯到清朝宣统年间，葡萄酒酿造历史达300多年。中华人民共和国成立后，昌黎建成河北省第一个葡萄等果露酒酿造企业。1983年，昌黎葡萄酒厂研制出获得全国酒类大赛金奖的“中国第一瓶干红葡萄酒”。1988年，中国第一个干红葡萄酒专营企业——华夏葡萄酿酒有限公司在昌黎碣石山麓诞生，从而使昌黎干红葡萄酒驰骋国际市场。

从古至今，凡此种种，不胜枚举，都充分显示出河北酒文化在中国乃至世界酒文化之林中所占据的重要地位。

2. 河北名酒简介

（1）衡水老白干。据明确的文字记载，衡水老白干已有1900多年的酿造历史，它兴于汉、盛于唐、名于宋，正式定名于明代。明朝嘉靖年间（1522~1566年），衡水酒取名“老白干”。“老”指其生产悠久，“白”是说酒体无色透明，“干”指的是用火燃烧后不出水分，即纯。衡水老白干属老白干香型的代表，具有醇香清雅、酒体谐调、甘洌醇厚、回味悠长的典型风格，享有“高而不烈、低而不淡、饮后舒适、不上头”的口碑。它先后荣获“中华老字号”“国家级非物质文化遗产”等称号。1915年荣获巴拿马万国物品博览会最高奖“甲等大奖章”，2018年荣获拉斯维加斯世界烈性酒大赛最高奖“双金奖”，并被评为“全场最佳”。

（2）丛台酒。邯郸酿酒，久负盛名，已有2300余年的历史。早在战国赵武灵王时期（前325~前299年），赵酒就被列为珍品，名扬列国。丛台酒因邯郸名胜古迹“丛台”而得名，丛台是赵武灵王饮酒寻乐、观赏歌舞的宫廷御苑。历代帝王将相、文人墨客游经邯郸，多喜登台览古、饮酒赋诗。唐代著名诗人李白、杜甫、白居易等，都曾在此留下赞美邯郸佳酿的千古绝唱。清代乾隆皇帝于丛台行宫饮酒作乐，即兴书下“邯郸自古佳丽地、美酒十千醉不辞”的诗篇，使邯郸酒成为贡酒。丛台酒属浓香型大曲白酒，具有无色透明、窖香幽雅、绵甜爽净、醇厚丰满、回味悠长的特点。丛台酒先后荣获“中华文化名酒”“中华老字号”等美誉。

（3）刘伶醉。刘伶醉酒的故事流传至今。刘伶，字伯伦，安徽宿县人士，晋朝的“竹林七贤”之一。由于他不满晋朝统治者的专权横暴，千里迢迢来到河北省徐水访友张华。张华以当地佳酿款待，刘伶饮后倍加赞赏，并乘兴著诗。传说刘伶饮酒后，完全沉醉于美酒之中，大醉三载，后卒于遂城，死后葬于徐水。刘伶醉属浓香型大曲酒，酒液清澈透明、窖香浓郁、入口绵甜、回味悠长。刘伶醉先后荣获“首批中国食品文化遗产”及“首批中华老字号”等美誉。

（4）板城烧锅酒。相传乾隆三十八年（1773 年），乾隆皇帝与宠臣纪晓岚微服私访至承德县下板城庆元亨酒店，突闻酒香扑鼻，遂进酒店畅饮。君臣二人酒兴之余，诗兴大发。乾隆皇帝先声夺人，先出上联：“金木水火土。”纪晓岚才思敏捷，巧对下联：“板城烧锅酒。”这一下联不仅点出了酒名、地名，还把木、土、火、金、水以汉字偏旁分别嵌入“板城烧锅酒”中，使上下联体现出五行相克又相生的关系，一时成为绝对。乾隆皇帝连声称赞：“好联！好酒！”并乘兴御笔亲书赐予小店。自此“板城烧锅酒”名扬四海。板城烧锅酒具有绵甜爽净、酒体纯正、酒液清亮、香浓甘润的特点。

（5）长城干白葡萄酒。长城干白葡萄酒是以张家口沙城怀涿盆地盛产的优质龙眼葡萄为原料，经破碎压榨得到纯葡萄汁，之后密闭发酵酿制而成。其色泽微黄带绿，酒体清亮透明，味道醇和柔细、舒顺爽净，果香怡人、酒香浓郁，含有多种氨基酸、维生素及人体必需的微量元素，营养丰富，可以增进食欲、提神健体，有益于人体健康。长城干白葡萄酒于 1979 年、1984 年、1989 年三次荣获国家金质奖项，被评为国家名酒；于 1983 年荣获英国伦敦国际第十四届评酒会最高奖项，1984 年荣获西班牙马德里国际第三届酒类、饮料赛金奖，1986 年荣获法国巴黎国际第十二届食品博览会金奖。

**（三）河北茶文化**

1. 河北茶文化概述

河北省是中国茶文化历史资源大省，富饶的燕赵大地，出现了许多茶事和著名茶人，处处留下了中国茶文化历史痕迹。

（1）河北是中国禅茶文化之源。晋代后赵都城邺城昭德寺（今河北邯郸市临漳县）僧人单道开“以茶禅修”之先例，开启了中国僧人把茶和禅相合的大门，为后世“茶禅一味”这一禅林法语的诞生奠定了基础；唐德宗时官御史中丞、河北景县人封演所著《封氏闻见记·饮茶篇》，成为中外学者对禅茶文化研究的最具珍贵的史料；河北赵州禅门公案“吃茶去”（《五灯会元》卷四）标志着“禅宗茶道”的正式诞生，为中国茶道的形成奠定了基础。中国禅茶文化中“正、清、和、雅”四大精神和“感恩、分享、结缘、包容”四大功能等文化释义均诞生于河北。

（2）唐代茶文化史上三位重量级人物，河北独占其二。在中国唐代茶文化史上，出现了三位众所周知的杰出人物，一位是茶圣陆羽，撰写了世界上第一部《茶经》；一位是赵州从谂禅师，一句“吃茶去”禅林法语将修行落实于当下，让无数人踏上了“归家”的旅程；另一位是唐代范阳（今涿州市）人卢仝，有“亚圣”或“中国茶仙”之称，他所著的《七碗茶歌》是中国茶文化史上的经典之作，在日本被奉为煎茶道祖师爷。这三位人物，两位与河北有关。在现今能看到的7000多首历代茶诗中，能见到的人物，主要就是这三个人。其中在历代茶诗词中直接或间接描写卢仝与《七碗茶歌》内容相关的有近千首诗词，出现频率最高的人物当数卢仝，其次是陆羽。如果从茶道思想体系论之，文人和诗僧们则习惯上都把赵州禅师作为凌驾于陆羽、卢仝之上的人物在诗中加以表现。

（3）古代茶器名窑，河北独占三座。河北茶器是中国茶文化、陶瓷文化与器具文化相结合的宝贵结晶。邯郸的磁州窑，是我国古代北方最大的民窑体系，也是磁山文化中的一个脉系。其磁州窑茶具以白地黑花的釉下彩绘技术和朴实流畅的纹饰享有盛名，在世界上有“黑白之美”的代名词。如，北齐时期的龙柄鸡首壶、宋代的盏托、金代的红绿彩茶碗、元代的黑釉天目盏等精品茶具，以及钱锈花茶碗、刻莲纹执壶等。

邢窑，在今河北内丘、临城一带，唐代属邢州（今属邢台市），故名。邢窑始于隋代，盛于唐代，主产白瓷。其白色茶具质地细腻、釉色洁白，曾被纳为御用瓷器，一时与越窑青瓷齐名，世称“南青北白”，为古代民间陶瓷茶具的杰出代表，唐代李肇的《国史补》与陆羽《茶经·四之器》均有记载。古时还远销海外，中东及北非地区有些遗址曾有出土便是证明。定窑，为宋代“官、哥、汝、定、钧”五大官窑之一，在今保定曲阳县的涧磁村及东、西燕川村一带，唐宋时期属定州管辖，故名定窑。定窑茶器白瓷和红瓷茶具颇负盛名，白瓷滋润如玉，苏东坡《试院煎茶》中“定州花瓷琢红玉”

的名句，就是盛赞定瓷红茶具。定窑茶器烧制工艺造型各异，简约质朴，蜚声海内外，在中国茶文化史册上属于光彩夺目的一页。

此外，河北宣化在20世纪70年代发现的“辽代古墓壁画茶道图”是迄今为止发现的最为完整、最为生动的中国古代茶文化出土资料，这和张家口作为古代中国北方最大的“茶马互市”市场有着直接的关系。

2. 河北特产茶简介

（1）白洋淀荷叶茶。素有“华北明珠”之誉的白洋淀是华北平原上最大的淡水湖，自古以来就是荷的天堂。春夏两季，荷花与荷叶连绵不绝、相映成趣，荷叶茶也以此处最为正宗。今天淀区人民从现代营养学入手，根据色嫩、叶绿、整洁的标准采摘野生红莲的鲜嫩叶片，采用先进的物理加工技术，经多道工艺炒制而成，其味道有独特的荷叶清香，并充分保留了荷叶中的多种有益成分，是纯天然、零添加、原生态绿色饮品，具有清理肠胃、排毒养颜、滋肝润肺、降血脂、降血压、降胆固醇之功效。

（2）灵寿太行绿茶。中国茶事自唐宋至明清，茶树栽培区域1000多年来未有很大变化，一直止步于北纬38°。1998年，河北省农科院以张占义为主持人的“南茶北移”课题组在北纬38° 45′太行山脉的灵寿县五岳寨，从杭州请来8000棵龙井43号茶苗，历经多年尝试，最终攻破北纬38°茶树种植禁区，获得成功。因该茶生长在太行深处的五岳寨国家森林公园，茶树苍翠肥壮、茶香浓烈持久、茶叶滋味浑厚纯正，冠以“太行”之名彰显燕赵儿女泼辣淳厚之气。太行绿茶属上等绿茶，茶叶外形绿润、匀整显芽；汤色绿明亮；茶汤栗香浓郁、滋味浓醇、鲜爽回甘、风味富有特色；中国农科院茶叶所专家吴洵评价：集“特高氨基酸和特低咖啡因”于一身，乃茶中一绝，是难得的茶中珍品。目前已注册“展翼”“太行”商标。

（3）安国养生茶。安国养生茶，依托“千年药都”的中医养生文化，依靠食品或药品，辅以茶叶，根据时令或体质等因素配制而成，属于传统养生保健饮品。其品种丰富，有配以枸杞、桂圆、山楂、葡萄干、菊花、炙大枣、炙甘草、冰糖的“八宝盖碗茶”；有配以麦冬、胖大海、百合花、金盏菊、玉蝴蝶、银耳、桔梗、单晶冰糖的润喉茶，有配以枸杞、红枣、山楂、茉莉花、草决明的清茶，有配以祁菊、枸杞子、千日红、玉竹的玉容茶，有配以薄荷、金银花、山楂、银耳、罗汉果花、祁菊、绞股蓝花、冰糖的清凉茶，有配以葛根、葛花、玫瑰茄、祁菊、佛手花、三七花、枳椇子、冰糖的酒伴茶等。另有将原料粉碎成颗粒或提取后制作成颗粒的袋泡茶，如杞菊决明茶、绞股蓝茶、荷叶茶、桑叶茶、枸杞叶茶、黄芪山楂茶等。

（4）涞水三坡茶。涞水野三坡自古盛产黄芩，用黄芩的茎、叶等经过蒸制等传统工序加工成黄芩茶饮用，已有几百年的历史，素有"黄芩茶是药茶、神茶可治百病"之说，至今仍是山区人民消暑、待客的纯天然绿色饮品。它色绿形美，清香高扬持久，鲜醇甘爽宜人。黄芩茶本身就是中药材，因此它还具有解腻止渴、清热燥湿、泻火降压、排毒养颜等功效。

**参考文献**


[1] 刘振山，赵淑英．冀菜名厨小传［M］．石家庄：河北科技出版社，1991

[2] 孔润常．冀菜历史沿革发展创新综述［A］．中国食文化研究会．饮食文化研究（2009 年上）［C］．浙江工商大学中国饮食文化研究所，2009：6.

[3] 马凤岐．冀菜与中国传统菜系之别［N］．中国旅游报，2013-03-08（011）.

[4] 萧山，李勇．来自"冀菜"的报道"冀菜"发展迎来春天［J］．河北画报，2007（1）：48-51.

[5] 宋文丽，刘亮亮．河北省饮食文化旅游开发对策研究［J］．河北企业，2016（06）：96-97.

[6] 韩林平，陈鸥．冀菜之直隶官府菜菜品的研究［J］．科学大众（科学教育），2016（2）：170.

[7] 梁勇，梁清华．河北酒文化［M］．北京：中外对外翻译出版公司，1998.

[8] 张志平，梁勇．中山文化论［J］．石家庄学院学报，2014（1）：26-33.

[9] Linn. 舌尖上的 40 年［J］．葡萄酒，2018（11）：30-35.

[10] 舒曼．舒曼茶文化集［M］．石家庄：河北教育出版社，2017.

[11] 舒曼．一张递向世界的精神文化名片——石家庄赵州"吃茶去"将给我们带来什么［J］．农业考古，2002（2）：277-281.

[12] 舒曼，陈一珉．禅茶文化：开引一股源头活水——中国禅茶文化精神及功能诞生始末［J］．农业考古，2006（2）：207-213.

[13] 于萌．河北禅茶文化与茶经济［J］．农业考古，2015（2）：185-187.

[14] 金凌霞，李勇，李雅．以文化的名义相聚　河北省成功举办首届茶文化博览交易会［J］．河北画报，2013（8）：10-23.

[15] 魏晓露，董进霞．旅游地屏蔽理论视域下河北茶文化旅游开发可行性探究［J］．福建茶叶，2017，39（6）：105-106.

[16] 郑绍宗．河北宣化辽墓壁画茶道图的研究［J］．农业考古，1994（2）：106-110.

[17] 史云，张桂春，张锐，陆文励．白洋淀荷叶茶文化旅游开发研究［J］．福建茶叶，2017，39（1）：127-128.

[18] 吴利敏．太行山上建茶园［J］．乡音，2018（9）：34-36.

[19] 金毛狮子鱼　石门独一味 _ 河北新闻网，http://zhuanti.hebnews.cn/2018-11/08/content_7094374.htm，2018-11-08.

[20] 河北衡水老白干酒业股份有限公司官网，http://www.hengshuilaobaigan.net/

[21] 河北邯郸丛台酒业股份有限公司官网，http://www.ctjy.com.cn/index.asp

[22] 刘伶醉酿酒股份有限公司官网，http://www.liulingzui.com.cn/

[23] 河北承德板城酒业有限责任公司官网，http://cdbcjy.js118.com.cn/

[24] 长城葡萄酒 40 年风雨历程，创新成就中国葡萄酒未来 _ 网易新闻，http://news.163.com/19/0110/11/E55J1E19000189DG.html，2019-01-10

[25] 长城干白葡萄酒 _ 张家口在线，http://www.zjkdh.com/News/201404/New928885.html，2014-4-29

[26] 南茶北移到河北　灵寿深山培植出太行龙井 _ 河北频道 _ 凤凰网，http://hebei.ifeng.com/a/20191114/7820570_0.shtml，2019-11-14

[27] 舌尖上的安国养生茶 _ 澎湃新闻，ttps://www.thepaper.cn/newsDetail_forward_2435740，2018-09-15

[28] 春风习来茶香浓——保定涞水黄芩茶基地采访记 _ 网易保定，https://3g.163.com/local/article/FCGHH4FG04159BTC.html?from=history-back-list&from=history-back-list，2020-05-13

（感谢河北大学谢美生教授对本文的斧正）

# 第四篇　现场考试问答题示例

## 第八章 综合知识试题示例

**1. 2017 年 4 月 1 日，中共中央、国务院印发通知，决定在河北设立国家级新区，这个新区是?**

答：雄安新区。

**2. 请解释“一带一路”。**

答:“一带一路”（The Belt and Road，缩写 B&R）是“丝绸之路经济带”和“21 世纪海上丝绸之路”的简称，是国家主席习近平于 2013 年 9 月、10 月分别提出的合作倡议。其贯穿亚欧非大陆，会员覆盖 136 个国家或地区，陆上依托国际大通道，海上以重点港口为节点。

**3. 2022 年第 24 届冬季奥林匹克运动会的主办城市是?**

答：北京、张家口。

**4. 中国旅游日是哪一天?**

答：每年的 5 月 19 日。

**5. 河北旅游形象主题口号是什么?**

答:“京畿福地　乐享河北”。

**6. 白石山属于什么地貌类型?**

答：大理岩峰林地貌。

**7. 清东陵共葬有哪几位皇帝?**

答：顺治、康熙、乾隆、咸丰、同治，共五位皇帝。

**8. 山海关“天下第一关”匾由何人所写?**

答：当地书法家萧显。

**9. 河北的气候属于什么类型？有什么特点？**

答：温度季风气候。特点：冬季寒冷干燥，夏季高温多雨。

**10. 目前河北共有几个国家历史文化名城？它们是？**

答：6个。分别是承德市、保定市、正定、邯郸市、山海关区、蔚县。

# 第九章
# 导游服务规范试题示例

**1. 上团前导游员应当做好哪些准备工作?**

答案要点:

(1)熟悉接待计划; (2)落实接待事宜; (3)做好物质准备;
(4)语言和知识准备; (5)形象准备; (6)心理准备。

**2. 假如你受到旅行社委派带团前往桂林旅游,那么你应该在带团中履行好哪些职责?**

答案要点:

(1)配合地接社及相关方实施旅游接待计划;
(2)做好沟通联络工作;
(3)做好组织协调工作;
(4)保障团队安全,处理好各种问题;
(5)做好宣传促销工作。

**3. 假如你是地陪,当拿到派团单后应该如何落实旅游车相关事宜?**

答案要点:

及时与为该团提供交通服务的车队或汽车公司联系,确认车辆的车型、车号、司机姓名、出发会合地点等事项。

**4. 地方陪同导游人员应如何安排客人用好第一餐?**

答案要点:

(1)采取计划准备和当面询问的方式,确实了解旅游者在用餐方面的特点和要求,认真记录,连同团队的就餐人数、用餐标准、具体用餐时间一起通知给餐厅的工作人员；

（2）把用餐的时间、地点、用餐方式和注意事项准确地通知给旅游者。因为是第一次用餐，最好由地陪统一引领旅游者进入餐厅，因此地陪要把集合地点告诉旅游者，并提前到达该地点等候旅游者。人员到齐后，引领旅游者进入餐厅，协助旅游者就座。地陪要将领队介绍给餐厅经理或主管服务员，告知旅游团的特殊要求；

（3）在用餐过程中，地陪要经常到旅游者餐桌前帮助旅游者解决一些问题，征求旅游者对餐饮产品的意见，协助餐厅工作人员做好餐间服务；

（4）地陪还要照顾好领队、全陪、司机等工作人员就餐，建立导游服务集体良好的内部关系。

**5. 如果在迎接客人时发生空接情况，地接导游应该怎样处理？**

答案要点：

（1）询问机场或车站工作人员，确认乘客已全部下飞机（火车、轮船）或在隔离区内确无出港游客；

（2）与客人下榻的饭店联系，查询客人是否已自行到达饭店；

（3）若确实找不到应接的客人，应打电话与计调人员联系并告知情况；

（4）如推迟时间不长，地陪应继续留在接团地点迎候游客；

（5）当确实迎接无望时，必须经计调部同意方可离开；

（6）回到市区后，应前往游客下榻的饭店，如果游客已入住饭店，应主动和其联系，并表示歉意。

# 第十章
# 导游应变能力试题示例

**1. 作为地陪导游应如何防止客人走失及掉队情况的出现?**

答案要点：

（1）对待容易掉队的游客，在游览中地陪导游应把他们带在自己身边或故意亲近，时常讲些他们感兴趣的事情来设法吸引他们，防止其走散；

（2）多关注他们，在游览中多提醒他们；

（3）以精彩的讲解和富有成效的组织工作来防止这种情况发生。

**2. 带团在去景点的途中遇到等候时间不确定的交通堵塞，导游人员应会怎样处理?**

答案要点：

（1）导游可适当组织各种形式的小活动，以活跃车内气氛，缓解客人烦躁情绪；

（2）前去了解打听可能恢复交通所需的大概时间；

（3）看能否采取绕道行驶的措施，如果车被堵在中间而不能掉头，可与旅行社联系，看能否再派一辆车，然后带客人离开堵塞之路段；

（4）如果距离景点不是太远的情况下，争得客人同意，可与客人弃车步行前往景点。

**3. 讲解过程中，突然有客人对导游员的讲解提出了异议。这时导游员应做出怎样的反应?**

答案要点：

（1）首先应耐心听取客人意见，从中汲取合理成分；

（2）不与客人争辩，并感谢客人的提醒；

（3）将客人的观点作为一种"新的观点"，暂时予以承认，过后予以确认；

（4）即使客人观点有误，也应私下交换意见。

**4. 某旅游团队乘火车前往云南游览，原定的全部火车软卧票只能提供一部分，其余均为硬卧票。如果你是该团的全陪导游，怎样做才能让客人满意?**

答案要点：

（1）跟客人耐心解释，望各位游客能多多体谅；

（2）报告旅行社，通过提高其他服务标准等作为给游客的补偿，并征得游客同意，请求其签字确认同意；

（3）事后向游客进行适当补偿。

**5. 某旅游团部分团员提出，想在下午自由活动期间去观赏民族节庆活动，并放弃观看晚上的文艺演出，同时希望导游人员能够派车接送。针对此种情况，导游人员应该怎样处理?**

答案要点：

（1）可以允许部分游客利用自由活动时间去观赏民族节庆活动。提醒游客记好饭店名称、联系方法及交通路线，如果可能，则地接社导游与组团社导游分别陪同前往不同地点活动；

（2）如果节庆活动地点与文艺演出地点在同一路线上，且时间上不冲突，可以满足他们派车的要求，与其他游客同车前往。如不同路，则应协助安排用车，车费由游客自理；

（3）参加民族节庆活动费用自理，放弃观看文艺演出费用不退，请客人在同意书上签字。

**责任编辑**：李冉冉
**责任印制**：冯冬青
**封面设计**：中文天地

---

**图书在版编目（CIP）数据**

导游服务能力．河北导游现场考试实务 / 河北省旅游协会导游分会，河北省全国导游资格考试统编教材专家编写组编．-- 北京：中国旅游出版社，2020.9

ISBN 978-7-5032-6539-6

Ⅰ．①导… Ⅱ．河… ②河… Ⅲ．①导游－旅游服务－资格考试－教材 Ⅳ．① F590.63

中国版本图书馆 CIP 数据核字（2020）第 149748 号

---

**书　　名**：导游服务能力．河北导游现场考试实务

---

**作　　者**：河北省旅游协会导游分会，河北省全国导游资格考试统编教材专家编写组编
**出版发行**：中国旅游出版社
（北京静安东里 6 号　邮编：100028）
http://www.cttp.net.cn　E-mail: cttp@mct.gov.cn
营销中心电话：010-57377108，010-57377109
读者服务部电话：010-57377151
**排　　版**：北京中文天地文化艺术有限公司
**印　　刷**：三河市灵山芝兰印刷有限公司
**版　　次**：2020 年 9 月第 1 版　2020 年 9 月第 1 次印刷
**开　　本**：720 毫米 ×970 毫米　1/16
**印　　张**：20
**字　　数**：319 千
**定　　价**：38.00 元
**I S B N**　978-7-5032-6539-6

---